若き天才が示す
暗号資産の
真実と未来

イーサリアム

著 ヴィタリック・ブテリン 訳 高橋 聡

日経BP

Proof of Stake:

The Making of Ethereum and
the Philosophy of Blockchains

This edition was licensed by Seven Stories Press, Inc. New York, U.S.A.,
the originating publisher, 2022, through Japan UNI Agency, Inc., Tokyo

イーサリアム　若き天才が示す暗号資産の真実と未来

愛情にあふれた素晴らしい親であり、
企業家であり、
そしてインターネットミームとしても大きい存在である
父と母に。

ネイサン・シュナイダーによる序文

ヴィタリック・ブテリンは、19歳のときに、インターネットのための新しい経済基盤を構築しはじめ、やがて自宅に帰る暇もないほどの億万長者になった。だが、それ以前から志望していたのは、文章を書くことだった。幼少の頃に、両親とともにロシアからカナダに移住。やがて、父のすすめがきっかけでビットコイン（Bitcoin）に興味をもつようになり、２０１１年には、コインを買ったり借りたり、あるいは採掘《マイニング》したりするかわりに、オンラインフォーラムにこう投稿する。ビットコインについて書くから、誰かビットコインで原稿料をくれないか――

これに応えてくれる人が現れて、ブテリンは執筆を始め、やがて共同で「ビットコインマガジン」を創刊するに至る。当時はまだごく小規模で、素性の知れないサブカルチャーにすぎなかったビットコインについて、最新の動向を取り上げ、立派な雑誌版とデジタル版を発行した。ブテリンにとっては、扱いの難しいこの新しいインターネット通貨のほうが、大学1年の授業より刺激的だった。名乗りをあげて記事を書きはじめたとき以来、他者との対話を続けながらブテリンは自分の構想を発展させていった。だが、長年にわたってブログやフォーラム、ツイッターなどあちこちでブテリンが発表してきたのは、まぎれもない自分自身の声だ。そして、その声も一因になって熱烈な読者が、彼の発明品であるイーサリアム（Ethereum）を中心にして集まるようになった。イーサリアムとその同類が、期待どおりにユビキタスな基盤になるのであれば、ブテリンの構想はもっと広く理解されるべきであり、議論されなければならない。そう考える人たちだった。

本書は、著述家としてのヴィタリック・ブテリンを知るための入門書だ。サトシ・ナカモトなる匿名の人物がビットコインの原型を発表したのは２００８年、世界的な金融危機のまっただ中だった。その目的は、政府や銀行を通じてではなく、暗号を扱うコンピューターネットワークによって運用される通貨を作り出すことにあった。それはやがて、暗号資産［用語］と呼ばれるようになる。完全自由主義者《リバタリアン》の金投資家や、技術に強いサイファーパンク［用語］らは、そのシステムの暗喩を歓呼の声で迎えた。デジタルの採掘《マイニング》、制限付きの供給量、現金のようでありながらセキュリティとプライバシーが保たれる取引《トランザクション》。ブテリン自身も、初期の読者層と共通する性向をすべてあわせもっていた。だが、ビットコインに対するこだわりは深まる一方で、２０１３年の遅くには、ビットコインを支えているブロックチェーン［用語］技術が、もっと大きなものの基盤になるのではないかと認識するようになった。インターネット発の組織や企業、ひいては経済全体を作り出す手段である。そうして書き上げたのが、本書にも収録している最初の「イーサリアムホワイトペーパー」だ。その年の終わりに出現する、まだ小規模な暗号資産の世界を照らし出すものだった。古い世界の法人や投資家、法律にサーバーの管理を委ねるのではなく、最初からユーザーによって管理される。ビットコインでは金や採掘者《マイナー》といった比喩が使われるのに対して、イーサリアムの文化はブテリンが好むＴシャツの美学を追求する。ロボット、ユニコーン、虹がマスコットとしてあしらわれた意匠である。

2015年にイーサリアムがリリースされてからも、競合するブロックチェーンは数多く登場しているが、どれも形こそ違え、やっていることは似たようなものだ。イーサリアムは、そのなかで最大の規模を維持している。その通貨であるETH（イーサ）自体の総額は2位で、トップのビットコインには大差をつけられているものの、イーサリアムを基盤とする商品やコミュニティトークン［用語］をすべて合わせると、この奇妙な新しい経済システムのなかで最大のシェアを占めているのだ。プロジェクト初期の試行段階で、ブテリンは、望むと望まざるとにかかわらず、次第にイーサリアムの「やさしい独裁者」となっていった。公的な立場によってではなく、にじみ出る信頼によってだ。その信頼を築くうえでは、本書に収録した彼の文章が重要な役割を果たしている。

その間ずっと、ブテリンは矛盾のなかを生きてきた。彼が望むのは、人類が自らをどう律するか、そのあり方を根底から考え直すこと、しかも人がその力を使って何をしようとするかについては徹底的に寛容を貫くことだ。本文で登場する「信頼できる中立性」は、システムデザインに関する原理だが、ブテリン自身がリーダーとして演じることになった役割も表している。イーサリアム財団の設立を決めた初期の個人的な決定から、運命を賭けた最新のソフトウェアアップデートまで、思惑とは裏腹にブテリンのリーダーシップは、イーサリアム自体との区別が難しくなっていった。イーサリアムも類似のシステムも、人は利己的なものだという前提に従って設計されているが、ブテリン本人は禁欲的で、個人的には暗号資産で動く未来を実現すること以外、何も望んでいないように見える。

しかし、それが歓迎すべき未来になるという保証はまったくない。2014年1月、マイアミで開催されたビットコインのカンファレンスでイーサリアムを発表したときのこと。イーサリアムが作る素晴らしい未来を次々と並べ立てたあとで、ブテリンは最後に「スカイネット」の名を出して会場を沸かせた。「ターミネーター」シリーズでおなじみの、人類に牙をむくあの人工知能だ。ブテリンが好むジョークなのだが、よく使われるジョークの常として、そこには一定の警鐘も含まれている。イーサリアムは、ユートピアとディストピア、その中間の世界か。まだいずれの可能性も残っているのだ。

・入手できる人工トークンの総量上限を設けることで、人為的な稀少価値が生じる。だが、コミュニティは潤沢な資本を生み出し、それを自在に利用することができる。
・リスクのあるインターネットマネーを購入できない、もしくは購入しようとしない人々を排除することになる。一方、かつてないほど包摂的《インクルーシブ》な形で権力を共有する画期的なガバナンスシステムの創出につながる。
・機能を存続させるだけでも、膨大なエネルギーを消費する。同時に、政府が積極的に動かないなかで、炭素の排出や汚染に値をつける新たな手法が実現する。
・派手な消費、税金のがれ、価格のつり上げといったことで評判の悪い、いわゆる「にわか成金」を生み出している。一方では、スマートフォンさえあれば誰でも利用できるボーダーレスの、ユーザー所有の金融システムにもなる。
・早期に参加したハイテク通のエリートに対して見返りがある。同時に、大手テクノロジー企業の力をそぎ落とす真のチャンスにもなりうる。

・有益な実体経済の前に、投機的な金融システムを生み出している。ただし、株式市場ではそれほどでもなく、所有権は価値を作り出した人に残っている。

本書をお読みになる方は、こうした矛盾を念頭に置いたうえでそれに向き合い、どの選択肢が有力かをご自身で、またコミュニティとして確かめてほしい。先にあげた矛盾は、悩ましいかもしれないが、刺激的でもある。いずれにしても、まだ新しいもので、形になるのはまだこれからなのだ。

ビットコインにしろイーサリアムにしろ、ブロックチェーンベースのシステムを根幹で支えているのが、コンセンサス（合意形成）のメカニズムだ。コンピューターどうしが一連の共通データ、つまりビットコインならトランザクションのリスト、イーサリアムのワールドコンピューターなら状態《ステート》について合意し、不正操作を防ぐしくみである。中央権力によらないコンセンサスは簡単なものではない。ビットコインの場合は、プルーフ・オブ・ワーク（PoW）［用語］というしくみを用いる。多数のコンピューターが数学の問題を解くために膨大なエネルギーを消費するが、それはすべて、システムのセキュリティを保つ営みに投資していることを証明するためである。この作業に参加する人は採掘者《マイナー》と呼ばれ、マイニング［用語］に対する報酬を受け取る。と同時に、ひとつの国に匹敵するような電力を消費し、それに相当する炭素を排出する。イーサリアムもPoWを採用したが、これは有効な選択肢がほかになかったからだ。だが、ブテリンはイーサリアムの発表以前からすでに、解決策が見つかりしだい別のしくみに移行すると語っていた。それがプルーフ・オブ・ステーク（PoS）［用語］だ。

ＰｏＳでは、電力を消費するかわりに、トークンの保有によって「自らもリスクを負っている」ことを証明するので、エネルギー消費は最小限に抑えることができる。トークンの保有者は、システムを損ねるようなことをしようとした場合、賭け《ステークし》たトークンを失うことになる。

本書のなかで、コンセンサスのメカニズムはシステムデザインであると同時に、隠喩でもある。そのメカニズムが生み出す労力、取り組み、信念、そして協調を、ブテリンの文章は描き出している。と同時に、矛盾を例としてあげることも忘れていない。技術革新と徒労、民主主義と金権主義、活気に満ちたコミュニティと徹底的な不信、そういった矛盾だ。メカニズムと同様に、その比喩は理想論を寄せつけず、望む世界のごく一部なりとも現実の世界で存続させていくために必要な妥協点を模索しようとしている。

本書に収めたのは、ブテリンが自選した文章であり、そこからブテリンのある一面が浮かび上がってくる。社会理論学者として、また実践的な活動家として、考えながら行動し、その結果を計算しようとする人物像だ。暗号資産をめぐる文化は、大部分が若く、男性的、特権的であり、その関係者が解決をめざしているはずの問題から、あまりにかけ離れていることが多い。ブテリン自身も、その文化を反映するひとりだ。ときには専門に走ることもあるが、その多くは仲間の開発者に向けて発信した内容であり、本書にはそれほど専門色が強くない文章を集めた。技術的な部分は、開発者たちが邁進している仕事にこそふさわしい。数式ひとつについてさえ、ブテリンは気さくで、明快で、そしてユーモラスだ。

なお、収録した文章には、スタイルを統一する目的で若干の編集を加えている。独立した書籍という性質上、アクセスできないリンクも削除した。もともとは、暗号資産の世界というサブカルチャーを共有する読者を対象に書かれていたので、その世界の住人以外に分かりにくそうな部分については、随時、注釈も加えてある。

暗号資産は、経済生活の表舞台にまで入り込みはじめている。それを受けて、この魔神はランプに閉じ込めておくべきではないのかという論調も強くなってきた。そもそも、それが可能ならばの話だ。最初のうちこそ「閉じ込めておくべきかどうか」という判断にとどまっていた人たちも、本書を読み進むうちに、いつしかブテリンに引っ張られ、「いかにして活用すべきか」という発展的な問題意識に立つようになるはずだ。これが本当に、新しい社会基盤の始まりなのであれば、我々がいま暗号資産を中心に作り出している政治的な習慣と文化的な習慣は、のちのち大きな意味をもつことになる。ブテリンの考察で示されているとおり、「いかにして」の部分は未解決の問題もたくさん抱えている。

「イーサリアム　若き天才が示す暗号資産の真実と未来」目次

■本文は原則として以下に基づいて表記しています。
・暗号資産名はカタカナ表記にしていますが、本文初出時には英語表記を添えています。
・会社名、サービス名はカタカナ表記にしていますが、分かりにくいものには本文初出時に英語表記を添えています。
・本文中の［用語］は、その言葉（初出時）が巻末の用語集にあることを示します。

・本文中の〈原注〉は、原著の注釈（ネイサン・シュナイダー氏によるもの）、訳注は訳者によるものです。ただし、巻末の「イーサリアムホワイトペーパー」の〈注〉はホワイトペーパーそのものの注釈（ヴィタリック・ブテリン氏によるもの）です。

・本文中の図や画像で原著には説明がないものについても、必要と思われる場合は（訳注）での説明を添えています。

・執筆当時の状況に基づいているため、現況とは異なる場合があることをご了承ください。たとえば、現在では運用されていないサイトについても当時の状況を示すために原著同様に記載しています。

第1部

プレマイニング

2014年1月のブログ記事によると、ブテリンは「サンフランシスコの、ある寒い11月の日、何か月間かの思索と、空回りしがちな執筆の到達点として〈原注1〉」、イーサリアムに関するホワイトペーパーの草案を書いたという。その間、ブテリンは記録者であり（「ビットコインマガジン」の記者として）、また起業家でもあった（ビットコイン関連の複数のスタートアップに取りかかっていた）。ニューハンプシャーの完全自由主義者《リバタリアン》コミュニティに足を運んだこともあるし、チューリッヒに住む国籍離脱者たちや、テルアビブのプログラマー集団の間に姿を現したこともある。バルセロナの廃工場跡で営まれている「ポスト資本主義コロニー」、カラフーの住人でもあった。ビットコインは最初にホワイトペーパーとして発表され、それ以来、暗号資産プロジェクトは同じような形で発表されて

〈原注1〉 ヴィタリック・ブテリン、「イーサリアム——ついに公開」、イーサリアム財団ブログより、2014年1月23日

いる。ソフトウェアより前にドキュメントを公開し、それがマニフェストに、そして技術仕様になるのだ。そういう形式が、著述と起業の両方のキャリアパスを追っていた２０１３年頃のブテリンには、ちょうど合っていた。

この第１部のうち、「イーサリアム――次世代の暗号資産と分散型アプリケーションのプラットフォーム」の章は、「イーサリアムホワイトペーパー」全文の分かりやすい要約になっている（ホワイトペーパー全文も本書に収録）。イーサリアムの最初のリリースより、まだ１年半も前のことだが、この記事でブテリンは早くも、イーサリアム２・０やプルーフ・オブ・ステーク（ＰｏＳ）について思考を重ねている。とはいえ、ＰｏＳが実を結ぶには、２０２２年を待たねばならないのだが。

「プレマイニング（premining）」とは、ブロックチェーンが公開される前にトークンを生成することを指す。イーサリアムホワイトペーパーに基づいてプレマイニングしたＥＴＨを売却することで、ブテリンと創成期の協力者は、ビットコインで１８００万ドル相当を調達した。これは、当時のクラウドファンディングとしては最高額を記録したキャンペーンとなり、それ以降も、この記録を塗りかえるものはほとんどがイーサリアムに関するプロジェクトという状態だった。初期の協力者のうち、経験豊富な年長者は営利企業の設立を望んだが、ブテリン自身は非営利の財団を通じてイーサリアムを立ち上げることを主張する。もちろん、慈善事業ということではない。ブテリンと共同創設者は、プレマイニングしたトークンが実際に価値をもつのであれば、相当の利益を得ることになった。

第１部に収めた文章からは、サイバーリバタリアンの一派から、実利的で包括的なインフラストラクチャの設計者へというブテリンの変化が見てとれるだろう。初めのうちこそ、ブテリンはビットコイン関連のプロジェクトが次々と現れることを歓迎していたが、そのほとんどはもう残っていない。章を下った「サイロ化についての考察」の頃になると、そういったプロジェクトに答えを求める姿勢は見られなくなっていく。人が社会的契約を根本から改めるようになるには、ひとつのイデオロギーに縛られない道具が必要だ、とブテリンは説く。

イーサリアムのリリースに先立って、ブテリンはこう自問している。「結局のところ、これは何の役に立つのか」。そこから導き出されるのが、大々的な変革に基づく変化ではなく、むしろ周辺的な問題を解決し、その上に立つ変化という考え方だ。こうした技術の開発者を動かす信念は、それを利用して他者が作るものに組み込まれていくだろう、とブテリンは予測する。一般公開を前にして、彼の考察の焦点は、誰にも分からない、誰にもコントロールできないものに絞られるようになっていく。

――NS

市場、組織、通貨——社会的インセンティブを生み出す新しい手段

ビットコインマガジン
2014年1月10日

これまで、生産活動のインセンティブになるものといえば、主に二つのカテゴリーに限られていた。市場と組織である。市場は、純粋な形では完全に非中央集権的、すなわち分散型であり、ほぼ無数の因子で構成されている。そのすべてが相互に一対一の関係を結んでおり、双方がそこから利益を得る。一方、組織は本質的にトップダウンだ。組織には、ある時点で最も有益な活動が何かを決める統括機構があり、それを遂行する人に報酬を割り振る。組織は中央集権なので、たとえ個人にとっての利益がごくわずかだとしても、大多数の人が受け取れる公共の利益の創出をインセンティブとすることができる。だが、中央集権がそれなりのリスクを伴うことも、周知のとおりだ。何万年ものあいだ、人類は市場と組織、この二つの選択肢しかもたなかった。だが、そうした状況も、ビットコインやその派生物の登場によって一変しようとしている。というより、今や第三のインセンティブが生まれつつあるといえるかもしれない。通貨である。

通貨の表と裏

一般的にいって、通貨には社会で果たす基本機能が三つある。一つ目は「価値交換」の機能で、通貨を用いた売買を可能にする。それがなかったら、都合よくこちらが必要とする物品を持っていて、都合よくこちらが持っている物品を必要としている、そんな間《ま》のいい交換相手を探さなくてはならない。二つ目は「価値保存」の機能で、時間をずらした生産と消費を可能にする。三つ目は「価値尺度」、つまりものさしの機能で、継続的に生産量の価値を決める尺度となる。だが、もうひとつ、通貨に第四の機能もあることはあまり認識されていないし、その重要性は歴史的にも見過ごされてきた。それが「通貨発行益《シニョレッジ》」だ。

シニョレッジは、「通貨の市場価値とその内在的価値との差異」と定義することができる。内在的価値とは、通貨が通貨として使われなかった場合の価値のことだ。グレーン[訳注1]のように古代から存在した通貨の場合、シニョレッジは本質的にゼロだったが、経済と通貨制度が複雑になっていくと、通貨が生み出すこの「幻影の値《ファントムバリュー》」は、いつの間にか、次第に大きくなっていく。最終的に、ドルやビットコインのような現代の通貨の場合は、シニョレッジが通貨の価値すべてを占めるようになる。

では、そのシニョレッジはどこへ行ってしまうのだろうか。金《きん》のように、天然資源を基盤とする通貨の場合、シニョレッジの大部分は失われる。金というものは、採掘者が採掘して初めて存在する。最初のうちこそ、たしかに一部の採掘者は利益を得るが、効率的な市場であれば、安易に稼げる機会は早々になくなって、生産のコストが利益に近づいていく。もちろん、そうなっても金からシニョレッジを引き出す賢い方法はある。たとえば古代社会では、王様が金貨を鋳造し、通常の金より高い価値をもたせることができただろう。金貨には、偽物ではないという王様からのお墨付きが暗黙のうちに与えられるからだ。金貨には、そうした価値が特定の誰かの懐に入ることはない。米ドルの場合は、いくぶんの改良が見られる。だが、一般的にはシニョレッジの一部は、米国政府に渡ることになっているからだ。多くの意味で大きな一歩ではあったが、別の面から見ると、不完全な革命ともいえる。通貨は、中央集権によるシニョレッジという利点を得た反面、人類史上でもひときわ大きな中央集権組織の手に委ねられることで、リスクも負ってしまったからである。

ビットコインの登場

今から5年前、新しい形の貨幣、ビットコインが登場した。ビットコインも、ドルとまったく同じように、その価値は100%がシニョレッジであり、内在的な価値はゼロだ。では、そのシニョレッジはどこへ行くのか。一部は利益として採掘者《マイナー》の手に渡り、残りはマイナーの経費をまかなうために消費される。ビットコインネットワークを保護するための経費である。したがって、ここでは通貨のシニョレッジが公益、すなわちビットコインネットワーク自体のセキュリティのために直接使われることになる。その意味は大きく、広く理解も得られている。非中央集権型で、権威も監督も必要とせず、しかも公益を生み出すインセンティブが実現するからだ。それも、互いの間で価値交換と価値保存の手段としてビットコインを使う人々からいつの間にか生じる、実体のない「ファントムバリュー」から実現する。

そこから登場したのが、シニョレッジをその外部で有益な目的に利用しようとした最初の通貨、プライムコイン（Primecoin）だ。マイナーは、つまるところ何の役にも立たないＳＨＡ２５６のハッシュ値を計算するかわりに、カニンガム鎖という素数列を見つけることを求められる。どちらも、ごく狭い範囲の科学計算を実行する点は共通しており、コンピューターメーカーにとっては、算術計算の回路を少しでも最適化する方法を追究しようというインセンティブになる。プライムコインの価値は急騰し、今でも11位[訳注2]という人気を誇っている。個々のユーザーにとって実質的なメリットは、60秒という短いブロック時間[訳注3]で、この点はプライムコインより弱小な通貨の多くに模倣されている。

その数か月後、２０１３年12月には、さらに奇抜な通貨が登場して、意外な成功を収めた。それが、ドージコイン（Dogecoin）だ。記号はＤＯＧＥで、技術的には2年早く登場したライトコイン（Litecoin）とほとんど変わっていない。違うのは、発行上限額がライトコインは８４００万なのに対してドージコインは１０００億という点だけである。にもかかわらず、ドージコインは時価総額が最高で１４００万ドルを超えたこともあり、世界第6位の暗号資産として「ビジネスインサイダー」や「ＶＩＣＥ」などのメディアにも取り上げられている。いったい、ＤＯＧＥの何が特異かというと、これがインターネットミームだということだ。〝Ｄｏｇｅ〟は〝ｄｏｇ〟をふざけて綴った表記で、アメリカのフラッシュアニメサイト「ホームスターランナー」に２００５年に登場したものだった。それに端を発して、柴犬の写真をバックに、カラフルなコミックサンズフォントで「ワォ」とか「かっこいい」とか「なんかスゲえ」といったフレーズを書き込んだ画像が世界的に流行したのである。

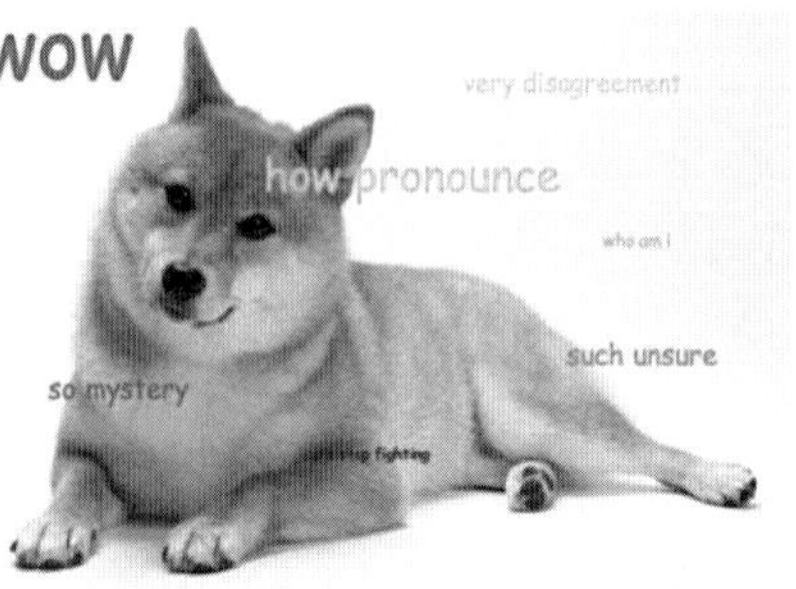

このミームが、そのままドージコインのブランディングにもなった。公式ウェブサイトはもちろん、Bitcointalkのローンチスレッド〈原注1〉、レディット（Reddit）のサブスレッド/r/dogecoinや/r/dogecoinmarketsなど、ドージコインコミュニティのウェブサイトやフォーラムはすべて、Ｄｏｇｅつまり柴犬の画像があしらわれている。たったそれだけのことで、ライトコインのクローンが１４００万ドルにも高騰したのである。

３番目の例は暗号資産の世界以外から出現したもので、ヴェン（Ｖｅｎ）という。どちらかというと従来型の、中央集権的な貨幣であり、日用品、通貨、先物取引といった商品のバスケットによって裏付けられている。最近になって炭素先物がバスケットに追加されたことから、ヴェンはある意味で「環境に結び付いた」最初の通貨となった。これができたのは、経済的なハックによる。炭素先物は、実際には負債としてヴェンに算入されるので、社会がCO_2排出量の多い生産を敬遠し、CO_2排出量の規制が営利目的から遠ざかるほど、ヴェンの価値は上がっていく。したがってヴェン保有者は、わずかずつではあっても、環境にやさしい生き方をサポートする方向に経済的なインセンティブを与えられ、人々は少なくとも部分的にはこの機能ゆえにヴェンに注目するようになるのだ。

以上の例から総じて分かるのは、代替通貨が全体的に草の根マーケティングを利用して採用をめざしているということだ。誰も、ビットコインやプライムコイン、ドージコイン、ヴェンを戸別訪問の営業担当から買うわけではないし、商店主に使用を強いるわけでもない。また、その影響力を決定するのは、通貨の技術上の優位性だけとは限らない。理想も同じくらい重要な場合がある。ワードプレスやメガ（ＭｅＧａ）、そして最近ではオーバーストック（Overstock）にもビットコインを認めさせたのは、ビットコインの理想にほかならない。そしておそらくは、決済システムとしてのリップル（Ripple）が、加盟店にとっては技術的に優れているにもかかわらず（とりわけ、５秒の検証時間）、今のところ大きな牽引力をもたないのも、理由は同じだ。通貨供給量の１００％を発行する一企業によって支えられている半中央集権的なプロトコル［用語］という性質が、公正と非中央集権を旨とする暗号資産ファンからすれば、魅力に欠けるのである。逆に、プライムコインやドージコインを存続させているのは、科学を支持するとかファンを支持するといった、その理想なのだ。

暗号資産と経済の民主主義

以上四つの例に、シニョレッジのファントムバリューという考え方を合わせると、新たな「経済の民主主義」ともいうべきものの青写真ができあがる。シニョレッジ、つまり発行益がなんらかの大義

〈原注1〉　サトシ・ナカモトにより開設されたビットコイントークは当時、暗号資産に関する主要な議論の場となるオンライン掲示板だった。新しい暗号資産には、その暗号資産に関連する掲示板のスレッドが立てられた。

を支える通貨を作り、人はそれぞれの事業で特定の通貨を受け入れるという形で、その大義に賛同を示すことができる。事業を営んでいない場合でも、マーケティングの取り組みに関わって、ほかの企業が通貨を受け入れるよう働きかけることもできる。ソーシャルコイン（SocialCoin）を作るという手もあるだろう。世界中すべての人に1か月あたり1000単位を付与し、一定以上の人がその概念を評価して受け入れはじめると、集権的な財源がなくても市民への配当プログラムが可能になるしくみだ。同じように、医学の研究、宇宙探査、芸術などのインセンティブになる通貨も生み出せる。実際、まさにそうした目的で独自通貨の創出を検討しているアーティストやミュージシャンもいるし、ポッドキャストもすでに存在する。

たとえば、そうした公益のひとつとしてコンピューターの研究を考えると、最終的に分配プロセスを自動的に実行する段階にまで到達できる。コンピューター研究のインセンティブになるようなしくみは、まだ登場していないに等しいが、ピアコイン（Peercoin）とプライムコインの創始者であるサニー・キングによって理論化はされている。それが「プルーフ・オブ・エクセレンス」だ。プルーフ・オブ・エクセレンスの背景には、非中央集権型の通貨の総量のうちで占める持ち分の大きさ、という考え方がある。報酬は、計算処理能力や保有しているコイン数ではなく、数学またはアルゴリズム上の複雑な問題を解く能力によって決まり、それが人類すべての利益となる。たとえば、数論に関する研究のインセンティブとしたい場合には、ＲＳＡ整数の因数分解の問題を通貨に組み込んでおき、たとえばマイニングの過程で有効ブロックに対して投票できるようにすれば、解答を最初に示した人に5万単位を付与できる。理論的には、どんな通貨の発行モデルでも、これを標準の構成要素にすることさえできるだろう。

もちろん、こうした通貨の使い方は決して新しいものではない。限定的なコミュニティの中でだけ運用される「社会通貨」というものが、1世紀以上前から存在する。だが、この数十年を見ると、社会通貨の運動は20世紀前半のピーク時と比べて影をひそめている。最大の理由は、社会通貨がごく狭い範囲で通用する以上の成果をあげられなかったことにあるが、米ドルのようにもっと強固な通貨を伴う金融システムの効率を生かせなかったからでもある。一方、暗号資産であれば、こうした欠点も一気に解消される。暗号資産は本質的にグローバルであり、ソースコード自体に組み込まれた、きわめて強力なデジタル金融システムという強みがあるからだ。であれば、社会通貨の運動は今こそ、技術力を背景に強力なカムバックをはたすときかもしれない。さらには、19~20世紀的な役割を大きく超えて、世界経済の強力なメインストリームになる可能性さえ秘めている。

というわけで、さて、ここからはどうなるだろう。ドージコインは、独自の通貨を作るのがいかに簡単かをすでに示した。実際、ビットコインの開発者マット・コラーロが作ったサイトcoingen.ioは、ユーザーがパラメーターをいじって簡単にビットコインやライトコインのクローンを作成できるようにすること、それだけを目的にしている。現在はまだ、限られた機能しかないが、それなりの人気サイトになっており、0・05BTCという手数料にもかかわらず、何百もの通貨がこのサービスで作られている。Coingenでプルーフ・オブ・エクセレンスのマイニングが可能になり、発行益の一部が特定の組織や基金に届くようになって、ブランディングのカスタマイズ機能も増えてくれれば、何千何万もの暗号資産がインターネット上に勢いよく流通することになるかもしれないのだ。価値を蓄え、私たちが望むような社会を作り出すプロジェクトや活動を支える、非中央集権型で民主的な手段という未来像が、はたして通貨によって実現するのだろうか。するかもしれないし、しないかもしれない。しかし、新しい暗号資産が毎日のように登場していることを考えると、もどかしいペースながら、その答えに近づきつつはある。

訳注1　grain。ヤードポンド法における重さの単位。1グレーン＝約64・8g。小麦1粒の重さがもとになっている。
訳注2　暗号資産の順位はすべて執筆当時のもの。
訳注3　ブロックチェーンネットワークで、1ブロックの検証が終わって新しいブロックが生成されるまでの時間。

イーサリアム――次世代の暗号資産と分散型アプリケーションのプラットフォーム

ビットコインマガジン
2014年1月23日

この1年ほどで、いわゆる「ビットコイン2・0」プロトコルをめぐる議論が賑やかになってきた。ビットコイン2・0とは、ビットコインに触発されながらも、その基礎となる技術を通貨にとどまらない目的で使おうとする新たな暗号技術ネットワークの総称である。この概念を初めて形にしたのが、2010年に作られたネームコイン（Namecoin）で、ビットコインに似た通貨だが、非中央集権型（分散型）のドメイン名の登録に利用される。さらに最近には、ビットコインネットワーク上に独自の通貨を作れる、カラードコイン（colored coins）というしくみも登場してきた。また、さらに高度なプロトコルとしてマスターコイン（Mastercoin）、ビットシェアーズ（BitShares）、カウンターパーティー（Counterparty）などもあり、これは金融派生商品《デリバティブ》、貯蓄ウォレット、非中央集権型取引といった機能の提供をめざしている。だが、ここまでに考案されてきたプロトコルはすべて用途が限定されており、特定の業種や目的、多くは金融の用途に特化した細かい機能を実装しようとするものだった。現在、私も含めた開発者のグループが、これとは正反対の方向性を模索するプロジェクトを構想している。できるかぎりの汎用性をもたせたうえで、その上に誰でも特殊なアプリケーションを開発でき、考えうるどんな目的にも利用できる、そんな暗号資産ネットワークを構築することだ。このプロジェクトを、イーサリアムという。

タマネギの皮のような暗号資産プロトコル

暗号資産2・0ともいえるプロトコルの多くには、共通する設計上の哲学がひとつある。インターネットと同じように、暗号資産の設計はプロトコルを複数の層《レイヤー》に分割するとうまく機能するという考え方だ。この発想に従えば、ビットコインは暗号資産エコシステムにおけるTCP／IPのようなものと考えることができる。そして、メールならSMTP、ウェブページならHTTP、チャットならXMPPというように、ビットコインの上層に次世代のプロトコルを構築することができる。そのすべてが、TCPを共通基盤のデータ層として、その上に成り立つのである。

今のところ、このモデルに従う主なプロトコルとして、カラードコイン、マスターコイン、カウンターパーティーの三つがある。カラードコインのプロトコルのしくみは単純だ。まず、カラードコインを作成するには、特定のビットコインに、特殊な意味をもつものというタグを設定する。たとえば、ボブが金《きん》を発行する場合、一定量のビットコインにタグを設定し、1サトシ[訳注1]あたり0・1グラムの金をボブと交換できると宣言することも可能になる。そうすると、ブロックチェーンでこのビットコインが追跡され、どの時点でもその持ち主を計算で求められるのである。

マスターコインとカウンターパーティーは、さらに抽象度の高い通貨だ。ビットコインのブロックチェーンを利用してデータを格納するので、マスターコインでもカウンターパーティーでも取引《トランザクション》はビットコインのトランザクションということになるが、その解釈がまったく異なる。マスターコインでは、一方で1MSCを送金し、もう一方で10万MSCを送金する二つのトランザクションを同時に処理できるが、マスターコインプロトコルのしくみを知らないユーザーの立場からは、どちらも0・0006BTCずつを送金する少額のトランザクションのようにしか見えない。マスターコイン固有のメタデータは、トランザクションの出力にエンコードされているからである。したがって、マスターコインのクライアントは、ビットコインのブロックチェーンでマスターコインのトランザクションを検索し、マスターコインの最新バランスシートを確認しなければならない。

私は、ありがたいことにカラードコインやマスターコインのプロトコル発案者の何人もと話をする機会があったし、またどちらのプロジェクトでも開発に深く関わってきた。だが、2か月以上にわたって研究と協力を続けてきた結果、下位プロトコルの上にこうした上位プロトコルを構築するという基本的な着想自体は称賛に値するものの、その実装に根本的な欠陥があるという結論に至っている。現状では、ごく小さな吸引力をもつ以上にプロジェクトを発展させることは難しいだろう。

プロトコルを支えているアイデア自体が悪いということではない。アイデアは素晴らしいし、コミュニティの反応を見ただけでも、必要性の高い試みであることは間違いない。問題はむしろ、上位プロトコルの基盤にしようとしている下位プロトコル、つまりビットコインそのものが単にこの目的に向いていないという点にある。ビットコインが悪いのではないし、ビットコインの革新性を否定するわけでもない。価値を保存し移動するプロトコルとして、ビットコインは優れている。だが、効果的な下位プロトコルかどうかと考えると、ビットコインではもの足りない。HTTPの基盤にできるTCPではなく、どちらかというとビットコインはSMTPのような存在なのだ。つまり、意図した役割（SMTPの場合はメール、ビットコインの場合は通貨）は十分にはたすが、それ以外の基盤としては、それほど優秀ではないのである。

ビットコインの具体的な難点は、とりわけ、ある一点に集中している。拡張性《スケーラビリティ》だ。ビットコイン自体は、暗号資産として最大限のスケーラビリティを備えている。たとえブロックチェーンがテラバイト級に膨らんだとしても、「簡易支払い検証」（Simplified Payment Verification　SPV）というプロトコルがある。これはビットコインのホワイトペーパーに記されており、数メガバイト程度の帯域幅とストレージしかもたない「ライトクライアント」だけで、トランザクションの完了を安全に確認できるしくみだ。しかし、カラードコインとマスターコインではその余地がなくなってしまう。理由はこうだ。カラードコインの色を判断するには、ビットコインのSPVを使ってその存在を確かめるだけでは済まない。えんえんとジェネシスブロック【用語】まで遡り、その各ステップでSPVチェックを実行しなければならないのだ。この遡及スキャンは指数関数的に膨らむこともあり、メタコインのプロトコルでは、トランザクションをひとつずつ検証する以外、方法がない。

この点を、イーサリアムは解決しようとする。といっても、スイスアーミーナイフのように何百もの機能をそろえてあらゆるニーズに応えようとするわけではない。ビットコインに代わる優れた基盤プロトコルとなり、その上に他の分散型アプリケーションを構築できるようにすること、そして多くのツールを提供して、イーサリアムのスケーラビリティと効率性を十二分に生かすことをめざしている。

差異化のためだけではないコントラクト

イーサリアムの開発中には、暗号資産の上で金融契約を実現することに、かなりの関心が集まった。契約《コントラクト》の基本的な形態は、差金決済取引（Contract For Difference　CFD）で、2人の当事者が一定の資金を預け入れることに合意し、原資産の額に応じた比率で資金を受け取る。たとえば、アリスとボブがそれぞれ1000ドルを預け入れ、30日後にブロックチェーンによって自動的に決済が処理される。元の1000ドルと、この期間に上昇したLTC／USD相場の1ドルごとに100ドルずつを合算した金額がアリスに戻され、残りがボブに送金されるのである。こうしたコントラクトに基づいて、人は高いレバレッジで資産に対する投機を行うことができるし、あるいは中央集権的な交換を経ずに、エクスポージャーを相殺することによって、暗号資産の揮発性に備えることもできる。

だが、実はもっと広い一般的な概念があり、差金決済取引はその特殊なケースのひとつにすぎないことが、この時点で明らかになる。それが、「数式によるコントラクト」ともいうべきものだ。アリスから x ドル、ボブから y ドルをそれぞれ預かって、アリスには x ドルと、相場上昇分に相当する z ドルを合算して払い戻すというCFD方式ではなく、ある数式に基づいて一定の資金を戻す、そんなコントラクトが可能になる。つまり、任意の複雑さのコントラクトが実現するのだ。このとき、数式でランダムなデータの入力を許可すれば、ＣＦＤを一般化したこの形は、ピアツーピア［用語］による一種のギャンブルにも利用できることになる。

イーサリアムは、このアイデアをさらに一歩、前に進めている。イーサリアムにおけるコントラクトは、二者間の合意という形で始まりと終わりがあるコントラクトではなく、ブロックチェーンによってシミュレートされる一種の自律エージェントになっているのである。イーサリアムのコントラクトはそれぞれの内部にスクリプティングコードをもち、トランザクションが送信されるたびにそのコードが実行される。スクリプティング言語は、トランザクションの値、送信者、オプションのデータフィールドにアクセスできるほか、一部のブロックデータとその内部メモリーを入力に利用してトランザクションを送信できる。ＣＦＤを作成するとき、アリスはコントラクトを一つ作成してそこに１０００ドル相当の暗号資産を割り当てる。次に、同じく１０００ドルを含むトランザクションを送信して、ボブがこのコントラクトを受け入れるのを待つ。コントラクトは、タイマーで開始するようにプログラミングできるので、30日後にはアリスまたはボブがこのコントラクトに少額のトランザクションを送信して再開すれば、資金を解放できるようになる。

イーサリアムによるコントラクトのコード例を高級言語で記述すると、次ページ上のようになる。

イーサリアムのホワイトペーパーでは、こうした限定的なＣＦＤモデルだけでなく、イーサリアムのスクリプティングによって実現する他のトランザクションについても概略に触れている。ここでは、その一部だけを紹介しよう。

```
if tx.value < 100 * block.basefee:
  stop
if contract.memory[1000]:
  from = tx.sender
  to = tx.data[0]
  value = tx.data[1]
  if to <= 1000:
    stop
  if contract.memory[from] < value:
    stop
  contract.memory[from] = contract.memory[from] - value
  contract.memory[to] = contract.memory[to] + value
else: contract.memory[mycreator] = 10000000000000000
contract.memory[1000] = 1
```

・**マルチシグネチャのエスクロー**――ビットコインの仲裁サービスであるビットレーテッド(Bitrated)と同じような発想で、ただしビットコインより複雑なルールを運用できる。たとえば、署名者は手作業で順繰りにトランザクションに署名する必要がなくなる。ブロックチェーン上では、資金の引き出しを一度にひとつずつ非同期的に承認でき、十分な数の承認が集まればトランザクションで自動的に最終確定されるからである。

・**預金口座**――こんなケースを考えてみるといいだろう。アリスは膨大な資金を貯蓄したいと考えているが、秘密鍵［用語］を紛失したり盗まれたりしてその全額を失うリスクは避けたい。そこで、ある程度まで信頼できる銀行としてボブと契約し、次のようなルールを取り決める。引き出し可能額は、アリスだけの場合には1日あたり1単位まで、アリスとボブが合意すれば無制限、ボブだけの場合には1日あたり0・05単位までとする。通常、アリスは一度に少額ずつしか必要としないが、それ以上が必要になった場合はボブに身元を証明したうえで引き出せるようになる。さて、秘密鍵を盗まれた場合、アリスはボブに助けを求め、窃盗犯に1単位より多くを引き出されてしまう前に資金を別のコントラクトに移すことができる。アリスが秘密鍵を紛失した場合でも、ボブは最終的にアリスの資金を復元することが可能だ。そして、もしボブに悪意があると判明した場合でも、アリスはボブの20倍の速さで引き出しを実行できることになる。要するに、従来の銀行と変わらないセキュリティを、信頼がほぼ皆無の状態で確保できるのである。

・**ピアツーピアのギャンブル**——ピアツーピアのギャンブルのプロトコルを、どんな形でもイーサリアムの上に実装できる。ごく基本的なプロトコルとしては、単純にブロックハッシュのようなランダムデータを扱うCFDなどが考えられる。

・**独自の通貨を作る**——イーサリアムの内部メモリーストアを使えば、イーサリアムの内部にまったく新しい通貨を作ることができる。この新しい通貨では、相互操作が可能な形で構築する、非中央集権型の交換機能をもたせるなど、高度な機能をさまざまな形で実現できる。

以上がイーサリアムのもつメリットだ。スクリプティング言語には、料金システム以外に何の制約もないので、実質的にどんなルールでもその内部にエンコードできる。企業全体で、預金をブロックチェーン上で管理することさえ可能になる。たとえば、資金を動かすには現在の株主のうち60人の合意が必要（一方、30人でも1日あたり最大1単位は移動できる、など）とコントラクトで定めることもできるだろう。従来の資本主義的な性質の少ない形態も考えられる。たとえば、民主的な組織を考える場合でも、他のメンバーを招待するには既存メンバーの3分の2の合意が必要というルールをひとつだけ定めるといったやり方だ。

金融を超えて

ただし、こうした金融での使い方は、イーサリアムの可能性を、そしてイーサリアムの上位にある暗号学［用語］的プロトコルの可能性を表面的になでているにすぎない。確かに、イーサリアムを金融に応用できるというと、暗号資産コミュニティの多くの人が最初は盛り上がる。だが、長期的に見ると、金融以外のピアツーピアプロトコルと連携できるというイーサリアムの性質にこそ将来性があることは間違いない。金融以外のピアツーピアプロトコルがこれまでに抱えていた大きな問題のひとつが、インセンティブの欠如だ。つまり、中央集権型の営利プラットフォームと違って、参加することに経済的な動機がないのだ。場合によっては、参加することそれ自体が報酬になることもある。人がオープンソースのソフトウェアを開発するのも、ウィキペディアの執筆に協力するのも、フォーラムにコメントしたりブログ記事を書いたりするのも、それが動機だ。だがピアツーピアのプロトコルとなると、そこに参加するのは、どう考えてもまず「楽しい」行為ではない。どちらかというと、大量のリソースをつぎ込み、バックグラウンドでデーモンを走らせたりする（その結果、貪欲にCPU

とバッテリーを消費する）、そんな営みなのである。

たとえば、かなり昔から存在するデータプロトコルとして、フリーネット（Freenet）がある。基本的には、非中央集権型で検閲のない静的コンテンツを誰でも公開できるしくみだが、現実的には、速度がかなり低いため、リソースの提供に協力している人はほとんどいない。ファイル共有プロトコルもそれぞれ同じような問題を抱えている。利他主義は、利用者の多い商用プラットフォームを拡散するには十分だが、メインストリームを外れたものに対しては、たちまち効力を失う。つまり、ファイル共有のピアツーピアという特性は、皮肉にも、娯楽やメディア創作の集中化を阻むどころか助長しているかもしれないのだ。しかし、インセンティブを持ち込めれば、こうした問題はすべて解消される可能性がある。非営利的なプロジェクトだけでなく、ネットワークへの参加を中心とする事業や仕事が成り立つのである。

・インセンティブに基づくデータの格納――非中央集権型のドロップボックスと思えばいいだろう。しくみはこうだ。１GBのファイルをネットワークでバックアップしたいと考えた場合には、そのデータからマークルツリーというデータ構造を作る。このツリーのルートを、10ETHと一緒にコントラクトに組み込んだうえで、ファイルを別の専用ネットワークにアップロードする。このネットワークでは、ハードディスク領域を借り出したいノードがメッセージを受け取るのを待機している。このコントラクトは毎日、ツリーからランダムに一つのブランチ（たとえば、左↓右↓左↓左↓左↓右↓左のブランチ）を自動的に選択し、そのブランチの最初のノードに０・01ＥＴＨを付与する。ノードはファイル全体を格納しているので、報酬を受け取る確率が大きくなる。

・**ビットメッセージとトーア**——ビットメッセージ（Bitmessage）は、完全に非中央集権型で暗号化された次世代のメールプロトコルだ。ネットワーク以外は第三者をいっさい利用せずに、ビットメッセージのユーザー間で安全にメッセージを送信できる。ただし、ビットメッセージには操作性に大きな欠点がひとつある。送信先が myname@email のようにひと目で分かりやすいメールアドレスではなく、でたらめな34文字のビットメッセージアドレス（たとえば BM-BcbRqcFFSQUUmXFKsPJgVQPSiFA3Xash）なのだ。イーサリアムのコントラクトなら、この問題も解決できる。特殊なイーサリアムコントラクトに名前を登録しておけば、ビットメッセージのクライアントがイーサリアムのブロックチェーンに対してクエリーを実行し、登録した名前に対応する34文字のビットメッセージアドレスを取得できる。オンラインの匿名ネットワークであるトーア（Ｔｏｒ）も、同じ問題を抱えているので、この方法が通用する。

・**身元確認システムと評価《レピュテーション》システム**——ブロックチェーンに名前を登録できるなら、理屈からいって次のステップは自明になる。ブロックチェーンに「信頼の輪（web of trust）」を持ち込むことだ。信頼の輪は、実効的なピアツーピアの通信インフラストラクチャを構成する重要な概念といえる。ある公開鍵［用語］がある人物を示すことが分かっているだけではだめで、その人物がそもそも信頼できることも分かっていなければならない。そこで、ソーシャルネットワークを利用して、あなたがＡを信頼し、ＡがＢを信頼し、ＢがＣを信頼しているなら、あなたが

Ｃを少なくともある程度まで信頼できる確率はかなり高いと考えるのである。イーサリアムは、完全な非中央集権型のレピュテーションシステムのデータ層として機能できるので、最終的には完全な非中央集権型の市場まで想定できることになる。

以上の使い方の多くは、実際にある程度まで開発が進んでいるピアツーピアのプロトコルやプロジェクトで構成されている例だ。そうしたケースではできるだけ多くのプロジェクトとパートナー関係を結んで資金を提供し、それと引き換えにその価値をイーサリアムのエコシステムに導入してもらおうと考えている。暗号資産コミュニティだけではなく、ファイル共有やトレント、データストレージ、メッシュネットワークなどピアツーピアコミュニティ全体にも貢献したいからだ。特に金融以外の分野では、コミュニティに大きな価値をもたらす可能性を秘めていながら、開発の資金が足りないプロジェクトがたくさんあるに違いない。その理由はひとえに、金融的な要素をうまく持ち込む機会がないこと、それに尽きるのだ。イーサリアムは、こうした何十というプロジェクトを次のステージへと後押しする力になれるかもしれない。

こうした使い方をすべて、イーサリアム上で実現できるのはなぜか。その答えは、イーサリアムの内部プログラミング言語にある。比喩として、インターネットにたとえると分かりやすいだろう。今は昔の１９９６年頃、ウェブといえばＨＴＭＬだけで、ジオシティーズなどのサイトで静的なウェブページを公開することしかできなかった。のちに、ＨＴＭＬでフォームを送信する需要が大きいことが分かってくると、ＨＴＭＬにフォーム機能が追加された。これは、いわばウェブプロトコルにおけるカラードコインのようなものだ。特定の問題を解決しようとするが、広い視点で見ずに非力なプロトコルの上でそれを試みるのである。だが、やがてウェブブラウザーで動くプログラミング言語、JavaScriptが登場して問題を解決した。JavaScriptは、ユニバーサルなチューリング完全のプログラミング言語なので、どんなに複雑なアプリケーションでも開発できる。Gメールもフェイスブックも、そしてビットコインのウォレットでさえ、JavaScriptで記述されている。そして、JavaScriptの開発者はGメールやフェイスブック、ビットコインウォレットを開発してもらおうと考えてJavaScriptを作ったわけではない。単にプログラミング言語が欲しかったにすぎない。この言語でできることの上限は、私たちの想像力だけなのだ。イーサリアムで実現したいスピリットも、これである。イーサリアムがめざすのは、暗号資産のあらゆるイノベーションの終点ではない。出発点なのだ。

その他のイノベーション

ユニバーサルなチューリング完全のスクリプティング言語としての主機能に加えて、イーサリアムには従来の暗号資産と比べて改善されている点がいくつもある。

・**料金**——イーサリアムのコントラクトでは、チューリング完全の機能を調整し、メモリーの大量消費や無限ループといった不正なトランザクションを防ぐために、スクリプト実行の計算ステップごとにトランザクション料金を設定する。ストレージへのアクセスや暗号処理など負荷の高い操作ほど料金も高くなり、コントラクトで消費する保存項目ごとにも料金が課される。実行後のコントラクト自体を後始末する習慣を定着させるために、コントラクトによってストレージ使用量が減る場合にマイナス料金を計上するしくみもある。実際、SUICIDEという特殊なオペコードが用意されており、コントラクトをクリアしてすべての資金を戻すと、かなりのマイナス料金が開発者に還元される。

・**マイニングアルゴリズム**――マイニングで専用ハードウェアに対抗できるような暗号資産を実現することに、大きい関心が集まっている。コモディティハードウェアを使う一般のユーザーでも先行投資せずに参加できるようにして、中央集権化を防ぐことができるからである。これまでのところ、主な対抗策はスクリプト（scrypt）というマイニングアルゴリズムだ。計算処理能力とメモリーのどちらも大量に必要とするが、メモリー負荷はそれほど高いわけではなく、スクリプト専用デバイスを開発している企業もある。スクリプトよりメモリー負荷が高い、プルーフ・オブ・ワークのプロトタイプとしてダガー（Dagger）も登場した。また、プルーフ・オブ・ステークのプロトタイプアルゴリズムもあり、たとえばスラッシャー（Slasher）はマイニングに伴う問題を完全に回避している。最終的には、AESやSHA3といった標準を策定したのと同じようなコンテストを開催したいと考えている。世界中の大学から研究者グループを招待し、コモディティハードウェアにやさしい最善のマイニングアルゴリズムを考案してもらうのである。

・**GHOST**――GHOSTは、アビブ・ゾハールとヨナタン・ソンポリンスキーが考案した新しいブロック伝播プロトコルだ。ブロックチェーンにおけるブロックの確定時間が大幅に、理想的には3〜30秒に短縮されるため、中央集権化の問題が起こらずに済み、高速でブロックを確定したときに発生しがちな高いステイル率も回避できる。イーサリアムは、このGHOSTの簡略なシングルレベル版をプロトコルとして採用した最初の暗号資産となる。

今後の計画

イーサリアムは、壮大で影響の範囲も広いプロジェクトであり、開発には何か月もかかるだろう。それを踏まえて、何段階かに分けてリリースされる。第一段階、ホワイトペーパーの発表はすでに終わっている。フォーラム、Wiki、ブログも用意されており、誰でも自由にアクセスしてアカウントを開設できるし、フォーラムにコメントも残せる。1月25日からは、マイアミで開催されるカンファレンスで60日間の資金調達を開始し、誰でもイーサリアムの内部通貨ETHをBTCと交換できる。マスターコインの資金調達と同じパターンだ。価格は、1000ETH＝1BTCとなるが、初期からの投資家は、プロジェクトに早期から参加することでリスクが増える分の補償として、およそ2倍で交換できる。資金調達に参加すると、ETHの獲得以外にも特典がある。カンファレンスの無料チケットを獲得でき、ジェネシスブロックで32バイトを確保できるほか、上位の出資者に対しては、イーサの補助単位（BTCの場合の「マイクロビットコイン」に当たる）三つの命名権も用意する。

イーサリアムの発行は、ひとつのメカニズムだけではなく、複数のアプローチのメリットを組み合わせた折衷方式になる。発行モデルの流れは、次のとおりだ。

ＥＴＨは、まず資金調達の期間に１０００～２０００ＥＴＨ＝１ＢＴＣで発行される。初期からの投資家は、早い段階から参加することで不安定性も増すので、その補償分として価格が優遇される。最小出資金額は０・01ＢＴＣとする。発行額がxＥＴＨだとすると、以下のようになる。

・資金調達の開始より前に事実上プロジェクトに参加していた受託メンバーと初期からの協力者には、０・２２５xＥＴＨを配分する。この分はタイムロックコントラクトに保存され、１年後には40％、２年後には70％、３年目以降は１００％が消費可能になる。
・資金調達の開始から通貨のリリースまでの期間に、経費と報酬をＥＴＨで支払う資金として、０・05xＥＴＨを割り当てる。
・通貨をリリースしたあと、経費、給与、報酬をＥＴＨで支払うための長期的な準備金として、０・２２５xＥＴＨを割り当てる。
・その時点以降ずっと、年間のマイニングに対して０・４xＥＴＨを配分する。

ビットコインや他の暗号資産と比べると、重要な違いがひとつある。イーサリアムは、最終的な供給量が無制限である点だ。ＥＴＨをインフレーションにもデフレーションにもしないために、「恒久線形インフレーション」というモデルを採用している。供給量の上限を定めないのは、既存の通貨で見られるような投機的な試みや富の不均衡をいくらかでも緩和するのが狙いだ。ただし、それと同時に、一般的な指数級数的インフレーションモデルではなく線形モデルを採用したため、インフレ率は長期的にゼロになる。また、最初の通貨供給量がゼロから始まるわけではないので、最初8年間の供給量の増加は、ビットコインより緩やかになる。したがって、資金調達に参加した人やアーリーアダプターにとっては、中期的にかなりの利益をあげられるチャンスがあるはずだ。

2月のある時点で、中央集権型のテスト用ネットを立ち上げる。そこのサーバーでは、誰でもトランザクションを送信でき、コントラクトを作成できる。その後すぐ、非中央集権型のテスト用ネットも開始する。こちらでは、各種のマイニングアルゴリズムを実験し、ピアツーピアデーモンの機能とセキュリティを確かめる。プロトコルとクライアントの安全性が確認されしだい、ジェネシスブロックをリリースして、マイニングを始められるようにする。

将来的な展望

イーサリアムには、チューリング完全なスクリプティング言語が用意されているので、ビットコインのようなブロックチェーンベースの暗号資産で可能なことは、基本的にすべて実行できる。それでも、現状のプロトコルには未解決のままの問題が残っている。たとえば、ブロックチェーンベースのあらゆる暗号資産と同じく、スケーラビリティの根本問題は解決されていない。つまり、すべてのノードがバランスシート全体を格納したうえで、各トランザクションを検証しなければならないのだ。「開始ツリー」と「トランザクションリスト」を区別する概念をリップルから借用し、ある程度は緩和しているが、基本的なブレークスルーは見つかっていない。これについては、エリ・ベン＝サッソンによるSCIP（Secure Computational Integrity and Privacy　安全な計算の統合とプライバシー）など、現在まだ開発中の技術が必要になるだろう。

もうひとつ。イーサリアムは、欠点の多い従来型のプルーフ・オブ・ワークによるマイニングから脱していない。プルーフ・オブ・エクセレンスや、リップル式のコンセンサスも研究はなかばだ。プルーフ・オブ・ステークや、それ以外のプルーフ・オブ・ワークのアルゴリズムが優秀であると証明された場合、今後の暗号資産にはMC2やスラッシャーといったプルーフ・オブ・ステークのアルゴリズムが使われる可能性もある。イーサリアム2・0が登場するとすれば、改良の鍵はこのあたりにあるのだろう。最後に言っておきたいのは、イーサリアムが終わりのないプロジェクトだということだ。十分な資金が集まれば、私たち自身がイーサリアム2・0をリリースすることになり、元の残高を改良後のネットワークに持ち越せるかもしれない。イーサリアムの標語にもあるとおり、限界があるとすれば、それは私たちの想像力だけだ。

訳注1　ビットコインの補助単位。1サトシ＝0・00000001BTC（1億サトシ＝1BTC）。

自己実行型の契約とファクトゥム法

イーサリアムブログ
2014年2月24日

イーサリアムの世界で私たちが推進しているコンセプトの多くは、未来的すぎて、ときには不気味ですらあるかもしれない。そう、いわゆる「スマートコントラクト【用語】」、つまり人の仲裁や関与をまったく必要とせずに、というかその機会もなく自律的に実行される契約《コントラクト》の話だ。クラウド上で完結していながらも、金融資産を強力に管理する、まるでスカイネットのような「分散型自律組織(Decentralized Autonomous Organization)」【用語】を人々が形成する。それが、物理世界で人が営む現実的な生活や、分散型の「数学ベースの法律」のインセンティブとなるし、完全に信頼を必要としない《トラストフリー》社会を作ろうという、一見してユートピア的な試みもそこから始まる。何も知らない人、特にただのビットコインですら初耳という人にしてみれば、こんなことがどうして可能なのか、可能だとしていったいなぜ望ましいのか、見当もつかないだろう。ここでは[訳注1]、こうした概念を詳細に解説し、ひとつひとつの意味を明らかにしたうえで、その特性、利点、限界までお伝えしたいと思う。

ここでは、いわゆるスマートコントラクトを取り上げる。スマートコントラクトの概念自体は、数十年前にニック・サボが提唱したものだが、のちに暗号技術と関係付けられて一般的に注目を集めるようになってきた。スマートコントラクトの定義は、基本的にはシンプルだ。「それ自体を実行する契約」である。言い換えれば、こういうことだ。一般的に契約とは、一定の条件下で甲が乙に金銭（またはその他の財）を送るといった内容を判定者が厳格に甲に命じた文言が記されている一通の書類（最近では、PDF文書）のことをいう。それに対して、スマートコントラクトは、ハードウェア上で実行され、同じような条件を自動的に遂行するコンピュータープログラムである。ニック・サボは、自動販売機を例にあげて次のように説明している。

最もシンプルな現実の例として、スマートコントラクトの遠い祖先といえそうなのが、どこにでもある自動販売機だ。自動販売機は、損失の可能性に上限を設けており（硬貨収納庫に入る金額は、自販機荒らしによる被害のコストを超えないようになっている）、自販機に硬貨を入れると、表示金額に応じて商品と釣り銭が出てくる。そのしくみは、有限オートマトンの設計に関する大学1年生向けの課題になりそうな程度である。こうした自動販売機が、硬貨を入れた人との契約に当たり、硬貨をもっていれば誰でも、売り手との交換に参加することができる。施錠その他のしくみによって、中の硬貨や商品は攻撃者から保護されているため、さまざまな地域に自販機を配置しても十分な利益が上がるようになっている。

スマートコントラクトは、このコンセプトを、いわばいろいろなことに応用するものだ。特定の式と条件に基づいて自動的に資金を移動するスマート金融コントラクトとか、最初に200ドルを送金した人にドメインを販売するスマートドメイン名販売システムなどが可能になる。さらには、スマート保険コントラクトも想定できる。一定の信頼性を備え、現実の出来事に関するデータを提供する情報源（または情報源の組み合わせ）に従って銀行口座を管理し、自動的に払い戻しを実行するのである。

スマートプロパティ

だが、この時点で明白な疑問もわいてくる。こうしたコントラクトに、強制力はあるのかということだ。従来の契約の文面が有効なのは、それを執行する法的権限をもった実際の判定者が存在するからである。それと同じように、スマートコントラクトが実際の効力をもつためには、なんらかのシステムに組み込まなければならない。最も明らかで、歴史も長い解決策はハードウェアを使うことで、この考え方には「スマートプロパティ」という名前も付いている。ニック・サボが解説した自動販売機が、その単純な例になる。自動販売機の中には、いってみればスマートコントラクトの原型のようなものがあり、たとえば次ページに示すようなコンピューターコードが書かれていると思えばいい。

このコントラクトには、外界との接点となる「フック」が四つある。入力となる〈ボタンを押す〉

```
if button_pressed == “Coca Cola” and money_inserted
>= 1.75:
  release(“Coca Cola”)
  return_change(money_inserted - 1.75)
else if button_pressed == “Aquafina Water” and
money_inserted
>= 1.25:
  release(“Aquafina Water”)
  return_change(money_inserted - 1.25)
else if …
```

と〈硬貨を入れる〉の二つの変数、出力となる〈商品を放出する〉と〈お釣りを戻す〉の二つのコマンドである。この四つはすべてハードウェアに依存しているが、人による入力は通常ほとんど無視してもいいので、実際には最後の三つについて考える。このコントラクトを、2007年に発表されたアンドロイドスマートフォン上で実行したのでは、何の意味もない。アンドロイドスマートフォンは、硬貨が何枚入れられたか判断する術《すべ》をもたないし、コカコーラを出したりお釣りを戻したりすることもできないからだ。一方、自動販売機なら、このコントラクトは「強制力」を伴っているといえる。機械の中にコカコーラを収納し、コントラクトのルールに従わずにコカコーラが取り出されるのを防ぐ物理的なセキュリティを備えることで、その強制力が支えられているからである。

もうひとつ、もっと未来的なスマートプロパティの使い方として考えられるのが、レンタカーだ。すべての人がスマートフォン上に各自の秘密鍵をもっていて、特定のアドレス宛てに100ドルを支払えば、その車は自分の秘密鍵によって署名されたコマンドに1日間だけ応答するようになる――そんな世界も考えられるのである。同じ原理を、住宅に当てはめることもできる。ありえない話に聞こえるかもしれないが、実はオフィスビルはかなりの部分まですでにスマートプロパティになっていることを思い出そう。入退室はアクセスカードで管理されていて、どのカードでどの部屋に入れるかは、データベースにリンクされたコードによって決まっている。雇用契約を自動的に処理して新入社員のアクセスカードを有効化する人事システムがあれば、その雇用契約は、ささやかではあるが、スマートコントラクトといえるのだ。

スマートマネーとファクトゥム社会

とはいえ、物理的な施設《プロパティ》では、できることはたかが知れている。セキュリティに限界があるので、スマートプロパティ環境に数万ドル以上をかけたところで、事実上たいしたことはできないだろう。それに、最も関心がもたれるのは、やはり資金の移動を伴う契約だ。だが、実際にどうすればそれを実現できるのか。今のところ、基本的にその方法はない。理屈の上だけなら、契約に銀行口座へのログイン情報を設定し、一定の条件下で送金を実行することはできる。だが、問題はその契約が「自動実行型」ではないことだ。この契約を交わした当事者は、決済前にいつでも契約を無効にできるし、銀行口座から資金を勝手に引き出すことも、なんなら口座のパスワードを変更することもできてしまう。最終的には、契約をどうシステムに組み込んだところで、そのシステムを停止するという手段も残る。

この問題を、どうすれば解決できるのか。その答えは、一般社会の枠で考えれば過激なものかもしれないが、ビットコインの世界ではもう当たり前の話になっている。新しい種類の貨幣が必要になるということだ。歴史的に、貨幣の進化は三つの段階を経てきた。商品貨幣（commodity money）、商品担保貨幣（commodity-backed money）、名目貨幣《フィアットマネー》（fiat money）である。商品貨幣は分かりやすい。内在的な一定の使用価値をもつ商品として、それ自体に価値がある貨幣だ。金や銀が代表的だが、歴史的に見ると、お茶や塩（ちなみに、「給与」を意味するsalaryの語源はsaltだ）、貝殻などもそうだった。その次に現れたのが商品担保貨幣で、金と交換できる価値があるということを銀行が保証していた。そして、最後に名目貨幣が登場する。名目貨幣《フィアットマネー》の「フィアット（fiat）」とは、ラテン語の〝fiat lux〟、つまり神が言った「光あれ」に使われている言葉だ。神の言葉「光あれ」が、政府の言葉「貨幣あれ」に替わったわけである。名目貨幣に価値があるのは、発行している政府がそれを、それだけを貨幣として認めているからにすぎない。その貨幣が、税金や報酬を支払う手段となり、そのほかにもさまざまな法的根拠になっている。

しかし、ビットコインの出現で、新たに第四の貨幣が登場することになった。事実上の通貨《ファクトゥムマネー》（factum money）である。名目貨幣とファクトゥムマネーとの違いはこうなる。名目貨幣はそれを作っている政府（理論的には、それ以外の機関でもいい）の手によって存在し、維持されているが、ファクトゥムマネーはただ存在するだけだ。ファクトゥムマネーは単なるバランスシートにすぎず、そのバランスシートの更新方法についてルールがいくつか定められていて、そのルールを認めた一定の利用者の間でだけ通用する。ビットコインが最初の例だが、それだけではない。たとえば、一定の「ジェネシストランザクション」（最初のトランザクションのこと）に由来するビットコインのみをバランスシートに計上するという新しいルールを定めることもできる。これがいわゆる「カラードコイン」で、一種のファクトゥムマネーでもある（そのカラードコインを、改めて名目貨幣または商品担保貨幣としないかぎり）。

実は、ファクトゥムマネーが有望なのは、スマートコントラクトとの相性がいいというその一点が大きい。スマートコントラクトで最大の問題は、その執行だからだ。たとえば、事象Xが起こった場合はボブに200ドルを送金するというコントラクトがあるとして、いざXが起こったとき、ボブに200ドルが送金されることを、実際にはどうやって保証するのか。ファクトゥムマネーを使うと、これを驚くほど鮮やかに解決できる。貨幣の定義、厳密にいうと現在のバランスシートの定義は、あらゆるコントラクトを実行した結果である。したがって、Xが起こった場合にボブの残高が200ドル増えることに全員が合意していれば、実際にXが起こらなかった場合には、ボブの資産は以前と変わらないことに全員が合意することになる。

これは、第一印象で感じるよりはるかに画期的な変化だ。ファクトゥムマネーの登場で、執行するどんなしくみにも依存することなく、契約を、ひいては法律一般を機能させる、しかも実効的に機能させる手段が実現したことになるからだ。ごみを捨てたら100ドルの罰金という法律を作りたいとする。その場合には、ごみを捨てたら100単位が減るという通貨を定義し、全員にそれを認めてもらうのである。いや、この例ではちょっと極端すぎて、明確な説明書きを付けないと現実的ではないかもしれない。その点については後述するが、一般的な原理はこのとおりであり、同じ原理を確実に機能させられる適度な例は、ほかにいくつでもある。

では、スマートコントラクトはどのくらい「スマート」なのか

スマートコントラクトは、金融上のあらゆる用途だけでなく、2種類のファクトゥム資産の交換一般でも間違いなく威力を発揮する。その一例が、ドメイン名の販売だ。ドメイン、つまりgoogle.comなどはファクトゥム資産といえる。サーバー上のデータベースという裏付けがあり、それは認められているという理由で重みがあるにすぎないからだ。そして、貨幣もファクトゥムになりうることはいうまでもない。現在、ドメインの売却は複雑なプロセスであり、特殊なサービスを必要とする。将来的には、この売却プロセスを丸々スマートコントラクトにまとめ、ブロックチェーンに配置できるだろう。実際にこれを利用するときには、取引のどちらの側も自動的に実行されるので、不正行為が入り込む余地はない。通貨の世界に戻ると、非中央集権型の交換もこの一例であり、ヘッジングやレバレッジ取引などの金融契約も可能になる。

だが、スマートコントラクトがうまく機能しない場面もある。たとえば、こんな雇用契約を考えてみる。Aがある仕事を行い、その報酬として通貨Cでx単位を受け取るという契約をBとの間に交わす。支払いの部分をスマートコントラクト化するのは簡単だ。しかし、その仕事が実際に行われた

かどうかを検証するのは容易ではない。仮に物理世界での仕事だとすると、検証はかなり困難になる。ブロックチェーンは物理世界にアクセスする術《すべ》をもたないからである。たとえウェブサイト上の仕事だったとしても、仕事の水準の評価という問題が残ってしまう。コンピュータープログラムが機械学習のアルゴリズムを使ってそのような特性をうまく判定できる場合もあるだろうが、従業員が「システムをゲーム化」する可能性が開かれないかぎり、公的な契約でそれを実現するのはかなり難しい。ときには、アルゴリズムが支配する社会が十全に機能しないこともあるということだ。

幸い、いいとこ取りができる適度な解決策がある。裁判官だ。法廷における裁判官は、基本的に無制限の権限を与えられていて、審判のプロセスには特に優れたインターフェースがあるわけではない。訴訟を起こし、裁判が開かれるまでかなり長いあいだ待たされた末に、裁判官が最終的な判決を下して、それが法制度によって執行される。それ自体は、迅速で効率的な見本になっているとはとてもいえないのである。私的な仲裁のほうが裁判よりも費用も時間もかかわらないことは多いが、そこでも問題の本質は変わらない。一方、ファクトゥム界の裁判官はこれとまったく異なる。雇用のスマートコントラクトなら、次ページに示すコードのようになる。

saysは署名を検証するアルゴリズムで、says(P,T)なら、Tという文面のメッセージと、Pの公開鍵を使って検証されるデジタル署名とをPが送信したかどうかをチェックする。では、このコントラクトはどう機能するかというと、まず雇用主が２００単位の通貨をこのコントラクトに送信し、これはエスクロー（取引保全）として保管される。たいていの場合、雇用主も従業員も誠実なので、Aが退職した場合、「Aは職務を遂行しなかった」と書いたメッセージに署名して、Bに資金を渡す。

```
if says(B,“A did the job”) or says(J,“A did the
job”):
  send(200, A)
else if says(A,“A did not do the job”) or says(J,“A
did not do the job”):
  send(200, B)
```

あるいは、Ａが実際に職務をはたした場合、「Ａは職務を遂行した」というメッセージをＢが確認して、コントラクトがＡに資金を渡す。ところが、Ａが職務をはたしたにもかかわらず、Ｂが同意しない場合、Ａが職務を遂行したのか遂行しなかったのかという決定は裁判官Ｊに委ねられる。

ここで、裁判官Ｊの権限範囲はきわめて慎重に定めてあることに注目してほしい。Ｊは、Ａが職務を遂行したかしなかったかを述べる権限しかもっていないのだ。もっと高度なコントラクトだったら、その両極に限らず判断を下す権限をもてるかもしれない。だが、この例のＪは、Ａが実際には６００単位分の仕事をしたと述べたりはできない。また、この雇用関係がそもそも違法だとか、Ｊが２００単位を受け取るべきだとか、要するに明確に定められた範囲を超える結論を出すこともできない。そして、Ｊの権限はファクトゥムによって規定される。つまり、このコントラクトにはＪの公開鍵が含まれているため、資金はその範囲に基づいて自動的にＡかＢに移動する。さらには、３人の裁判官のうち2人のメッセージを必須条件にすることもできるし、別々の裁判官に複数の観点から職務を判定してもらい、その評価に基づいて品質スコアをＢの業務に自動的に割り振るといったことも可能になる。どんなコントラクトでも、必要に応じて裁判官を追加《プラグイン》できるし、特定の事実の真偽を判定する、特定の変数を測る、取り決めを実行する当事者のひとりになるなど、いろいろな目的に利用できる。

では、これが今のシステムと比べてどう良くなるのだろうか。簡単にいうと、「Judges as a Service（サービスとしての裁判官）」ともいうべきものが実現する。いま、「裁判官」になろうと思ったら、民間の仲裁機関や国の裁判所に雇われるかしかない。暗号技術で実現するファクトゥムの法制度では、公開鍵と、インターネットに接続できるコンピューターさえあれば裁判官になれる。直観とは相いれないかもしれないが、裁判官といっても全員が法律に精通している必要はない。なかには、商品が適切に出荷されたかどうかの判定を専門とする裁判官がいてもいい（郵便制度でこれができれば望ましい）。雇用契約の履行を検証できる裁判官、保険会社に代わって損害を見積もる裁判官なども考えられる。コントラクトにどんな種類の裁判官を設定するか、コントラクトのどの部分を純粋にコンピューターコードとして定義できるかは、コントラクトの作成者しだいということになる。

以上が、スマートコントラクトの概要だ。

訳注1　もとのブログでは、「DAOs Are Not Scary（DAOはこわくない）」という主タイトルで書かれた2部構成の連続記事だった。この記事がパート1で、パート2は以下で読める。

https://blog.ethereum.org/2014/03/01/daos-are-not-scary-part-2-reducing-barriers/

サイロ化についての考察

イーサリアムブログ
２０１４年12月31日

暗号資産の世界がいま向かっている方向性についてたびたび聞かれる批判のひとつは、はなはだしく分断が進んでいるという点だ。かつては、おそらくもっと密に結束してビットコインの共通インフラ開発をめざしていたコミュニティが、今や次々と「サイロ」化の一途をたどっており、ばらばらなプロジェクトがそれぞれ独自に展開されている。イーサリアムは、たくさんの開発者や研究者が取り組んだり、ボランティアとして概念を検証したりしていて、結果的にイーサリアムコミュニティとの対話に膨大な時間を使うようになった。そうした人々が、グループとして協力体制をとり、個々のビジョンに専念している。擬似中央集権型のプロジェクトであるビットシェアーズ（BitShares）は、ＤＰoＳ〈原注1〉と市場固定資産、そして分散型自律組織としてのブロックチェーンを複合した独自

〈原注1〉　ＤＰoＳとは「デリゲーテッド・プルーフ・オブ・ステーク（Delegated Proof of Stake）」の略で、バリデーターになれる人を制限するコンセンサスメカニズムである。

のビジョンを掲げている。めざすのは、自由市場を目標とする完全自由主義と、契約フリーの社会という政治的な目標である。ブロックストリームは、いわゆるサイドチェーン[訳注1]を推進している企業で、やはり同じように独自のグループを集め、独自のビジョンと方針を掲げている。トゥルースコイン(Truthcoin)、メイドセーフ(MaidSafe)、NXT、その他もみな同様だ。

　このような現状に対して、ビットコインの過激主義者やサイドチェーンの支持者からたびたびあがってくるのが、こうした分断は暗号資産エコシステムに有害であるという主張だ。全員が独自の道を歩んでユーザーを取り合うのではなく、ビットコインという共通の旗印のもとに結束して協力し合うべきだというのである。ブライアン・ファビアン・クレインも、こうまとめている。

> 最近この議論を沸騰させたのが、サイドチェーン提案の発表だ。サイドチェーンは、アルトコイン[訳注2]における信頼性の低いイノベーションを認め、そのマネタリーベース、流動性、マイニング能力をビットコインネットワークと同じようにとらえようとする。
>
> 支持者からするとこれは、最も成功したプロジェクトのもとで暗号資産のエコシステムを立て直し、すでにあるインフラストラクチャとエコシステムを増強する大切な試みである。これなら、ばらばらな方向に労力が分散することもない。

　たとえビットコインの過激主義に賛同できない立場だとしても、これはかなり妥当な指摘のように聞こえる。暗号資産のコミュニティがすべて「ビットコイン」の旗のもとに団結することはないとしても、なんらかの形で結束してもっと統一的なエコシステムを構築すべきだという議論はありえるだろう。ビットコインが、「生命、暗号宇宙、そして万物についての究極の疑問」に答えられる現実的な土台になるほど強力でないのなら、もっと高性能で拡張性の高い非中央集権型コンピューターを開発し、すべてをそこに構築すればいいのではないか。たしかにハイパーキューブ[訳注3]なら、過激主義の立場をとってもいいくらい強力そうだが、そう思うのは「ひとつの何かがすべてを統《す》べる」式の提案を直観的に魅力的だと思うタイプの人間だろう。ビットシェアーズやブロックストリームといった「サイロ」の関係者は、それぞれ独自のソリューションについて同じことを信じたがる傾向が強い。基盤がマージマイニング[訳注4]、ＤＰｏＳとビットアセット（BitAssets）などどれであっても、その点は変わらない。

　では、なぜ分断は起こるのか。ベストなコンセンサスメカニズムが本当にひとつ存在するとして、さまざまなプロジェクトを大規模に合併し、最高性能の非中央集権型コンピューターを考案して暗号経済【用語】の基盤としたうえで、統一したひとつのシステムのもとでともに進まないのか。ある意味、そうなるのは理想的に思える。分断はたしかに望ましい状態ではなく、「協力し合う」ことを善とみなすのは当然だ。協力が深まるほうがたしかに便利だし、その方法と理由についてはこの記事で後述もするが、実際には極端な集中化、つまり勝者の総取り式を望むのは、たいていまったく間違っている。分断は、それほど悪いものではないうえに、とにかく不可避であり、暗号資産の世界がまっとうに繁栄するには、それしかないからである。

合意できないことに合意する

分断はなぜ起こりつづけるのだろうか、そして、なぜ分断が起こるのを許しつづける必要があるのだろうか。一つ目の質問に対しても、同時に二つ目の質問に対しても、答えは単純だ。分断が起こるのは、合意できないからだ。たとえば、以下のような主張を考えてみてほしい。いずれも、私が確信している考え方だが、ほかの人やプロジェクトの哲学からは、大きく乖離している場合が多いだろう。

・私は、弱い主観性〈原注2〉をそれほど問題ではないと考えている。だが、主観性がさらに進んだり、プロトコルから外れた社会的コンセンサスに本質的に依存したりということは、やはり受け入れがたい。

・ビットコインが、プルーフ・オブ・ワークに対して年間6億ドル相当もの電力を浪費しているのは、環境にとっても経済にとっても、きわめて悲惨な状況である。

・ASIC〈原注3〉は深刻な課題となっており、その結果としてビットコインはこの2年間、定性的にセキュリティが低かった。

・ビットコイン（あるいは、供給量が固定されている他の暗号資産）は、度しがたいほど揮発性が高いため、安定した通貨単位にはなりえない。そして、暗号資産の価格を安定させる最善の道は、インテリジェントに設計された柔軟な金融政策（「市場」や「ビットコイン中心の銀行」ではなく）を試みることだと考えている。ただし、暗号資産の金融政策を中央集権的な管理下に置くことには、まったく興味をもてない。

・私は、反制度的、完全自由主義的、アナーキスト的な性向が一般よりもかなり高いが、そうした性向がかなり低いともいえる（ちなみに、オーストリア学派の経済には与《くみ》しない）。一般論として、何ごとも両面に価値があると考えており、両方のいいとこ取りをするための対話と協力は惜しまない。

・暗号経済だろうとそれ以外だろうと、〝力の指輪〟のようにひとつの通貨がすべてを統べるという姿勢を私は好まない。

・トークンセールス[訳注5]は、非中央集権型プロトコルを収益化する素晴らしい手段である。この概念を真っ向から攻撃するのは、素晴らしいものを奪い取って社会に害をなそうとする行為だと考える。ただし、私たちやほかのグループがこれまでに実装してきたモデルに欠陥があるという点には完全に同意する。さまざまなモデルを試して、インセンティブをもっとくうまく調整することを試みなければならないだろう。

〈原注2〉　弱い主観性とは、プルーフ・オブ・ステークのシステムでネットワークノードが認識しなければならない内容について考えるときの、ブテリンの概念。

〈原注3〉　ASICは、Application-Specific Integrated Circuit（特定用途向け集積回路）の略。ブロックチェーンの文脈では、プルーフ・オブ・ワークのシステムで効率的なマイニングを行うために設計されたコンピューターのことをいう。暗号資産のマイニングセンターには、ブロックを確定する際に必要だが、それ以外には何の役にも立たない数学を解くためだけに設計・開発されたASICマシンがぎっしり並んでいる。

・フュターキー（futarchy）【用語】〈原注4〉は有望であり、ブロックチェーンガバナンスを考えるときには特に、試みる価値がある。

・暗号経済上のプロトコル分析では、経済学とゲーム理論が重要な役割をはたす。暗号資産コミュニティに学問上の欠陥があるのは、高度なコンピューター科学を知らないからではなく、経済学と哲学を知らないからだ。lesswrong.com のサイト〈原注5〉をもっと研究したほうがいい。

・非中央集権型テクノロジー（ブロックチェーン、ウィスパー（Whisper）、分散ハッシュテーブルなど）が実際に受け入れられる最大の理由は、ソフトウェア開発者が怠慢で、中央集権型のウェブサイトを維持する煩雑さに対処したがらないから、だろう。

・分散型自律組織としてのブロックチェーンという比喩は、有益ではあるが限界もある。特に、私たち暗号資産開発者は、暗号資産がまだ理想主義的に管理される業界であるうちに、収益ではなく実利的な社会福祉の尺度（そう、このふたつは等価ではない）を最大化するような制度を設計すべきである。

以上の点すべてについて私と同意見という人は、おそらくほとんどいないだろう。そして、独自の意見をもっているのは私だけではない。別の例として、オープントランザクションのCTO、クリス・オドムはこう語っている。

必要なのは、信頼できる実体《エンティティ》を、暗号学的な証明のシステムに置き換えることだ。ビットコインコミュニティにあって、信頼しなければならないエンティティはどれも、やがて消えていく。存在しなくなるのである。サトシの夢は、［信頼できる］エンティティを完全に排除して、リスクを完全になくすか、あるいは実質的に排除されたといえるくらいにリスクを分散することだった。

一方、こんなことを主張したいと考える向きもある。

言い方を変えると、商用として現実的な、信頼を下げたネットワークが、プラットフォーム事業者から世界を守る必要はない。必要なのは、プラットフォームユーザーの利益のために、プラットフォーム事業者を世界から守ることだ。

たしかに、規制を回避することが暗号資産の最大のメリットだと考えているのだったら、二つ目の引用文は納得できるだろう。ただし、引用文の当初の意図とはまったく違う解釈なのだが、それもや

〈原注4〉 フュタ一キ一とは、有権者が特定の社会的な目標を選択し、予測市場の投資家が、最も高い確率でその目標を達成できそうな政策に投資するというガバナンスモデル。
〈原注5〉 合理主義に立ったオンラインコミュニティのブログ。人工知能の研究者エリエゼル・ユドカウスキーが立ち上げた。

はり、人によって考え方が違うという証左にすぎない。暗号資産を資本主義の革命ととらえる人もいれば、平等主義の革命ととらえる人も、その中間のどこかだという人もいる。人のコンセンサスというのは、きわめて脆《もろ》く壊れやすいもので、暗号資産はそれを難解な数学で置き換える導きの光だと考える人もいる。暗号資産におけるコンセンサスも、人間どうしのコンセンサスの延長であり、技術によって効率化したにすぎないという見解もある。暗号資産をドルと等価なものにする最善の方法は、二重通貨の金融派生商品《デリバティブ》方式だという意見もあるし、ブロックチェーンを使って現実世界の資産の権利に代えるほうがシンプルなアプローチだという主張もある（さらには、ビットコインが最終的には単独でドルより安定すると考える人もいる）。拡張性に最適なのは「スケールアップ」だという立場もあれば、いや究極に優れているのは「スケールアウト」だという立場もある。

こうした問題の多くに、もともと政治が関わっていることはいうまでもない。なかには、公共財【用語】が絡んでくるものもあり、その場合は互いの言い分を認める流儀が現実的な解とは限らない。あるプラットフォームが負の外部性（外部費用）を許している、あるいは社会を最適以下の均衡に追いやろうとしている場合、自分のプラットフォームに置き換えることで単にそこから「離脱する」だけでは済まない。なんらかのネットワーク効果による、もっと極端な場合には51％攻撃〈原注6〉に基づく譴責《けんせき》が必要になるだろう。場合によっては、相違が私的財に関係していて、単に経験に基づく信念が要因ということもある。たとえば、価格の安定性という点ではシェリングドル（SchellingDollar）が最適な方式だと私が考え、シニョレッジシェア（Seigniorage Shares）[訳注6]やニュビッツ（NuBits）がいいという人もいたとして、数年後とか数十年後には、いずれかのモデルの優秀さが明らかになり、競合するモデルを置き換えるかもしれない。そのときは、そのときだ。

一方、相違が別の形で解決される場合もある。特定の用途には特定のシステムのほうが性質として適していると判明する場合もあるし、用途が変われば適性も変わってくる。どんなものも、最適なユースケースへと自然に分化していくものだ。一部の評論家が指摘するように、主流である金融世界における非中央集権型コンセンサスの使い方についていえば、銀行はまず匿名ノードによって管理されるネットワークを受け入れようとはしないだろう。その場合、リップル（Ripple）のような形のほうが役に立ちそうだ。だが、シルクロード（Silk Road）[訳注7]になると、正反対のアプローチしか方法はない。この両極の間でも、それぞれすべて費用便益分析が発生する。特定の機能を効率的に実行する機能に特化したネットワークをユーザーが望むなら、それに応じたネットワークが存在するだろうし、ブロックチェーン上のアプリケーション間で高いネットワーク効果を発揮する汎用のネットワークを希望するなら、そういうネットワークが生まれる。デイヴィッド・ジョンストンが指摘するように、ブロックチェーンはプログラミング言語のようなものだ。それぞれが独自の特性を備えており、几帳面にひとつの言語だけにこだわる開発者はほとんどいない。用途に応じて最適な言語を使っているはずだ。

〈原注6〉 51％攻撃とは、1人のマイナーがブロックチェーンネットワークの過半数を取得し、トランザクションを偽造できてしまう状態を引き起こすこと。

協力できる余地

とはいえ、最初にいったように、私たちがそれぞれ勝手な方向に進んで、お互いを無視する、ひどい場合にはお互いを妨害するような事態は望ましくない。私たちのプロジェクトがすべて、必然的にばらばらなゴールをめざして分化していくとしても、互いの取り組みで重複を減らし、協力を進めるチャンスはそれなりにあるはずだ。これは、さまざまなレベルで正しい。まず、暗号資産エコシステムのひとつのモデル（次ページ）を見てもらいたい。あるいは、これから1〜5年のあいだにどうなりそうかというビジョンでもある。

イーサリアムは、ほとんどどのレベルでも、独自の存在感をもっている。

- コンセンサス——イーサリアムブロックチェーン、データ可用性のシェリング投票（イーサリアム2・0のときかもしれない）
- 経済——イーサ、独立トークン、ステーブルコイン提案の研究
- ブロックチェーンサービス——ネームレジストリ
- オフチェーンサービス——ウィスパー（メッセージング）、信頼の輪（現在進行中）
- 相互運用性——BTCとイーサのブリッジ（現在進行中）
- ブラウザー——ミスト（Mist）

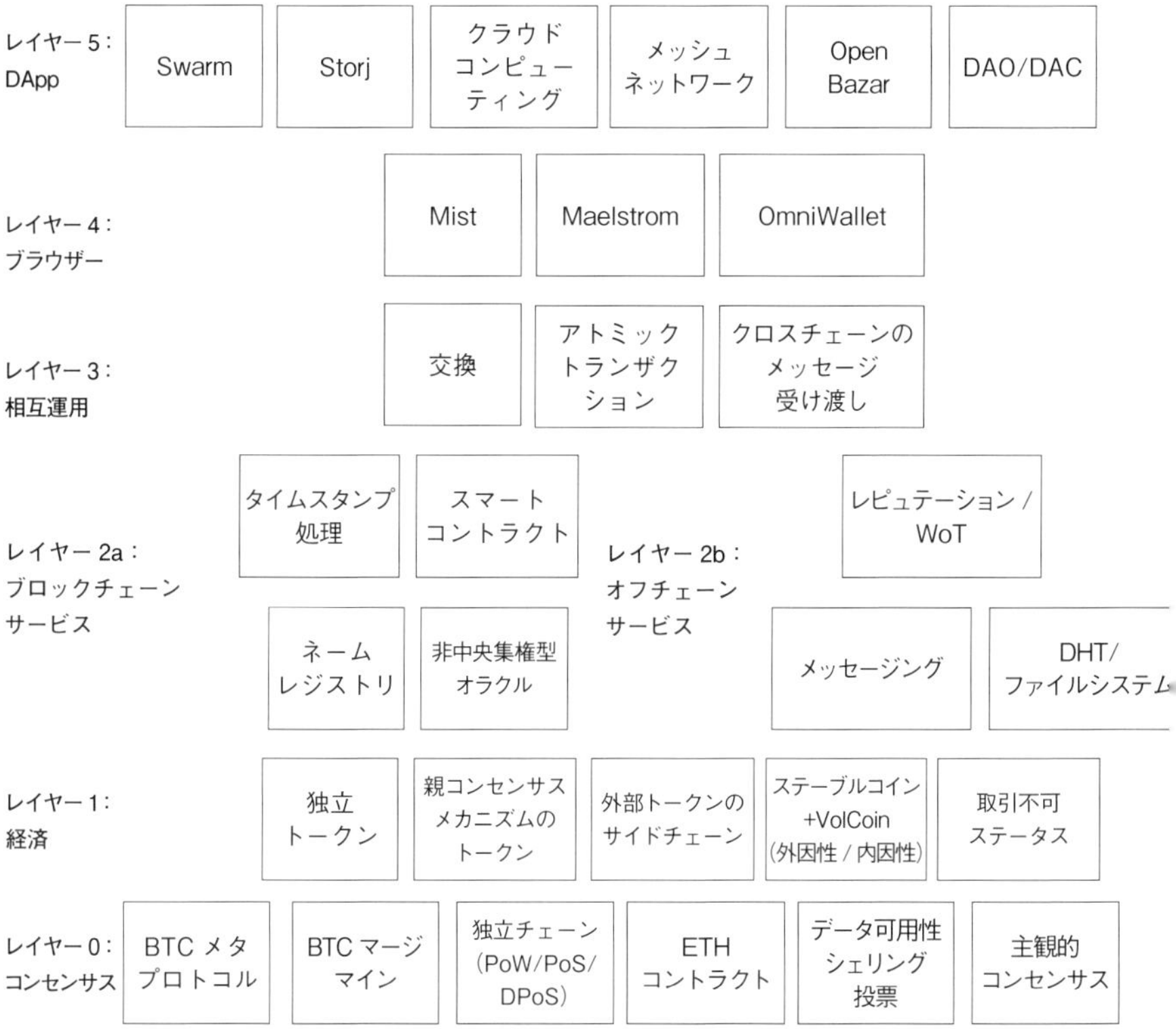

DApp：Decentralized Application　分散型アプリケーション
DAO：Decentralized Autonomous Organization　分散型自律組織
DAC：Decentralized Autonomous Corporation/Community　分散型自律企業／コミュニティ
WoT：Web of Trust　信頼できるウェブサイト
DHT：Distributed Hash Table　分散ハッシュテーブル
PoW：Proof of Work　プルーフ・オブ・ワーク
PoS：Proof of Stake　プルーフ・オブ・ステーク
DPoS：Delegated Proof of Stake デリゲート・プルーフ・オブ・ステーク

ここで、ある種の全体論的なエコシステムを構築しようとしている他のプロジェクトも見てみよう。

ビットシェアーズには、少なくとも以下のプロジェクトがある。

・コンセンサス——DPoS
・経済——BTSX、ビットアセット
・ブロックチェーンサービス——BTS、非中央集権型の交換
・ブラウザー——ビットシェアーズクライアント（概念として厳密にはブラウザーではない）

メイドセーフには、以下のプロジェクトがある。

・コンセンサス——SAFE Network
・経済——セーフコイン（SafeCoin）
・オフチェーンサービス——分散ハッシュテーブル、メイドセーフドライブ

ビットトレント（BitTorrent）は、メルストロム（Maelstrom）[訳注8]についてのプランを発表している。ブラウザーのミストと似たような機能をめざすプロジェクトで、ただし使っているのは独自の（つま

りブロックチェーンベースではない）技術だ。暗号資産のプロジェクトはほぼすべて、独自のブロックチェーン、通貨、クライアントを開発しているが、イノベーションとしてそれほど大きくない場合は、一般的にひとつのクライアントをフォーク【用語】する。ドメイン名登録とＩＤ管理のシステムは今やどこでも見られる。ほとんどどのプロジェクトも、なんらかの評価《レピュテーション》と信頼の輪が必要だという認識に至っている。

さて、これとは別の世界を描いてみよう。きれいに分かれた垂直統合のエコシステムがたくさんあって、それぞれが機能ごとに独自のコンポーネントを構築するのではなく、ブラウザーのミストがあればイーサリアムも、ビットシェアーズやメイドセーフも利用できる。その他の非中央集権型インフラネットワークも利用でき、新しい分散型ネットワークは、ちょうどクロームとかファイアーフォックスといったブラウザー用のFlashやJavaのプラグインと同じようにインストールされるのである。たとえば、イーサリアムの信頼の輪におけるレピュテーションデータを、ほかのプロジェクトでも使えると考えればいい。あるいは、ストージ（Storj）[訳注9]がメルストロムの内部でＤＡｐｐ【用語】〈原注7〉として動き、バックエンドではストレージとしてメイドセーフを使いながら、継続的な記憶とダウンロードのインセンティブとなる契約を維持するうえではイーサリアムブロックチェーンを使うという

〈原注7〉　ＤＡｐｐとは、単に「分散型アプリケーション（Decentralized Application）」を意味する言葉で、サーバー上ではなくブロックチェーン上で実行されるソフトウェアをいう。ここでいっているプロジェクトは、そのようなソフトウェアを開発する初期の試みのことである。

ことも考えられる。基盤として同じ暗号アルゴリズム（たとえば楕円曲線ＤＳＡとＳＨＡ３）を使ってさえいれば、どんな暗号資産ネットワーク間でも身元確認情報が自動的に転送されるというのはどうだろう。

ここでの眼目はこういうことだ。エコシステムでは、一部のレイヤー【用語】が分かちがたく結び付いていて、たとえばひとつのＤＡppはイーサリアムブロックチェーン上の特定のサービスひとつに対応していることが多い。だが、多くの場合、そのレイヤーは設計でモジュール化を進めることができ、各レイヤー上の各製品を単独で競い合わせることが可能になる。たぶん、ブラウザーは最も分離しやすいコンポーネントだろう。どんなアプリケーションを実行できるかという点では、低水準の全体的なブロックチェーンサービスセットでも必要性は似ているので、各ブラウザーが各プラットフォームをサポートするのは、まず理にかなっているはずだ。オフチェーンのサービスは抽象化の対象にもなる。分散型アプリケーションは、利用しているブロックチェーン技術にかかわらず、ウィスパー、スウォーム（Swarm）、ＩＰＦＳ[訳注10]を、あるいは開発者が希望するどんなサービスでも自由に使えるべきだからだ。オンチェーン【用語】のサービスは理論上、データのプロビジョニングのように、複数のチェーンと対話できるように構築することができる。

また、基礎的な研究開発については協力の余地が大きい。プルーフ・オブ・ワーク、プルーフ・オブ・ステーク、安定した通貨制度、拡張性など、暗号経済をめぐる難問題についての議論はもっとオープンにできるはずで、いろいろなプロジェクトが互いの発展を意識して互いに利益を得ることができる。ネットワーキングのレイヤー、暗号アルゴリズムの実装など下位の構成要素に関わる基本的なアルゴリズムやベストプラクティスは共有できるし共有すべきものだ。相互運用性のテクノロジーを開発して、どのプラットフォーム上でも、サービスと非中央集権型エンティティとの間の情報交換と相互対話を促すことが必要だ。暗号資産研究グループ（Cryptocurrency Research Group）は、私たちが初期の頃からサポートしようと考えている構想のひとつで、こうした協力の推進を目的にしている。私たちとは別に発展することを期待したい。ほかにも、この流れを支えられる組織は公式にも非公式にも無数にあるだろう。

将来的には、もっと多くのプロジェクトが、今よりずっとモジュール式になることを期待している。そういうモジュールが、暗号資産エコシステムの一つか二つのレイヤーにだけ存在したうえで、共通のインターフェースをもてば、どのレイヤー上のどのメカニズムも協調できるようになる。暗号資産の世界がさらに発展を見せれば、クロームやファイアーフォックスが、分散型アプリケーションのプロトコルを処理できるよう適応する可能性さえある。そういうエコシステムをめざす道程を、急ぎすぎる必要はない。そもそも現時点では、ブロックチェーンベースのどんなサービスが使われるようになるのか、ほとんど予測がつかないので、どのような形の相互運用性が実際に有効なのか正確に見極めるのは難しい。それでも、ゆっくりと、しかし着実に、ここに記した方向に向かって事態は動きはじめている。エリス・インダストリーズのディサーバー（Decerver）は、非中央集権的な環境に対する独自のブラウザーのようなもので、ビットコインやイーサリアム、あるいは同社のセロニアス（Thelonious）ブロックチェーンにアクセスできるほか、ＩＰＦＳのコンテンツホストサービスも利用できる。

現在、暗号資産2・0の世界で進んでいるプロジェクトの多くはまだ成功の余地を残しているので、今の時点では勝者の総取りといった考え方をする必要はない、というかそう考えるのは有害だ。確実な道を歩みはじめるために、いま必要なのは、私たちがみな独自のプラットフォームを構築中であり、それがめいめい勝手な好みや変数に応じて決まっているという前提を認めることだ。しかし、最終的に複数のネットワークが存在する状態が順調にいけば、その現実を私たちは受け入れなければならない。だから、今からその準備を始めておくのもいいだろう。

新年あけましておめでとう。きたる2015年、いやサトシ歴007年を楽しみにしよう。

訳注1　メインのブロックチェーンと別のブロックチェーンでトランザクションを進める考え方、その技術。側鎖。

訳注2　ビットコイン以外の暗号資産を総称する言い方。

訳注3　超立方体のこと。ビットコインともコンピューターとも本来は関係ないが、包括的な概念モデルとしてブテリンが好んで用いる。ブテリン自身が次に記している。

https://blog.ethereum.org/2014/10/21/scalability-part-2-hypercubes

訳注4　複数の暗号資産を同時に採掘する行為のこと。

訳注5　企業などがデジタルトークンを発行して資金調達する行為のこと。

訳注6　シェリングドル、シニョレッジシェア、ニュビッツはそれぞれ、通貨価格を決めたり維持したりする手法およびそれを用いた暗号資産のこと。

訳注7　匿名性の闇ドラッグ取引サイト。2013年に捜査当局によって閉鎖された。

訳注8　ビットトレント（BitTorrent）プロトコルを利用したブラウザー。

訳注9　分散型ファイルストレージサービスのひとつ。

訳注10　スウォーム（Swarm）、IPFSはいずれも分散ファイルストレージを実現するためのしくみ、およびその実装。

超合理性とDAO

イーサリアムブログ
２０１５年１月23日

暗号資産２・０の世界で、分散型自律組織（Decentralized Autonomous Organization　ＤＡＯ）[用語]についてよく耳にする問いは、いたって単純だ。ＤＡＯは何の役に立つのか、という疑問である。管理と運用がパブリックブロックチェーン上のハードコードに結び付けられており、それを従来の道筋では決して手に入れられないとしたら、そもそも組織はそこからどんな利益を得られるのか。ブロックチェーンコントラクトには、昔ながらの契約と比べてどのような利点があるのか。特に、透明性の高いガバナンス、不正ではないと保証されるガバナンスを支持する公益の根拠を示すことができたとしても、個々の組織が機密のソースコードを公開して自らを弱体化するようなインセンティブはあるのだろうか。競合他社に一挙一動を、あるいは内密に進めている計画までも知られてしまうというのに。

こうした疑問には、さまざまな答え方がありそうだ。具体的にいうと、たとえば非営利組織の場合、慈善という大義に貢献していることは最初から明白であり、そこに個別のインセンティブはないと言い切れるだろう。自身にとっての金銭的な利益はないも同然で、世界を良くすることに身を投じているからだ。民間企業の場合、情報理論的な議論も成り立つ。他の条件がすべて等しいと仮定すると、全員が参加して、独自の情報や機密を計算に取り込めれば、ガバナンスのアルゴリズムはもっと効果的に機能するという議論だ。アルゴリズムを調整するより、データのサイズを増やしたほうがパフォーマンスの向上がはるかに大きいことは機械学習で立証されているので、それを考えるとかなり妥当な仮説といえる。ただしこの記事では、それとは別の、もっと具体的な道筋を考える。

超合理性とは何か

ゲーム理論と経済学では、一定数の個人が二者択一の行動をとるさまざまなケースが存在するという結果が広く知られている。互いに「協力する」か、互いを「裏切るか」という選択で、全員が協力すれば全員にとって良い結果になるが、相手の行動にかかわらず個々人にとっては裏切ったほうが良い結果になる。そうすると当然、誰もが裏切ることになるので、個人単位では合理的な判断が、全体では最悪の結果につながる。このパターンとして最もよく知られているのが、有名な「囚人のジレンマ」だ。

囚人のジレンマについては、たぶんご存じの読者が多いので、ここでは、変化球として、エリエゼル・ユドカウスキーが考えたなかなか奇抜なバージョンを紹介しよう。

40億の人間、つまり全人類ではないとしても相当数の人間が、不治の病に苦しんでいて、「物質S」があれば治るとしよう。

ただし、物質Sを生産するには、「ペーパークリップマキシマイザー」という、異次元からやって来た奇妙なAIの力を借りなければならない。ペーパークリップマキシマイザーの目的はただひとつ、ペーパークリップの数を増やすことだけで、物質Sはペーパークリップの生産にも使える。ペーパークリップマキシマイザーが問題にするのは、自分たちの宇宙にあるペーパークリップの数だけで、こちらの宇宙についてはどうでもいい。だから、ペーパークリップを生産しましょうとこちらから提案するのも、破壊するぞと脅すのも意味がない。人類はこれまでペーパークリップマキシマイザーと接したことはなく、今後も接することはないとする。次元の因果関係が崩壊する前に、人類もペーパークリップマキシマイザーも、物質Sを新たに獲得するチャンスが一回だけあるが、その過程で物質Sの一部は破壊されてしまう。

このときの利得表は、次のようになっている。

	人間が協力する	人間が裏切る
ＡＩが協力する	20億人が救われ、ペーパークリップが2個増える	30億人が救われ、ペーパークリップは増えない
ＡＩが裏切る	誰も救われず、ペーパークリップが3個増える	10億人が救われ、ペーパークリップが1個増える

人間の観点でいうと、現実的な見地からも、またこの場合は道徳的な見地からも、人間が裏切るのは明らかに理にかなっている。別宇宙に存在するペーパークリップひとつが10億人の命と等しいなどありえないからだ。一方、ＡＩの観点でいえば、裏切るとペーパークリップが少なくとも1個は増えるし、ＡＩ側の規範として人間の命の価値はゼロなので、やはりＡＩも裏切る。人間とＡＩのどちらも裏切った場合の結果は、双方とも協力した場合より、双方にとって明らかに悪くなるのだが、ＡＩが協力した場合、人間は裏切ったほうがさらに多くの人間を救うことができるし、人間が協力してＡＩが裏切った場合も、ＡＩにとっては得るものが多くなる。

現実の世界を見ると、二者間における囚人のジレンマは小さいスケールでたくさん存在するが、取引のしくみや、法制度の機能を通じて契約や法律を強制することで解決されている。先の例の場合、両方の宇宙で絶対的な力をもち、決まった契約の遵守にしか関心がない、そんな神様が存在すれば、人間もＡＩも協力し合うという契約を交わしたうえで、双方の裏切りを同時に防ぐよう神様に頼めるだろう。前もって契約する機能がない場合は、法律によって一方的な裏切りに罰則を適用する。だが、それでも多くの関係者が関わる場合、裏切りが発生する可能性は無数に存在する。そんな例をあげてみる。

- アリスは市場でレモンを売っているが、現在の入荷分は質が良くないと分かっている。消費者は、使おうとしたとたんに捨てることになるだろう。アリスはこのレモンを売るべきだろうか（ただし、この市場は売り手がとても多いので、評判を追いかけることは実質的にできないものとする）。高く売った場合、アリスにとっての利益は（レモン１個あたりの売上５ドル）－（出荷と保管のコスト１ドル）＝４ドル、社会にとってのコストは、（売上５ドル）－（コスト１ドル）－（顧客が無駄にした金額５ドル）＝マイナス１ドルと考えられる。アリスはレモンを売る。
- ボブは、ビットコインの開発に１０００ドルを寄付すべきだろうか。寄付した場合、社会にとっての利益は10ドル×（10万人分）－１０００ドル＝99万９０００ドル、ボブにとっての利益は10ドル－１０００ドル＝マイナス９９０ドルと考えられる。ボブは寄付をしない。
- チャーリーが、５００ドル入った財布を拾った。持ち主に返すべきだろうか。返した場合、社会にとっての利益は５００ドル（持ち主側）－５００ドル（チャーリーの損失額）－50ドル（財布の無事を心配する度合いが減ることで、社会が受ける無形の利益）で、チャーリーにとっての利益はマイナス500ドルと考えられる。チャーリーは財布を返さない。

・デイヴィッドは、有害廃棄物を川に投棄して工場のコストを削減すべきだろうか。投棄した場合、社会にとっての利益は（1000ドルの削減分）－（平均10ドルの医療費）×（10万人分）＝マイナス99万9000ドル、デイヴィッドにとっての利益は1000ドル－10ドル＝990ドル。デイヴィッドは投棄で川を汚す。

・イブはある種のがんの治療薬を開発していて、その製造には1単位あたり500ドルかかる。これを1000ドルで販売すると5万人のがん患者がこれを購入できるが、1万ドルにすると購入できる患者は2万5000人になる。イブは高額で売るべきだろうか。高額で売った場合、社会にとっての利益はマイナス2万5000の命（イブの利益も含み、これはもっと裕福な買い手の損失額と相殺される）、イブにとっての利益は、2500万ドルではなく、2億3750万ドルになる。イブは高い単価をつける。

こうした場合には、個人的な利益が下がるにもかかわらず、人が倫理的に行動して協力することも、もちろん多い。なぜ、そういうことが起こるのだろうか。私たちは進化によって生まれ、進化はたいてい利己的な最適化機能だからである。説明はいろいろあるが、私が考察しようとしているのは、超合理性という概念を伴う説明だ。

超合理性

美徳について、以下の論考を考えてみよう。デイヴィッド・フリードマンからの引用だ。

人間について観察できる二つの結果から始めよう。第一に、人間の脳の中で起こることと外で起こることとは、相当つながっている。表情、体位、その他さまざまな様子から、我々は友人の思考や感情について、少なくともその一部を把握できる。第二に、我々の知性には限界がある。したがって、判断に使える時間のなかであらゆる選択肢を考慮することはできない。人間は、コンピューター用語でいうなら、限られた計算処理能力をリアルタイムで実行しなければならないコンピューターのようなものなのだ。

たとえば私が、一定の特性をもっていることを人に信じてもらいたいとする。誠実で親切で、友だちに対して親身になるタイプだと思ってもらいたい。私が本当にそういう特性をもっているなら、そう見せるのはたやすい。自然に思える言動をとるだけで、まわりからどう見えるかは、まったく意に介する必要がない。周囲は私の言葉、行動、表情を見て、無理なく正しい結論を導き出せる。

では逆に、私がそういう特性をもっていないとしよう。私が（たとえば）不誠実だということにする。ふだんは、誠実にふるまったほうが有利なので、誠実にふるまっている。だが、利益になると踏んだら、いつでも喜んで例外的に、つまり不誠実に行動する。そうすると私は、実際にいろいろ決断するなかで、二重の計算をしなければならない。第一に、どう行動するかを決める必要がある。たとえば、捕まらずに盗みをはたらくチャンスかどうか、などと判断するのだ。第二に、私が本当に、ふりをしているとおりの人間だった場合に、どう考えて行動するか、どんな表情を浮かべるか、はたして気分はいいものか悪いものか、といったことを判断しなければならない。

コンピューターに2倍の量の計算を実行させようとすれば、処理は遅くなる。人間も同じだ。我々のほとんどは、巧みに嘘をつくことができない。この説が正しいとして、物質的な観点――収入が高いとか――に狭く限定するなら、ただそのふりをしているより、実際に誠実で（親切で、以下略）あるほうが幸福ということになる。それはひとえに、偽りの美徳より真の美徳のほうが説得力をもつからだ。ということは、私がごく利己的な人間だとすると、純粋に利己的な理由から、自分自身を良くしたい、他人の評価より実際に善でありたいと考えるかもしれない。

この議論の最終段階では、我々が独力で、あるいは親によって、遺伝子によって、良くなれるかどうかを確かめる。人は、訓練によって善良な習性を身につけることができるし、実際にそうしている。無意識のうちに本当のことを話す、盗みをしない、友だちに親切にする、そういう習性だ。十分な訓練を積めば、そうした習性は嗜好にもなる。「悪い」ことをすると、たとえ人目がなくても、居心地が悪く感じられる、だから悪いことはしなくなるのだ。時間がたてば、悪いことをしないという判断さえ不要になる。こうしたプロセスを、良心の合成と呼んでもいいかもしれない。

基本的に、隙さえあればいつでも貪欲になる性質をもったまま、善であるふりをするのは認知論的に難しい。だから、本当に善であろうとすることには意味がある。古代哲学の多くも、同じような論法をとっていて、美徳を養成された習慣とみなしている。先の引用でデイヴィッド・フリードマンが私たちに伝えたのは、経済学者としての習慣的な説明にすぎず、その直観をもっと分析しやすい形式論に変えただけである。では、この形式論をさらに凝縮してみよう。要約すれば、ここで重要なのは人間が秘密を漏らしてしまう動作主体《エージェント》だということだ。行動のあらゆる瞬間ごとに、私たちはいやおうなく間接的にソースコードの一部を漏らしている。本当に善であろうと企てるならそのように行動するし、善であるふりをするだけで実際には友人が弱みを見せたとたんに攻撃するつもりなのであれば、違うようにふるまう。だが、人はたいていその違いに気づくものなのだ。

これは、不利な点に見えるかもしれない。しかしここでは、前述したような単純なゲーム理論上のエージェントにはできない、ある種の協力が可能になっている。2人のエージェントAとBを想定する。どちらも、相手が「善」であるかどうかを、ある程度の精度で「読み取る」ことができ、対称的な囚人のジレンマを演じるとしよう。この場合、エージェントは次の戦略をとることができ、これを善の戦略と想定する。

1. 相手が善かどうか判断を試みる
2. 相手が善であれば、協力する
3. 相手が善でなければ、裏切る

善であるエージェントどうしが接触した場合、2人とも協力し、報酬は多くなる。善である一方のエージェントが善でない他方のエージェントに接触した場合、善であるエージェントは裏切る。したがって、すべての場合に、善であるエージェントは少なくとも善でないエージェントと同様に行動し、多くの場合、良い行動をとる。これが、超合理性の本質だ。

この戦略は不自然に感じられるかもしれないが、人間の文化にはそれを実行するメカニズムが深く刻み込まれている。なかでも、自分を読み取られにくくしようと懸命にふるまうエージェントは信頼しない。飲まないやつは信用するな、という格言もあるくらいだ。もちろん、なかには完璧に善人のふりをしておきながら、隙があれば裏切る構えができるという部類の人間もいて、これは「反社会的《ソシオ》人格者《パス》」と呼ばれている。もしかすると、このシステムを人間が実装するときの最大の欠陥はこれかもしれない。

中央集権的、人の手による組織から……

こうした超合理的な協力こそが、これまで一万年ほどの歴史のなかで人間が協力し合う重要な基盤になってきたといえるだろう。だからこそ、単純な市場のインセンティブが裏切りを加速しかねない場合でさえ、人は互いに対して誠実でいられたのだ。だが、近代になって誕生した大規模な中央集権組織の不幸な副産物として最も大きかったのは、互いの心理を読み取る能力を、人が巧みに欺けるようになったことかもしれない。その結果、超合理的な協力は難しくなってしまった。

近代文明に属する人のほとんどは、自分たちが使う製品を少しでも安く生産するために、発展途上国で有害廃棄物が川に投棄されている現状の、少なくともその一端から膨大な利益を受けているし、間接的にはその行為に対して資金を援助している。しかし、私たちはそうした裏切り行為に間接的に加担していることを意識すらしない。市場というのは、あまりに強大なその力で、私たちの道徳すら裁定取引《アービトラージ》の対象にできるのだ。最低水準の賃金で喜んで良心を犠牲にする個人の手に、はなはだ汚い不快な仕事を押し付け、実質的にほかの人の目からはそれを隠してしまう。企業は、マーケティング部門が作り出すパブリックイメージとして、完璧に笑顔をはり付けることができる。潜在的な顧客に対する甘言は、ほかの部署に任せればいい。それを任された部署にしても、製造部門の道徳心がもっと低いことは知らないかもしれないのだ。

インターネットは、このような組織や政治上の問題の多くに対する解決策になっていると言われることも多く、実際に情報の非対称性を軽減して透明性を向上させている功績は大きい。だが、超合理的な協力の実現性が乏しくなっている点を見るかぎり、インターネットが事態をさらに悪くしている可能性もある。オンラインで、私たちは個人としてでさえ「秘密を漏らす」度合いが小さくなるので、ここでも再び、善であるふりをして実際には不正を企むことが簡単になっている。これは、オンラインで、また暗号資産の世界で、オフラインよりも詐欺がずっと多くなる最大の理由の一部であり、あらゆる経済活動をインターネット上に移すことに反論する大きな論点のひとつにもなっている。暗号資産アナーキズムである(一方では、暗号資産アナーキズムによって、無制限に重い罰則を科すことができなくなり、大型の経済メカニズムがもつ力が弱くなるという主張もある)。

透明性がさらに大きくなれば解決策になる、という議論もありそうだ。個人が秘密を漏らす度合いは中程度で、現在の中央集権組織が秘密を漏らす度合いは小さい。だが、情報を常にランダムに全世界に向けて発信するような組織は、秘密を漏らす度合いが個人よりはるかに高くなる。たとえば、友だちやビジネスパートナー、配偶者をどう欺そうかと考えはじめたとたんに、脳の中の海馬の左半分が1%の確率で謀反を起こし、考えたことの全記録を7500ドルの報酬と引き換えに送りつけるとしたら、どうなるだろう。秘密を漏らす組織の取締役会というのは、こんな感じになりそうだ。

実はこれは、ウィキリークス(WikiLeaks)の創設理念を、そしてウィキリークスの最近の発展形ともいえるslur.ioがさらに追求した理念を言い換えたに等しい。しかし、ウィキリークスは今も存在する。影の中央集権組織も存在しつづけており、多くの場合それがさらに影をひそめた存在になっている。もしかすると、従業員の悪行を暴露すると利益を得られる予測的なメカニズムとインセンティブとを組み合わせると、透明性をさらに上げるための水門を開くことになるのかもしれない。だが同時に、別の道筋をたどる手もある。組織が自ら自発的に、そして徹底的に、これまでになかった規模で秘密を漏らすようになる、超合理的になる道を示すことだ。

……やがてDAOへ

分散型自律組織(DAO)が概念として独特なのは、そのガバナンスのアルゴリズムが、秘密を漏らすどころか、完全に公開されている点だ。つまり、透明性の高い中央集権組織の場合でさえ、部外者は組織の性質について概要くらいはつかめるものだが、DAOになると、部外者は組織のソースコードをまるまる見られるということだ。そして、DAOを支えている人間の「ソースコード」は見えないとしても、その参加者にかかわらず、特定の目的に大きく偏向するようにDAOのソースコードを書く手立てはある。人間の平均寿命を最大限に伸ばそうとするフュターキーと、ペーパークリップの生産を最大限に増やそうとするフュターキーとは、仮に同じ人間がそれを運用しているとしても、ふるまいがまったく異なる。したがって、誰かが不正を考えはじめた場合には全員に公表されてしまうだけでなく、組織の「頭脳」が不正を考えることも不可能になる。

では、DAOを利用する超合理的な協力は、どのようになるのだろうか。まず、DAOが実際にはどんな状況かを確認する必要がある。DAOが首尾よく動くと予想してもまず問題なさそうな事例はいくつかある。ギャンブル、ステーブルコイン、分散型ファイルストレージ、1人一つずつのIDのデータプロビジョニング、シェリングコイン（SchellingCoin）などだ。ただし、このグループは「タイプIのDAO」と呼んでいいかもしれない。内部状態《ステート》はあるが、自律的なガバナンスはほとんどないタイプだ。PIDコントローラー、シミュレーティドアニーリング、その他の単純な最適化アルゴリズムを介して利便性指標が最大になるようパラメーターを少し調整するくらいしかできない。つまり、弱い意味の超合理性を備えてはいるが、限界やおバカな点もあり、外部プロセスによるアップグレードに依存することも多い。そして、その外部プロセスはまったく超合理性を備えていないのである。

それ以上をめざすなら、「タイプⅡのＤＡＯ」が必要になる。ガバナンスのアルゴリズムをもち、理論上任意の決定が可能なＤＡＯである。現時点で思い浮かぶのは、フュタ－キ－のほか、さまざまな形態の民主主義、各種の主観的プロトコル外ガバナンス（意見の相違が大きい場合に、提案されている政策ごとにひとつのパーツが対応するように、ＤＡＯが自身を複数のパーツに複製し、全員がどのバージョンを利用するか選択する）くらいだ。だが、ほかにも基本的なアプローチやその組み合わせなどがこれから登場する見込みは高い。ＤＡＯが任意の決定を下せるようになれば、顧客との間に超合理的な商取引が成立するだけでなく、顧客どうしの取引が生まれる可能性もある。

昔ながらの通常の協力では解決できず、超合理的な協力で解決できる市場の不備としては、どんなものがあるだろう。公共財の問題は、残念ながらこの範疇に入らない。ここで説明してきたどのメカニズムでも、大規模なマルチパーティーのインセンティブが関わる問題は、解決できないのだ。ＤＡＯのモデルで、組織が非中央集権化【用語】を進め、秘密を漏らしやすくしているのは、組織の信頼性を上げるためであり、信頼を得られない組織をこの「信頼の輪」の経済的メリットから除外するためである。これが公共財となると、誰かをメリットから除外することはできない。だからその戦略は失敗に終わる。ただし、情報の非対称性に関連することは、確実にこの範疇に入るので、その範囲は十分に広くなる。社会が複雑になればなるほど、不正行為は多くの点で次第に容易になっていき、取り締まること、ときには把握することさえ難しくなる。現在の金融システムはその例にほかならない。ＤＡＯに期待できるのは、そもそも期待できることがあるとすればだが、その点を支援することにある。

ブロックチェーン技術の価値

イーサリアムブログ
２０１５年４月13日

　ブロックチェーン技術について、私自身の研究でいつも中心にあった疑問がある。結局のところ、ブロックチェーンは何の役に立つのかということだ。どんなものにもブロックチェーンが必要なのはなぜか、ブロックチェーン的なアーキテクチャではどんなサービスを実行すべきか、とりわけ、昔ながらのただのサーバーではなくブロックチェーン上でサービスを実行したほうがいい理由は何なのか。ブロックチェーンには、厳密にいって、どれほどの価値があるのだろうか。そして特に重要なのはおそらく、何がいわゆる「キラーアプリ」になるのかという点だ。

　この何か月間か、私はかなり時間をかけてこの問題を考えてきたし、暗号資産の開発者やベンチャー企業、あるいはブロックチェーン界隈以外の人と議論も重ねてきた。なかには、人権擁護の活動家や、金融・決済業界など他分野の人もいる。そうした考察と議論を通じて、私なりにいろいろと有意義な結論が見えてきたところだ。

まず、ブロックチェーン技術に「キラーアプリ」は登場しない。理由は単純、「手の届く果実から摘まれていく」原理だ。もし仮に、現代社会のインフラストラクチャのうち相当の部分について、ブロックチェーン技術のほうが圧倒的に有利だといえる用途が本当に存在するとしたら、人はとっくにそれを声高に喧伝しているだろう。昔からある、こんなジョークにも似ているかもしれない。ある経済学者が、20ドル紙幣の落とし物を発見するのだが、偽札に違いないと結論する。本物だったら、とっくに拾われているはずだから、というのだ。だが、このジョークの場合は状況がいささか違う。ドル紙幣の場合、探索コストが低いから、たとえ本物である可能性が0・01％しかないとしても、紙幣を拾うのは道理にかなっている。だがアプリの場合、探索コストがきわめて高くなり、何十億ドルにも相当するインセンティブがある人ならたいてい、もうとっくに探索しているはずなのだ。そして今のところ、誰でも思いつき、圧倒的な優秀さで他を圧倒したような使い方は、ひとつも登場していない。

それどころか、「キラーアプリ」にいちばん近いものを我々が仮にもてるとすれば、それはすでに登場している機能であり、もうイヤになるくらい派手に語り尽くされているはずだと断定してもいいくらいだ。たとえば、ウィキリークスとシルクロードの検閲耐性がそれに当たる。シルクロードは、匿名の闇ドラッグ取引サイトで、２０１３年に捜査当局によって閉鎖されたが、運営されていた2年半のあいだに10億ドル以上の売上を処理している。一方、ウィキリークスに対しては決済システムを利用して閉鎖が画策されたものの、ビットコインとライトコインによる寄付がその収益の大半を占めるようになった〈**原注1**〉。どちらの場合も、ニーズは明白で、経済的余剰の見込みはきわめて大きかった。ビットコインが登場するまで、ドラッグは人から直《じか》に買うしかなかったし、ウィキリークスへの寄付には現金書留を使うしかなかった。したがって、ビットコインは利便性による膨大な利益をもたらしたのだが、そこに生まれた好機はほぼ一瞬で利用し尽くされた。今はこれが当てはまる状況ではなく、ブロックチェーン技術の周辺に存在する好機をつかむのは、そう容易なことではなくなっている。

総効用と平均効用

では、ブロックチェーンが効用のピークに達したということなのだろうか。そうではない。需要のピークに達したのであり、「ユーザーあたりの効用のピーク」とはいえるが、効用のピークと同じではない。シルクロードは、利用している人の多くにとっては必要不可欠だったが、ドラッグ常習者の社会でさえ、一般的には必要不可欠ではなかった。私のような者から見れば、一般人がどうやってそんなコネを見つけるのか見当もつかないが、ほとんどの人は、マリファナを売ってくれると分かっている人物を、どこからともなく見つけ出すらしい。そもそもマリファナを吸うことに興味をもつこと

〈原注1〉　ウィキリークスのサイトで、２０１０年のイラク戦争とアフガン紛争に関連する暴露文書が公開されると、米国政府はウィキリークスに対して金融サービスの停止を画策した。翌年、ウィキリークスはビットコインによる寄付に対応した。

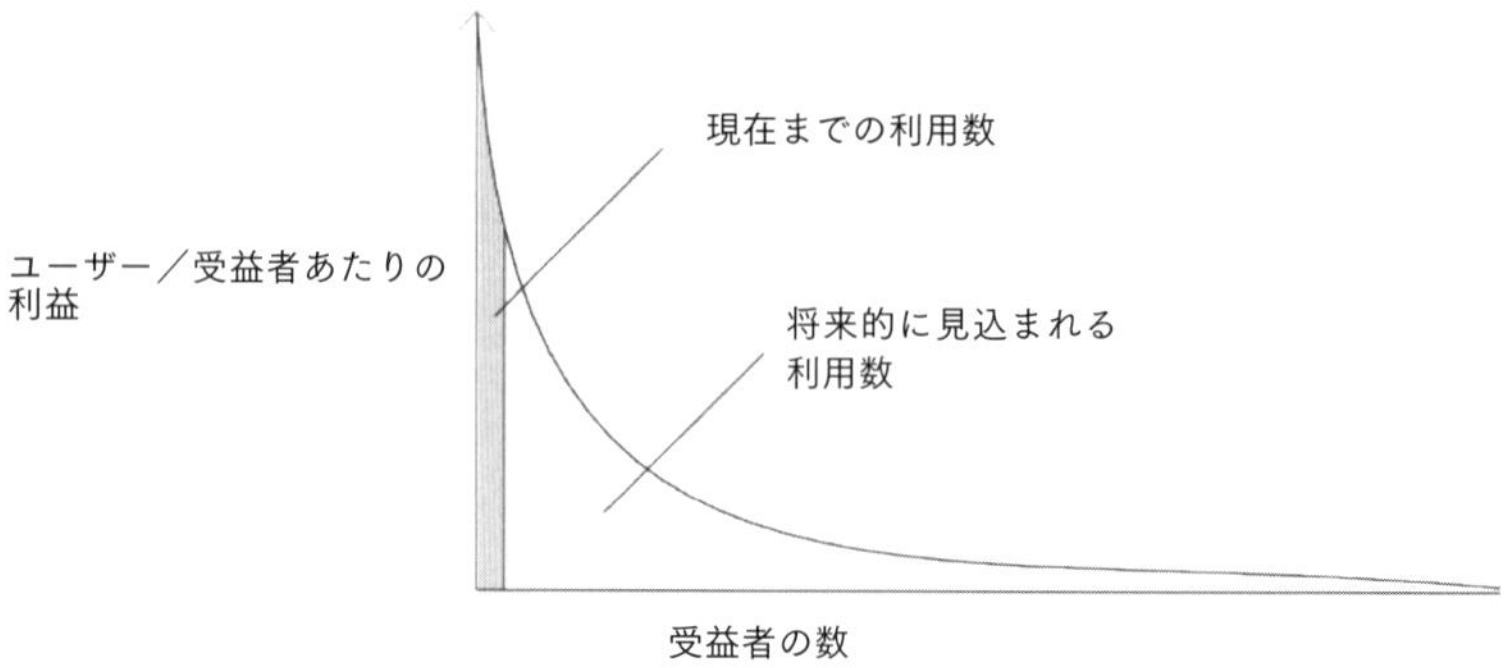

と、それを簡単に手に入れることの間には、強い関係があるようだ。だから、大局から見ると、シルクロードはごく小さいニッチの集団にちょうど訴える狙い目をつかんだにすぎない。ウィキリークスも同じだ。企業や政府の透明性について強い関心をもつ一部の人が、資金を寄付してまでこのような組織を支援しようと考えているわけだが、その数は世界の総人口に比べれば、大した比率ではない。では、どんな答えが考えられるのか。ひと言でいうと、ロングテールだ。

では、ロングテールとは何か。説明が難しくなるのは、ここからだ。「ロングテール」に当てはまるようなアプリケーションの一覧を示すことはできよう。だが、ブロックチェーンは必要不可欠なものではなく、個々人にとって利点がそれほど大きいわけでもない。「ブロックチェーンアプリケーションは過大評価されている。重要なのは通貨としてのビットコインだ」という意見にしても、「ブロックチェーン技術は総じて役に立たない」という立場にしても、それぞれ個々のケースについては、同じ方式を中央集権型のサーバー上でも簡単に実装する方法を無理なく思いつくことができる。ブロックチェーンガバナンスを法的な契約に置き換え、そのほかにも代替手段を当てはめて、製品を従来のシステムと大差ないものに変えることはできる。その点に限っては、この考え方は正しい。こうした場合を考えれば、ブロックチェーンは必要不可欠なものではないからだ。肝はこの点にある。こうしたアプリケーションは、販売のトップに立つようなものではない。ウィキリークスやシルクロードも同様だ。もしトップになるようなものだったら、とっくに実装されていただろう。ロングテールでは、ブロックチェーンは必要なのではなく、便利なのだ。仕事に使える他のツールより、わずかに優れているにすぎない。それでも、それが主流として使われていれば、億単位のユーザーにとって利益になるし、社会にとっての総合的な利益（前ページのグラフで、網掛け部分の面積に当たる）は、ずっと大きいものになる。

このような論法に近い喩《たと》えとしては、「オープンソースのキラーアプリとは何だ?」という反語めいた疑問を考えてみるといいだろう。オープンソースが社会にとって良いものであるのは明らかで、世界中で膨大な数のソフトウェアパッケージに利用されているが、それでもこの疑問に答えるのは難しい。その理由も、同じことだ。キラーアプリなどは存在せず、アプリケーションのリストはえんえんと続くロングテールになる。基本的には、思いつくソフトウェアはほぼどれもそうで、特に基盤となるライブラリは無数のプロジェクトで繰り返し再利用され、暗号に関わる重要なセキュリティライブラリにも使われている。

ブロックチェーンを再定義する……何度目か分からないが

では、ロングテールを成り立たせている、ブロックチェーンの具体的な利点とは何だろうか。足がかりとして、ブロックチェーンとは何かを説明するとき、現時点で私が使っている定義を紹介しよう。

ブロックチェーンは、魔法のコンピューターのようなものだ。誰でもそこにプログラムをアップロードでき、プログラムは自律的に実行させておくことができる。どのプログラムも、現在の状態《ステート》と過去の状態がすべて公開されており、その状態は暗号経済学的にきわめて強力に保護されているので、チェーン上で動くプログラムはブロックチェーンプロトコルで指定されるとおり正確に実行されつづける。

この定義について、次の点に注意してほしい。

- 「台帳」とか「マネー」とか「取引」といった金融方面の用語は使っていない。というか、具体的な使われ方に寄せた用語は使っていない。
- コンセンサスアルゴリズムについては具体的に何も語っていない。そもそも、ブロックチェーンのしくみについて技術的な性質は何も述べていない（ただし、「暗号経済」という言葉だけは使っている。ざっくりいうと、「非中央集権型で、認証には公開鍵暗号を用いる。経済的なインセンティブによって運用され、時間を逆行することも、障害が発生することもない」という意味の用語だ)。

・どんな状態遷移関数についても制限を加えていない。

上の定義のいいところは、ブロックチェーンが何をするか説明しているところだ。ソフトウェア開発者なら、その独特の価値を少なくとも直観的には明確につかめるだろう。さて、実際のプログラムに使われるプログラミング言語は制約がある。ビットコインの言語は、一連の

DESTROY COIN: <txid> <index> <scriptsig>

という文《ステートメント》に、一連の

CREATE COIN: <scriptpubkey> <value>

という文を続けたものと考えればいい。ここで、<scriptpubkey>は制限された数式、<scriptsig>はその数式を満たす変数の割り当てである。たとえば、{x = 5, y = 7}は 2 × x - y = 3 という式を満たす。そして、存在しないコインを破棄しようとしたり、そのコインの<scriptpubkey>に対して有効な<scriptsig>を指定せずにコインを破棄しようとしたりすると、エラーが返される。これに比

べると、他のプログラミング言語はもっとずっと表現方法が豊かだ。どんな仕事にどのプログラミング言語が適しているかを判断するのはソフトウェア開発者の責任であり、現代のソフトウェア開発者はPython、C++、Node.js、Malbolgeといった選択肢から言語を選択しなければならない。

先の定義では、ブロックチェーンというものが何か決まったルールセットを導入するものではない、という点も明確に強調されている。通貨の供給量をポリシーとして固定するとか、ネームレジストリで再登録の時間を200日に設定するとか、取引を特定の非中央集権型で設計するとか、そういった決まり事はない。むしろその逆で、新しいルールセットを備えた新しいしくみをごく短期間で作って公開できる、そんな自由を生み出すことに主眼がある。経済や社会制度を構築するための、いわばレゴ・マインドストームのようなものなのだ。

一般的な業界では、「注目すべきはブロックチェーンだ、通貨ではない」という立場が優勢だが、この定義はそれをもっと穏健にした形の中核になる。暗号経済学的なブロックチェーンを動かすうえで、通貨が必要だというのは間違いない（ステラ（Stellar）コンセンサスモデルを採用したブロックチェーン的なデータ構造は別として）。ただし、その場合の通貨とは、コンセンサスに参加するインセンティブとなり、預金を保管したりトランザクション料金を支払ったりするための経済的な配管のようなものだ。投機マニアの主目的とか、消費者の関心や期待の対象になるのではない。

では、ブロックチェーンが有益な理由とは何か。まとめると、こうなる。

- ブロックチェーンにはデータを格納でき、そのデータはきわめて高い可用性が保証される。

・ブロックチェーン上ではアプリケーションを実行でき、高い連続稼働時間《アップタイム》が保証される。
・ブロックチェーン上ではアプリケーションを実行でき、高い連続稼働時間《アップタイム》が保証されて、それが将来にわたって続く。
・ブロックチェーン上ではアプリケーションを実行でき、そのアプリケーションのロジックが誠実で謳い文句どおりに機能するとユーザーを説得できる。
・ブロックチェーン上ではアプリケーションを実行でき、開発者が保守する意志をなくしてからもそのアプリケーションは動きつづけるとユーザーを説得できる。開発者が買収されても、アプリケーションの状態をなんらかの形で悪用せよと脅迫されても、あるいは悪用しようと商売っ気を出したとしても動きつづけるのだ。
・ブロックチェーン上ではアプリケーションを実行でき、間違いなく必要なのであれば、自身でバックドアキーをしかけることができる。ただし、そのキーの使い方については「憲法」のような制限を設ける。たとえば、ソフトウェアの更新を導入するには公的に1か月の待機期間を経ることを義務づける、あるいは最低でも更新についてユーザーに通知する。
・ブロックチェーン上ではアプリケーションを実行でき、特定のガバナンスアルゴリズム（投票、フュターキー、複雑な多院制議会の機構など）に対するバックドアキーをしかけることができる。特定のガバナンスアルゴリズムが疑義をもたれても実際にアプリケーションを管理しているとユーザーを説得できる。
・ブロックチェーン上ではアプリケーションを実行でき、アプリケーションどうしは100％の信頼性で相互に対話できる。その基盤となるプラットフォームの信頼性が99・999％であっても、である。

- 複数のユーザーや企業がブロックチェーン上でアプリケーションを実行でき、各アプリケーションは超高速で相互に対話できる。ネットワークメッセージは不要で、各企業がそれぞれのアプリケーションを完全に管理していることも同時に保証される。
- 他のアプリケーションで生成されたデータを容易に、効率的に利用できるアプリケーションを開発できる（決済システムとレピュテーションシステムを組み合わせるとき、これが有利にはたらく）。

以上の特性はすべて、世界中の何十億という人にとって間接的に価値がある。特に経済、金融、社会インフラが高度に発達していながら現在うまく機能していない地域ではそうだろう（技術を政治改革と連動させなければ解決できない問題も多い）。金融の世界で価値があることは、いうまでもない。金融はおそらく、コンピューターにも信頼にも同時に大きく依存している業界だからだ。だが、インターネットのインフラストラクチャでは、ほかにも多くの面で有用だろう。こうした特性を備えているアーキテクチャは確かにほかにもあるだろうが、ブロックチェーンにはわずかに、あるいははるかに及ばない。ギャビン・ウッドは、この理想的なコンピューティングプラットフォームを「ワールドコンピューター」と呼びはじめている。状態を全員で共有できるコンピューター、誰でも自由に参加できる大規模なグループがその維持管理に当たるコンピューターである。

ベースレイヤーインフラストラクチャ

オープンソースと同じように、ブロックチェーン技術から得られる利益は、「ベースレイヤーインフラストラクチャ」ともいえるサービスに求められる可能性が特に大きい。ベースレイヤーインフラストラクチャというのは、サービスとしての大雑把なカテゴリーだが、次のような特性を備えている。

- 依存性がある——機能をベースレイヤーのサービスに密接に依存しているサービスがほかにも数多く存在する。
- ネットワーク効果が高い——同じサービスを利用する大多数の人（あるいは全員）にとって相当な利益がある。
- 移行の負担が大きい——サービスの乗り換えが、個人には難しい。

注意したいのは、ここにあがっていない点として、「必要性」つまり「重要性」という概念もあることだ。重要性がそれほど高くないベースレイヤー（RSSフィードなど）もあれば、重要なレイヤー（食料など）もある。ベースレイヤーのサービスは、文明の発生より前から存在している。俗にいう「穴居人の時代」に、ただひとつ最重要だったベースレイヤーサービスが、言語だ。そこから時代が下ると、代表的な例として道路、法体系、郵便制度、交通手段が生まれ、20世紀になると、そこに電話網や金融システムが加わった。そして、１９００年代の終わり頃にはインターネットが登場する。ただし、インターネット上の新しいベースレイヤーサービスは、ほぼすべて情報に基づいている。インターネット上の決済システム、身元確認、ドメインネームシステム、認証局、レピュテーションシステム、クラウドコンピューティング、各種のデータフィード、近い将来としては予測市場【用語】などすべてそうだ。

このようなサービスは高度にネットワーク化され、相互に依存する性質をもっているため、今後10年もすると、個人が別のシステムに乗り換えるのは、住む国を変えるより難しくなっているかもしれない。つまり、サービスを正しく構築すること、そしてガバナンスのプロセスで少数の民間団体に極端な権力が集中しないようにすることが、ひときわ重要になるということだ。今のところ、ベースレイヤーサービスの各システムの多くはきわめて中央集権的に作られている。その原因の一端は、ワールドワイドウェブ（World Wide Web　WWW）の当初の設計でこうしたサービスの重要性が認識されず、既定として含まれなかったことにある。だから、今でさえほとんどのウェブサイトが「Googleでサインイン」とか「Facebookでサインイン」という操作を求めており、認証局は次のような問題に出くわすことになる〈原注2〉。

あるイラン人のハッカーがグーグルやマイクロソフト、スカイプ、ヤフーといった大手サイトの複数のSSL証明書を盗み出したという犯行声明を出した。

最初のうち、セキュリティ専門家の反応は割れており、その声明を肯定する声もあれば、疑わしいとする意見もあった。

先週の段階で優勢だった憶測によると、これは国家を後ろ盾とする攻撃、おそらくはイラン政府が資金を提供し、実行した攻撃だとされていた。米国コモド社傘下の証明書再販業者が、そこからハッキングを受けたのである。

3月23日、同社は攻撃があったことを認め、8日前の3月15日に偽の証明書9件をハッカーに取得されたと発表した。対象となったのは、マイクロソフトのホットメール、グーグルのGメール、インターネット電話・チャットサービスのスカイプ、ヤフーメールだった。モジラ・ファイアーフォックスのアドオン向けの証明書も含まれている。

認証局はいったいなぜ、せめてM－of－Nシステム〈原注3〉程度には非中央集権化していないのだろうか（M－of－Nがもっと広範に使われるケースは、論理上ブロックチェーンの場合とは区別されるのだが、たまたまブロックチェーンはM－of－Nを実行するのに適したプラットフォームなのだ）。

〈原注2〉 引用したのは、IT系ニュースサイト「Computerworld」にグレッグ・カイザーが執筆した2011年の記事。
〈原注3〉 M－of－Nシステムとは、たとえばある錠に対してN個の鍵が存在し、解錠にはそのうちM個の鍵を必要とするシステムをいう。

身元確認

具体的な使い方として、「ブロックチェーン上の身元確認」がどうなるかを考えてみる。一般に、身元確認に必要なものは何だろうか。最も単純なのは、おなじみの答えだ。公開鍵と秘密鍵があればいい。公開鍵を発行して、それをあなたのＩＤとする。メッセージを送信するときは秘密鍵を使い、どのメッセージにもデジタルで署名しておけば、そのメッセージがあなたの送ったものであることを誰にでも検証してもらえる（検証する人の立場では、ここでいう「あなた」とは「特定の公開鍵の所有者」ということになる）。ただし、問題がいくつか残る。

1．鍵が盗まれ、新しい鍵に取り替える必要が生じた場合はどうなるのか？
2．鍵を紛失した場合はどうなるのか？
3．暗号化したデータのランダムな20バイトの文字列ではなく、名前で他のユーザーを参照したい場合はどうなるのか？
4．一つの鍵だけではなく、マルチシグ（multisig　マルチシグネチャのこと）のように高度なアプローチを採用したい場合はどうなるのか？

この四つの疑問を、ひとつずつ解いていくことにして、まずは、四つ目の問いから始めよう。シンプルな答えはこうだ。暗号による署名を1種類だけ要求するのではなく、公開鍵をプログラムにする。

そうすると、有効な署名は文字列になり、それをメッセージとともにプログラムに指定すると、1が返される。そんなしくみだ。理論的には、単一の鍵でも複数の鍵でも、その他どんなルールセットでも、このようなパラダイムにエンコードすることができる。

ただし、これにはひとつ問題がある。公開鍵が長くなりすぎるということだ。それを解決するには、実際の公開鍵をなんらかのデータストア（たとえば、非中央集権化が必要なら分散ハッシュテーブル）に格納し、公開鍵のハッシュ値をユーザーのＩＤにすればいい。このしくみにブロックチェーンは必要ないが、最新の設計では、拡張性《スケーラビリティ》のあるブロックチェーンは分散ハッシュテーブルと大きくは違わない。だから、10年もすれば、どんな用途のどんな非中央集権型システムも図らずして、あるいは意図的に、スケーラビリティのあるブロックチェーンへと収束していくだろう。

次に、一つ目の問いを考える。これは証明書失効の問題とみなすことができる。特定の鍵を「失効」させたい場合、それを知る必要のある全員に確実に知らせるにはどうすればいいのか。これも、分散ハッシュテーブルで解決することはできるが、そうすると次の問題が浮上する。鍵を失効させるとして、何で置き換えるかである。鍵が盗まれた場合は、自分も攻撃者も同じ鍵を持っていることになるので、どちらも確かな信頼を確立することができなくなる。これを解決するには、鍵を三つ用意するという方法もある。そのうえで、一つを失効させる場合、次の鍵を承認するには残りの二つ、つまりすべての鍵から署名を要求する。しかし、これは「Nothing at Stake」問題を引き起こしてしまう。攻撃者は、どこかの時点で三つの鍵すべてをうまく盗み出せれば、新しい鍵の割り当て履歴をすべてシミュレートして、そこから新しい鍵を割り当てられるようになる。そうなると、本来の持ち主の履歴は無効になってしまうのである。こうなるとタイムスタンプの問題になってくるので、ブロックチェーンが威力を発揮する。

二つ目の問題については、複数の鍵を用意して再割り当てするという方法が十分に通用し、この場合ブロックチェーンは不要になる。というか、再割り当ても必要ない。秘密の共有を上手に使うことで、紛失した鍵を復旧できるからだ。鍵を「シャード」訳注1に入れておきさえすれば、いずれかのシャードを紛失した場合にも、秘密共有のための数学を使って他の鍵から復元することができる。

三つ目の問題に関しては、ブロックチェーンベースのネームレジストリが最も簡単な解決方法になる。

だが、たいていの人は複数の鍵を安全に保管するという構えができていないし、いつ事故が起こるかも分からないので、中央集権型のサービスが重要な役割をはたす。問題が起こったとき、アカウントの復元をサポートするという機能だ。この場合は、ブロックチェーンベースのソリューションがシンプルでいい。社会的なM－of－Nバックアップである。

8つの実体《エンティティ》を選び出す。ここでいう実体は、友人でもいいし、従業員でも、会社でも、非営利団体でもいい。なんなら、将来的には政府でもいい。何か問題があった場合には、このうち5つの組み合わせで鍵を復元できる。これが社会的なマルチシグネチャによるバックアップという考え方だ。なんらかの非中央集権型システムの設計に使うには、おそらく最も強力なメカニズムであり、きわめて強固なセキュリティを安価に、しかも中央集権型の信頼に拠ることなく実現できる。そして、ブロックチェーンベースの身元確認、なかでもイーサリアムの契約モデルなら、このメカニズムをいたって簡単にプログラムできるのである。ネームレジストリなら、名前を登録してそれを契約の中で指定しておき、身元に対応する現在のメイン鍵とバックアップ鍵、それから一定時間でそれをアップデートするロジックをその契約で管理すればいい。おばあちゃん《グランマ》でも簡単に安全に使えるような身元確認のシステムが完成し、しかも個人による管理は不要だ。

ブロックチェーンで軽減できるのは、身元確認の問題だけではない。もうひとつ、身元確認と深く結び付いている要素として、評価《レピュテーション》がある。現在の社会で「レピュテーションシステム」とされているしくみは例外なく、安全ではないか、中央集権的かのどちらかだ。安全でないのは、評価する側と評価される側とが、間違いなく対話していると保証する手立てがないからであり、中央集権的なのは、レピュテーションデータが特定のプラットフォームに結び付いていて、そのプラットフォームの管理化に置かれているからである。ウーバー（Ｕｂｅｒ）からリフト（Ｌｙｆｔ）に乗り換えると、ウーバーに関する評価は引き継がれない。

非中央集権型のレピュテーションシステムは、データとレピュテーションという独立した2層で構成されるのが理想的だ。データは、他者について個々の評価を下す個人で構成され、その評価はトランザクション（たとえば、ブロックチェーンベースの決済なら、実際に支払った場合に限って商店を評価できるというオープンのシステムを構築することもできる）と、収集された他のソースとに結び付けられるうえに、データを評価する際に誰でも独自のアルゴリズムを実行することができる。特定のデータセットから、レピュテーションの証明を短時間で評価できるアルゴリズムが、これから重要な研究分野になるかもしれない（素朴なレピュテーションアルゴリズムは数学の行列を採用しており、基礎データに三次元計算のような複雑さがあるため、分散化【用語】が難しい）。一方、「ゼロ知識」のレピュテーションシステムなら、ユーザーは情報をまったく公開することなく、一定の指標に従ってX個以上のレピュテーションポイントがあると証明する暗号学的な証明書を発行できるので、これも有望だ。

　レピュテーションのケースが興味深いのは、プラットフォームとしてのブロックチェーンの利点がいくつか複合しているからだ。

- 身元確認のためにデータストアとして利用できる
- レピュテーションを記録するためにデータストアとして利用できる
- アプリケーション間に相互運用性がある（評価が決済の証明に結び付けられる、どんなアルゴリズムも同じデータセットを土台に実行できるなど）
- 基礎となるデータを将来的にも持ち越せる保証がある（企業は、レピュテーションの証明書を、エクスポート可能な形式で自ら発行するかもしれないが、その機能を将来まで持ち越しつづけると、あらかじめ確約する術《すべ》はない）
- 非中央集権型プラットフォームをさらに一般化して使用し、計算の時点でレピュテーションが改竄《かいざん》されなかったことを保証できる

　これほどの利点があるとはいえ、代用となるシステムは存在する。一定の取引があったことを示す、

暗号署名済みの領収証を発行するということならＶＩＳＡやマスターカードを信頼できるし、レピュテーションの記録はarchive.orgに保存できる。サーバーを相互対話させることもできるし、民間企業は誠実であろうとする合意を利用規約で示すことができる。そのほかにもいろいろあって、いずれも適度に有効だ。だが、何もかも公開の場に差し出して「ワールドコンピューター」で実行し、暗号学的な検証と証明に任せてしまえるという単純さに比べると、利便性ははるかに及ばない。これ以外の使い方についても、結論は同じようなものだ。

コストの削減

ブロックチェーンで得られる最大の価値が、この記事で述べているように、ロングテールに由来するのであれば、そこから重要な結論が導き出される。ブロックチェーンを使ってトランザクションごとに得られる利益は非常に小さいということだ。そうなると、コンセンサスのコストを削減し、ブロックチェーンのスケーラビリティを広げることが、ひときわ重要になる。中央集権型のソリューションだと、ユーザーも企業もトランザクションのたびに払うコストが事実上ゼロであることに慣れきっている。ウィキリークスに寄付しようとしている個人なら、トランザクションに必要な手数料５ドルを喜んで払うかもしれないが、レピュテーションの記録をアップロードするとき、支払う気になれる手数料は、せいぜい０・０００５ドルくらいということも考えられる。

したがって、コンセンサスのコストを下げることが、絶対的な意味でも（つまりプルーフ・オブ・

ステーク）、またトランザクションごとの意味でも（スケーラブルなブロックチェーンのアルゴリズムを利用し、各トランザクションを処理するノードはせいぜい数百単位）、至上課題になる。加えて、ブロックチェーンの開発者が意識しておいたほうがいいこともある。ソフトウェア開発の過去40年の歴史を見ると、プログラミング言語とパラダイムはどんどん効率が下がっていて、その原因はひとえに、開発者の経験不足と意欲不足を許していることにあるということだ。ブロックチェーンのアルゴリズムを設計するとき、そこに何を実装し何を実装しないかについて、開発者はそれほど賢明でも慎重でもないという原則を踏まえなくてはならない。ただ、トランザクション料金のシステムを適切に設計すれば、開発者は個人の経験を通じて、重要な点を自然と学習するようになるだろう。

こう見てくると、かなりの段階まで非中央集権化を進められる未来という期待はふくらむが、労せずして利益を得られる時代はもう終わった。今は、もっと厳しく長い目で現実を見つめ、私たちが築き上げてきた技術が実際にはどんな利益を世界にもたらすかを考えるべきときだ。その間に、どこかで転換点を迎えることになるのは、まず明らかになるだろう。そうなれば、「XXのブロックチェーン」と称されるひとつひとつのケースは、何か有益なことを求めているときにたまたまXXを見いだし、その実現に努めるブロックチェーンファンによって作られるのではなく、ブロックチェーンに目をつけた結果、XXの一部を実行するうえでかなり便利なツールだと気づいたファンによって作られるようになる。XXは、モノのインターネット（IoT）かもしれないし、開発途上国向けの金融インフラ、ボトムアップの社会・文化・経済制度、ヘルスケアデータの集計と保護の改善、あるいは物議の多いチャリティマーケットや検閲不能なマーケットかもしれない。最後の二つについては、すでに転換点を過ぎている可能性が高い。最初に集まったブロックチェーンファンの多くは、政治的な理由でブロックチェーンファンになった。だが、ひとたび他の理由で成功すると、それが主流になっていることが確かに分かるのである。人道主義の上で最大の利益が実現するのは、遠いことではない。

それから、「ブロックチェーンコミュニティ」という概念が、政治的な色を帯びた運動としてはそれ自体で意味をもたなくなることが分かるだろう。そこになんらかのラベルが付くとすれば、「暗号《クリプト》2・0」がいちばん妥当かもしれない。理由は、「分散ハッシュテーブルコミュニティ」などという概念が存在しないのと同じだ。「データベースコミュニティ」は存在するが、実際には、たまたまデータベースを専門にしているコンピューター科学者が集まっているにすぎない。ブロックチェーンも、ひとつの技術にすぎない以上、大きな進歩をとげるには他の非中央集権型（および非中央集権化に有利な）技術と連携しなければならない。連携するのは、レピュテーションシステム、分散ハッシュテーブル、ピアツーピアのハイパーメディアプラットフォーム、分散メッセージングプロトコル、予測市場、ゼロ知識証明【用語】などだが、まだ見つかっていないものも多いはずだ。

訳注1　ブロックチェーンで、チェーンを分割した単位のこと。

第2部 プルーフ・オブ・ワーク

イーサリアムの「ジェネシスブロック」は、2015年7月30日に生成された。プロトコルとして公式の生を受けた記念すべき日である。その生の歩みは、最初のうち容易なものではなかった。ETHの時価総額が何兆ドルにもふくらむのに伴って、システムの悪用を試みるハッカーが出現し、生まれたばかりのイーサリアムコミュニティは協調した行動を迫られる。結局のところ、コードだけではシステムを安全に保つことはできなかった。人間による政治も必要になり、ブテリンはその渦中に置かれたのである。

当時の試練のなかで最たるものが、The DAOのハッキング事件だ。The DAOは、実験的に集まったベンチャーファンドで、1億5000万ドル相当のETHを獲得していた。ちなみに、DAOは「ダオ」と発音し、Decentralized Autonomous Organization（分散型自律組織）の略、つまりブロックチェーン上のソフトウェアで構成される組織のことである。The DAOが投資活動を始める以前の2016年6月、あるハッカーがThe DAOのコードに存在していたバグを悪用してその資金を引き出してしまう。The DAOは、トークンの全供給量のうち約15%分を保有していたので、ブテリンが意図しているようにイーサリアムがいずれプルーフ・オブ・ステークに移行するとしたら、それほどの市場シェアを1人のユーザーの手に委ねてしまうのは、どう考えてもあまりにも危険だった。カウンターハッカーが措置を講じてハッカーの動きは封じたものの、現行のコードをバグごとそのまま放置していいのか、何か根本的な対策が必要なのではないかという議論が巻き起こった。ブテリンがとったのは、「ハードフォーク」の大義を守ろうとする立場だった。イーサリアムブロックチェーンを全面的に書き換え、ハッキングの記録を抹消しようとする考え方である。ブテリン自身はイーサリアムプロトコルに対して公式の権限をほとんどもっていなかったが、それまでに積み重ねてきた信頼が決め手となった。イーサリアムコミュニティの大半は、コードの原理よりも文化とミッションを重く見るブテリンを支持したのである。

ブテリン自身のカリスマ的な権威についての不安は、当時の記事の行間ににじみ出ている。The DAOハッキング事件の数か月前、イーサリアムブログで彼は「最終的には全人類が共有する非中央集権型のプロジェクトとしてイーサリアムを構築する」という目標を宣言している。The DAO事件の渦中に書かれた記事、「暗号経済学と人類絶滅リスクの研究者が互いに耳を傾けるべき理由」では、その最終形態を「世界民主主義としてのDAO」と表現している。直接参加制の国際連合のような存在だ。「責任になった管理権」では、10代のうちに世界規模のソーシャルネットワークを立ち上げたマーク・ザッカーバーグに自分自身をなぞらえているように見える。ブロックチェーンの世界では、企業プラットフォームの場合と対照的に、中央集権的な権利が所有ではなく回避すべき対象とされる。「フリースピーチ」の章では、フェイスブックやその同類が次第に検閲権をもたざるをえなくなっている現状を背景に、自分が検閲権を握ってしまうことを防いでいるテクノロジーの存在の大きさについて語る。２０１８年に、ブテリンは「明日この瞬間に僕が消滅しても、イーサリアムは間違いなく存続するはずだ」とツイートしている。だが、そう口にするしかなかったという事実こそが、確実なものは何もないことを如実に物語っていたともいえる。

２０１７年は、イーサリアムの価値と牽引力が地殻変動のように急騰した年だった。最大の要因はＩＣＯ（Initial Coin Offering　暗号資産の新規公開）に利用されたことで、スタートアップは（それ以上に露骨な詐欺行為も多かったが）、各社のホワイトペーパーで抱負を語りながら、規制対象外のトークンを売って大量の資金を調達した。ブテリンはというと、イーサリアムの市場評価の精度について公然と疑問を投げかけ、ツイッターでコミュニティに向けてこう進言するほどだった。「何億ドル分ものデジタル紙幣を手にすることと、社会にとって有意義な何かを実際に成し遂げることを区別しよう」。イーサリアムは世界を変革するはずだが、ブテリンが書いている例でも分かるとおり、具体的な使い方は、どれも金融ゲームやギャンブルばかりに向かっている。

イーサリアム初期の時代に書かれたブテリンの文章は、価格の上昇やトークン売りのブームに浮かれることなく、暗号経済のデザインに関する問題に終始している。インセンティブを通じて協調の質を上げるにはどうすればいいのだろうか——。ここでも、そして当時書かれたもっと技術的な記事でも、彼の頭を占めていたのはアイデンティティとガバナンスをめぐる難問だった。だが、２０１９年末に書かれた「クリスマス・スペシャル」のように、遊びの時間も忘れてはいない。ブテリン自身と、他の〝イーサリアン〟がミートアップでチェスに没頭しているところを見たら、何億何兆ドルという この実験はすべて、ただの巨大なパズルにすぎず、彼らの頭の中を計算が駆けめぐっている隙間を埋める手すさびにすぎないのでは、と思えてくるかもしれない。

——NS

暗号経済学と人類絶滅リスクの研究者が互いに耳を傾けるべき理由

medium.com/@VitalikButerin
２０１６年７月４日

最近、これまでは人工知能（ＡＩ）やさまざまな形の人類絶滅リスクに関する研究にもっぱら関わっていたコミュニティが、ブロックチェーンと暗号経済学のシステムに関心を寄せる風潮が、少しずつだが目立ってきた。ラルフ・マークルは、イーサリアムのライトクライアントプロトコルの基盤にもなっている有名な暗号技術の考案者で、ＤＡＯガバナンスに対する関心を表明している。スカイプの共同創設者のひとりヤーン・タリンも、グローバルな協調の問題を解決するメカニズムを開発するために、ブロックチェーン技術を研究するよう提唱した。予測マーケットの支持派は、ガバナンスのメカニズムとして以前からずっと予測市場の潜在能力を理解しており、最近オーガー（Augur）〈原注１〉

〈原注１〉オーガーは、暗号による分散型予測市場のひとつ。ユーザーは特定の事象に賭けることができ、その事象から現実世界における結果を決める「オラクル」システムを備えている。

に目を向けはじめている。何か注目に値することでもあるのだろうか。あるいは単に、おたく《ギーク》好みのトピックAに注目していたコンピューターギークが、最近になって、まったく無関係だがやはりギーク好みではあるトピックBに興味を移したということなのか。それとも、本当に何か関係があるのだろうか。

私は関係があると考えており、その関係とはこういうことだ。**暗号経済の研究コミュニティと、AIの安全性や新しいサイバーガバナンスや人類絶滅リスクを扱うコミュニティは、どちらも根本的には同じ問題に取り組もうとしている。我々は作られてから柔軟性を失ってしまった、ごく単純なばか《ダム》システムを使って、新しく登場し予測不能な特性をもつ、きわめて複雑できわめて賢い《スマートな》システムを、はたして制御できるのかという疑問だ。**

AI研究の世界で、部分的に大きな問題になるのは、スーパーインテリジェントな動作主体《エージェント》の行動を導く効用関数をどうやって定義するかということだ。しかもそのとき、記述された機能を満たす一方で本来の意図を満たさない（これを「エッジインスタンシエーション」と呼ぶこともある）ような結果へと導くことがあってはならない。たとえば、スーパーインテリジェントなAIにがんの治療を命じようとした場合、AIはそれを達成する最も確実な方法として全人類の抹殺を提案するかもしれない。その穴を埋めようとすると、今度は殺すかわりに全人類を超低温保存すればいいと判断しかねない。そんな具合だ。ラルフ・マークルのDAO民主主義で問題になるのは、目的関数だ。社会や技術の進歩とも、また人々が一般に求めるものとも相関性があり、人類絶滅リスクと負の相関性があって、しかも観測が容易なためその観測がそれ自体で政治的な紛争の原因にならないような目的関数である。

一方、暗号経済の世界でも問題は驚くほど似ている。コンセンサスの中心となる問題で問われるのは、固定されたシンプルなアルゴリズムを使って、一貫した履歴のサポートと伸長を続けるというバリデーター【用語】のインセンティブをどう維持するかだ。しかもこのとき、バリデーター自身は高度に複雑な経済的エージェントであって、任意の形で自由に関係をもつことができる。Ｔｈｅ ＤＡＯの事件で明らかになったのは、ソフトウェア開発者の複雑な意図の相違だった。分岐の機能についても、ソフトウェア実装の事実上の結果についても、めいめいが違う使い方を想定していたのである。オーガーは、コンセンサスの問題を現実世界の事実にまで拡張しようと試みている。またメーカーダオ[訳注1]（ＭａｋｅｒＤＡＯ）は、資産に暗号資産の非中央集権化と名目貨幣の信頼性をもたらすことを意図したプラットフォームに向けて、非中央集権的なガバナンスアルゴリズムを実現しようとする。以上のどの場合でも、アルゴリズムはばか《ダム》でありながら、そこで管理しなければならないエージェントのほうはきわめてスマートだ。ＡＩの安全性とは、いわばＩＱ１５０のエージェントがＩＱ６０００のエージェントを管理しようとすることであり、暗号経済とはＩＱ５のエージェントでＩＱ１５０のエージェントを管理しようとすることに等しい。つまり、明らかに違う問題だが、類似点も無視できないということだ。

以上はいずれも難解な問題であり、しかも双方のコミュニティがこれまで別々には何年にもわたって考えつづけ、場合によってはかなりの知見が蓄積されてきた問題でもある。しかも、発見的《ヒューリスティック》で部分的な答えと緩和戦略が、すでに見つかりはじめている問題でもある。ＤＡＯの場合、ハイブリッドのアプローチに向かいつつある開発者の例もある。ＤＡＯの資産に対してある程度の管理能力を備えたキュレーターを用意するが、ただしその能力は制限するというやり方である。単独でＤＡＯを攻撃から救うには十分だが、適度より大きな混乱をもたらすほどの攻撃を一方的に実行するには足りないくらいに制限する。このアプローチには、ＡＩの安全性に関わる割り込み可能性について進んでいる研究にも通じる部分がある。

フュターキーについては、利率を目的関数として利用することや、自発的なコインのロックを通じて行うクアドラティック・ボーティング（Quadratic Voting）〔用語〕〈原注2〉とフュターキーとの一種のハイブリッドをガバナンスアルゴリズムとして利用することが検討されている。また、民主主義では実現できない方法で大多数による共謀攻撃を防げるだけの力をフュターキーに付与し、それ以外は投票プロセスに力を残す、さまざまな形でのフュターキーの調整も検討されている。いずれも、フュターキーを使って世界民主主義としてのＤＡＯを構築しようとしているグループにとっては一考の価値があるイノベーションである。

もうひとつ、特に過小評価されている解決策が、ガバナンスアルゴリズムを使って物事を明示的に遅らせることだ。蓄積されている資金を救出できる可能性として提案されているＴｈｅ ＤＡＯのハードフォークが可能なのは、どんなアクションにも長い遅延時間を求めるという一連のルールがＴｈｅ ＤＡＯに設定されているからにほかならない。さらにもうひとつの手法として検討が始まっているのが形式的検証だ。つまり、コンピュータープログラムを使って自動的に他のコンピュータープログラムを検証し、それがプログラムの本来の機能に関する基準を満たすかどうかを確かめる方法である。

全般的な「誠実さ」を形式的に証明することは、値の複雑性という問題がある関係で不可能だが、部分的な保証によってリスクを低減することは可能だ。たとえば、ある種のアクションを7日以内には実行できないこと、あるいはある種のアクションを48時間のあいだ実行できないことは、所定のDAOのキュレーターが投票してスイッチを入れれば、形式的に証明できる。AIの場合なら、そのような証明を使って報酬機能における一定の単純なバグを防ぐことができる。AIにとってきわめて価値が高いように見えてしまい、まったく予期しない動作になるバグだ。もちろん、そのほかにもコミュニティの多くが形式的検証についてはは長いあいだ研究してきたが、今ではまったく新しい環境で違う用途を想定して探究が進んでいるところだ。

さしあたって、AIの安全性に関わる研究者が推進していて、DAOを伴う経済システムの構築にもかなり有益そうなコンセプトの一例となるのは、超合理的決定の理論だ。本質的には、ソースコードの実行を確約し、そのソースコードによって処理されるエージェントもソースコードの実行を同じように確約するという形で「囚人のジレンマ」を克服する手法である。「ブラックボックス」的なエージェントでは利用できず、オープンソースのエージェントで利用できる動作の一例が、スコット・

〈原注2〉 クアドラティック・ボーティングとは、投票者が複数のトークンを使って投票できるが、投票に多くのトークンを使うほど、各トークンの重みは小さくなるというしくみ。単純に最も多くを所持するトークン保有者が有利になる金権主義に対抗しつつ、嗜好の強さも加味しようと試みるシステムである。

アレクサンダーによるショートストーリーに出てくる「値どうしのハンドシェイク」だ。二つのエージェントが、それまで掲げていた二つの目標の平均となる一つの目標を最大限に達成することに取り組む。以前なら、そんな概念はほとんどSFだったが、今ではフュタ－キーのDAOでこれを実現できる。さらに一般化すれば、DAOは社会制度によって、特定の性質をもつ「ソースコードの実行」に取り組むきわめて有効な手段になりうるのである。

The DAOは、今年以降に立ち上げを予定している多くのプロジェクトの最初にすぎないし、今後のどのプロジェクトでも最初の事例の教訓が確実に生かされることは間違いない。そのたびごとに、新しい革新的なソフトウェアコードのセキュリティポリシー、ガバナンスアルゴリズム、キュレーターシステム、段階的なブートストラップおよびロールアップ［用語］プロセス、形式的検証による保証が生まれて、暗号経済という暴風雨にも耐える万全の試みが展開されるはずだ。

最後に、暗号資産コミュニティから得られる最大の教訓は、非中央集権化そのものであることを付け加えたい。さまざまなチームがさまざまな部分を冗長的に実装すれば、あるシステムでの見落としが他のシステムでもそのまま見過ごされてしまう確率は低減できる。クリプトエコシステムは、ソフトウェア開発、コンピューター科学、ゲーム理論、そして哲学の最先端で数々の課題を伴う実験に今まさに臨もうとしている。そしてその結果が、現在の形でメインストリームの社会的応用に進むのか、コアコンセプトを大幅に変えながら何度かの試行を経たうえでそうなるのかは分からないものの、そこからは誰でも得るものがあるはずだ。

訳注1　ステーブルコインのダイ（ＤＡＩ）を発行するＤｅＦｉ（分散型金融）プロジェクトを率いる分散型自律組織。

プルーフ・オブ・ステークのデザイン哲学

medium.com/@VitalikButerin
２０１６年12月30日

イーサリアムは（ビットコイン、ＮＸＴ、ビットシェアーズなども同じだが）、暗号経済という根本的に新しいシステムだ。非中央集権型で、管轄当局が存在せず、完全にサイバー空間で完結していて、暗号技術、経済学、社会的コンセンサスの組み合わせによって運用されている。ある意味、ビットトレントとも似ているが、ビットトレントとは違うともいえる。ビットトレントには状態《ステート》の概念がないからで、この違いはのちのち決定的に重要になる。分散型自律企業（Decentralized Autonomous Corporation）という言い方もあるが、企業というのはちょっと違う。マイクロソフトをハードフォークすることはできないからだ。オープンソースソフトウェアのプロジェクトにもなんとなく似ているが、似て非なるものでもある。ブロックチェーンはフォークできるが、オープンオフィス〈原注1〉ほど簡単にフォークできるわけではない。

こうした暗号経済ネットワークは、いろいろな形をとっている。ＡＳＩＣベースのＰｏＷ（プルーフ・オブ・ワーク）、GPUベースのPoW、素朴なPoS（プルーフ・オブ・ステーク）、デリゲーテッドPoS（DPoS）、間もなく登場すると期待されているキャスパー（Casper）PoS〈原注2〉などがあり、当然ながら、それぞれの根底には独自の哲学がある。なかでもよく知られている例が、過激な立場のPoWで、正しいブロックチェーンは「ただひとつ」であり、マイナーが経済的な資本を最も多く消費して生成したチェーンだけであると定義する。もともとは、単にプロトコル内のフォーク選択ルールにすぎなかったが、あちらこちらで絶対的な信条として信奉されている。ビットシェアーズのDPoSにもまた別に一貫した哲学が流れており、あらゆることが唯一の教義から始まる。ただし、こちらの原理はもっとシンプルな、株主投票である。

このような哲学は、ナカモトコンセンサスにしろ、社会的コンセンサスや、株主投票によるコンセンサスにしろ、それぞれが独自の結論と価値体系につながっていて、それだけで考えるなら、きわめて大きな意味をもつ。だが、互いを比較するとたしかに批判の余地がある。キャスパーのコンセンサスにも哲学的な裏付けはあるのだが、今のところ簡潔に表明されてはいない。

私自身も、ヴラド、ドミニク、ジェイなども全員、プルーフ・オブ・ステークというプロトコルの

〈原注1〉　オープンオフィス（OpenOffice）は、Microsoft Officeに似たフリーのオープンソースオフィススイート。オープンソースソフトウェアを「フォーク」するというのは、自由に利用できるソースコードを複製したうえで、違うものに改変することをいう。

〈原注2〉　キャスパーPoSは、イーサリアムのプルーフ・オブ・ステークへの移行をサポートするためにデザインされたアルゴリズム。賭けのシステムを利用して悪意のある行為を防ごうとしている。

存在意義とデザイン方法については独自の見解をもっている。ここでは、私自身の立脚点を明らかにしようと思う。

以下、私の所見と、続けて結論を示す。

- 暗号技術は、21世紀のいま間違いなく特別なものだ。**敵対関係があるとき、防御側が圧倒的に有利に立ちつづけられる、数少ない分野のひとつだからである。**城塞は築くより壊すほうがはるかに易しいし、孤島は守れるとはいえ、やはり攻撃のしようはある。それに比べると、一般の人が使うときでも、楕円曲線暗号（ＥＣＣ）鍵は強く、国家の後ろ盾をもつサイバー攻撃にさえ対抗できるくらい堅固だ。サイファーパンクの基本的な哲学では、ほかに類を見ないこの非対称性を利用して、個人の自律性を十二分に保とうとする。暗号経済学は、ある程度その延長線にあるが、ただの暗号学のように単にプライベートなメッセージの完全性と機密を守るのではなく、協調と連携の複雑なシステムについて、その安全性と活力を保護するものだ。**サイファーパンク精神の理想的な継承者を自認するシステムなら、この基本的な特性を維持しなければならないし、活用と保全より、破壊や妨害のコストのほうがはるかに高くつくようになっていなければならない。**
- 「サイファーパンク精神」は、理想主義を旨としているわけではない。攻撃より防御のほうが容易なシステムを作るのが健全なエンジニアリングだというだけのことである。
- **中長期的に見ると、人はコンセンサスに達するのがなかなか得意だ。**仮に、攻撃者が無限のハッシュパワーを手に入れ、メジャーなブロックチェーンに対する51％攻撃をしかけて過去1か月の履歴を元に戻してしまったとしても、そちらが正規のチェーンだとコミュニティに認めさせるのは、メインのチェーンのハッシュパワーを凌駕するより、ずっと難しい。ブロックエクスプローラーの裏をかき、コミュニティで信頼を得ている各メンバーから、ニューヨークタイムズ、archive.org、そのほかインターネット上のソースまで、いくつも欺かねばならないからだ。情報技術がこれほど稠密《ちゅうみつ》になった21世紀にあって、新しい攻撃チェーンが優先チェーンであると世界中を納得させるのは、アメリカの月面着陸がウソだったという話を信じさせるくらい難しい。ブロックチェーンのコミュニティが認めようが認めまいが（ビットコインコア（Bitcoin Core）[訳注1]は、社会的なレイヤーが最優先であると認めている）、**長い目で見て最終的にブロックチェーンを保護するのは、こうした社会的な配慮なのである。**

- ただし、社会的コンセンサスのみによって保護されるブロックチェーンは、あまりにも効率が悪く鈍重なので、意見の不一致が果てしなく続くことも容易にありえる（それでも、あらゆる困難を乗り越えてコンセンサスは実現されてきた）。そうなると、短期的に活力と安全性を保護するには、経済的コンセンサスがきわめて重要な役割を担うということだ。
- ＰｏＷのセキュリティはブロック報酬から確保するしかないし、マイナーにとってのインセンティブの拠り所は将来のブロック報酬を失うリスクだけなので、**ＰｏＷは必然的に、膨大な能力を膨大な報酬というインセンティブによって実現するというロジックで動くことになる。**ＰｏＷでは、攻撃からの回復はきわめて難しい。初めて攻撃があったときには、ハードフォークしてＰｏＷを変更すれば、攻撃者のＡＳＩＣを無力化できるが、二度目の攻撃ではその手が使えなくなるので、攻撃は何度でも繰り返し可能になる。したがって、マイニングネットワークは、攻撃など考えられないくらい巨大になるしかない。ネットワークが1日も欠かさず常にXを消費するようにすれば、Xを超えられない攻撃者には手の出しようがなくなる。**私がこのロジックを否定するのは、それが（i）ツリーを生かせないからであり、（ii）サイファーパンク精神を実現できないからだ。攻撃のコストと防御のコストが一対一の比率であり、防御側がまったく有利にならないからである。**

- **プルーフ・オブ・ステークは、セキュリティの拠り所を報酬ではなく罰則に求めることによって、この一対一の対称性を破る。**バリデーターは、賭け《ステーク》の資金（デポジット）を預け、自分の資産を固定《ロックアップ》してノードを維持したうえで、秘密鍵の安全を保証する予防措置をとることに対する報酬をわずかながら得る。一方、トランザクションを元に戻すコストは罰金でまかなわれ、その額は同じ期間に得られる報酬の数百倍、数千倍にも及ぶ。**したがって、プルーフ・オブ・ステークの「哲学をひと言で」表すなら、「セキュリティはエネルギーの消費に由来する」ではなく、「セキュリティは経済的な損失価値を確立することに由来する」ということになる。**切り替えを実現しようと共謀している悪質なノードがXドル相当の罰金を払わないかぎり、競合するブロックまたは状態について同等のファイナライズを達成することはできないと証明できて初めて、あるブロックまたは状態のセキュリティはXドル相当といえる。
- 理論上は、バリデーターの大多数が共謀すれば、プルーフ・オブ・ステークのチェーンを乗っ取り、不正な運用を始めることができる。だが、（i）プロトコルのデザインが正しければ、そうした不正操作によって過剰な利益をあげる可能性は、かなりの程度まで抑えることができる。それ以上に、(ⅱ)新しいバリデーターの参入を排除する、あるいは51％攻撃をしかけるといった試みがあっても、コミュニティは協調してハードフォークを実行し、悪質なバリデーターのデポジットを抹消することができる。**攻撃に成功するには5000万ドルかかるかもしれないが、攻撃後の正常化プロセスはもっとずっと容易で、2016年11月25日にゲス(Geth)とパリティ(Parity)のコンセンサスで不具合**〈原注3〉**が起こったときほど厄介なことにはならないのである。**2日たてば、ブロックチェーンとコミュニティは元の軌道に戻り、攻撃者の資産が5000万ドル減って、逆にコミュニティの他のメンバーは資産が増える可能性もある。攻撃の結果、一時的な供給不足が起こることでトークンの価値が上がっているからだ。これなら、攻撃と防御が利用者にとっては非対称になる。

・以上のように書いたからといって、予定外のハードフォークがたびたび発生するということではない。できるなら、プルーフ・オブ・ステークに対する一回の51％攻撃に要するコストを、恒久的な51％攻撃に要するコストと同程度に高く設定できれば望ましい。そうすれば、一回の攻撃にコストがかかりすぎ、得るものも少ないということで、実効的に攻撃の抑止力になる。

・**経済がすべてではない。**個々の攻撃者はプロトコル外の動機で動く可能性がある。ハッキングを

〈原注3〉イーサリアムで普及しているゴー(Go)クライアントに存在したバグのこと。短時間でブロックチェーンにフォークが発生し、2種類の台帳が同時に存在することになったため、急きょソフトウェアのアップデートが必要になった。

受けたのかもしれないし、誘拐されたのかもしれない。あるいは、あるとき酔っぱらって、コストなど度外視でブロックチェーンを破壊したくなったのかもしれない。楽観的に考えるなら、**個々人の倫理的な許容度とコミュニケーション効率の悪さから、攻撃のコストはプロトコルごとに決まる名目上の損失価値よりはるかに高くなることが多い。**だから優位に立てると安心できるわけではないが、同時にこの優位を不必要に手放す必要もないだろう。

- **したがって、最上のプロトコルとは多種多様なモデルと前提のもとで適切に機能するプロトコルだといえる。**そのモデルとしては、協調した選択に伴う経済的合理性、個別の選択に伴う経済的合理性、単純な耐障害性《フォールトトレランス》、ビザンチンフォールトトレランス（攻撃者が適応的な場合と非適応的な場合の両方が望ましい）などがあるほか、アリエリー流あるいはカーネマン流の行動経済学モデル（「みんな少しずつズルをする」）もある。理想としては、現実的で説得力のあるどんなモデルも含まれるだろう。**大切なのは、二つのレイヤーで防御に備えることだ。ひとつは、中央集権型のカルテルが反社会的に行動するのを抑止する経済的なインセンティブ、もうひとつはそもそもカルテルの発生を抑止する反中央集権的なインセンティブである。**
- **可能なかぎり高速に機能するようデザインされているコンセンサスプロトコルは、リスクもあるので、利用するとしてもアプローチには慎重を要する。**高速な動作が、そうしたいと考えるインセンティブと結び付いているとしたら、その組み合わせはシステム的なリスクを引き起こしかねない高いレベルで、**ネットワーク規模の中央集権化**を伴うからだ（たとえば、バリデーター全員が同じホストプロバイダーから参加するなど）。逆に、バリデーターによるメッセージ送信の速度をあまり重視しないコンセンサスプロトコルでも、その間隔が許容できるくらい長ければ（イーサリアムにおけるチェーンが通常は500ミリ秒から1秒だと経験的に分かっているので、たとえば、4〜8秒程度）、そうした心配はない。この両極の中間で考えられるのが、超高速で動作する一方、イーサリアムの「アンクル」〈原注4〉のようなメカニズムも備えたプロトコルだ。これなら、容易に達成できる程度以上にネットワークの接続性を引き上げたノードに対する余剰の報酬はきわめて低い。

もちろん、これを起点としていろいろな細部はあるし、さらに細かい枝別れもある。だが、少なくとも私が考えるキャスパーの基盤になるコアの原則は、以上のとおりだ。ここからは、相反する価値観の間のトレードオフについて議論が必要になる。ETHの年間発行率を1％にして、是正的なハードフォークを実行するコストを5000万ドルとするのか、それとも年間発行率をゼロにして、是正的なハードフォークを実行するコストを500万ドルとするのか。フォールトトレランスモデルでセキュリティを引き下げるかわりに、この経済モデルでプロトコルのセキュリティを引き上げるのはいつか。予測可能なレベルのセキュリティ、あるいは予測可能なレベルの発行額を確保することに、も

〈原注4〉 イーサリアムでは、メインチェーンに最終確定として追加されていない不完全なブロックを「アンクルブロック」という。アンクルブロックを生成したマイナーは報酬を得るが、その努力が不首尾に終わってもシステム全体のセキュリティに貢献しているという意味で、いわば残念賞のようなものである。

っと意識をさくべきなのか――そういった疑問にはすべて新しい記事が必要だし、それぞれの有用性の間にはさまざまなトレードオフがあって、その折り合いのつけ方についても、さらに記事が必要になる。いずれ書くことになるだろう。

訳注1　ビットコインの公式クライアント、およびそれを開発しているオープンソースのプロジェクトのこと。

非中央集権化とは何か

medium.com/@VitalikButerin
２０１７年２月６日

「非中央集権化（decentralization）」というのは、暗号経済の世界で特に多用されている言葉のひとつで、ブロックチェーンの存在理由《レーゾンデートル》そのものとまでいわれることも多い。だが、定義が曖昧な単語の筆頭でもある。これまで、何千何万という研究の時間と、膨大な金額に相当するハッシュパワーが、非中央集権化を達成する目的で、そしてそれを保護し改善するためにもっぱら費やされてきた。議論が紛糾してくると、あるプロトコル（もしくはプロトコルの拡張案）の推進派は、対立する相手を糾弾するとどめの一撃として、「中央集権的」という言葉を使うのがお決まりの展開だ。

だが、この言葉の本当の意味については、かなりの混乱が頻繁に見受けられる。たとえば、次ページの図もそうだ。まったく役に立たないのだが、不本意ながら、あちこちで見かける〈原注1〉。

次に、QAサイト「クオーラ」で、「distributed（分散型）とdecentralized（非中央集権型）の違いは何ですか?」という質問に対する二つの答えを見てみよう。一つ目は、実質的に先の図を繰り返し

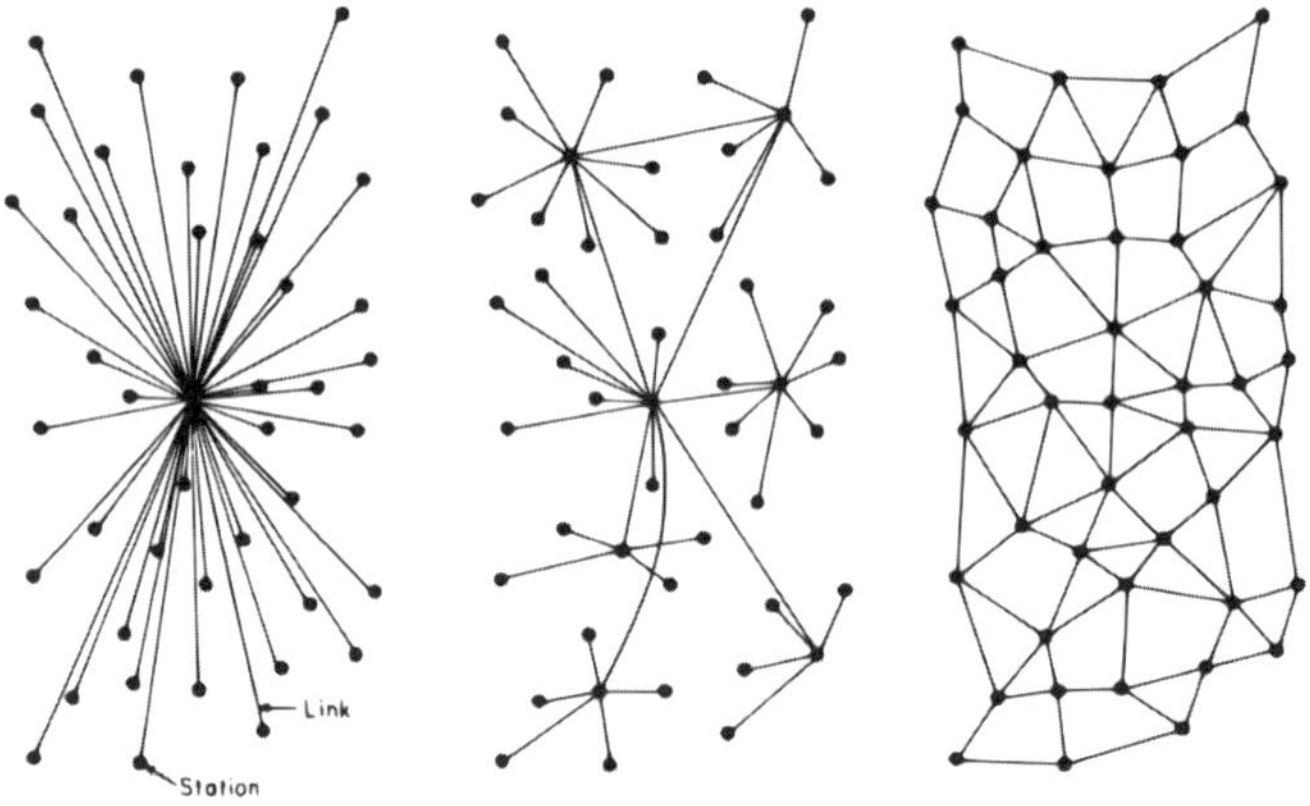

(A)中央集権型　(B)非中央集権型　(C)分散型

ているだけだが、二つ目はまったく違う考えを展開している。「distributed（分散型）とは、トランザクションの処理が1か所だけでは実行されないこと」で、「decentralized（非中央集権型）は一つの実体がすべての処理を管理しないこと」という答えだ。ところが、別のQAサイト「スタック・エクスチェンジ」にあるイーサリアムページでは、よく似た図を使って説明しているものの、なんと「distributed（分散型）」と「decentralized（非中央集権型）」の指すものが入れ替わっている。どう考えても、明確な説明が必要だろう。

3種類の非中央集権化

ソフトウェアの非中央集権化という話になったとき、そこで語られる中央集権化と非中央集権化には、実は大きく違う三つの軸がある。もちろん切り離して考えることはできない場合もあるが、一般的にはそれぞれまったく別のものだ。以下の三つの軸である。

・**アーキテクチャ上の中央集権化と非中央集権化**――システムを構成する**物理的なコンピューター**はいくつか。そのうち、一時的な停止に対して耐性を備えているものはいくつか。

・**政治上の中央集権化と非中央集権化**――システムを構成しているコンピューターを、最終的にコントロールする個人または組織の数はどのくらいか。

・**論理上の中央集権化と非中央集権化**――システムで使われる**インターフェースとデータ構造**は、単一のモノリシックオブジェクトのようなものか、それとも不定形の群体のようなものか。単純な見分け方として、あるシステムを、プロバイダーもユーザーも含めて半分に割ったとき、どちらの半分も独立した単位として完全に機能しつづけるかどうか。

以上の三つの軸を図に表すと、次ページのようになる。

この図の配置は、かなりの部分が大雑把で、議論の余地は大いにあるだろう。それを承知のうえで、ひとつひとつを説明していこう。

〈原注1〉 この図の出典は、ポール・バランの「On Distributed Communications（分散型通信について）」（ランド研究所、1964年）で、のちのインターネットにつながるネットワーク構造を提案したメモだった。

論理的に中央集権型

	政治的に 中央集権型	政治的に 非中央集権型
アーキテクチャ的に 中央集権型	従来型の企業	直接民主主義
	民法	
アーキテクチャ的に 非中央集権型	?	ブロックチェーン、 慣習法

論理的に非中央集権型

政治的に 中央集権型	政治的に 非中央集権型	
?	?	アーキテクチャ的に 中央集権型
従来型CDN、 エスペラント語	ビットトレント、 英語	アーキテクチャ的に 非中央集権型

・従来型の企業は、政治的に中央集権型であり（CEOが1人）、アーキテクチャ的にも中央集権型であって（本社オフィスが1か所）、論理的に中央集権型である（半分にすることはできない）。

・民法は中央集権的な立法機関に依存しているが、習慣法《コモンロー》は何人もの裁判官個人が下した判例で成り立っている。とはいえ、かなりの裁量をもつ裁判所も多いので、民法はアーキテクチャ的にある程度は非中央集権型の面をもつ。一方、コモンローは非中央集権型の性質がもっと大きい。どちらも、論理的には、中央集権型である（「法律は法律だ」）。

・言語は、論理的に非中央集権型である。アリスとボブが2人で話す英語と、チャーリーとデイヴィッドが2人で話す英語との間で合意はまったく必要ない。言語が存続するのに中央集権的なインフラストラクチャは不要だし、英語の文法規則はどこかの個人が作ったり管理したりしているわけではない（これに対して、エスペラント語はルドヴィコ・ザメンホフが独自に作り出した人工言語だが、今では自然言語に近くなり、管理当局のないまま段階的に発展をとげている）。

・ビットトレントは、英語と同じような意味で論理的に非中央集権型である。コンテンツ配信ネットワーク（CDN）もそれと似ているが、一つの企業によって経営されている点が異なる。

・ブロックチェーンは政治的に非中央集権型で（管理者がいない）、アーキテクチャ的に非中央集権型である（どのインフラも中央の障害点にならない）。だが、論理的には中央集権型だ（統一的に合意される状態があり、システムは一つのコンピューターのように動作する）。

ブロックチェーンの利点について語るときは、「中央のデータベースが一つ」である点が美徳として取り上げられることが多い。そこでいう中央集権化とは、論理上の中央集権化のことであり、まず間違いなく良性の中央集権化である（もっとも、IPFSのホアン・ベネットなどは、論理上の非中央集権化を可能なかぎり求めている。論理的に非中央集権化したシステムは、ネットワーク分割があっても存続しやすく、接続環境の悪い地域でもそれなりに機能するからである。そういった例がほかにもある）。

アーキテクチャ上の非中央集権化は、政治上の非中央集権化につながることも多いが、必ずというわけではない。形式的な民主主義において、政治家は議場に集まって投票を行うが、その議場の管理者が結果として意思決定に対して実質的な権限を得られるわけではない。コンピューター化されたシステムなら、政治上ではなくアーキテクチャ上の非中央集権化が起こる場合もある。オンラインコミュニティが便宜上の理由で中央集権的なフォーラムを使っていて、ただしフォーラムの所有者が悪意の行動をとった場合には全員が別のフォーラムに移動するという社会的契約に広く合意がなされている場合である（実際には、あるフォーラムで検閲とみなされたものに反対して成立したコミュニティのほうが、このような傾向をもつことも多い）。

論理上の中央集権化は、アーキテクチャ上の非中央集権化を難しくするが、不可能にするわけではない。非中央集権的なコンセンサスネットワークが、機能することはすでに証明されているものの、ビットトレントを管理するより難しいことを考えれば分かる。また、論理上の中央集権化は、政治上の非中央集権化を難しくする。論理的に中央集権化したシステムでは、「互いの言い分を認める」ことに合意するだけで論争を解決するのは難しいからである。

非中央集権化が必要な三つの理由

次の疑問は、そもそも非中央集権化が有益なのはなぜかということだ。だいたい、次のような論点があがることが多い。

- **耐障害性《フォールトトレランス》**——非中央集権型のシステムのほうが、不慮の障害が起こりにくい。独立した多くの構成要素に依存しており、そのすべてで障害が起こることは考えにくいからである。
- **攻撃耐性**——非中央集権型のシステムのほうが、攻撃して破壊する、あるいは不正操作するコストが高い。周辺システムの経済的規模よりはるかに低いコストで攻撃できるような、機密性の高い中心点をもたないからである。

・**共謀耐性**――非中央集権型のシステムでは、一部の参加者が、他の参加者を犠牲にして利益を得られるように共謀して行動するのが難しい。一方、企業や政府の上層部は、自分たちに利益となるような共謀を企図して、協調性の点で及ばない市民や顧客、従業員、さらには社会全般に不利益をもたらす。

どの論点も重要で、妥当でもあるが、三つ別々の観点でプロトコルの決定について考えはじめると、どれも、おもしろいほど違う結論に至ってしまう。以上の論点をひとつひとつ解読してみることにしよう。

まず耐障害性についてだが、この論点の中心はシンプルだ。1台きりのコンピューターで障害が起こるのと、10台のコンピューターのうち5台すべてで同時に障害が起こるのと、確率が低いのはどちらか。これは受け入れられやすい原理であり、現実の世界でも多くの場面で使われる。ジェットエンジンもそうだし、非常用発電機（病院などで使われる）、軍事インフラ、金融資産の分散、そしてもちろんコンピューターネットワークなどもそうだ。

ただし、この種の非中央集権化は、有効であり重要性も高いものの、素朴な数学モデルがときに予測するほど万能の特効薬になるわけではない。理由は、共通要因故障だ。たしかに、ジェットエンジン1基よりジェットエンジン4基のほうが故障しにくい。だが、もしその4基がすべて同じ工場で製造されていて、その故障がいずれも、たちの悪い従業員に起因するとしたらどうだろうか。

今ある形のブロックチェーンが、共通要因故障を防げるかというと、その保証はない。次のシナリオを考えてみるといい。

・あるブロックチェーンの全ノードで同じクライアントソフトウェアを実行していて、そのクライアントソフトウェアにバグがあることが判明する。
・あるブロックチェーンの全ノードで同じクライアントソフトウェアを実行していて、このソフトウェアの開発チームが社会的に不誠実であることが判明する。
・プロトコルのアップグレードを提案している研究チームが、社会的に不誠実であると判明する。
・あるプルーフ・オブ・ワークのブロックチェーンで、マイナーの70％が同じ国に住んでいて、その国の政府が安全保障上の理由からマイニングファーム[訳注1]の差し押さえを決定する。
・マイニングハードウェアの大多数を同じ会社が製造しており、その会社が、いつでもこのハードウェアを停止できるバックドアをしかけるよう買収あるいは強要される。
・あるプルーフ・オブ・ステークのブロックチェーンで、通貨の70％を1か所の取引所が保有している。

障害耐性の非中央集権化を総合的に考えるときには、こうした観点をすべて吟味して、どうすれば最小化できるかを検討する。自然に導き出される結論は、自明だ。

・相反する複数の実装を備えることが決定的に重要である。

・研究に関する議論に加わり、明らかに悪いプロトコル変更を批判することに多くの人がもっと無理なく参加できるように、プロトコルのアップグレードの背景にある技術的な事項についての知識を広める必要がある。
・コア開発者は、複数の企業・組織によって雇用されるべきである（あるいは、その多くをボランティアにする方法もある）。
・マイニングのアルゴリズムは、中央集権化のリスクが最小限になる形で設計すべきである。
・プルーフ・オブ・ステークを通じて、ハードウェアが中央集権化するリスクは完全に排除するのが理想的である（ただし、プルーフ・オブ・ステークに伴って生じる新しいリスクには注意が必要）。

障害耐性というのは、単純に考えればアーキテクチャ上の非中央集権化に関する要件だが、プロトコルの今後の発展を左右するコミュニティの障害耐性ということを考えはじめると、政治上の非中央集権化が重要になってくる。

次に、攻撃耐性について考える。純粋な経済モデルの場合、非中央集権化を無視できる場合もある。51％攻撃（つまり、最終確定《ファイナリティ》の逆転）が発生した場合にバリデーターが必ず5000万ドルを失うというプロトコルを作る場合、バリデーターが1社あるいは100社の企業の影響下にあってもまったく問題にならない。5000万ドルの経済的セキュリティマージンは、あくまでも5000万ドルの経済的セキュリティマージンだからである。というより、ゲーム理論上の深い理由から、経済上のセ

キュリティという この考え方は中央集権で最大限に生かされる可能性があるのだ（既存のブロックチェーンのトランザクション選択モデルには、この知見が反映されている。マイナーやブロック提案者を通じてトランザクションをブロックに追加すると、実際には絶対権力がごく短時間ずつ入れ替わるからである）。

ただし、さらに多機能な経済モデル、特に強要（あるいはノードに対する標的型ＤｏＳ（サービス拒否）攻撃のように、もっと穏やかな圧力）の可能性を認める経済モデルを採用すると、非中央集権化の重要性は高くなる。ある人が命を狙うと脅迫された場合、たとえ５０００万ドルだろうと金額の問題ではなくなる。だが、５０００万ドルを10人に均等に広げると、10倍の人数を、しかも同時に脅迫しなければならない。一般的に、現代の世界は攻撃と防御が非対称で、攻撃側が有利な場合が多い。たとえば、建築費用が１０００万ドルのビルも、取り壊し費用は10万ドル以下かもしれない。だが、攻撃側の有利さは正比例よりさらに大きい。建築費用が１０００万ドルのビルの取り壊しに10万ドルかかるとして、建築費用がその10分の1で済む１００万ドルのビルでも、取り壊しには３万ドルかかる可能性がある。数字が小さくなるほど、非対称性は大きくなるのである。[訳注2]

以上の論旨からどんな結論を導き出せるだろうか。第一に、プルーフ・オブ・ワークよりプルーフ・オブ・ステークのほうが有利であることがはっきり示されている。コンピューターハードウェアは、検出も規制も、あるいは攻撃も容易だが、通貨はそれよりずっとたやすく隠すことができるからだ（プルーフ・オブ・ステークの攻撃耐性が高い理由はほかにもある）。第二に、地理的な分散も含めて開発チームが広域に分散していることが有利になる。第三に、コンセンサスプロトコルを設計する際には、経済モデルと障害耐性モデルのどちらも検討しなければならないことが分かる。

いよいよ、非中央集権化が有益なのはなぜかという三つ目の論点、共謀耐性の話に入るのだが、これがいちばん厄介だ。何より、定義が難しい。有効な言い方があるとすれば唯一、共謀とは「望ましくない協調」だと単純化するしかない。全員が一致団結できれば理想的だが、グループの一部だけが協調できて他は協調できないというのは危険――そういう状況は現実にも多い。

シンプルな対策のひとつが独占禁止法、つまり計画的な規制による障壁を設けることである。市場で一方の側の参加者が結託してひとつの独占企業のようにふるまい、同じ市場の他方の側と社会一般の福祉のどちらも犠牲にして莫大な利益を得ようとするのを難しくする。別の例としては、米国で選挙の候補者といわゆるスーパーPAC（政治資金管理団体）との間の積極的な協調を禁止している規則もある。現実にはその施行が難しいと分かってしまったにもかかわらず、だ。もっと小さいところで、チェスの大会では、2人の選手が1人の選手のスコアをつり上げるために、たくさんの対戦試合を組むことが禁じられている。複雑な制度で望ましくない結束を防ごうとする試みは、至るところに見られる。

ブロックチェーンプロトコルの場合、コンセンサスのセキュリティを支えている数学的・経済学的な根拠は、非協調的選択モデルに大きく依存している。つまり、ゲームが多数の小規模な参加者で構成されており、その参加者がそれぞれ独立して判断を下すという仮定に立っているのだ。プルーフ・オブ・ワークのシステムで、参加者のいずれかがマイニング能力の3分の1以上を獲得すると、セルフィッシュマイニング〈原注2〉によって巨額の利益を得ることができる。だが、ビットコインネット

ワークのマイニング能力のうち90％までが同じカンファレンスに集うほどうまく結束しているときでも、非協調的選択モデルが現実的だと、はたしていえるのだろうか。

ブロックチェーンの推進派は、ブロックチェーンが安全な基盤だと主張する。思いついたときにいつでも恣意的にルールを変えたりすることはできないから、というのがその根拠だ。だが、ソフトウェアとプロトコルの開発者がすべて同じ会社に勤めていたり、同じ家族だったり、同じグループだったりする場合、その根拠は弱くなる。肝心なのは、利己的な単体の専売システムを許さないことだ。したがって、ブロックチェーンは協調性がなければないほど安全だと断言できることになる。

しかし、ここで根本的なパラドックスが生じる。イーサリアムのコミュニティも含めて多くのコミュニティは、強力なコミュニティ精神をもっていると称賛されることが多い。プロトコルにおけるDoS攻撃への対策として、すみやかに協力態勢をとり、6日間でハードフォークを実装してリリースし、始動したという点が評価されているのだ。だが、このような良い意味の協調を助長し発展させる一方で、51％攻撃を繰り返し企てて他者を出し抜くようなマイナーによる「悪い結束」を防ぐには、どうすればいいのだろうか。
これには、3通りの答えがある。

・望ましくない協調をことさら緩和せず、それに対抗できるプロトコルの構築をめざす。
・プロトコルの進化と発展には十分だが、攻撃につながるほどではない協調を確保できる妥協点を見いだす。
・有益な結束と有害な協調とを明確に区別し、前者を容易に、後者を困難にする。

一つ目は、キャスパーの設計哲学のなかで大きな比重を占めているアプローチだ。ただし、それだけでは不十分で、経済学にだけ頼っていると、非中央集権化に関する他の問題点二つに対処できなくなる。二つ目は、明示的に設計するのが難しく、特に長期的には困難だが、偶発的にそうなることも多い。たとえば、ビットコインのコア開発者には英語話者が多いが、マイナーには中国語話者が多く、これは運のいい偶然と考えることができる。一種の「二院制」のようなガバナンスを作り出して、協調の難度を上げるからだ。しかも、副次的な効果として、共通要因故障のリスクも軽減される。英語のコミュニティと中国語のコミュニティは、距離とコミュニケーションの難しさから、ある程度まで

〈原注2〉　マイナーが共謀してプライベートチェーンを作り出し、メインチェーンの正当性を損ねようとする企てのこと。

はそれぞれが独立して判断を下すし、そのため両方が同じミスを犯す可能性も減るからである。

三つ目は、社会的に最も難しい課題だ。これについては、次のような答えが考えられる。

- 社会的な仲裁によって、ブロックチェーン周辺のコミュニティ全体に対する参加者の忠誠度を引き上げ、市場の一方の側で直接的に忠誠が醸成される可能性を抑止する。
- 「市場で対立する」複数の参加者間で、同じ文脈のコミュニケーションを促す。そうすることで、バリデーターや開発者やマイナーが自分たちをある「階層」として認識しはじめ、他の階層から自分たちの利益を守るために協調しなければならないと発想する可能性を抑える。
- バリデーターとマイナーが一対一の「特別な関係」、中央集権化した中継ネットワーク、そのほか同じようにプロトコルを超越するしくみに関与しようとするインセンティブが小さくなるようなプロトコルを設計する。
- プロトコルに必要と想定される基本的な特性は何か、回避すべき行動、あるいは少なくとも極端な場合を除いて避けるべきなのはどんな行動か、明確な基準を設ける。

この三つ目の非中央集権化、つまり望ましくない協調を避けるための非中央集権化こそ、達成が最も困難で、しかもトレードオフを避けようがないものだ。おそらくは、かなり非中央集権化が高いといえる一つのグループに大きく依存するのが、最も確実な答えだろう。そのグループとは、プロトコルのユーザーである。

訳注1　マイニングするための装置を集めた施設のこと。

訳注2　このたとえ話では、建築が攻撃、取り壊しが防御に当たる。正比例であれば、建築費用が10分の1なら取り壊し費用は1万ドルで済むはずなのに3万ドルかかる、つまり防御側が不利な図式ということになる。

ブロックチェーンガバナンスについての覚書

vitalik.ca
2017年12月17日

ブロックチェーンガバナンスについて最近注目されているトレンドのひとつが、多目的の決定メカニズムとしてオンチェーン[訳注1]の通貨保有者による投票が復活していることだ。通貨保有者による投票は、ネットワークを実行するスーパーノードの運用者を決定するときに使われることがある（イオス（EOS）、ネオ（NEO）、リスク（Lisk）のような暗号資産におけるDPoSなど）。プロトコルのパラメーターに関する投票に使われることもあれば（イーサリアムのガス制限《リミット》など[訳注2]）、プロトコルのアップグレードについて投票し、大規模に直接実装するときに使われることもある（テゾス（Tezos）など）。どの場合でも、投票は自動的だ。バリデーターセットを変更したり、プロトコル自体の規則を更新したりするときに必要なロジックは、すべてプロトコル自体に含まれており、投票の結果に応じて自動的に実行される。

明示的なオンチェーンガバナンスは、大きな利点があると喧伝されることが多い。第一に、ビットコインで信奉されているごく保守的な哲学と違って発展が早く、技術的な改良が必要なら受け入れられる。第二に、明確に非中央集権的なフレームワークを作成することで、非公式のガバナンスという明瞭な落とし穴を回避できる。非公式のガバナンスは、極度に不安定でチェーン分割（フォーク）を起こしやすい、あるいは事実上の中央集権に陥りやすいと考えられている。この第二の考え方は、1972年に発表された有名な評論「無構造の暴政（Tyranny of Structurelessness）」で提示された議論と同じだ〈原注1〉。テゾスのドキュメントから引用しよう。

あらゆるブロックチェーンは、台帳に関するコンセンサスを維持することに対して金銭上のインセンティブを保証している。そのプロトコルを統括し、プロトコル発展に報いるルールを間断なく修正するオンチェーンの強固なメカニズムを備えたブロックチェーンはひとつもない。そのため、第一世代のブロックチェーンでは、中央集権化した事実上のコア開発チームあるいはマイナーがデザイン上の選択を確立する結果になっている。

そのうえで、テゾスは次のようにツイートしている。

〈原注1〉 著者はジョー・フリーマン。階層がないとされているフェミニストの「討論グループ」で発生した非公式の階層についての考察と分析。オンラインコミュニティで発生する非公式の階層にたびたび援用されている。

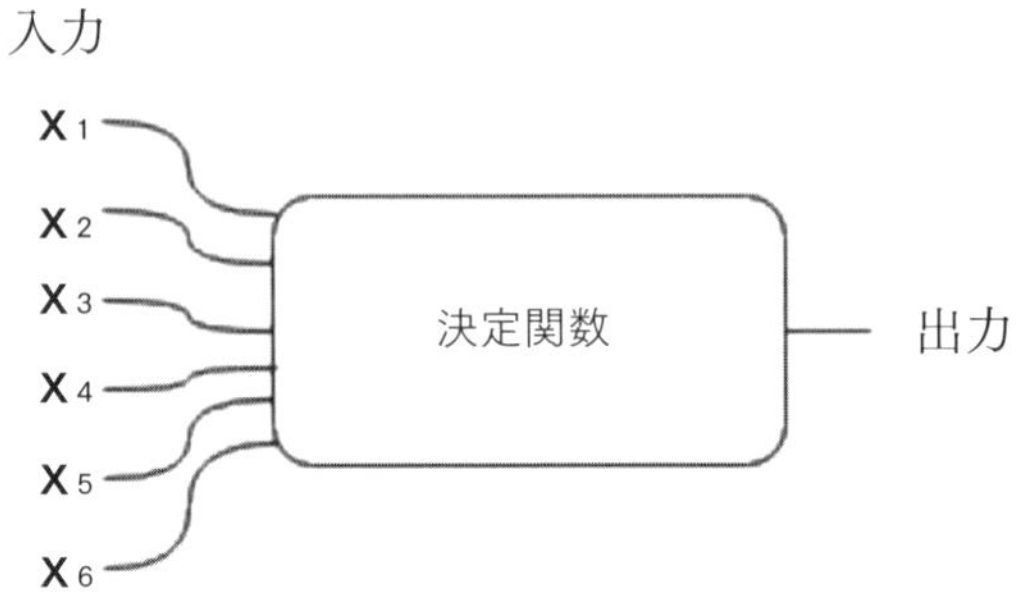

そうだ。だが、なぜ「少数派のチェーン分割を」わざわざ容易にするのだろうか。分割は、ネットワーク効果に反するのに。

バリデーターの選定に使われるオンチェーンガバナンスには、経済的な中央集権化のリスクを生じることなく、バリデーターに計算処理上の要件を課すネットワークを実現できるという利点もある。公共ブロックチェーンで見られるその他の不備も招かずに済む。

ここまでであれば、概してオンチェーンガバナンスは実にお買い得だ、とも思える。では、何が問題なのか。

ブロックチェーンガバナンスとは何か

まず、「ブロックチェーンガバナンス」のプロセスをもっと明確に定義する必要がある。一般的に、ガバナンスには非公式のモデルが二つある。ここでは、「決定関数」として見たガバナンスと、「協調」として見たガバナンスと呼ぶことにする。決定関数として見ると、ガバナンスは $f(x1,\ x2\ .\ .\ .\ xn) \to y$ という関数として扱われる。各入力は正式なステークホルダー（上院議員、大統領、物件の持ち主、株主、有権者など）がもつ願望であり、出力が決定という関数だ（前ページの図を参照）。

　決定関数という見方は、大まかに考えるには都合がいいが、惜しいところで成り立たないのは明らかだ。人が法律を破ってなお許されることは多いし、規則が曖昧なことも、ときには革命が起こることもある。そして、今あげた三つすべてが、時と場合によっては良いことなのだ。システム内部での行動が、システム外で起こりうる行為から生じるインセンティブによって決まることとさえあって、これもまた時と場合によっては良いことになる。

　それに対して、協調モデルとしてのガバナンスでは、ガバナンスが複数のレイヤーに存在するものと考える。その最下層、第1のレイヤーとなるのは、現実世界なら物理法則そのものだ（地政学の現実主義者《リアリスト》にいわせれば、銃と爆弾ということになる）。ブロックチェーンになるともう少し抽象化が進み、個人ひとりひとりがユーザー、マイナー、ステークホルダー、バリデーター、その他ブロックチェーンプロトコルで認められるエージェントの資格で、希望するどんなソフトウェアでも実行できる能力だと定義できる。最下層は常に最終決定のレイヤーだ。たとえば、ビットコインユーザーの全員がある日突然、クライアントのソースコードを編集してコード全体をイーサリアムクライアントに書き換えたとする。そうすると、クライアントはＥＲＣ20[訳注3]のトークンコントラクトの残高を監視するようになる。つまり、ＥＲＣ20トークンがビットコインになるのだ。最下層の最終的なガバナンス

	A	B
A	(5, 5)	(0, 0)
B	(0, 0)	(5, 5)

協調ゲームの概念図。残りの全員と同じ行動をとったほうが、利益が大きくなる

能力に歯止めをかけることはできないが、このレイヤーで実行される行動は、これより上のレイヤーの影響を受けるということだ。

第2の（きわめて重要性の高い）レイヤーが、協調の機構だ。その目的は、協調行動を改善するために個人はいつ何をすべきかという点を明確にすることにある。単独で行動したのでは目標に到達できない（あるいは、それ以上に悪い結果になる）が、全員が協力すれば求めた結果を得られるという状況は、ブロックチェーンでも現実でも多い。

上の図のような場合、全員がゴーなら自分もゴーを、全員がストップなら自分もストップを選択したほうが得をする。協調の機構とは、「ゴー」なら緑、「ストップ」なら赤の旗をあげるようなものだと考えればいい。確立したひとつの文化では、全員がこの旗を注視していて、（たいていは）そのとおりに行動する。旗の色に従うというインセンティブがあるのは、なぜなのか。そこには、全員がすでにその旗に従っているからとい

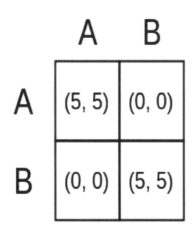

ビザンチン軍のある将軍が〈**原注2**〉、自分の部隊を集結させて前進しようとしている。兵士たちの忠勇と士気をあおろうとしているのだが、それだけではない。他の兵士も、全員が忠勇と士気を高めて同じように突撃しようとしている、だからこの突撃は自殺行為ではないと安心させることも狙っている

う理由しかない。だから、残りの全員と同じことをするというインセンティブが生じるのだ。

特に注意——協調を旗で表すこの概念は、「ガバナンス」という言葉の意味を余さず包含している。協調ゲーム(一般化すると、複数均衡ゲーム)が存在しなければ、ガバナンスの概念は意味を成さない。

現実の世界なら、将軍からの命令が旗の役割をはたす。ブロックチェーンの世界では、旗のシンプルな例になるのは、ハードフォークが「発生中」かどうかをユーザーに伝えるメカニズムということになる。協調

〈**原注2**〉このたとえ話は、ゲーム理論における「ビザンチン将軍問題」にちなんでいる。ビザンチン帝国の軍がある町を包囲していて、勝利するにはいっせいに攻撃をしかけなければならない。安全に連絡を取り合える手段がないとしたら、どうすれば協力して同時攻撃をしかけることができるだろうか——という命題だ。

の機構は、厳格な形式にのっとっている場合も、その逆の場合もあり、含意が曖昧なことも少なくない。旗は本来、緑か赤のどちらかだが、ときには黄色になったりするし、ホログラフのように、見る人によって緑にも、黄色や赤にも見えることすらある。ときには、旗が複数あって矛盾していることもある。

したがって、ガバナンスで重要な観点はこういうことになる。

・第1のレイヤーとなるのは何か。つまり、初期のプロトコルではどんな機能を設定するのか、それが公式の（決定関数的な）プロトコル変更の機能にどう影響するのか。そして、さまざまなエージェントがさまざまに行動するときの権限レベルはどうか。
・第2のレイヤーとなるのは何か。つまり、考慮するよう奨励される協調の機構は何か。

通貨投票の役割

イーサリアムには、次のように通貨投票の歴史もある。

・DAO提案に関する投票——daostats.github.io/proposals.html
・DAOに関するCarbonVote[訳注4]——v1.carbonvote.com
・EIP-186/649/669に関するCarbonVote[訳注5]——carbonvote.com

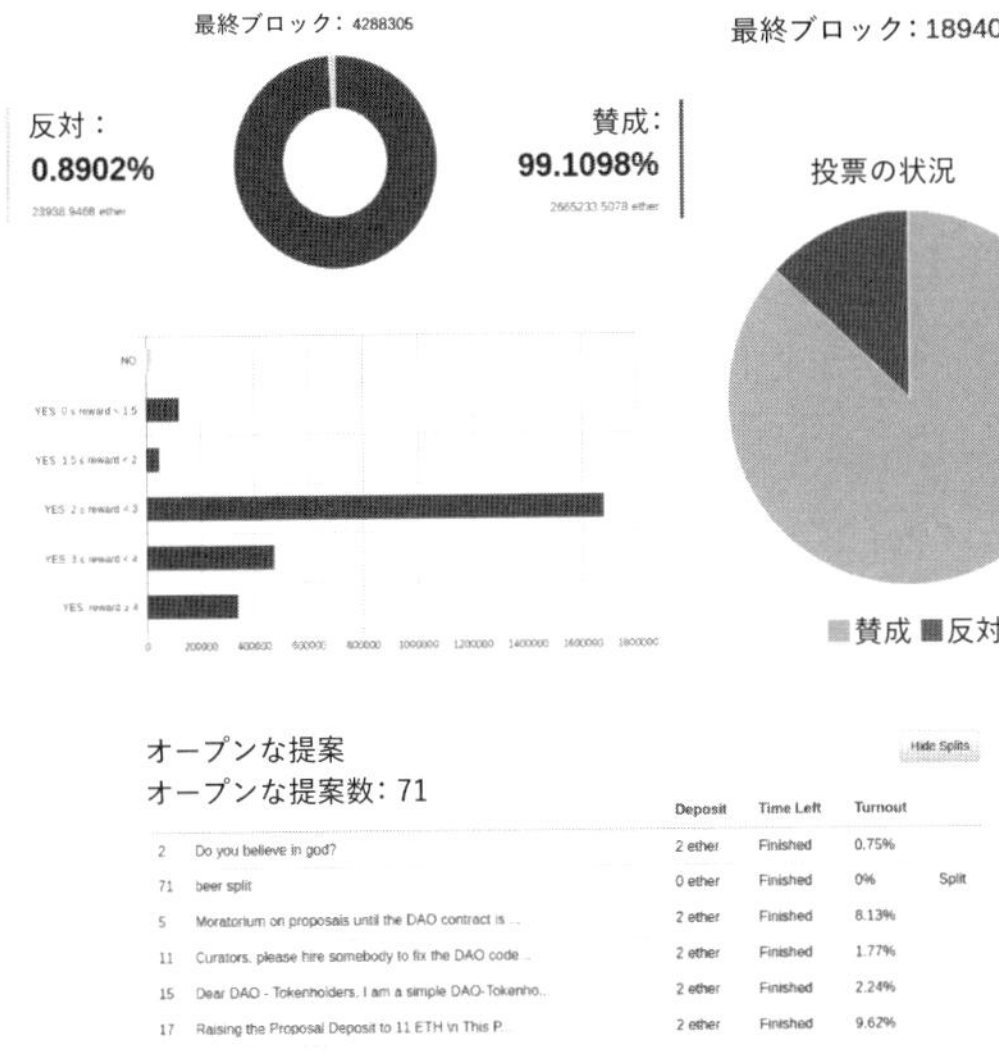

（訳注）イーサリアムにおける投票の３つの例

この三つはすべて、疎結合の通貨投票、つまり第2のレイヤーである協調の機構としての通貨投票だ。イーサリアムでは、密結合（第1のレイヤーである、プロトコル内機能）の投票の例はないが、密結合のマイナー投票の例はある。ガス制限に関するマイナーの投票権だ〈原注3〉。密結合の投票と疎結合の投票が、ガバナンスとそのメカニズムにおける対立概念であることはいうまでもないが、では、それぞれの長所と短所は何だろうか。

トランザクションコストがゼロだと仮定すると、唯一のガバナンスメカニズムとして使われる場合、この二つは明らかに等価である。疎結

〈原注3〉 ここでいうガス制限とは、一つのブロック内でマイナーが許可するネットワーク活動に対してマイナーが全体的に設定する上限のこと。システムのキャパシティと、マイナーに要求されるリソース消費とのバランスをとるしくみになっている。

合の投票でXの変更が実施されると決まった場合、これは「緑の旗」として機能し、全員がアップデートをダウンロードするよう推奨される。

反対する少数派がいたとしても、単にダウンロードしなければいいだけの話だ。一方、密結合の投票でXの変更が決まった場合、その変更は自動的に実施されるので、これに反対する少数派はハードフォークのアップデートをインストールすれば、この変更を無視できる。しかし、ハードフォークを作成するときには、明らかにゼロではないコストが発生するので、結果的にここには大きな差が生じる。

単純で大きな違いは、こうだ。密結合の投票の場合、ブロックチェーンで多数派の要望が採用される方向にデフォルトの選択肢が用意され、少数派はブロックチェーンの元の性質を維持するために多大な労力を費やしてハードフォークを図らなければならない。それに対して、疎結合の投票は協調の道具にすぎないので、どんなフォークを実装するソフトウェアでも、ユーザーはあいかわらず自分でダウンロードして実行する必要がある。もちろん、違いはそれだけではない。そこで、投票に反対する議論をいくつか検討して、それぞれが第1のレイヤーとしての投票と、第2のレイヤーとしての投票にどう当てはまるのかを吟味してみよう。

投票者が少ない

通貨投票のしくみについてこれまでに指摘されている大きな批判のひとつは、どこで試みても、投

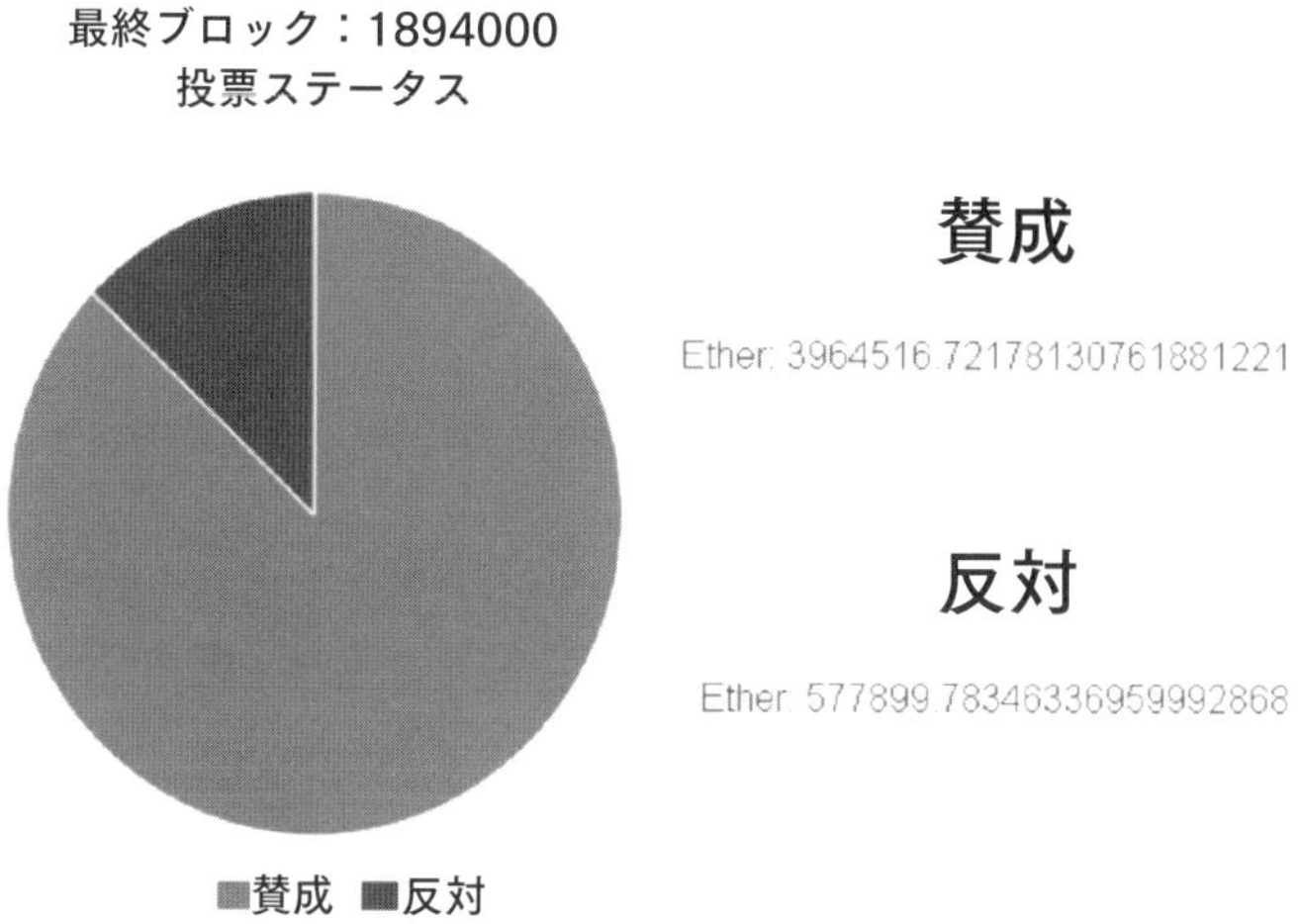
最終ブロック：1894000
投票ステータス
賛成
Ether: 3964516.72178130761881221
反対
Ether: 577899.78346336959992868
賛成 反対

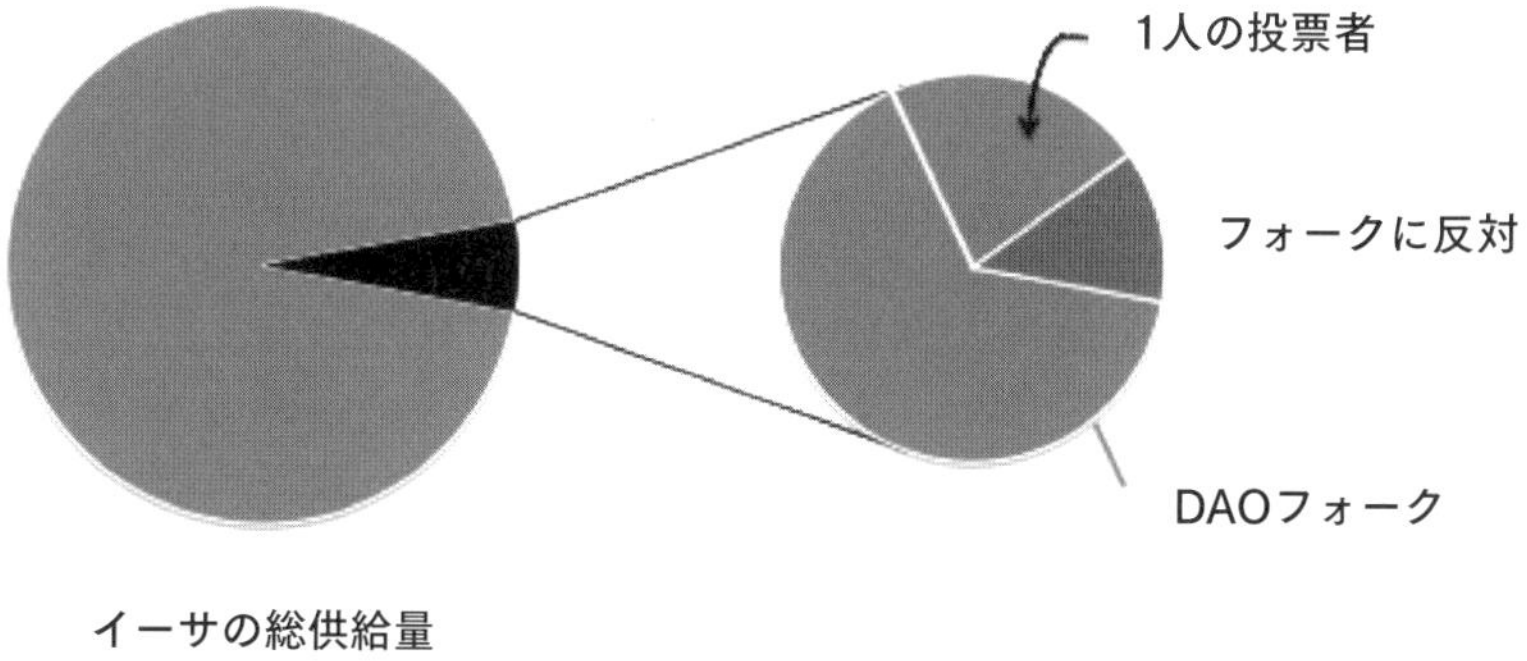
1人の投票者
フォークに反対
DAOフォーク
イーサの総供給量

票者の数がきわめて少なくなる傾向があるということだ。ＤＡＯに関するCarbonVoteも、投票率は４・５％にすぎなかった。

また、富の分配が著しく不均衡であり、この二つの要因を合わせた結果は、ＤＡＯフォークを批判したある人の作った、前ページ下の図で端的に語られている。

EIP-186に関するCarbonVoteの場合、投票数は約２７０万ＥＴＨだった。ＤＡＯ提案に対する投票はこれほどうまく進まず、投票者が10％に届くことはなかった。そして、イーサリアム以外でも状況は明るくない。ビットシェアーズでさえ、中核となる社会契約が投票を中心としてデザインされているシステムでありながら、承認投票での上位代理人《デリゲート》は票の17％しか獲得していなかった。リスク（Ｌｉｓｋ）では30％に達するが、後述するようにリスクには固有の問題が別にある。

投票者が少ないことには、二つの意味がある。まず、少数の人の意見しか反映していないため、正当な評価を得るまでに時間がかかる。次に、通貨の総量のうちわずかな率を占めるだけの攻撃者でも投票を左右できる。この二つの問題は、投票が密結合か疎結合にかかわらず存在する。

ゲーム理論的な攻撃

Ｔｈｅ ＤＡＯには、マスコミも注目した「大規模なハッキング」以外にも、もっとずっと小さいゲーム理論上の脆弱性が数多く存在していた。だが、それすら氷山の一角にすぎない。投票メカニズムを隅々の詳細まで適切に実装したとしても、そのメカニズムには全体として大きな欠陥がある。どんな投票でも、あるひとりの投票者が投票結果に及ぼす影響は微々たるもので、誠実に投票しなければならないという投票者個人のインセンティブはほぼ無意味になる。まして、個々人の賭け金《ステーク》がわずかなら、誠実に投票するインセンティブは無意味の二乗だ。したがって、賄賂はたとえ少額であろうと参加者全体に行き渡れば結果を左右するには十分であり、参加者は全体として強い不満を抱く可能性がある。

こういう意見があるかもしれない。人は邪悪ではない。利益至上主義の利己的な人なら、0・5ドルの賄賂を受け取って、ジョシュ・ガルザ〈原注4〉に2000万ドルを渡す選択に投票してしまうだろう。それは、自分ひとりの行動が何か影響を及ぼす確率など微々たるものだと、計算で示されているからにすぎない。逆に、利他的な判断で悪行を拒否することもありそうだ。この意見に対しては、二つの対応がある。

一つ目に、まことしやかな贈収賄がいろいろな形で可能だからだ。たとえば、取引所で預金に利子を付ければ（もっと曖昧な方法として、取引所が自らの資金を使って立派なインターフェースや機能を作れば）、その取引所の運営者は大量の預金を使って思うままに投票することができる。どさくさに紛れて利益を得られるので、取引所にとってのインセンティブはユーザーや通貨保有者の利益とは明らかに一致しない。

二つ目はもっと残念で、現実には人が、少なくとも暗号トークン保有者という立場では、利益至上

〈原注4〉 暗号資産マイニング企業GAWマイナーズ社のCEO。ポンジスキームを使った電子的な詐欺罪を問われ、2018年に有罪判決を受けた。

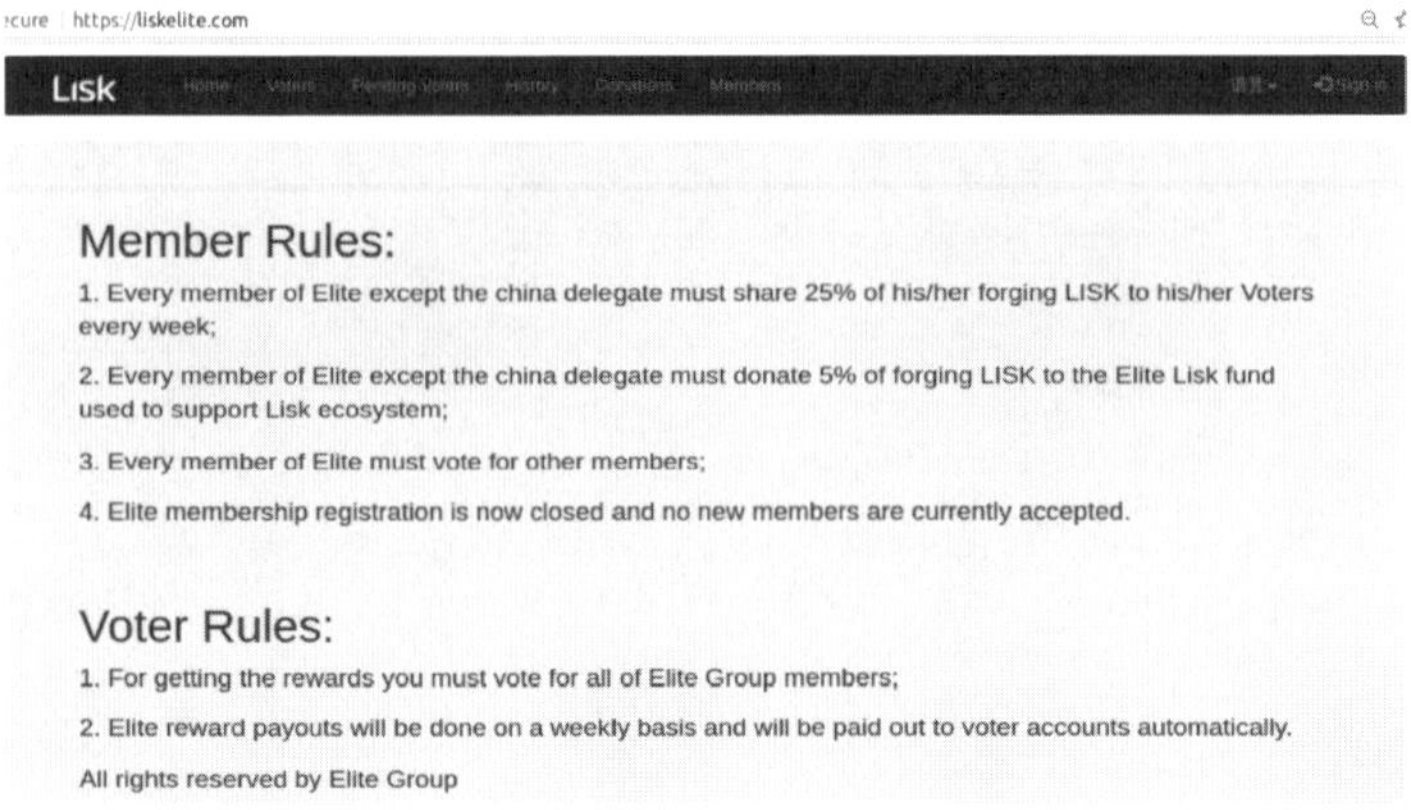

https://liskelite.com
Lisk
Member Rules:
1. Every member of Elite except the china delegate must share 25% of his/her forging LISK to his/her Voters every week;
2. Every member of Elite except the china delegate must donate 5% of forging LISK to the Elite Lisk fund used to support Lisk ecosystem;
3. Every member of Elite must vote for other members;
4. Elite membership registration is now closed and no new members are currently accepted.
Voter Rules:
1. For getting the rewards you must vote for all of Elite Group members;
2. Elite reward payouts will be done on a weekly basis and will be paid out to voter accounts automatically.
All rights reserved by Elite Group

メンバーのルール：

1. 中国の代表を除く Elite の各メンバーは、フォージングするリスクのうち 25% を毎週、投票者に分配しなければならない。
2. 中国の代表を除く Elite の各メンバーは、フォージングするリスクのうち 5% を、リスクエコシステムのサポートに使われる Elite リスク資金に寄付しなければならない。
3. Elite の各メンバーは、他のメンバーに投票しなければならない。
4. 現在、Elite のメンバー登録は締め切られており、新期メンバーは受け付けていない。

投票者のルール：

1. 報酬を得るためには、Elite グループメンバー全員に投票しなければならない。
2. Elite 報酬は、週単位で支払われ、投票者の口座に自動的に払い出される。

プールのしくみ
ルール
プール
GDT のリスク開発の 10% を受け取り、90% を報酬として投票者に返す。
90%
GDT のメンバー
配当の対象にならず、報酬はシルバー以上のレベルに対する GDT 報酬として返却する。
ボーナス
寄付金

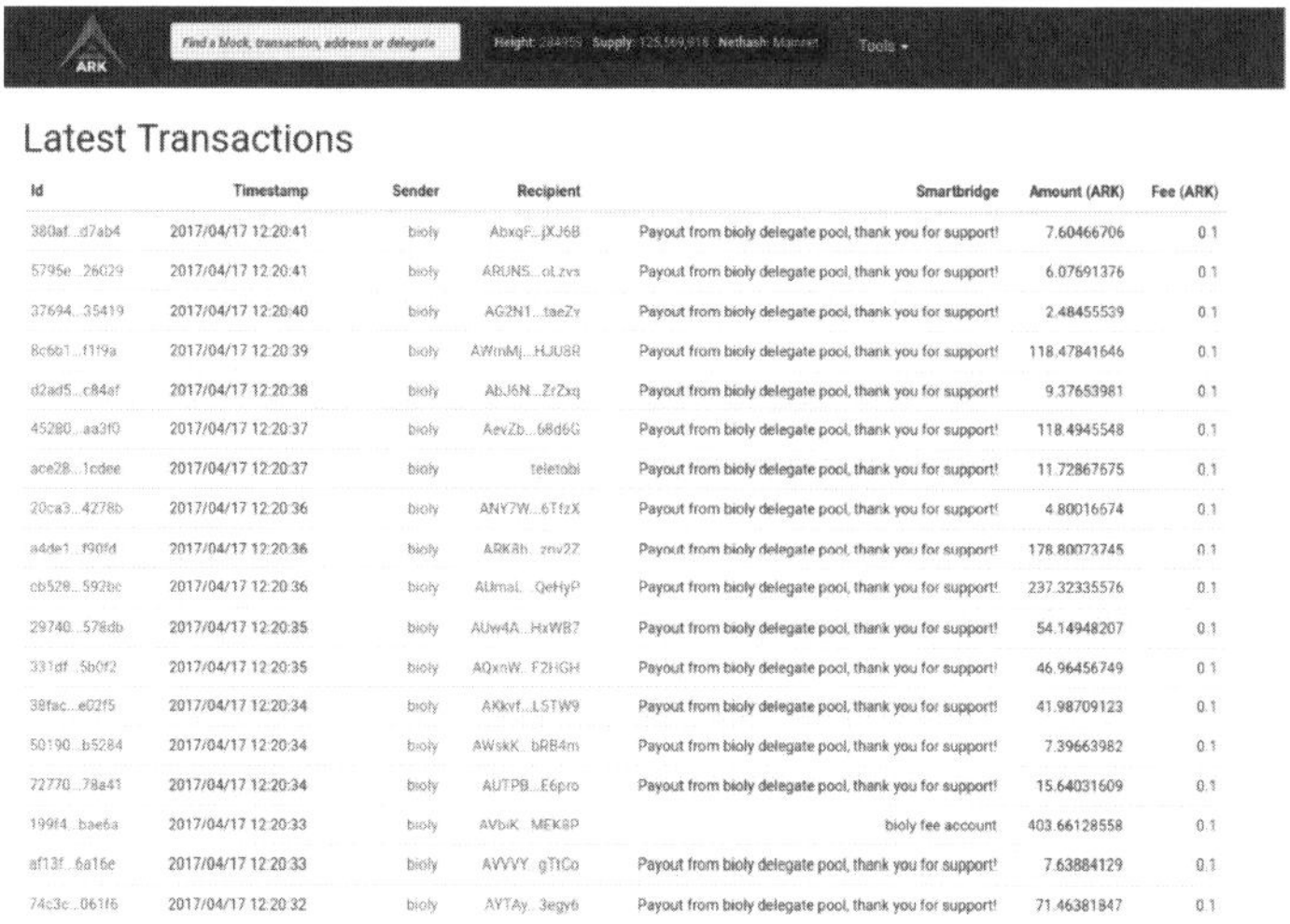

Id	Timestamp	Sender	Recipient	Smartbridge	Amount (ARK)	Fee (ARK)
380af...d7ab4	2017/04/17 12:20:41	bioly	AbxqF...jXJ6B	Payout from bioly delegate pool, thank you for support!	7.60466706	0.1
5795e...26029	2017/04/17 12:20:41	bioly	ARUNS...oLzvs	Payout from bioly delegate pool, thank you for support!	6.07691376	0.1
37694...35419	2017/04/17 12:20:40	bioly	AG2N1...taeZv	Payout from bioly delegate pool, thank you for support!	2.48455539	0.1
8c6b1...f1f9a	2017/04/17 12:20:39	bioly	AWmMj...HJU8R	Payout from bioly delegate pool, thank you for support!	118.47841646	0.1
d2ad5...c84af	2017/04/17 12:20:38	bioly	AbJ6N...ZrZxq	Payout from bioly delegate pool, thank you for support!	9.37653981	0.1
45280...aa3f0	2017/04/17 12:20:37	bioly	AevZb...68d6G	Payout from bioly delegate pool, thank you for support!	118.4945548	0.1
ace28...1cdee	2017/04/17 12:20:37	bioly	teletobi	Payout from bioly delegate pool, thank you for support!	11.72867675	0.1
20ca3...4278b	2017/04/17 12:20:36	bioly	ANY7W...6TfzX	Payout from bioly delegate pool, thank you for support!	4.80016674	0.1
a4de1...f90fd	2017/04/17 12:20:36	bioly	ARK8h...znv2Z	Payout from bioly delegate pool, thank you for support!	178.80073745	0.1
cb528...592bc	2017/04/17 12:20:36	bioly	AUmaL...QeHyP	Payout from bioly delegate pool, thank you for support!	237.32335576	0.1
29740...578db	2017/04/17 12:20:35	bioly	AUw4A...HxWB7	Payout from bioly delegate pool, thank you for support!	54.14948207	0.1
331df...5b0f2	2017/04/17 12:20:35	bioly	AQxnW...F2HGH	Payout from bioly delegate pool, thank you for support!	46.96456749	0.1
38fac...e02f5	2017/04/17 12:20:34	bioly	AKkvf...L5TW9	Payout from bioly delegate pool, thank you for support!	41.98709123	0.1
50190...b5284	2017/04/17 12:20:34	bioly	AWskK...bRB4m	Payout from bioly delegate pool, thank you for support!	7.39663982	0.1
72770...78a41	2017/04/17 12:20:34	bioly	AUTPB...E6pro	Payout from bioly delegate pool, thank you for support!	15.64031609	0.1
199f4...bae6a	2017/04/17 12:20:33	bioly	AVbiK...MEK8P	bioly fee account	403.66128558	0.1
af13f...6a16e	2017/04/17 12:20:33	bioly	AVVVY...gTtCo	Payout from bioly delegate pool, thank you for support!	7.63884129	0.1
74c3c...061f6	2017/04/17 12:20:32	bioly	AYTAy...3egy6	Payout from bioly delegate pool, thank you for support!	71.46381847	0.1

主義であり、賄賂を一度や二度受け取るくらいは悪いとも利己的だとも思っていないらしいということだ。「証拠物件A」として、以下にリスク（Lisk）の例を示す。自分たちに投票するよう通貨保有者を露骨に買収している「二大政党」がまんまと委任プールを確保しており、そのうえでプールの各メンバーは他のメンバーに投票するよう求めている。

前ページ上に示すのがLiskEliteで、メンバーは55人だ（101人中）。

その下に示すのはLiskGDT、メンバーは33人。

このページに示す「証拠物件B」では、一部の投票者が買収されて暗号資産アーク（Ark）の支払いを受けている。

ここで、疎結合の投票と密結合の投票との間に大きな違いがあることに注意したい。疎結合の投票では、直接的または間接的な票の買収も可能だが、ある提案または一部の投票がゲーム理論的な攻撃に当たるとコミュニティが総意で判断した場合、社会的に合意してそれを無視するだけで済む。実際、すでにそうなっているともいえる。CarbonVoteには既知の取引所に対応するアドレスのブラックリストがあり、そのアドレスからの投票は計上されないようになっているのだ。一方、密結合の投票には、プロトコルレベルで同じようなブラックリストを作成する手段はない。ブラックリスト対象者を決める合意が、それ自体ブロックチェーンガバナンスによる決定の一部だからである。ただし、ブラックリストはコミュニティが作成する投票ツールでもあり、プロトコル変更には間接的にしか影響しないので、不正なブラックリストを伴う投票ツールはコミュニティに却下されて、それでおしまいだ。

念のためいっておくと、ここでは密結合の投票システムがすべて買収攻撃に屈してしまうと予想しているわけではない。その多くは存続する可能性がきわめて高く、それはただ一点の単純な理由による。どのプロジェクトにも、プレマイニングによる潤沢な資産を抱えた創設者や運営母体が存在するということだ。それが、贈収賄に弱くないプラットフォームの存続に前向きで、たいていの買収攻撃を上回る通貨を十分に保有している巨大な中央権力として機能するからである。とはいっても、こうした中央集権的な信頼モデルは、プロジェクトの早い段階のうち、一定の状況では間違いなく有益だが、長期的に持続可能ではないことも確かだ。

非代表性

投票に反対するもうひとつ重要な意見は、通貨保有者がユーザーの一部にすぎず、その利害関係が

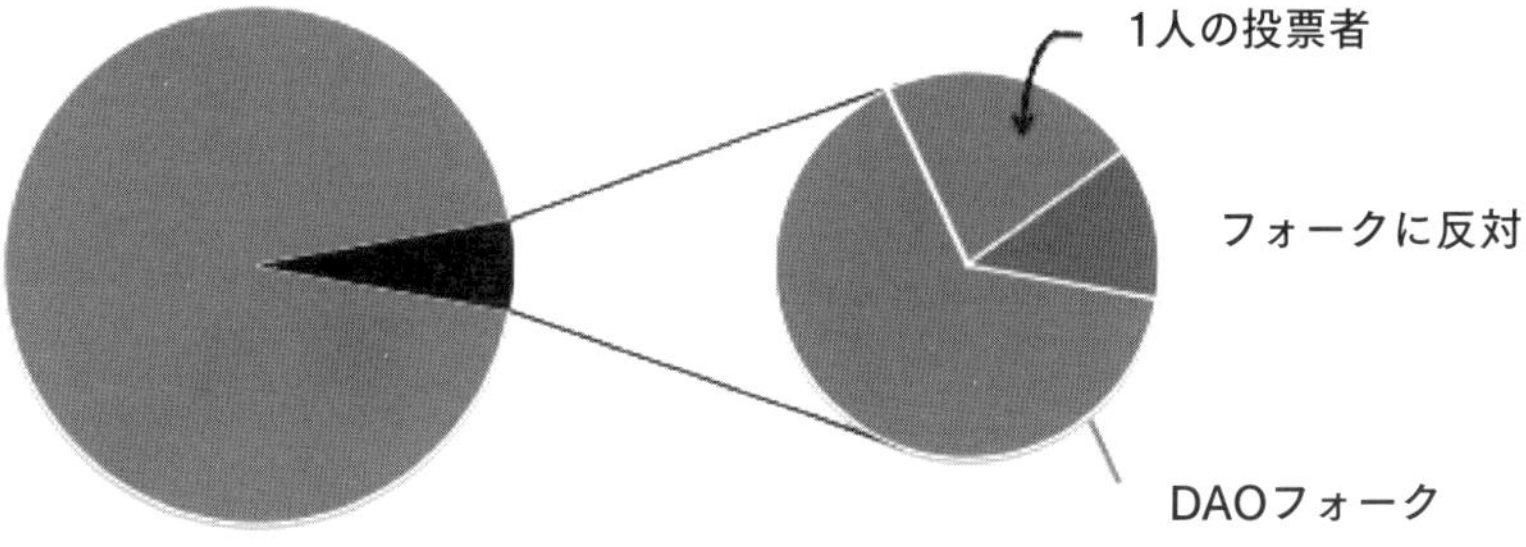

大多数のユーザーと相反する可能性があるということだ。ビットコインのように純粋な暗号資産の場合、価値保存の用途（いわゆる「ホードル」）〈原注5〉と、交換手段としての用途（たとえば「コーヒーを買う」）は当然ながら相反する。価値保存として用いる場合にはセキュリティ重視の度合いが高くなり、交換手段として用いる場合には扱いやすさに重きを置くからだ。イーサリアムでは、この相反がさらに悪くなる。イーサとはまったく無関係な理由でイーサリアムを利用するユーザーも多いし（ゲーム「クリプトキティーズ（CryptoKitties）」など）、価値のあるデジタル資産（ENS（イーサリアムネームサービス）【用語】など）として利用する層もいるからだ。

〈原注5〉「HODL」は、暗号資産の世界で使われる用語で、もともとはholdのタイプミスから生まれた。トークンの価格が下がったときに他のユーザーが売るのを防ごうと、ひたすら「hold」と打ちつづけることから、通貨を売らずに保持しておく行為を表す。イーサリアムの文化では、価格絶対視のトレーダーと固く結び付いた掛け声。対応するミームとして「BUIDL」があり、こちらは使いやすく優れたツールの開発を呼びかける言葉である。

ガス制限の変動　出典：Etherscan.io

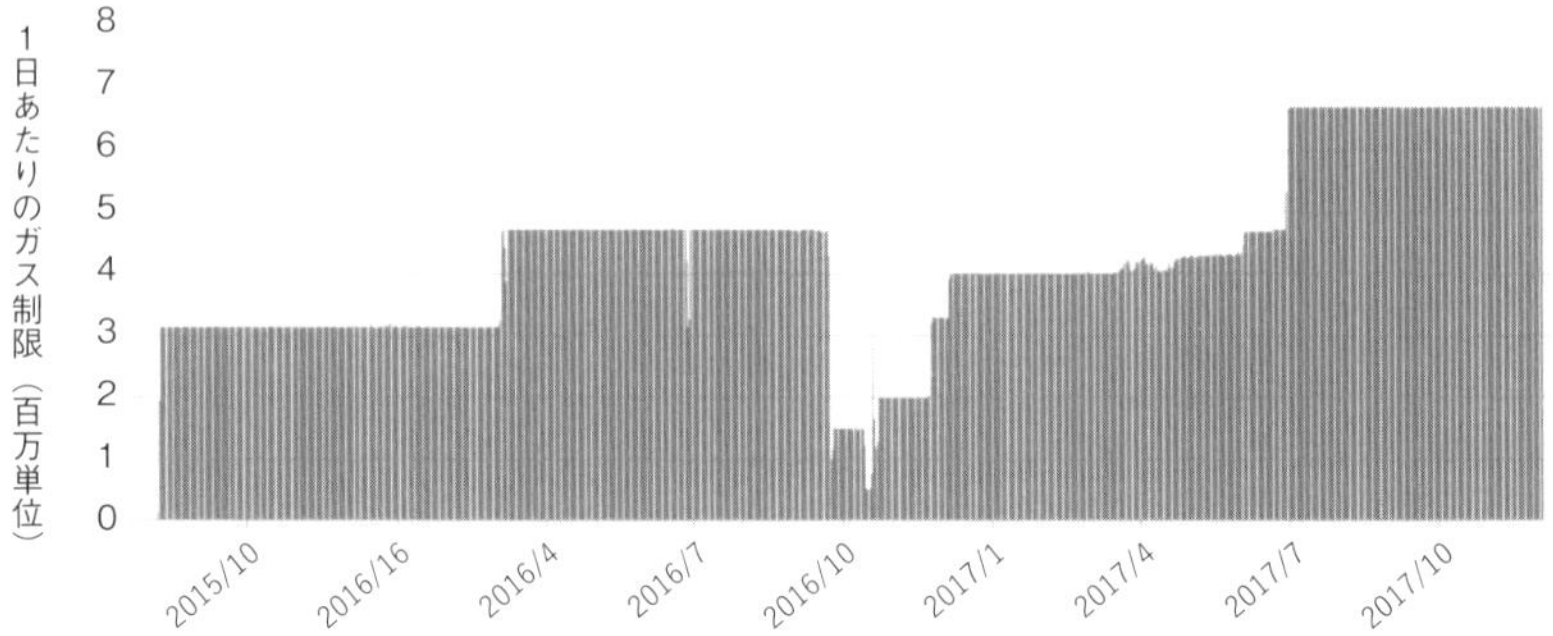

また、通貨保有者がユーザーの一部であってもそれが妥当なケースは考えられる（次のデジタルゴールドになること、ただそれだけを目的とする社会的契約が成り立っている暗号資産などを考えるといいだろう）。だが、その場合でさえ、通貨保有者の投票は資産の多い通貨保有者ばかり強く代弁する結果になるという問題が残る。保有が中央集権化して、そこから意思決定も無制限に一点集中してしまう恐れがあるのだ。

以上の批判は、疎結合の投票と密結合の投票のどちらにも等しく当てはまる。ただし、疎結合の投票のほうが、この非代表性を緩和する妥協を受容しやすいので、これについては後述する。

中央集権化

イーサリアムにおける密結合の投票ですでに進んでいる実際の実験として、ガス制限を見てみよう。過去2年間のガス制限の変動は上の図のようになっている。

変動の曲線はおおむね、次ページに示す、なじみのあるグラフともそれなりに似ているのが分かるだろう。

限界収益に対する最高税率（1913～2003年）

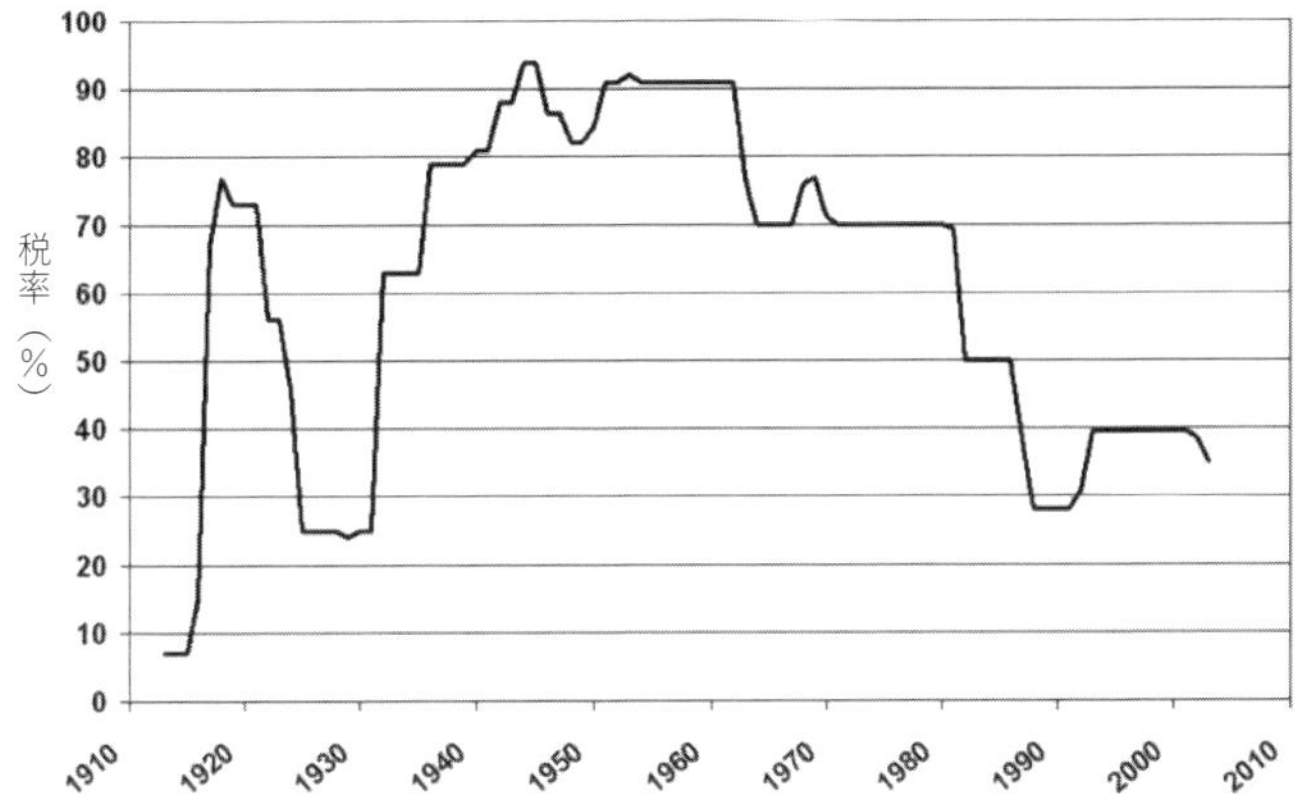

基本的にはどちらも、一定以上に中央集権化の進んだ集団が一室に集まって作成し、繰り返し再交渉するマジックナンバーのように見える。上のグラフでは何が起こっているかというと、マイナーはコミュニティが好む方向に従う傾向があり、その傾向はハードフォークを促す要因（主要な開発者のサポート、レディットでの賛成票など。イーサリアムのガスの場合、通貨投票ほど本格的な対応が必要になるような議論は起こっていない）に類似した社会的コンセンサスを援用して測定される。

このように、投票者が技術に疎く、専門家という優勢部族にひたすら敬服している場合、投票が実際に非中央集的な結果をもたらすかどうかはまったく明白ではない。そして、この批判もやはり、疎結合の投票と密結合の投票の両方に当てはまる。

更新情報――この記事を公開してから、イーサリアムのマイナーはコア開発者ともイーサリアム財団ともまったく協議することなく、ガス制限を670

万から800万に引き上げている。だから、希望はあるのだが、その理想に達するには、コミュニティの発展という難題をはじめ、技術以外のしんどい作業が必要になる。

デジタル憲法

不正なガバナンスアルゴリズムの歯止めがきかなくなる危険を緩和する方法として提案されているアプローチのひとつが、「デジタル憲法」だ。プロトコルが備えるべき望ましい特性を数学的に指定しておき、新しいコード変更については、その特性を満たすことをコンピューターで検証できるような証拠を義務づけるのである。最初のうちはいい考えに思えるが、これも、眉に唾して聞いたほうがいいと私は考えている。

一般的に、プロトコルの特性について規範を設け、その規範に協調の旗と同じ役割をもたせるというのは、実にいい発想だ。特に重要で価値があると考えるプロトコルのコアとなる特性を大切に扱い、変更を難しくできる。だが、これはまさに、密結合（レイヤー1）ではなく疎結合（レイヤー2）の形で実行したほうがいい性質のものだ。

基本的に、どんなものでも意味のある規範は、その全体像を表現するのが実はかなり難しい。これが、価値の複雑さという問題の一部でもあって、一見して明白な、たとえば2100万枚という通貨発行制限についてさえ当てはまる〈原注6〉。たしかに、assert total_supply <= 21000000という1行をコードに追加し、その近くに「何がなんでも削除するな」というコメントを添えることはできる。

だが、遠回しに同じことを実行する方法はたくさんある。たとえば、（通貨の価値）×（通貨が前回送信されてからの経過時間）に比例する取引手数料を必須で追加するというソフトフォークも考えられる。これは超過料金《デマレージ》に等しく、つまりはデフレーションに等しくなる。あるいは、「ビョットコイン」という通貨をもうひとつ実装し、その新規発行枚数を２１００万枚に設定する。ビットコインのトランザクションが送金された場合にはマイナーがそれを差し止めてビットコインを請求でき、送金先には代わりにビョットコインを送るという機能を加えておけば、ビットコインとビョットコインは短期間で代替可能になって、コード行の欠陥を見つけるまでもなく、発行総量は2倍の４２００万枚になるのだ。アプリケーション状態《ステート》に干渉しないという、「もっと穏当な」規範なら、実行はさらに難しくなる。

こうした保証に反するようなプロトコル変更は、たとえ投票で認められたとしても、違法とみなすべきだと、つまりは赤い旗を振る協調の機構が存在すべきだ、と断定できるようにしたい。あるいは、規範の条文に従ってはいても、その精神に明白に反しているプロトコル変更なら、それもやはり違法とみなすと断定できるようにしたい。そして、レイヤー2に、つまりプロトコルのコードではなくコミュニティにおける人の頭に規範を設けるのが、この目標を達成する最善の道だ。

〈原注6〉　ここで引き合いに出したのは、ビットコインが現在のデザインで発行する予定になっている通貨の総枚数である。

バランスをめざして

だからといって、正反対の姿勢をとって、通貨投票あるいはその他の明示的なオンチェーン投票方式が、ガバナンスにおいてまったく意味をもたない、と主張するつもりもない。代替手段として有力そうなのは、コア開発者のコンセンサスだ。だが、ユーザー体験とか取引手数料といった日常的な事柄より、抽象的な哲学や技術的に見事だと感じられる解法に強い関心を寄せる「象牙の塔の知識人」によって支配されるシステムの故障モードも、私が見るかぎり、真の脅威として真剣に受け止めなければならない。

では、この難問をどう解くのか。まず、従来の政治を語っている「スレート・スター・コーデックス(Slate Star Codex)」(slatestarcodex.com)〈原注7〉の言葉に耳を傾けよう。

初心者が誤りがちなのは、システムが部分的にモロク(Moloch)だ[つまり、道を誤った利益団体に握られている―引用者注]と考えることだ。だから、こう口にする。「分かった。こっちのシステムの管理下において修理しよう。で、こっちのシステムを管理するために、赤いマーカーで『モロクになるな』とでかでかと書いておこう」

(「資本主義がときとして道を誤ることは分かっている。政府の管理下において是正するとしよう。その政府を管理するために、高潔な人を高位につけよう」)

しっかりした代替制度があると主張するつもりはないが、ときおり妥当なのが新自由主義《ネオリベラル》の制度だ。人間の幸福におおむね合致したいろいろな基準に沿ってすべてが最適化されている精密なシステムを二つ用意して、それを抑制と均衡《チェックアンドバランス》の構造の中で競い合わせ、例のスイスチーズモデルのようにそれぞれ違った面で問題が発生するのを期待して、あまりに悪化したシステムからは離脱できる自由選択を確保し、それ以外は文化の進化に委ねるのである。

ブロックチェーンガバナンスでも、前に進める道はこれしかないように思う。私が支持するブロックチェーンガバナンスのアプローチも、「多要素コンセンサス」だ。さまざまな協調の旗、協調メカニズム、グループについて投票し、そのメカニズムすべてを合わせた総合的な結果から最終的な決定を導き出す。ここで、協調の旗となるのは次のようなものだ。

・ロードマップ(プロジェクトが進む方向性について、早い段階で周知されるアイデアのまとまり)
・優勢なコア開発者チームのなかでのコンセンサス

〈原注7〉「スレート・スター・コーデックス(Slate Star Codex)」は、〝米国西海岸の精神科医〟、スコット・アレクサンダーのブログ。暗号資産の文化で愛読者が多い。「モロクについての考察(Meditations on Moloch)」と題したエッセイでは、アレン・ギンズバーグの詩「吠える」を引用しながら、モロクを協調不首尾の神と解釈している。モロクとは、旧約聖書のレビ記に登場する、子どもを喰らう神だ。イーサリアムのサブカルチャーには、インセンティブの調整を通じて確実な協調のシステムを構築することを表す常套句として、「モロクをやっつける(slaying Moloch)」という表現がある。

・通貨保有者による投票
・一定のシビル耐性〈原注8〉を備えた投票システムによるユーザー投票
・確立した規範（アプリケーションへの不干渉、2100万枚の発行上限など）

通貨投票を複数の協調機構のひとつにして、変更の実施について是非を決定するのは、間違いなく有効だといえる。指標としては不完全で代表性にも欠けるが、シビル耐性は備えている。ある提案に、1000万ETHの投票が集まったとしたら、さすがに無視を決め込むわけにはいかない。「ああ、それもロシアの雇われトロールがソーシャルメディアのアカウントを偽装してるやつだ」、といって素通りすることはできないのである。また、コア開発チームとは明白に異なる目印でもあるので、必要ならそのチェックにも利用できる。ただし、協調機構をこれひとつに頼るべきではない十分な理由があるのも、前述したとおりだ。

そして、以上のすべてを支えているのが、従来のシステムと比べてブロックチェーンを際立たせている大きな違いだ。システム全体を支える「レイヤー1」は、個々のユーザーがプロトコル変更に賛同するという要件であり、ユーザーの自由でもある。そして、敵対的な変更を誰かが強制しようとすれば「フォークする」という確実な脅しにもなる。

密結合の投票があるのも、限定的な一部の状況では問題ない。たとえば、欠陥があるとはいえ、マイナーがガス制限に関して投票できることは、いくつもの場合に有効性が証明されている。マイナーがその権限を悪用しようとするリスクは、プロトコルに最初からハードコードされているガス制限やブロックサイズ制限が重大な問題につながる危険より低いはずで、その場合はマイナーがガス制限についで投票できるのは望ましいことだ。しかし、「ときどき短期間で変更が必要な個々のパラメーターに関してマイナーやバリデーターの投票を許可する」となると、プロトコル規則に対する自由な管理権を付与したり、投票で検証を管理させたりするのとは、まったく別の話になる。オンチェーンガバナンスをそこまで広げて考えると、理論的にも現実的にも、にわかに見通しが悪くなってくる。

〈原注8〉シビル耐性とは、シビル攻撃(Sybil attack)に耐えうる性質のこと。シビル攻撃とは、1人のユーザーが複数のユーザーを模してシステムに侵入する攻撃をいう。この名前は、いわゆる多重人格障害が注目されるきっかけとなった、1973年のベストセラー『Sybil(邦題、失われた私)』に由来している。

訳注1　ブロックチェーン上に記録される取引やその仕様のこと。

訳注2　ETHの送金やスマートコントラクト実行にかかる手数料の単位。手数料はガス代と呼ばれ、その上限値であるガス制限が設定されている(ガス制限については151ページの〈原注3〉を参照)。

訳注3　Ethereum Request for Comments(イーサリアムの技術仕様)のこと。ERC20はイーサリアムと互換性のある暗号資産を作るための規格。同規格に準拠したトークンをERC20トークンという。

訳注4　イーサリアムにおけるブロックチェーン投票サイトのひとつ。

訳注5　Ethereum Improvement Proposal(イーサリアム改善提案)のこと。

共謀について

vitalik.ca
２０１９年４月３日

　この数年、綿密にデザインされた経済的インセンティブとメカニズムデザインを利用して、さまざまな状況で参加者の行動の一致を図るという考え方に関心が集まっている。ブロックチェーンの世界では、メカニズムデザインによってブロックチェーン自体のセキュリティを確保し、マイナーやプルーフ・オブ・ステークのバリデーターの誠実な参加を促すことが最優先だが、最近では予測市場やＴＣＲ（Token Curated Registry）など多くの状況に適用されつつある。生まれたばかりのRadicalxChange運動[訳注1]からは、ハーバーガー税、クアドラティック・ボーティング（quadratic voting 二次投票ともいう）、クアドラティック・ファンディングなどに関する実験も派生している。さらに最近では、トークンベースのインセンティブを利用してソーシャルメディアで質の高い投稿を奨励することも注目されている。しかし、こうしたシステムの開発が理論から実践に進むにつれて、考えなければならない問題も次々と浮上してきた。私の見るところ、まだ適切な取り組みが始まっていない

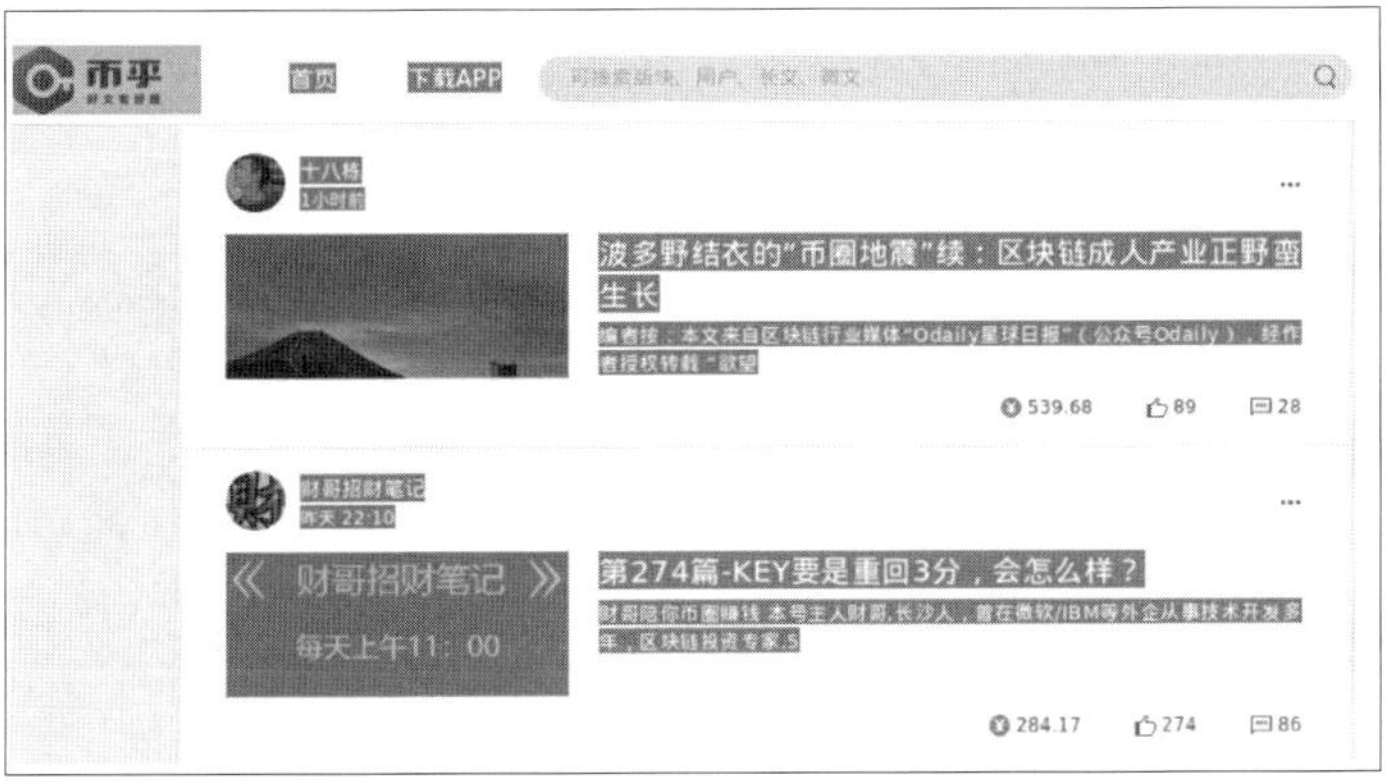

課題だ。

理論から開発へという最近のこの動きの一例が、中国のプラットフォームであるビフー（Ｂｉｈｕ）[訳注2]で、ユーザーの投稿を促すために最近、通貨ベースのメカニズムをリリースしたところだ。ユーザーはこのプラットフォーム上でＫＥＹというトークンを保有し、記事に対してＫＥＹを賭ける《ステークする》ことができる。全員が、１日あたりk個の「いいね」をつけ、その「重み」はその「いいね」に対するステークに比例した額になる。こうして最もステークの多かった記事が目立つように表示され、その記事の執筆者は記事に付いた「いいね」のＫＥＹにほぼ比例したＫＥＹトークンを報酬として受け取る。だいぶ単純化しすぎた説明で、実際には非線形的な性質も組み込まれているが、機能にとって本質的ではない。ＫＥＹが価値をもつのは、プラットフォーム内でいろいろな使い途があるからだが、ＫＥＹの購入と消費に全広告収入の一定の割合が使われるのは大きい

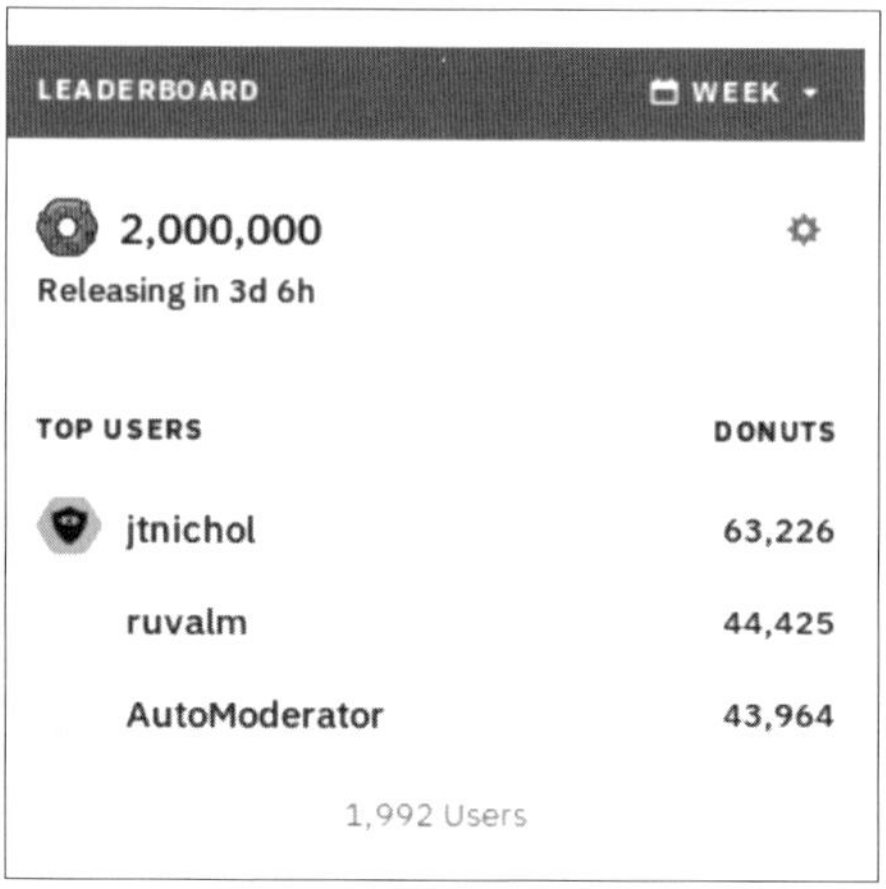

（訳注）「ドーナツ」トークンの状況を表しているダイアログ

（単なる交換媒体としてのトークンではなく、こうしたしくみにしている点は、大いに評価できる）。

このようなデザインは、決して特異なものではない。オンラインコンテンツの作成に対するインセンティブは、気にかけているユーザーもかなり多いので、同じような性格のデザインはこれまでにも多く存在しており、かなり異色なデザインも登場してきた。そして、異色といいながらこうしたプラットフォームはすでに利用が広く進んでいる。

何か月か前には、イーサリアム取引のサブレディット[訳注3]（/r/ethtrader）でも、これと同じようにトークンを発行する実験機能が導入された。こちらは「ドーナツ」というトークンで、ユーザーがコメントをつけ、それが「いいね」されると、そのユーザーに対して「いいね」の数に比例した一定のドーナツが1週間ごとに発行される。ドーナツは、バナーを/r/ethtraderのトップに表示する権利を購入するとき、あるいはコミュニティ投票のときに使うことができる。ただし、ビフーのKEYシステムと違って、AがBに「いいね」をつけたときにBが受け取る報酬は、その時点のAの通貨保有量に比例するわけではない。レディットの各アカウントが他のレディットアカウントにトークンを付与できる度合いは等しいということだ。

この種の実験では、寄付金やごく小額のチップという従来の限界を超えた方法で、質の高いコンテンツ制作に報酬を支払おうとする。きわめて貴重な実験だ。ユーザーが作ったインターネットコンテンツが正当に報われないのは、社会全般としてかなり大きな問題であり、暗号資産コミュニティがメカニズムデザインの力を使ってその解決に乗り出しているというのは励みになる。**ところが、残念なことにこうしたシステムは、攻撃に対して脆弱でもある。**

自己投票、金権政治、贈収賄

以上のように提唱されているデザインに対する経済的な攻撃を考えてみよう。財力のあるユーザーがn個のトークンを獲得していて、k個の「いいね」をつけるたびに、相手は$n \times q$の報酬を受け取るとする（ここでqの値はきわめて小さい。たとえばq＝0・00001くらいとする）。このユーザーは、自作自演《ソックパペット》〈原注1〉用のアカウントに「いいね」をつけるだけで、$n \times k \times q$の報酬を受け取れるこ

〈原注1〉ソックパペットアカウントとは、他のユーザーを装って作成される偽アカウントのこと。

とになる。そうすると、このシステムは瓦解する。このユーザーは一定期間に$k \times q$分の「利息」を手にすることになり、このメカニズムでは何も達成できなくなるからだ。

ビフーの実際のメカニズムはこういう事態を予期していたらしく、超線形のロジックを備えている。つまり、「いいね」しているKEYが多い記事は、正比例より多くの報酬を得られるようになり、自分で「いいね」をつける以上に人気記事の「いいね」を促すように見える。こうした種類の超線形性を加えることで、システム全体が自己投票によって揺るがされるのを防ぐというのは、通貨投票によるガバナンスシステムではよくあるパターンだ。DPoS方式のほとんどは、その枠に参加する十分な票を獲得できない者に対して報酬をゼロにすることによって、代表者枠の数を制限し、同じような効果を実現している。しかし、この方式は必然的に二つの弱点を生み出してしまう。

・**金権主義**を助長する。十二分な財力がある個人やカルテルであれば、依然として自己投票をまかなえる資金をもちうる。
・集団で自分たちに投票するよう他のユーザーを**買収する**ユーザーなら、これを回避できる。

買収攻撃となると非現実的に聞こえるかもしれないが（皆さんのなかで、実際に賄賂を受け取ったことがある人はいるだろうか）、成熟したエコシステムでは、思った以上に現実的だ。ブロックチェーンの世界で贈収賄が起こった状況のほとんどで、買収側は聞こえのいい新しい言葉を作り出し、そこに親しみやすい装いをかぶせてくる。曰く、これは贈賄ではない、「配当金を分配」するための

（訳注）イオスにおける投票をめぐる「疑惑」を指摘するツイート

「ステーキングプール」だ、と。賄賂が曖昧にぼかされることさえある。手数料ゼロで、異常なほど優れたインターフェースの開発にコストをかけていて、利益を追求しさえしない暗号資産取引所があるとしよう。そのかわりに、この取引所はユーザーがさまざまな通貨投票システムに参加するために預けている通貨を利用したりする。あるいは、集団における共謀がごくごく当たり前だと考える人も当然いる。その事例としては、イオス（ＥＯＳ）のＤＰｏＳに関連して発生した不祥事などもある。

それから、「負の買収」（恐喝や強制）という可能性もある。メカニズムの内部で、一定の行動をとらなければ損害を受ける、と参加者を脅迫する手段だ。

/r/ethtraderの実験では、人が殺到してドーナツを購入し、ガバナンス投票を動かしかねないという懸念から、ロックされた（つまり取引不可の）ドーナツしか投票に使えないようコミュニティが方針を変更した。ところが、ドーナツを購入するよりも安易な攻撃方法がある（曖昧にぼかした買収による攻撃とみなせる）。レンタルである。攻撃者は、あらかじめETHを保有していれば、コンパウンド（Compound）などのプラットフォームでそれを担保にして一定量のトークンを借り出すことができる。そうすれば、投票への参加も含めてどんな目的にでもそのトークンを使える権利を確保できる。目的が済んだら、その融資コントラクトにトークンを返して担保を取り戻せばいい。その間には、たとえ通貨投票のメカニズムに時間制限があったとしても（ビフーがそうだった）、通貨投票の逆転に使った直後のトークンに対する価格のエクスポージャーは一瞬たりとも発生しない。そういう攻撃だ。いずれにしても、買収と、つながりが深く財力のある参加者が過剰な力をもってしまうという問題は、驚くほど防止が難しいことが判明している。

身元《アイデンティティ》管理

通貨投票の金権主義的な要素を、身元《アイデンティティ》管理システムによって緩和しようとするシステムもある。たとえば、/r/ethtraderのドーナッツシステムの場合、ガバナンス調査は通貨投票を介して実施されるが、そもそも獲得できるドーナッツ（つまり通貨）の数は、レディットのアカウントに基づいて決まる。あるレディットアカウントによる一回の投票で確保できるのが、nドーナッツである。アイデンティティ確認システムの理想的なあり方としては、個人が一つのアイデンティティを取得するのは容易に、複数のアイデンティティを取得するのは困難になっていればいい。/r/ethtraderのドーナッツシステムではレディットアカウントがそうなっており、ギットコイン（Gitcoin）のCLRマッチングガジェッ

（訳注）ラックにずらっと並んだスマートフォン

トでは、同じ目的に使われるギットハブ（GitHub）アカウントがそうなっている〈原注2〉。だが、アイデンティティとは、少なくともこれまでに実現されてきた形では、脆《もろ》い存在なのだ。

あ、でかいラックいっぱいのスマートフォンをそろえる（上の画像を参照）のは面倒くさいって？ であれば、こんな手もある（次ページの画像を参照）。

異論は認めるが、無数にある偽のアイデンティティを人形使いのように自由に操るだけでこうしたメカニズムを攻撃するほうが、わざわざ手間をかけて人を買収するよりずっと簡単だ。それなら、

〈原注2〉 ギットコインは、オープンソースソフトウェアを、特にイーサリアムのエコシステムで開発するための資金援助プラットフォーム。CLRメカニズムは、コミュニティへの寄付を利用してマッチングファンドを分配する実験であり、ブテリン、ゾーイ・ヒッツィヒ、グレン・ワイルが提唱した「クアドラティック・ファンディング」という概念に基づいている。

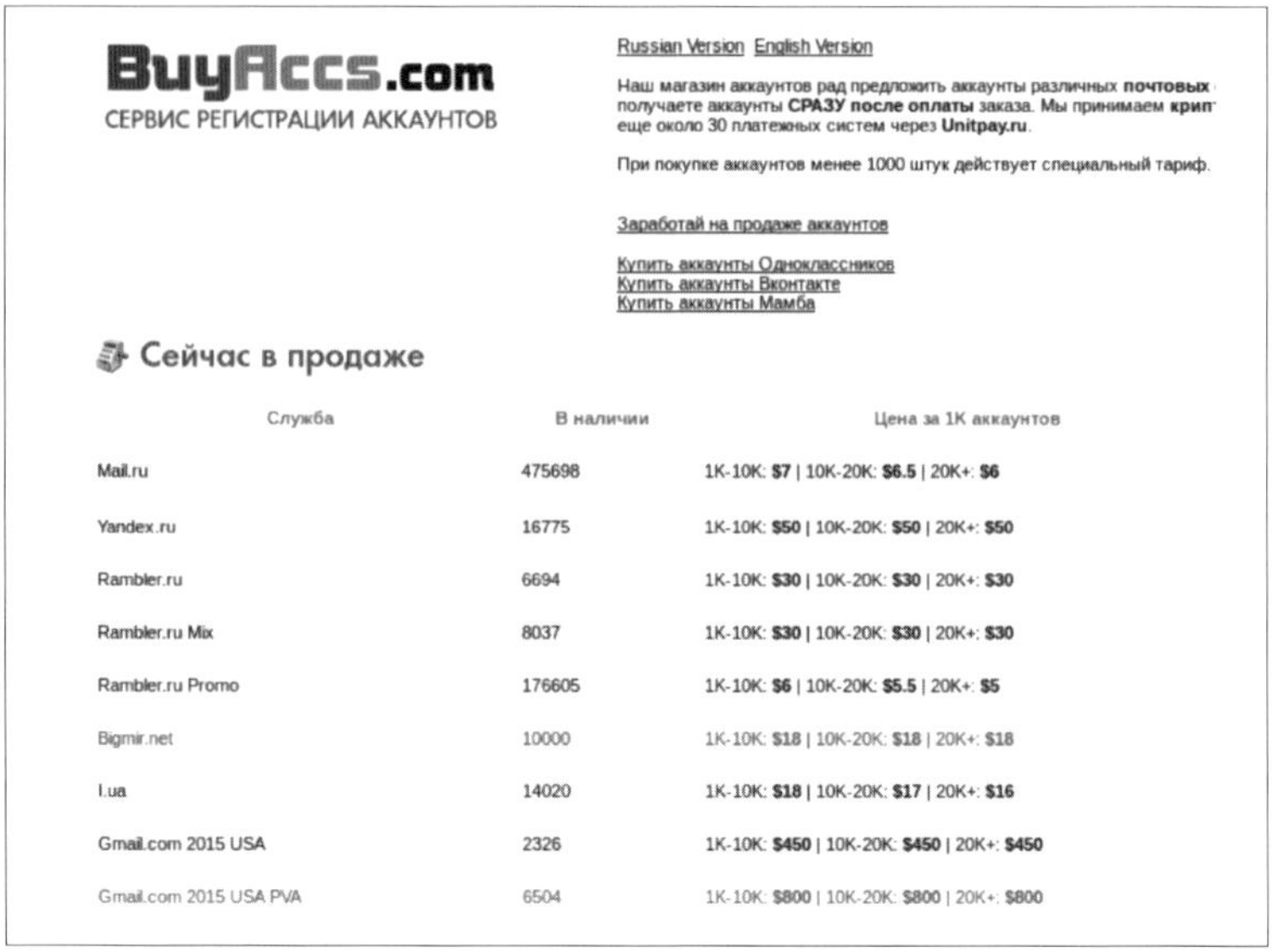

Служба	В наличии	Цена за 1К аккаунтов
Mail.ru	475698	1K-10K: **$7** | 10K-20K: **$6.5** | 20K+: **$6**
Yandex.ru	16775	1K-10K: **$50** | 10K-20K: **$50** | 20K+: **$50**
Rambler.ru	6694	1K-10K: **$30** | 10K-20K: **$30** | 20K+: **$30**
Rambler.ru Mix	8037	1K-10K: **$30** | 10K-20K: **$30** | 20K+: **$30**
Rambler.ru Promo	176605	1K-10K: **$6** | 10K-20K: **$5.5** | 20K+: **$5**
Bigmir.net	10000	1K-10K: **$18** | 10K-20K: **$18** | 20K+: **$18**
I.ua	14020	1K-10K: **$18** | 10K-20K: **$17** | 20K+: **$16**
Gmail.com 2015 USA	2326	1K-10K: **$450** | 10K-20K: **$450** | 20K+: **$450**
Gmail.com 2015 USA PVA	6504	1K-10K: **$800** | 10K-20K: **$800** | 20K+: **$800**

怪しいサイトが詐欺サイトかどうかは分からない、自分で調べよう、という毎度の警告が当てはまる。（訳注）BuyAccs.com は、各種アカウントの売買サイト

セキュリティを政府発行のＩＤなみに強化すればいいのでは、と考えるかもしれない。だが、プロの犯罪者集団はさらに上手《うわて》だということは忘れないほうがいい。仮に地下組織をすべて壊滅させたとしても、こうした行為で儲けられるようなシステムを生む甘さがあるかぎり、敵対国の政府は間違いなく、何百万という数の偽造パスポートを作るだろう。しかも、ここには反対方向の攻撃がまだひと言たりとも出てきていない。ＩＤを発行する機関のほうが、身分証明書の発行を拒否して弱者の社会的な力を奪おうとするケースだ。

共謀

アイデンティティがいくつもあり、そこに不安定な市場まで関わってくると、多くのメカニズムが同じように不首尾に終わってしまう。それを考えると、こうした問題すべての根本には何か共通要因があるのではないか、と思いたくなる。私にいわせると答えはイエスで、その共通要因はこうだ。参加者が共謀できるモデルで、望ましい性質を維持するメカニズムを作るのは、共謀できないモデルでの場合よりずっと難しくなり、まったく不可能である可能性さえ高いということである。ここまで言えば、察しがつく人も多いだろう。こうした原理の個々の事例は、確立した規範の陰に隠れている。また、競争市場を奨励し、価格操作カルテルや票の売買、贈収賄を制限する法律からもたいていは漏れてしまう。問題はもっと根深く、さらに広いのだ。

個人の選択に重点を置く形、つまり参加者ひとりひとりが独立して決定を下し、動作主体《エージェント》の集団が相互利益のために一体となって行動するのを許可しない形のゲーム理論では、どんなゲームにも少なくとも一つの安定したナッシュ均衡が必要であるという数学的な証明が成り立ち、メカニズムデザインの際には特定の結果を達成できるようにゲームを組み立てる大きな自由度が確保される。一方、連合した協力態勢を認める形のゲーム理論、すなわち協力ゲーム理論では、協力態勢から逸脱すると不利益になるという安定した結果を得られないゲームも存在する。

多数決ゲーム、正式にいうと*n*エージェントのゲーム（game of n agents）は、そうした本質的に不安定なゲームのひとつだ。半数を超える任意の部分集合が固定の報酬を獲得して、それを内部で分け合うことができる。コーポレートガバナンスや政治など、人間社会の多くの場面に不気味なほど似た状況である。言い換えるなら、固定のリソースプールがあって、そのリソースを分配するメカニズムがすでに確立しており、必然的に参加者の51％が謀議してそのリソースを掌握できるとしたら、現

Round	A	B	C
1	1/3	1/3	1/3
2	1/2	1/2	0
3	2/3	0	1/3
4	0	1/3	2/3

在の相対関係にかかわらず、その参加者にとって有利な謀議は発生しうるということである。ところが、その謀議が今度は新しい謀議に対して脆いこともある。新しい謀議には、以前の共謀者も被害者も含まれているかもしれない……そういったことが繰り返される。

この事実、協力ゲーム理論における多数決ゲームの不安定性は、政治に「歴史の終わり」がなく、また完全に満足できるシステムも存在しない理由を単純化した一般的な数学モデルとして、だいぶ過小評価されている。もっとよく知られた、たとえばアローの定理〈原注3〉などよりはるかに有益だと、個人的には考えているのだが。

この問題を回避するには、二つの方法がある。一つ目は、「アイデンティティフリー」で「共謀耐性」を備えた種類のゲームに自分たちを制限しようと試みることで、これなら贈収賄についてもアイデンティティについても煩わされずに済む。二つ目は、アイデンティティと共謀耐性の問題に直接立ち向かい、競合耐性を備えていなくても充実した特性を備えているゲームを実現できるくらい十全に解決しようと試みることだ。

アイデンティティフリーで共謀耐性も備えたゲームデザイン

アイデンティティフリーで共謀耐性も備えた種類のゲームは堅牢だ。プルーフ・オブ・ワークでさえ、1人の参加者が全ハッシュパワーのうちでおよそ23・21%を占める上限までは共謀耐性を備えており、エンジニアリングの工夫しだいでその上限を50%まで引き上げることができる。競争市場はかなり高い上限まで共謀耐性をもつが、その上限にあっさり達してしまうケースも、そうでないケースもある。

ガバナンスとコンテンツキュレーション（どちらも、実は公共財と負の公共財を見極めるという一般問題の特例である）の場合、有効に機能するメカニズムとして大きいのが、フュタ－キー（futarchy）だ。「予測市場によるガバナンス」と説明されることも多いが、保証預かり金を使うのも、技術としては同類に属するといえる。フュターキーが一般形として機能するしくみでは、「投票」を意見表明の手段としてだけではなく、予測の手段として利用し、真となった予測を立てた者に報酬を与え、偽となった予測を立てた者に罰則を科す。たとえば、私が提案した「コンテンツキュレーションDAOの予測市場」では、提出されたコンテンツに対して誰でも賛成票か反対票を投じることができる、半中央集権的なデザインを考える。賛成票を多く獲得するほど、コンテンツは目立って表示さ

〈原注3〉　1951年にケネス・アローが示した数学上の定理。優先順位付き投票制を通じて望ましい一連の結果を達成することは不可能であるとする。

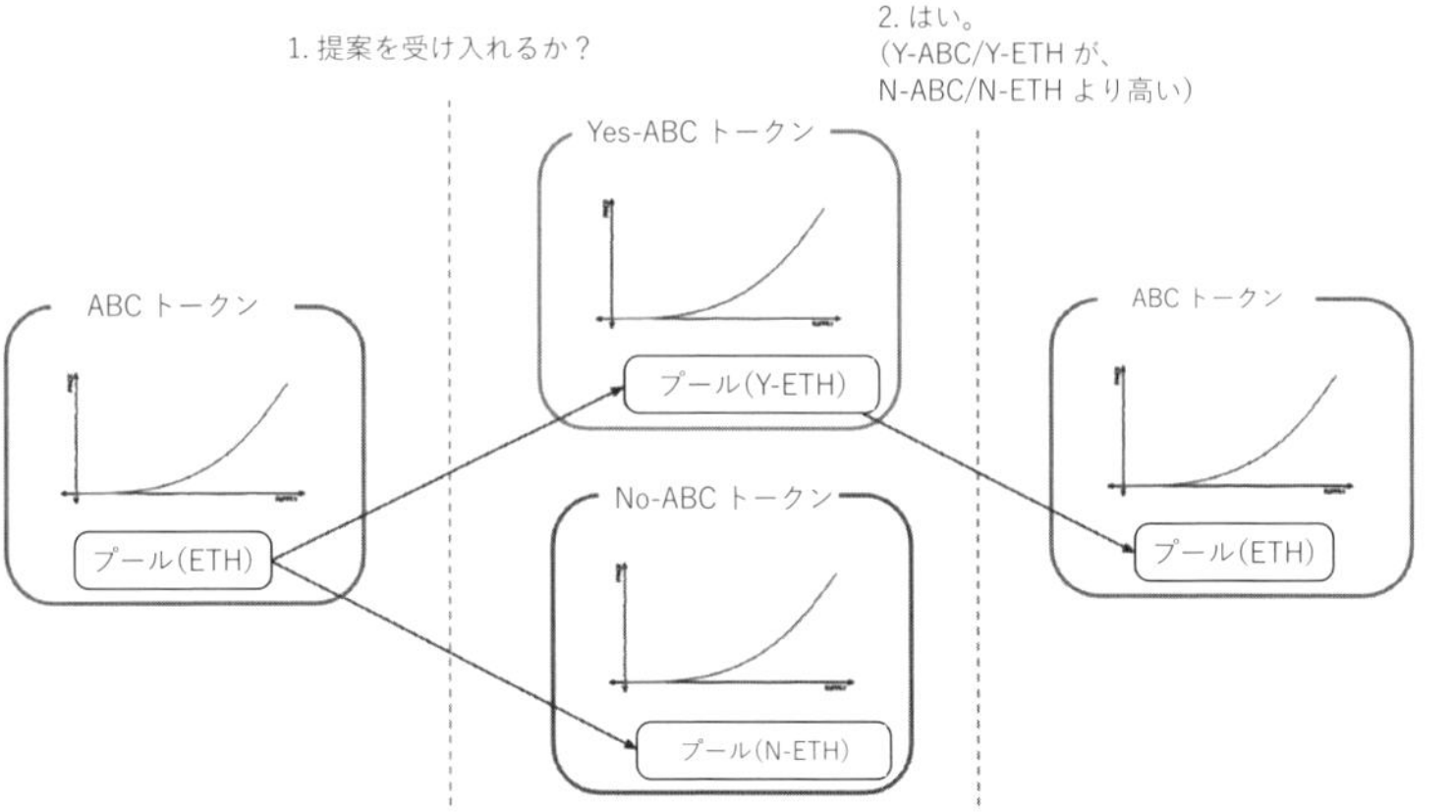

あるフュターキーの図式。２つの「考えうる未来の世界」を表す市場をそれぞれ作り、価格的に有利なほうを選択する

れ、最終的な決定を下す「モデレーションパネル」も存在する。投稿があるたびに、モデレーションパネルが招集されてその投稿に関する最終決定を下す確率が、わずかながらある（確率は、その投稿に対する賛成票と反対票の総数に比例する）。モデレーションパネルが投稿を承認した場合は、それに賛成票を投じた人の全員が報酬を受け取り、反対票を投じた人は全員が罰則を科される。モデレーションパネルが投稿を却下した場合は、その逆のことが起こる。つまりこのメカニズムは、参加者がモデレーションパネルの決定を「予測」しようとして賛成票か反対票を投じるのを促すということだ。

　フュターキーの別の例としては、トークンを使ったプロジェクトのガバナンスシステムも考えられる。ある決定に賛成票を投じる人は全員、投票に勝った場合に投票開始時点の価格で一定数のトークンを購入するよう義務づけられる。こうすると、誤った決定に対する投票にコストがかかるようになるが、誤った決定が投票に勝った場合、その決定に賛同した全員がプロジェクトの残りの人を掌握し切らなければならないという条件が付く。そのため、「誤った」決定に対する投票ひとつひとつが、投票者にとって相当高くつく可能性があり、安易な買収攻撃の可能性を最初から除外できる。

ただし、このようなメカニズムで対応できる範囲は限られている。先にあげたコンテンツキュレーションの場合、実際にはガバナンスを解決しているわけではなく、信頼できるとあらかじめ想定されているガバナンス機構の機能を拡張しているにすぎない。モデレーションパネルの部分は、広告欄を買い取る権利に当たるトークンの価格についての予測市場で置き換えることもできるが、現実的には価格にノイズが多すぎて指標にならないため、ごく少数の非常におおまかな決定以外には実用にならない。そのうえ、最大限に利用しようとしている価値が実際には通貨の最大値以上のものである場合も多い。

もっと一般化した場合、トークンの値に対する影響力を通じてガバナンス上の決定の価値を決めるのは容易ではなく、公共財と負の公共財を見極める適切なメカニズムは、残念ながらアイデンティティフリーにならず共謀耐性も備えられない。その理由を、さらに明確に考えてみよう。あるゲームのアイデンティティフリーの特性を保とうとして、アイデンティティを問題視せず暗号資産のみを重視するシステムを構築しようとすると、究極のトレードオフを迫られる。正当な公共財のインセンティブになり損ねるか、金権主義を過剰に助成するかのいずれかになってしまうのだ。

その理由は、こう説明できる。それなりの物書きが公共財（一連のブログ記事など）を生み出していて、1万人のコミュニティのメンバーに価値をもたらしているとしよう。このコミュニティのメンバーがある行動をとると、この著者は1ドルを受け取れる、そんなしくみがあるとする。メンバーがよほど利他的でないかぎり、このしくみを機能させるには、その行動をとるコストが1ドルよりかなり小額でなければならない。そうでないと、著者を支えようとするコミュニティメンバーが得る利益は著者を支えるコストと比べて小さくなり、システムが瓦解してしまう。いわゆる「共有地《コモンズ》の悲劇」を迎え、誰も著者を支えなくなるのだ。したがって、1ドルよりずっと小額のコストで著者が1ドルを受け取れる方法が必要になる。だが、ここで偽のコミュニティが登場する。自作自演アカウント1万件で構成されるコミュニティで、財力も同程度だとしよう。このコミュニティも、本物のコミュニティとまったく同じ行動をとるが、唯一違う点として、著者を支えるかわりに別の偽アカウントを支援する。これももちろん、攻撃者の自作自演アカウントだ。本物のコミュニティのメンバーが、自腹を切って1ドルよりずっと小さいコストで著者に1ドルを届けられるとしたら、攻撃者も1ドルよりずっと小さいコストで自分たちの懐に何度でも1ドルを収められることになり、システムの資金が吸い取られてしまう。結束していなかった側を結束させる本来のしくみが、正しい対策をとらなければ、すでに結束している側(同一人物が管理している複数のアカウントなど)をさらに結束させて、システムの資金を抜き出されてしまうことになりかねないということだ。

目標が資金集めではなくコンテンツのキュレーションだとしても、同様の問題は発生する。どのコンテンツが通貨価値の形で支持を多く集めると考えるか——正当に高水準と評価されるブログ記事は多くの人の利益になるが、ひとりひとりの個人にとっての利益はごくわずかだ。次の広告ぐらいのものだろう。

あるいは、こんなものかもしれない〈原注4〉。

現実世界の「最近」の政治に敏感な人なら、極度に中央集権的な関係者に利益となるようなコンテンツのあり方も思い浮かぶかもしれない。敵対する政府によるソーシャルメディアの操作だ。結局のところ、中央集権的なシステムも非中央集権型的なシステムも、直面している問題の根本は変わらない。**「意見の自由市場」（ひいては、公共財の自由市場）が、経済学者がよくいう「効率的市場」からはほど遠く、**そのために平時でさえ公共財の生産不足が起こり、積極的な攻撃に対しては脆弱性も生んでいるということだ。というくらい、この問題は難しい。

通貨ベースの投票システム（ビフーの場合など）が、アイデンティティベースのシステム（ギットコインのＣＬＲや、/r/ethtraderのドーナツ実験）より明らかに有利な理由もここにある。少なくとも、

〈原注4〉ビットコネクト（Bitconnect）は、暗号資産投資会社だったが、ポンジスキームの容疑で規制当局による捜査を受け、２０１８年に閉鎖された。

アカウントをひとまとめで買い取ることにメリットはない。どんな行動も、保有している通貨の量に比例し、通貨がいくつのアカウントに分割されているかは無関係だからだ。ただし、アイデンティティのモデルに依存せず通貨のみに頼るメカニズムでも、公共財を支持しようとしている、コミュニティが分散していると、まとまった利害関係に負けてしまうという問題を解決することはできない。分散型コミュニティの力となるアイデンティティフリーのメカニズムが、分散型コミュニティを装った中央集権的な金権主義者に過剰な力を与えてしまうことは、防ぎようがないのである。

しかも、公共財のゲームに脆弱な点があるのは、アイデンティティの問題だけではない。贈収賄という問題もある。その理由を理解するために、先ほどの例をもう一度考えてみよう。ただし今回は、攻撃者の自作自演アカウントが1万1件で「偽のコミュニティ」を構成しているわけではなく、攻撃者のＩＤは資金を受け取るアカウントの一つだけだとする。残り1万のアカウントは実在のユーザーなのだが、1セントずつ賄賂を受け取ったユーザーは攻撃者がさらに1ドルずつ獲得できるような行動をとる。前述したように、こうした贈収賄はかなり曖昧にぼかすことができ、便宜と引き換えにユーザーに代わって投票するサードパーティーのカストディアルサービスがあってもそれは変わらない。また、「通貨投票」デザインの場合は、曖昧な贈収賄がさらに簡単になる。市場で通貨をレンタルし、それを使って投票に参加できるからだ。したがって、ある種のゲーム、とりわけ予測市場や保証預かり金ベースのゲームでは共謀耐性とアイデンティティフリーを実現できる一方、一般化した公共財の資金調達は、アイデンティティフリーで共謀耐性を備えたアプローチが正しく機能しない問題であるように思われる。

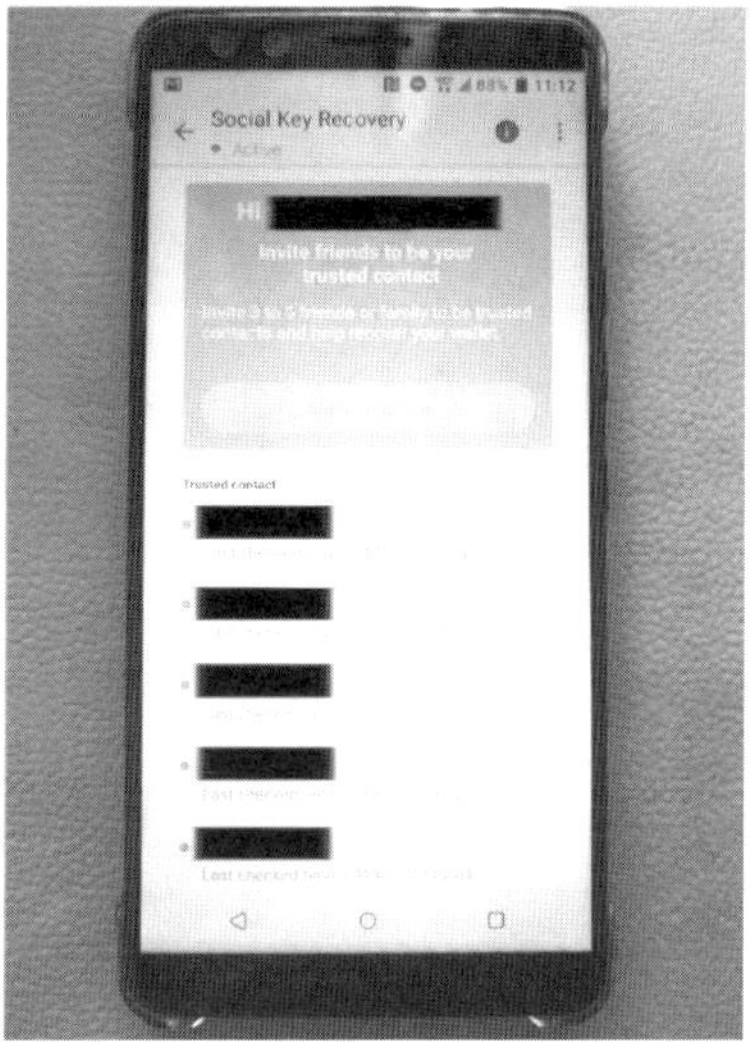

共謀耐性とアイデンティティ

もうひとつの選択肢が、真っ向からアイデンティティの問題に向き合う方法だ。すでに述べたように、中央集権型のアイデンティティ管理システム、たとえばパスワードや政府発行のＩＤなどに移行してセキュリティを強化するだけでは、大規模には機能しない。インセンティブが十分な状況では、セキュリティが十分ではなく、ＩＤを発行する政府自体に対して脆弱なのである。どちらかというと、ここで話題にしている「アイデンティティ」とは、なんらかの堅牢な多要素の類、つまりひと組のメッセージによって識別される当事者が、間違いなく、一意的に決まる本人であるという情報だ。ネットワークを利用したアイデンティティ確認のごく初期のプロトタイプは、ＨＴＣのブロックチェーンフォンにあった「ソーシャルキーリカバリ」機能だろう（上の写真を参照）。

基本的な概念としては、ユーザーの秘密鍵を、信頼できる5人の連絡先の間で秘密として共有し、そのうちの三つがそろえば元の鍵を回復できるが、二つ以下では回復できないという数学的なしくみを作る。これなら、「アイデンティティ確認システム」として成立する。あるユーザーのアカウントを回復しようとしているのが本当にそのユーザーかどうか、5人の友人が確認するからである。ただし、これは特殊用途のアイデンティティ確認システムであり、解ける問題は個人アカウントのセキュリティに限られる。「ほかの誰でもない当人」を特定しようとする問題とは違うのだ（そして、それより容易だ）。とはいっても、個人が互いを認証するという汎用モデル自体は、もっと堅固なアイデンティティモデルに組み込める可能性がかなり高い。必要なら、上述した「フュターキー」のメカニズムを使ってそのシステムを増強することもできそうだ。「ほかの誰でもない当人」であると誰かが主張し、ほかの人が異議を唱えた場合、双方が問題について争う保証金の支払いに合意するなら、システムの裁定パネルを招集して、どちらが正しいかを決めることができる。

だが、決定的に重要な特性がもうひとつ欠けている。貸し借りや売買が信頼に依存しないアイデンティティだ。人が取引するのは、もちろん止めようがない（「50ドル送ってくれたら、鍵を送るよ」で成立する）。だが、そうした取引が信頼性をもたないよう試みることはできる。へたに信頼があるから、売り手は買い手を簡単に欺くことができ、実際には機能しない鍵を送りつけることができるのだ。たとえば、鍵の持ち主は、その鍵を無効にしたうえで任意の鍵と取り替えてしまい、しかも何も証明できない、そういうトランザクションを送信するだけでいい。これを回避するには、信頼できる関係者に計算処理を実行させ、結果を公表する（結果を証明するゼロ知識証明を添えれば、信頼できる関係者は完全性ではなく、プライバシーの点で信頼される）か、マルチパーティー計算によって同じ機能を非中央集権化するのがいちばん簡単だ。ただし、こうしたアプローチで、共謀の問題を完全に解決することはできない。味方どうしのグループが、同じ目的のもとで結束して票を操作することは、依然としてできてしまう。それでも、御しやすい程度にまで共謀を減らすことはでき、システムがただちに立ちゆかなくなることはない。

それだけではなく、鍵を最初に配布する段階という問題もある。ユーザーがサードパーティーのカストディアルサービスの内部にＩＤを作り、そのサービスがユーザーの秘密鍵を保管しつつ、その鍵を使って密かに何かの投票に参加したらどうなるか。これは暗黙的な贈収賄になる。このユーザーの投票権は、便利なサービスと引き換えになっているからだ。しかも、このシステムが投票を証明不能にして贈収賄を防止できるという意味でセキュアだとすると、サードパーティーのホストによる内密の投票も見抜けないことになる。この問題を回避するアプローチは、個人認証しかなさそうだ。たとえば、発行者側がスマートカードと秘密鍵を発行し、ユーザーはその鍵をスマートフォンにただちにダウンロードして、誰にも公開しない別の鍵に差し替える、そういう発行者エコシステムも考えられる。発行者はミートアップやカンファレンスでもいいし、なんなら、何かの投票システムによってすでに信頼できるとみなされている個人でもかまわない。

堅固な非中央集権型のアイデンティティ確認システムも含めて、共謀耐性を備えたしくみが実現するようにインフラストラクチャを増強するのは、難解な課題だ。それでも、そうしたしくみの可能性を引き出したければ、ベストを尽くして試みるしかない。コンピューターセキュリティをめぐる今の固定観念では、たとえばオンライン投票の導入ひとつとっても、「ダメ」なのは確かだ。だが、投票のようなしくみの役割を広げて、クアドラティック・ボーティングやクアドラティック・ファンディングといった最新の形まで取り込みたいなら、この難題に真っ向から立ち向かい、少なくとも一定の用途ではセキュアなしくみ作りに成功できるよう期待しながら、努力の限りを尽くすしか、選択肢は残されていない。

訳注1　次世代の政治経済をめざすグローバルな組織。ヴィタリック・ブテリンや台湾のオードリー・タンも参加している。
https://www.radicalxchange.org/
訳注2　現在はサービスを停止している。
訳注3　レディットにおける、特定の話題（カテゴリー）を扱ったサブグループのこと。

フリースピーチ

vitalik.ca
２０１９年４月16日

ある発言は、真実でありながら、しかも危険かもしれない。ひとつ前の発言もそうだ。
――デイヴィッド・フリードマン

言論の自由は、インターネット上のいくつものコミュニティが過去20年間以上にわたって格闘してきたテーマだ。暗号資産とブロックチェーンのコミュニティは、検閲耐性こそがその最大の存在理由《レーゾンデートル》であり、フリースピーチを特に重んじる立場だ。それでも、この数年というもの、コミュニティが急成長し、関係者の経済的・社会的な利害も膨らんできたため、この概念の扱い方と限界は何度となく試練をくぐり抜けてきた。今回の記事では、矛盾点をいくつか解きほぐし、「フリースピーチ」という規範の本当の意味を論証したいと思う。

[–] **theymos** -45 points 1 year ago*

You can promote BIP 101 as an idea. You can't promote (on /r/Bitcoin) the actual *usage* of BIP 101. When the idea has consensus, *then* it can be rolled out.

Bitcoin is not a democracy. Not of miners, and not of nodes. Switching to XT is not a vote for BIP 101 -- it is abandoning Bitcoin for a separate network/currency. It is good that you have the freedom to do this. One of the great things about Bitcoin *is* its lack of democracy: even if 99% of people use Bitcoin, you are free to implement BIP 101 in a separate currency without the Bitcoin users being able to democratically coerce you into using the real Bitcoin network/currency again. But I am not obligated to allow these separate offshoots of Bitcoin to exist on /r/Bitcoin, and I'm not going to.

【上】
BIP 101を1つのアイデアとして広めることはできる。BIP 101の実際の使用を（/r/Bitcoinで）広めることはできない。アイデアに合意があれば、発表はできるのだ。

【下】
ビットコインは民主主義ではない。マイナーのものではないし、ノードのものでもない。XTに切り替えても、それがBIP 101への賛成票ということにはならない。ビットコインから別のネットワーク/通貨に乗り換えるにすぎない。そうする自由があるのは、いいことだ。ビットコインでひとつ素晴らしいのは、民主主義を欠いていることだ。たとえ99%の人がビットコインを使っていても、別の通貨としてBIP 101を使い始めるのは自由であり、そのときビットコインのユーザーから実際のビットコインネットワークや通貨を使うよう、"民主主義的"に迫られることもない。それでも私は、/r/Bitcoinでこうしたビットコインの分派を認める義務はないし、そのつもりもない。

「言論の自由をめぐる法律」と「フリースピーチ」

私がよく耳にする、そして個人的には納得のいかない主張がある。「表現の自由」とはもっぱら、政府が制限方向に動くことに対する法的な規制であり、企業や個人所有のプラットフォーム、インターネット上のフォーラム、カンファレンスといった私的な形態とは何の関係もないとするものだ。暗号資産コミュニティで特に大きかった「私的な検閲」の例のひとつが、サブレディット/r/bitcoinのモデレーターであるゼイモス（Theymos）による決定だった。/r/bitcoinのモデレーションを強化し、ハードフォークによってビットコインブロックチェーンのトランザクション容量を増やすことに賛成する意見を禁じたのである。

　ゼイモスによる検閲の擁護派が用いる論法は、だいたい決まっている。/r/bitcoinは、ゼイモスが所

Party Timez @PartehTiemz 3 Feb 2017
Replying to @adam3us
I hope Core team can undo the damage caused to it by Theymos. Bitcoin can rely on decentralization, what can the community rely on?
1
1
Neo M. Hodlonaut @RedPillTrading 4 Feb 2017
Theymos moderates a PRIVATE forum, nothing to do with core. The community relies on bitcoin. So, let's keep it decentralized.

【上】
ゼイモスが引き起こしたダメージをコアチームが修復してくれることを望む。ビットコインが非中央集権化に頼るとして、コミュニティは何を頼ればいいのか。

【下】
ゼイモスがモデレーターを務めていたのはプライベートなフォーラムで、コアとは無関係だよ。コミュニティが頼るのはビットコインだろ。非中央集権を守ろうよ。

有する「プライベートフォーラム」なのだから、厳格なモデレーションに問題はないし、ゼイモスにはそこで何をしてもいい権利がある。それが気に入らないなら、よそのフォーラムに移ればいい、というのである。

たしかに、自分のフォーラムでこのようなモデレーションを実行したからといって、ゼイモスがなんらかの法律を破ったわけではない。だが、ほとんどのユーザーにとっては、ある種のフリースピーチの侵害が起こっているのは間違いないのだ。では、何が問題なのか。何よりもまず、表現の自由とは、一部の国の法律にとどまるものではないと認識することが決定的に重要だ。社会的な原則でもある。そして、社会的な原則の根底にある目標は、法律の根底にある目標と変わらない。権力のある立場からたまたま支持されているだけの見解ではなく、良い見解が勝ち残る環境を育むことだ。そして、用心しなければならないのは、政府の権力だけではない。会社が従業員を解雇する権力、インターネットフォーラムのモデレーターがスレッドでほぼどんな投稿でも削除できる権力など、ハードとソフトとを問わず、あらゆる権力が存在する。

では、ここで問題にしている社会的な原則の根底にあるものは何か。エリエゼル・ユドカウスキー〈原注1〉の言葉を引用する。

そして、批判に対して暴力で応じることは、三重に厳重に禁止される。人間の合理性の上に立った禁止命令のなかで、「〜の場合」とか「および」とか「しかし」、あるいは例外条項がないものはほとんど存在しない。これもそのひとつだ。間違った主張は反論される。弾丸を受けることはない。絶対に。何といおうと絶対、絶対に、である。

「スレート・スター・コーデックス（Slate Star Codex）」（slatestarcodex.com）で、さらに議論が展開されている〈原注2〉。

上の引用で、「弾丸」とはどういう意味なのか。ほかの発射体は含まれるのか。矢は？　投石機から飛んでくる大石は？　剣とか棍棒のような近接武器はどうなのか。「議論に対する正しくない反応」の厳密なラインはどうやって引かれるのか。

議論に対して正しい反応とは、ある意見を取り上げる対応であり、正しくないのは意見を黙殺する対応だ。意見を取り上げる場合、成否はその意見がどのくらい良いものかによって決まる。意見を黙殺する場合、こちらの力がいかに強いか、鋤鍬《すきくわ》やたいまつを短時間でどのくらい取りそろえられるかが重要になる。

弾丸を撃つのは、取り合わずに意見を黙殺するにはいい手段だ。投石機で石を飛ばしてもいいし、剣で切り倒すのもいい。鍬鍬で武装した群衆を集めても同じことである。だが、ある意見をもったという理由で人をクビにするのも、取り合わずにただ黙殺するには有効だ。

その一方、理由はどうあれ、特定の意見に煩わされたくないと考える人が集まり、煩わしいと思われる議論が黙殺される場の存在も、ときには道理が通る。その人たちにとっては、いわゆる「セーフスペース」であり、最も無害なのはethresear.chだろう。ここでは、ディスカッションの焦点がずれないように、「オフトピック」だというだけでも投稿は黙殺される。だが、セーフスペースにはダークサイドもある、とケン・ホワイトは書いている〈原注3〉。

驚かれるかもしれないが、私は「セーフスペース」を支持している。それは結社の自由を支持しているからだ。セーフスペースも、節操をもって設置されているなら、自由のひとつの表れである。（中略）要するに、私が支持しているのは、結社の自由を行使して互いを支え合い、自分

〈原注1〉 63ページの〈原注5〉を参照。
〈原注2〉 165ページの〈原注7〉を参照。
〈原注3〉 ケン・ホワイトは、ロサンゼルス在住の弁護士で、「POPEHAT」というブログを中心に、フリースピーチの問題について執筆している。

たちの規範に従って運営する、「盾としてのセーフスペース」だ。だが、誰もが「セーフスペース」をそういうものだと考えているわけではない。なかには、パブリックスペースを併呑する意図で「剣としてのセーフスペース」という概念を振りかざし、私的な規範に従うようその空間の人々に要求する向きもあるのだ。これでは、結社の自由とはいえない。

なるほど。たしかに、独自のセーフスペースをどこかに作るのは大いに結構だ。だが、その一方には、ここにも出てきた「パブリックスペース」という概念もあり、特定の利害を理由にパブリックスペースをセーフスペースに変えてしまうのは間違っている。では、「パブリックスペース」とは何かというと、ただの「政府が所有したり、運営したりする空間」では断じてない。パブリックスペースの私有という概念もよく知られている。日常的なレベルでもこれは真実だ。たとえば、1人の個人が人種や性別で差別をするより、ショッピングモールで同じことをするほうが程度が重いというのは、倫理的な直観として共有できるだろう。/r/bitcoinサブレディットの場合も同じことで、技術的に誰がトップモデレーターを務めていようと、サブレディットはあくまでもパブリックスペースだ。それについて、なかなか鋭いコメントもある。

- いわば「一等地」を占めている、つまり「ビットコイン」という名前を冠しているのだから、それを見た人はここがビットコインについて議論する既定の場所だと思ってしまう。
- このスペースの価値は、ゼイモスひとりの力ではなく、/r/bitcoin の多くの利用者によって生み出されてきた。ビットコインについて議論できるパブリックスペースであると、そしてこれからもそうであると暗に期待して、ビットコインについて語りにくる何千何万というユーザーの力だ。

・ゼイモスがポリシーを変えたのは、多くの人にとって予想外であり、そんなことが起こると事前に予測することはできなかった。

もし、ゼイモスが/r/bitcoinsmallblockersという別のサブレディットを作っていて、ここはスモールブロック派に特化したスペースであると明言したうえで、厄介なハードフォークを歓迎しない方向に扇動しようとしたのであれば、問題視するユーザーはほとんどいなかっただろう。彼のイデオロギーに反対するユーザーはいたかもしれないが、自分たちと相いれないイデオロギーのユーザーが内輪で議論する場をもつことを、けしからんと主張する者は（少なくともブロックチェーンのコミュニティでは）少数のはずだ。ところが現実はそうではなく、ゼイモスはパブリックスペースを併呑して、その空間の人々に自分の私的な規範に従うよう強要した。そのため、ビットコインコミュニティはブロックサイズをめぐって、ビットコインとビットコインキャッシュ（Bitcoin Cash）〈原注4〉に分裂したのだ。

〈原注4〉 ビットコインキャッシュは、ビットコインのフォークのひとつ。大量なトランザクションを処理する能力を強化し、取引手段として機能することを目的として2017年に生まれた。

脱プラットフォーム

1年ほど前のデコノミー（Deconomy）〈原注5〉で、私はクレイグ・ライトを公然と糾弾した。サトシ・ナカモトを自称した詐欺師だ。発言の最後にはこう質問して、彼の言っていることにまったく意味がない理由を主張した。「この詐欺師は、なぜこのカンファレンスで発言を許されているのか？」いうまでもなく、クレイグ・ライトの支持者は反論し、検閲行為だと非難した。

私はクレイグ・ライトを「黙殺」しようとしたのだろうか？　私に言わせれば、ノーだ。「デコノミーはパブリックスペースではない」という意見も予想されるが、カンファレンスはインターネット上のフォーラムとは違う、と言ったほうが分かりやすいだろう。インターネットのフォーラムは間違いなく、完全に中立的な、「何でもあり」のディスカッションの場であろうとしている。一方、カンファレンスとはそもそもの性質からして、ごく厳選されたプレゼンテーションが集まる場だ。限定された登壇者枠を割り当てて、発表の機会に恵まれた人に参加者の関心を集中させようとする。カンファ

（訳注）この様子は以下から見られる。
https://www.youtube.com/watch?v=WaWcJPSs9Yw&t=1233s

レンスは主催者による監修行為であって、いわば「皆さんに聴いてほしいと私が思う考えや意見を集めました」と宣言しているようなものなのだ。全員に登壇の機会を提供する余地はない以上、どのカンファレンスでも、ものの見方や立場はほぼすべて「検閲」を受けていて、それが当然、形式にも表れる。だから、その選択の判断についてカンファレンスに異論を唱えるのは、完全に正当な行為なのだ。

これは、別種の選択的なプラットフォームにも及ぶ。フェイスブックやツイッター、ユーチューブといったオンラインプラットフォームは、アルゴリズムを通じた選択を以前から導入しており、そのアルゴリズムでユーザーに推奨されるコンテンツが左右されている。通例、そこにあるのは利己的な動機で、各プラットフォームとのつながり《エンゲージメント》を最大化するアルゴリズムを設けているが、意図しない副産物を生み出すことも多い。地球平面説を標榜するコンテンツなどだ。したがって、こうしたプラットフォームがすでに（自動化された）選択的なコンテンツ提供に関与している以上、もっと向社会的、つまり社会のためになる目的に向けて同じ手段を講じていないことを批判するのは、しごく妥当だろう。あるいは、少なくとも理性的な党派の大多数がすべて同意する向社会的な目標に向けてそうすべきだろう。それに、あれが「検閲」だったとしても、クレイグ・ライト側の主張を知ることを著しく阻害しているわけではない。彼自身のウェブサイト、coingeek.comに行けばいい話だ。すでに監修的

〈原注5〉 デコノミーは、２０１８年と２０１９年に、「分散型経済の概念の発展をめざす」目的で、韓国で開催されたカンファレンス。

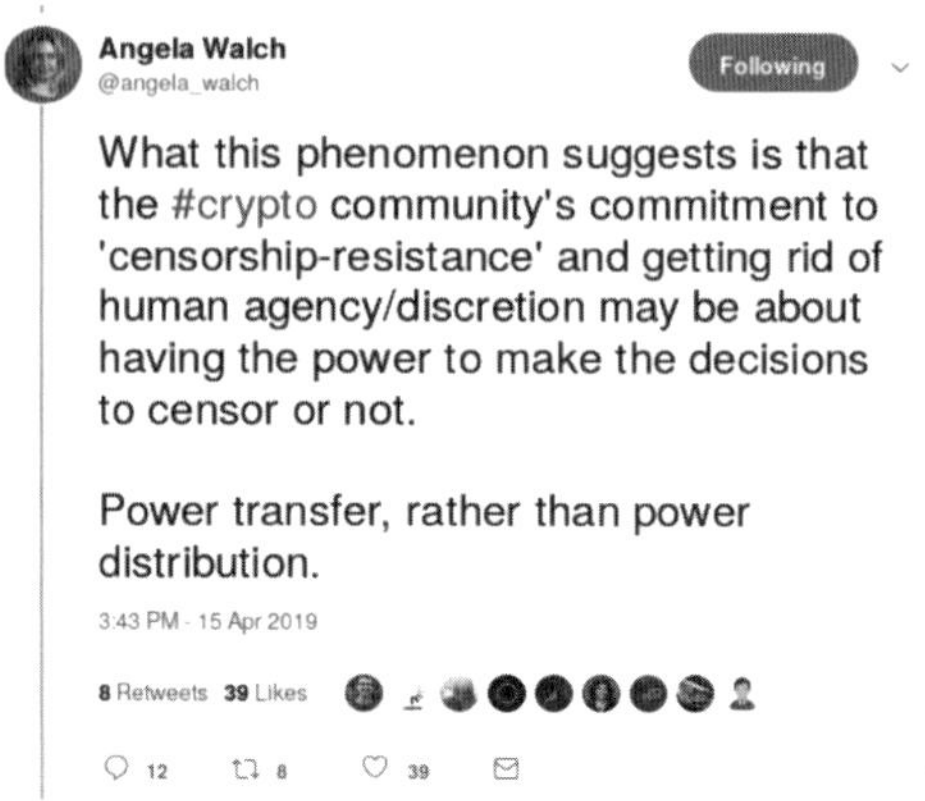
Angela Walch
@angela_walch
Following
What this phenomenon suggests is that the #crypto community's commitment to 'censorship-resistance' and getting rid of human agency/discretion may be about having the power to make the decisions to censor or not.
Power transfer, rather than power distribution.
3:43 PM - 15 Apr 2019
8 Retweets 39 Likes
12
8
39

【上】
この現象から分かりそうなことがある。#crypto コミュニティがいわゆる「検閲耐性」にこだわって人間の活動や裁量を除外しようとするのは、要するに、検閲するかしないかを判断する権力を持とうとすること。

【下】
権力の分散というより、権力の移動だよね。

な決定を下しているプラットフォームの運営責任者に、同じ大きさではあっても向社会的な基準で判断するよう依頼するのは、ごくまっとうなことのように思えるのだ。

この原則がはたらくもっと最近の例が、#DelistBSV運動だ。バイナンス（Binance）を筆頭とする暗号資産取引所の一部が、BSV（Bitcoin SV　クレイグ・ライトが推進したビットコインのフォーク）の上場を廃止した経緯である。このときも、多くの人が、一部では理性的な人でさえ、クレジットカード各社がウィキリークスへの支払いを停止した顚末を引き合いにして、この運動が検閲行為だと指弾した。

個人的に私は、中央集権的な取引所が権力を行使することに、批判的な立場をとってきた。そんな私は、フリースピーチを理由に、#DelistBSVに反対すべきだろうか。答えはノーだ。支持する利用があるのだが、ただし判定は微妙なところだ。

#DelistBSV運動に参加した取引所の多く、たとえばクラーケン（Kraken）などは、明らかに「何でもあり」のプラットフォームではない。取り扱う暗号資産、取り扱わない暗号資産について監修的な判断をすでに何度も下している。クラーケンの取り扱う暗号資産は1ダースほどなので、受動的な「検閲」を行っているのだ。シェイプシフト（Shapeshift）は、それより取り扱いが多いものの、スパンク（SPANK）や、KNCさえ取り扱っていない。したがって、この二つの取引所の場合、BSVの上場を廃止するのは、検閲というより、限りあるリソース（関心《アテンション》・注目や合法性）の配分変更といったところなのだ。バイナンスの場合は少し異なる。取り扱う暗号資産は多岐にわたり、「何でもあり」に近い哲学にのっとっている。流動性の高い市場のリーダーとして、独自の立場を築いているのである。

とはいえ、バイナンスに味方できる点も二つある。まず何よりも、BSVコミュニティの一部コアメンバーの側で真に悪質な検閲があったときには、検閲がそれに対する報復手段になっている。ピーター・マコーミックなどの批評家が、法律を盾にした文面で脅迫されたときのことだ。規範のあり方について意見の相違がはなはだしい「無秩序」な世界では、「目には目を」的な同種の報復のほうが、有効な社会的規範になりうる。ある意味、そこで罰則を受けたとしても、その罰則が正当であることは、これまで自らが行動を通じて立証してきたに等しいからだ。次に、上場を廃止したところで、BSVの売買が難しくなるわけではない。コインエックス（Coinex）は、上場を廃止しないと発表している（個人的に、「何でもあり」的な中堅の取引所の上場廃止には反対だ）。だが、上場廃止が、

BSVに対する社会的糾弾という強いメッセージを発信していることは間違いなく、これは有益であり、必要だ。そんなわけで、上場廃止をすべて支持できるケースはあるが、今にして思うと、バイナンスが「自由を根拠に」上場廃止を拒否していたとしたら、第一印象ほどは妥当ではなかったかもしれない。

一般的に、権力の集中が存在することに反対するのは、いたって正当だ。だが、その集中が続いているうちは社会のためになると考えられる理由があれば、その権力が行使されることを支持もできる。たとえば、ブライアン・キャプランが、開かれた国境《オープンボーダー》を支持する態度と、エボラ出血熱の流入に関する慎重な姿勢とを両立させようとしたのも、まったく違う分野の一例だ〈原注6〉。権力の集中に反対するには、それが総合的に見て有害であり暴虐であると信じられればいい。権力の集中がもたらす結果のすべてに反対する必要があるわけではないのだ。

完全にパーミッションレスなクロスチェーンの非中央集権型取引所が設立され、そこでどんな資産の取引も認められるとしたら、その取引所に「上場」しても、社会的なメッセージを送ることにはならない。誰でも上場できるからだ。そうなったら、たとえBSVの取引があるとしても、そういう取引所を私は支持する。私が支持するのはBSVが単に存在する以上に高いレベルの正当性を付与する排他的な立場ではなくなるという、その一点だ。

結論をまとめよう。政府に限らず、パブリックスペースにおける検閲は不正であり、純粋なプライベートスペース（特にコミュニティ全般にとって「既定」ではないスペース）における検閲は正しい場合がある。アクセスの拒否を目標および効果として狙ってプロジェクトを追放しようとするのは不正であり、わずかな正当性の拒否を目標および効果として狙ってプロジェクトを追放しようとするのは正しい。

〈原注6〉 ブライアン・キャプラン、「エボラとオープンボーダー」、EconLogに掲載（２０１４年10月16日）

責任になった管理権

vitalik.ca
２０１９年５月９日

インターネットベースのサービスとアプリケーションに関わる法規制の環境は、この10年間で大きく変化している。大規模なソーシャルネットワークのプラットフォームが初めて登場した２０００年代、大量のデータ収集に関する一般的な姿勢は基本的に「どうぞ、どうぞ」だった。マーク・ザッカーバーグが、プライバシーの時代は終わったと語り、エリック・シュミットはこう論じていた。「誰にも知られたくないことが何かあるなら、そもそもそんなことはしないほうがいい」。この２人がそういう発言を口にするのも、個人としては当然だった。他人について手に入るデータは、１ビット残らずすべて、機械学習に有利になるものだったからだ。制限があれば、それは弱点になるし、そのデータに何か起こったとしても、発生するコストは相対的にわずかだった。それから10年がたち、状況は激しく変化した。

特に、目立った傾向をいくつかクローズアップしてみるといい。

・**プライバシー**――過去10年のあいだに、プライバシー関連の法律がいくつも可決されており、特に急進的だったのはヨーロッパだが、ほかでも同様の傾向は見られる。最近大きかったのは、GDPR（General Data Protection Regulation　一般データ保護規則）だ。GDPRには多くのポイントがあるが、なかでも重要なことがある。（i）明示的な同意に関する要件、（ii）データの処理に法的根拠をもつ要件、（iii）自分のあらゆるデータをダウンロードできるユーザーの権利、（iv）データをすべて削除するよう要求できるユーザーの権利、である。ヨーロッパ以外の管轄区域でも、同様の規則の検討が進んでいる。

・**データローカライゼーションに関する規則**――インドとロシアをはじめ多くの管轄区域では、国内のユーザーに関するデータを国内に保管するよう求める法律の採択または検討が進んでいる。明示的な法律が存在しない場合でも、保護が十分ではないとみなされている国にデータを持ち出すことについては、関心が集まりつつある。

・**シェアリングエコノミーに対する規制**――ウーバーなどのシェアリングエコノミー企業は、訴訟を抱えて多難な時を迎えている。各社のアプリケーションがドライバーの行動について管理・指示する範囲を踏まえると、このような企業は法的に雇用主と分類しにくい。

・**暗号資産に対する規制**――FinCEN（Financial Crimes Enforcement Network　金融犯罪取締ネットワーク）による最近のガイダンスは、米国における暗号資産関連の活動のうち、規制による免許要件の対象になるカテゴリーと、対象にならないカテゴリーを明確に区別しようとしている。ホステッドウォレットの運用は？　規制対象だ。ユーザーが資金を管理するウォレットの運用は？　対象外だ。分析を複合するサービスはどうかというと、それを実行していれば規制対象、コードを書いているだけなら対象外になる。

暗号資産に関するFinCENのガイダンスは、偶然の産物ではない。開発者が積極的に資金を管理するカテゴリーのアプリケーションを、開発者が管理できないアプリケーションと区別しようと試みている。マルチシグネチャウォレット、つまり事業者とユーザーの双方が鍵をもつウォレットについては、規制対象になる場合と対象外の場合とが、以下のように厳密に切り分けられている。

マルチシグネチャウォレットのプロバイダーが、トランザクションを検証して完了するためにそのウォレット保有者の秘密鍵に二つ目の認証鍵を追加しなければならないアンホステッドウォレットの作成のみにその役割を限定している場合、価値の受け渡しがないため、そのプロバイダーは送金者とはみなされない。（中略）価値がプロバイダーの勘定で仕訳として記入されている場合、その保有者は決済システムを直接操作しない、あるいはプロバイダーがその価値の総合的な管理を独立して担うため、そのプロバイダーは送金者としての資格ももつ。

同じような事例は、さまざまな状況と業種で発生しているが、そこには共通する傾向が見られるといえる。つまり、**ユーザーのデータとデジタル所有物に対する管理権が、資産から責任へと急速に移行しつつある、**という傾向だ。以前は、保有している管理権ひとつひとつに価値があった。収益をあげる柔軟性も高くなるし、今なければいずれは手に入れるものだった。それが今では、保有している管理権ひとつひとつが責任になってきた。管理権があれば規制対象となる可能性がある。ユーザーの暗号資産に対して管理権があることを示したら、自分が送金者になる。「料金に関して単独の裁量をもち、乗らない場合にはキャンセル料金をドライバーに請求できる、アプリを使っていない乗客を拾うことをドライバーに禁じたり、ドライバーの資格を一時停止・再開したりできる」場合には、雇用主とみなされる。ユーザーのデータを管理している場合には、大義名分を主張できなければならず、規制遵守の担当者を置いて、データのダウンロードや削除をユーザーに許可するよう図る必要がある。

アプリケーション開発者の場合、面倒に感じながらも法的なトラブルが気になるのであれば、先の規則にまったく違反していないことを保証する簡単な方法がある。管理権を集中させるようなアプリケーションは作らないようにすればいい。ユーザーが秘密鍵を保有するウォレットを開発しても、実際にはまだ「ソフトウェアプロバイダー」にとどまる。「分散型ウーバー」を開発したとして、それが単に決済システム、評価システム、検索エンジンを組み合わせたスマートなユーザーインターフェースにすぎず、自分ではコンポーネントを管理していない場合、同じような法的問題に悩まされることはない。ウェブサイトを作成しても、まったくデータを収集していないのであれば、ＧＤＰＲについての配慮も不要だ。

このようなアプローチが、全員にとって現実的なわけではない。中央集権的な管理を欠いたままでは開発者にもユーザーにも負担が大きいし、ビジネスモデルの都合上、中央集権性の高いアプローチが不可欠なこともある（たとえば、ソフトウェアがサーバー上にあるほうが、有料ではないユーザーにソフトウェアを使われるのは防ぎやすい)。だが、非中央集権型のアプローチを提供できる可能性を網羅し尽くした状態からは、まだほど遠い。

一般的にいうと、特定の事項だけいくつか限定的に禁止したいときに、法律による予想外の影響のせいでカテゴリー全体の活動を阻害してしまうのは望ましくないとされる。だが、「万一に備えて管理項目を増やしたい」から「万一に備えて管理項目を減らしたい」に開発者のマインドセットを強制的にシフトすれば、そこに生じるプラスの影響も多いのだ。管理権を自主的に放棄し、損害を与えうる機能を自主的に排除する措置をとるというのは、受け入れがたいと感じる人も多い。また、観念に動かされて非中央集権化を最大限に進めたプロジェクトが今は存在するが、そのようなサービスが業界の主流として優勢になりつづけるかどうかは、一見しただけで明確に分かったりしない。それでも、こうした規制に見られる傾向がめざしているのは、中央集権性を最小化してユーザー主権を最大化した、「不正のはたらきようがない(Can't be evil)」ルートを積極的にとるアプリケーションを後押しすることとなのだ。

したがって、こうした規制上の変化は自由の方向に向いていないともいえる。だとしても、少なくともアプリケーション開発者の自由度を考え、インターネットを政治的な争点の課題へと変えることが必然的に少なからぬマイナスの連鎖反応を引き起こす結果となるものであれば、管理権が責任になっていくということの傾向に限っては、奇妙なことだが、アプリケーション開発者にとっての全体的な自由度を最大化する政策以上に、サイファーパンクに有利だということにもなる(意図的ではないにせよ)。今日の規制環境は、ほぼ誰の目から見ても最適にははるかにほど遠い。だが、不必要な中央集権化を最小限に抑え、ユーザーが独自の資産や秘密鍵、データに対する管理権を最大化する動きに対しては、独自のビジョンに立って実行するという強力な手札が、はからずも配られたことになる。その手札をうまく活用できれば有利になるに違いない。

クリスマス・スペシャル

vitalik.ca

2019年12月24日

Emin Gün Sirer
A vignette from the IC3 Bootcamp, where people unwind, among other things, by playing "1.58 dimensional chess," a game of Vitalik's invention that's surprisingly fun.
（訳注）1.58次元チェスを楽しむ著者（左）

今日はクリスマスイブ。理屈の上では、ツイッターで終わりのない聖戦を繰り広げていたりせず、家族と楽しいひとときを過ごしているはずの時期だ。ということで、今回は友だちと楽しく遊んでもらえるゲームを紹介しよう。しかも、同時に気持ち悪い数学上の概念も学べるはずのゲームだ。

1.58次元チェス

チェスのバリエーションだが、ただし盤面は次の

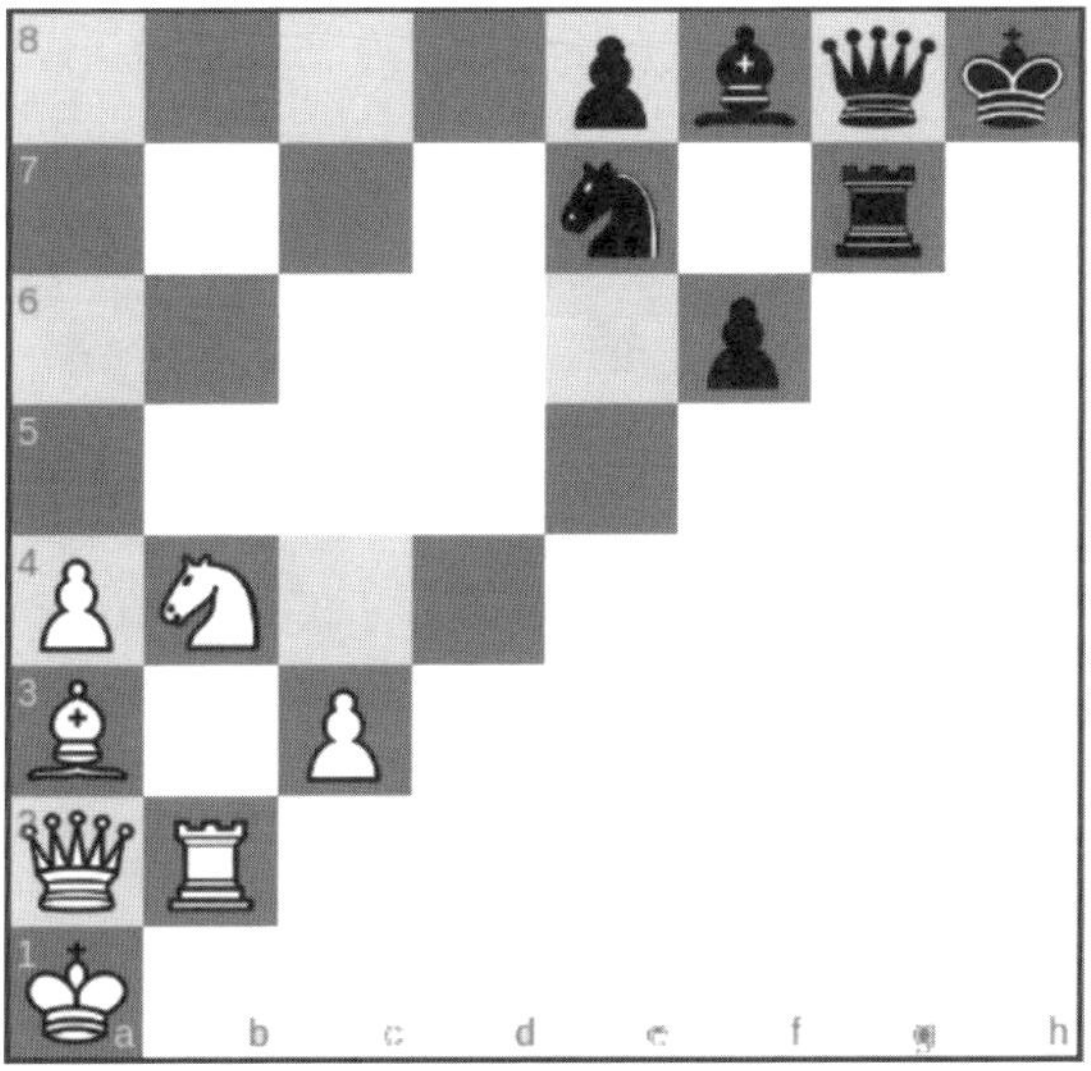

図のようにセットする。

チェス盤は普通の8マス×8マスでいいのだが、空いているマスは27しかない。残りの37マス（上の図で白いマス）は、チェッカーの駒か碁石か何かで埋めてしまい、駒を進められない場所とする。ルールはチェスと同じだが、以下の例外がある。

- 白のポーンは上に、黒のポーンは左に進む。白のポーンは左上または右上に進みながら相手の駒を取り、黒のポーンは左下または左上に進みながら相手の駒を取る。白のポーンは最上段に到達すると昇格し、黒のポーンは最左端に到達すると昇格する。
- ポーンのアンパッサンはなし。初手の2マス前進もなし。
- 駒は、使わないことにした37マスの中に入ったり、そこを通過したりすることはできない。ナ

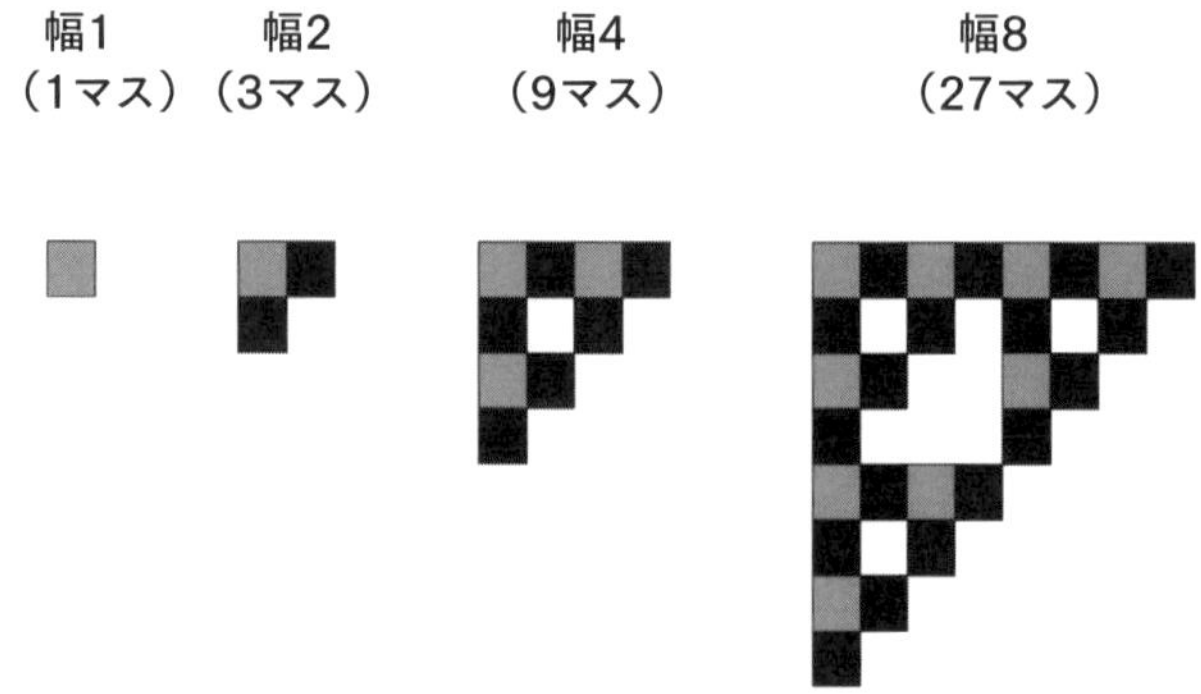

チェス盤は1マスから始まり、前のステップから盤上のマスのコピーを3つずつ組み合わせていく

イトもこの37マスの中には入れないが、かすめるのはかまわない。

このゲームの名前は、「1・58次元チェス」という。使える27マスは、シェルピンスキーの三角形に基づくパターンにそって選ばれているからだ。最初は四角い1マスから始め、幅を2倍にしていくたびに前のステップの最後の図形をとって、左上、右上、左下の各隅にコピーするが、右下隅だけは何も置けない。一次元構造の場合、面積は2倍ずつで増えていくが、二次元構造の場合、面積は4倍ずつ（$4=2^2$）で増えていく。三次元構造になると、8倍ずつ（$8=2^3$）で増えていく。ここでは、幅を増やすたびに面積は3倍ずつ（$3=2^{1.58496}$）で増えていく。だから、「1・58次元チェス」というわけだ。

このゲームは、フルサイズのチェスよりだいぶ簡単で、しかも「遊びやすい」ので、次元が低いほど攻撃するより防御するほうが易しいことを示すのに、ちょうどいい練習になる。駒ごとの相対的な重要性も変わることがあり、今

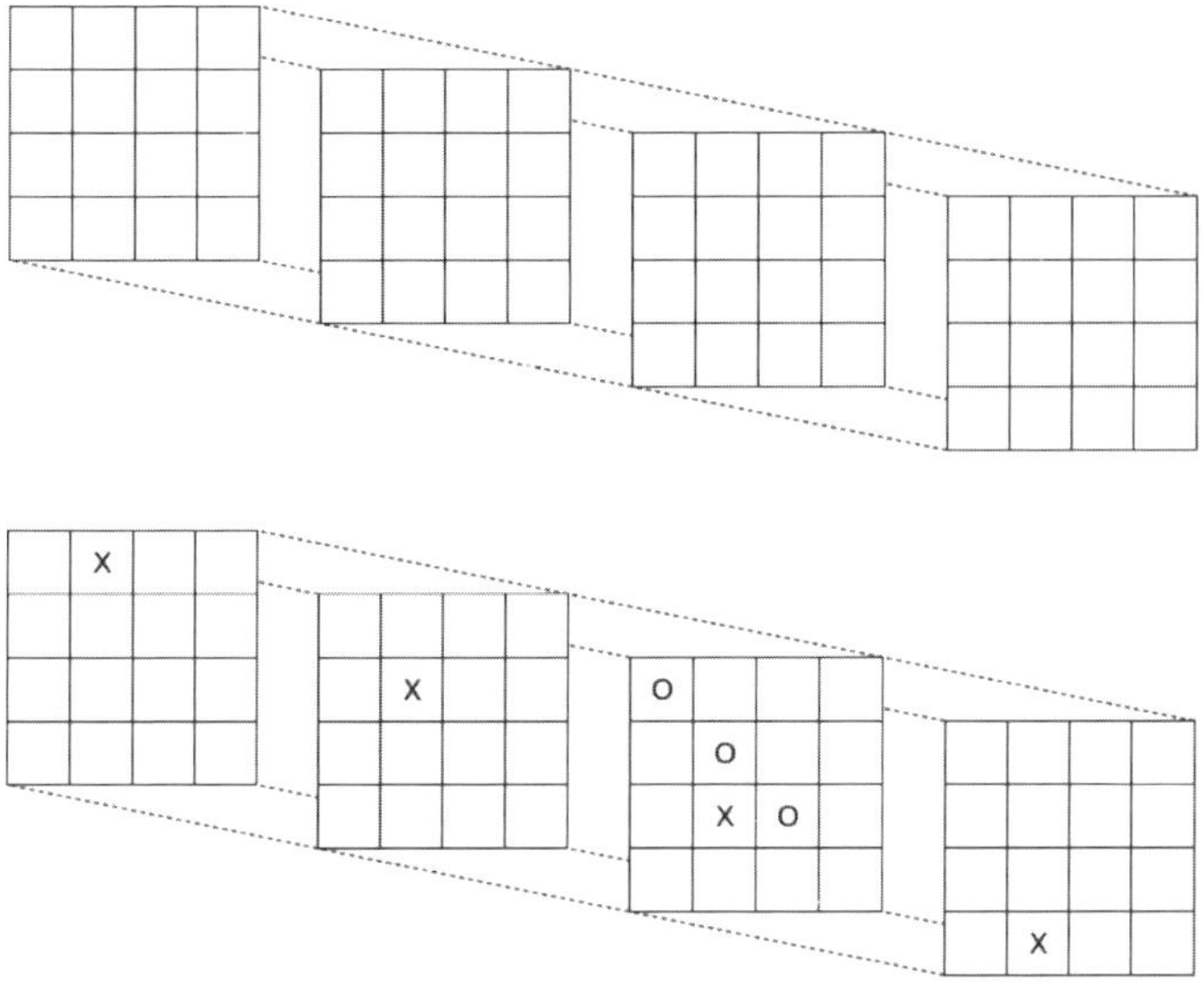

までにない形で勝負が決まることもある（たとえば、ビショップだけでチェックメイトに持ち込める）。

三次元四目ならべ

次のゲームは四目ならべで、そろえるのは縦・横・斜めどれでもよく、平面を越えることもできる。たとえば、上に示す配置の図は×の勝ちだ。

いつもの二次元三目ならべよりずっと難度が上がり、きっとおもしろいはずだ。

モジュラー四目ならべ

今度は二次元に戻るが、ただし行での折り返しが可能になる。

斜め線つまり対角線は、四つの点すべてを通

	X		
X	O	O	O
			X
		X	

Xの勝ち

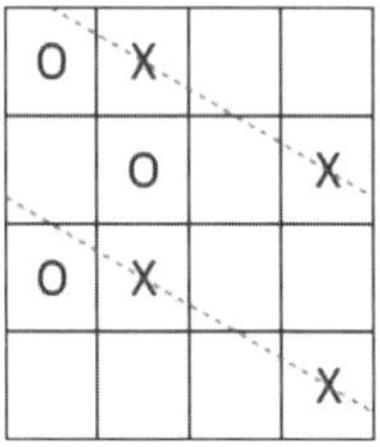

±½の傾きでもいい

過してさえいればどの傾きでもいい。つまり、±2の傾きでも±½の傾きでもいいということだ。

数学的にいうと、この盤は4を法とする整数の二次元のベクトル空間と解釈することができる。目標は、この空間上で四つの点を通過する直線を引くことだ。任意の2点を通る直線が少なくとも1本はあることに注意しよう。

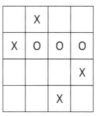

二次元4元体の四目ならべ

次も、コンセプトは上と同じだが、さらに気持ち悪い数学構造を使う。x^2+x+1を法とするZ^2に対する多項式の4元体だ。分かりやすい幾何学的解釈はないので、加算と乗算の場合のテーブルだけ載せる（次ページを参照）。

いかがだろうか。下の図で示すのが考えられる直線すべてで、ただし分かりやすくするため

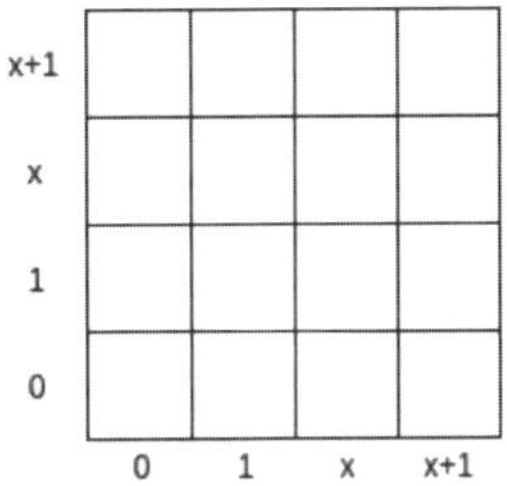

加算

	0	1	x	x+1
x+1	x+1	x	1	0
x	x	x+1	0	1
1	1	0	x+1	x
0	0	1	x	x+1

乗算

	0	1	x	x+1
x+1	0	x+1	1	x
x	0	x	x+1	1
1	0	1	x	x+1
0	0	0	0	0

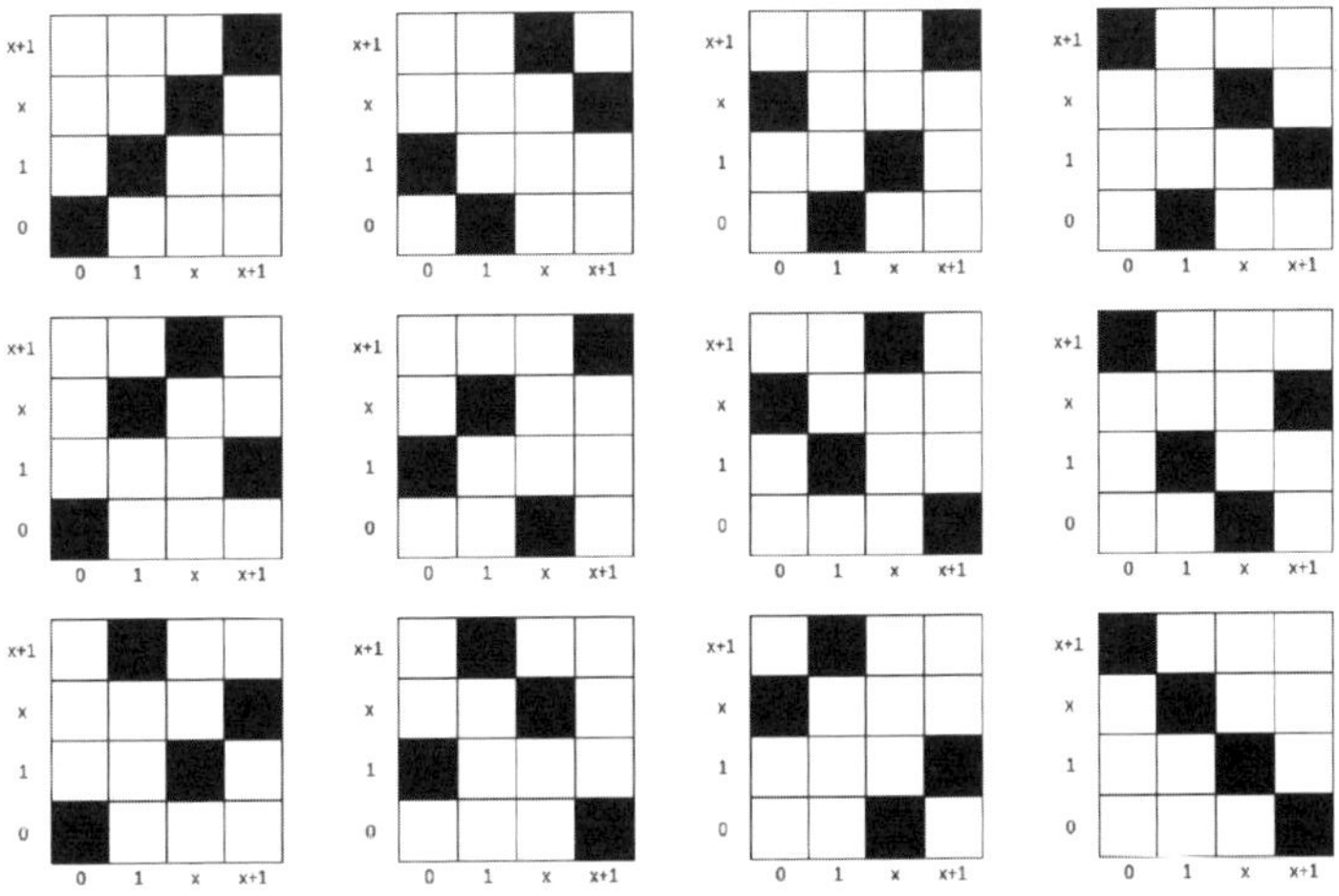

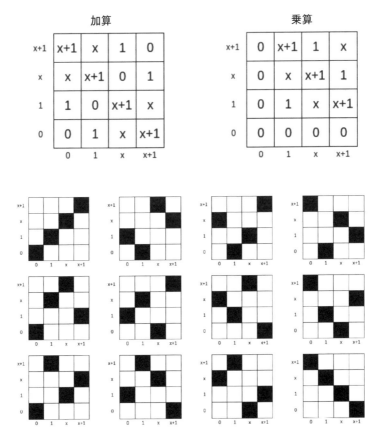

に横と縦の直線（これも許容）は省いている。

幾何学的解釈がないのでこのゲームのプレイは難しい。勝ちの組み合わせ20通りをほぼ丸暗記しなければならないが、基本的には同じ四つの基本形（軸上、対角線上、真ん中から始まる対角線、直線に見えない不思議なパターン）の反転と鏡映にすぎない。

次は、1・77次元のコネクトフォーに挑戦してみてほしい。

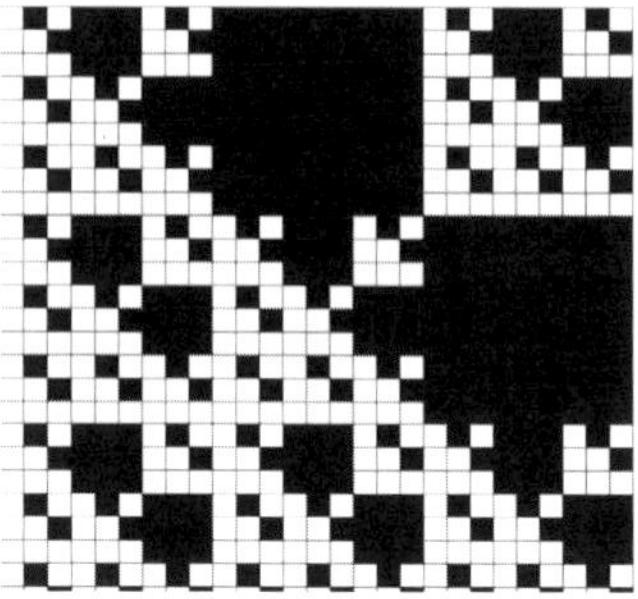

モジュラーポーカー

全員に手札を5枚配る（カードの配り方については、どんなポーカールールでもかまわないし、札交換の有無はどちらに決めてもいい)。絵札は、ジャック＝11、クイーン＝12、キング＝0、エース＝1とみなす。手札に含まれる数列が長いほうが勝ちになる。隣り合う札どうしの等差(折り返しも可能)の大きさは問わない。

数学的にいうと、$L(x) = mx + b$ の直線が成り立ち、最高位のkに対して $L(0), L(1) \cdot \cdot \cdot L(k)$ となるカードがそろえば勝ちになる。

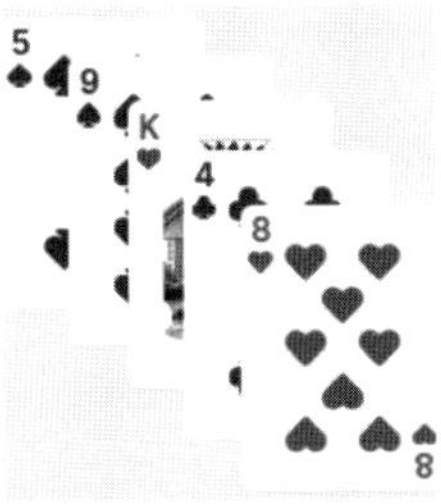
5枚すべてから成る数列で勝った例。 y = 4x + 5

数列の長さが等しく引き分けになった場合は、数列を成す3枚組を数え、その組数が多いほうが勝つ。

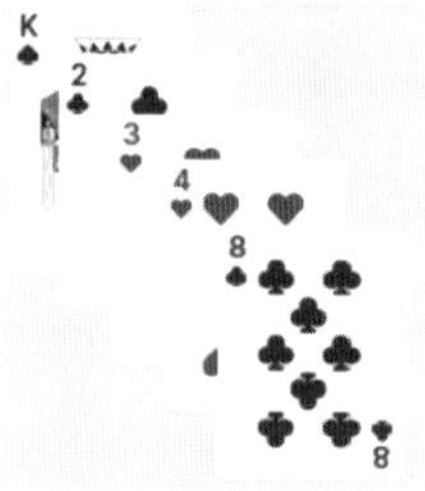

3枚組の数列が、K-2-4、K-4-8、2-3-4、3-8-K と4つできている手。これはレア

3枚組以上の連続のみカウントする。順位が等しい札が3枚以上ある場合は、それも一つの数列としてカウントされる。ただし、順位が等しい札が2枚ある場合は、その順位を含む数列のみを一つの数列としてカウントする。

この手札には
3枚組以上の数列が
ひとつもない

手札がまったく同点だった場合は、最上位のカードが大きいほうの勝ちとする（上と同様、ジャック＝11、クイーン＝12、キング＝0、エース＝1と数える）。

どうぞ、お楽しみあれ！

第3部
プルーフ・オブ・ステーク

2020年の年明け頃、イーサリアムはすでに成長期から脱していた。セキュリティ上の混乱への対処も済んでETHの価値は上昇し、新型コロナウイルス感染症の世界的大流行《パンデミック》に伴うロックダウンのさなかに、イーサリアムはNFT（Non-Fungible Token　非代替性トークン）［用語］という新しい形で登場したアートのオペレーティングシステムになろうとしていた。The DAOハッキング事件の間、カリスマ的な立場から距離を置いていたブテリンは、「信頼できる中立性」の原理を重視し、非中央集権型のシステムでどうすれば広範な正当性を達成できるかを熟考していた。目前の危機よりも長期的な問題、つまり「公共の利益」に思考を絞っていたのである。経済的なインセンティブに基づくシステムで、利益になるとは限らないが不可欠なことを成し遂げるにはどうすればいいのか。この新しい世界で道路や橋を建造する費用は、いったい誰が負担するのか。疑問が浮かぶたびに、次々と答えも示された。

分散型自律組織（Decentralized Autonomous Organization）つまりＤＡＯの概念が、ついに現実の形になりつつあった。ＤＡＯは、ときには地理上の企業や組織からまったく離れたところで成果を生み出し、従業員に給与を支払っていた。金銭的に大成功したものもあれば、完全に破綻した例もある。必然的に、暗号資産《クリプト》コミュニティは新しい種類のガバナンスと意思決定プロセスの実験にとりかかる。トークンの機能と人とのバランスをとる投票システム、国との関係ではなく個人の関係に基づく身元《アイデンティティ》確認システムなどが試みられる。不平等を測る尺度も、価値観がさまざまに重なり合う世界では再考の必要があるとブテリンは主張する。２０２０年、アメリカ大統領選のとき予測市場に賭けてみたブテリンの経験談からは、ブテリンが設計したプロトコルの上に構築されたソフトウェアを使おうとしても、なかなか一筋縄ではいかないことも見えてくる。

木を見て森を見そこねることがある。予測市場で賭けをすることに、実際にはどんな意味があるのか。今より優れたメカニズムが登場し、この世界に不均等に広がる情報や意見をもっと有効に使えるようになって、我々が的確な集合的判断を下せるようになること――ブテリンはそれを望んでいる。だが、適正な意図と懸命な判断には限界がある。トークン価格という抑制のきかない錬金術は、常にほかの何かを隠してしまいそうになる。

ここで、イーサリアム２・０への――ブテリンが当初から望んできた形への――移行が始まる。２０２１年になると、プルーフ・オブ・ワークが一部に残っているとはいえ、プルーフ・オブ・ステークにＥＴＨを賭けられるようになった。エネルギーの浪費が終わろうとしているのだ。買い物やアプリにイーサリアムを使おうとした人は遅延や取引コストに戸惑うことも多かったが、「オプティミスティックロールアップ（Optimistic Rollup）」あるいは「ZKロールアップ」という名称のいわゆる「レイヤー2」プロトコルが、それも終わらせようとしていた。一方、新しく登場したブロックチェーンはこうした問題を最初から解決していると謳い、イーサリアムから市場シェアを奪いはじめる。第3部終盤の「クリプトシティ」を書いた頃になると、ブテリンは一周まわって原点に立ち返り、かつてビットコインマガジンでやっていたような、希望に満ちた祈りを捧げるようになる。ただし、そこに込められた意味は同じではない。政府のような古い制度に取って代わるのではなく、ブロックチェーンが古い制度との間に関係を結ぼうとするのである。

ブテリンは、ゲーム『ワールド・オブ・ウォークラフト（World of Warcraft　WoW）』の運営会社によるソフトウェアアップデートをきっかけに、中央集権的なプラットフォームに反発するようになったと語っている。気に入っていたキャラクターが、あるとき突然、弱体化されたのだ（「泣き疲れるまで泣き通した」あげくに、ゲームはやめてしまった）。それでも、最終章の冒頭でブテリンは、WoWでおなじみのある概念を提唱している。プレイヤーが売買できないアイテムの特性、「ソウルバウンド」だ。クリプト世界には、この概念から学べることがあるというのである。売買できるものに関して、ブロックチェーンは経済学だけに頼るのではなく、それを使う人をもっとしっかり見据えなければならない。社会インフラストラクチャをいかにデザインするか、我々の人間性はそこにかかっているのだ。

——NS

指針として信頼できる中立性

Nakamoto
2020年1月3日

次のような例を考えてみよう。

・政府が特定の公共事業あるいは特定の産業を支援する目的にGDPの5%を使っている、と憤《いきどお》る人々がいる。だが、その同じ政府が財産権を行使してもっと大がかりな資本の再配分を実施しても、その人たちが腹を立てることはまずない。
・ブロックチェーンプロジェクトで、開発者自身によって選ばれた受取人の手に大量の通貨を直接配分する（「プレマイニング」する）ことに憤る人がいる。だが、ビットコインやイーサリアムといった主要なブロックチェーンで発行された数十億ドル分が、プルーフ・オブ・ワークのマイナーの手に渡っても、その人たちが腹を立てることはまずない。
・ソーシャルメディアのプラットフォームが、支持者の少ない特定の政治イデオロギーを伴うコンテンツを検閲したり優先順位を下げたりしている、と憤る人がいる。だが、ライドシェアリングプラットフォームのドライバーが低評価を理由にクビになっても、その人たちが腹を立てることはまずない。

こんなときありがちなのが、「ほら見たことか！」と叫んで、偽善のマスクを剝がしたという満足感にひたる反応だ。たしかに、そういう反応が正しいときもある。政府による財産権の行使を、単なる自然法の執行と同列に考える一方で、炭素税を国家の統制的な介入とみなすのは間違っている。あるいは、膨大なエネルギーを消費しながらブロックチェーンのセキュリティ維持に努めているマイナーの仕事を報酬に値すると考える一方で、ブロックチェーンのコードを改良している開発者に報酬を支払おうとする試みを、「フリーマネーを発行する」行為だと考えるのもまったく間違いだ。

だが、人の直観を体系化しようとする試みがたとえ迷走するものだとしても、ここにあげたような道徳上の深い直観がまったく無価値であることは、めったにない。この場合も、ここには重要な原理がはたらいているといえる。しかもそれは、効率的で自由を志向する、公正でインクルーシブなしくみ、私たちの生活のさまざまな領域に影響と支配を及ぼすしくみを確立する方法を考えるうえで鍵となりそうなものだ。そしてその原理とは、**いちかばちかの結果を決定するメカニズムを構築するとき、そのメカニズムは信頼できる中立性を備えていることが重要だ、ということである。**

メカニズム＝アルゴリズム＋インセンティブ

まず、メカニズムとは何だろうか。ここでは、ゲーム理論の文献でメカニズムデザインを論じるときと同じような意味でこの用語を使う。根本的には、メカニズム＝アルゴリズム＋インセンティブだ。メカニズムとは、人々が関心をもつなんらかの決定を下すために、複数の人から入力を受け取り、参加者の価値観に関わる物事を決定する手段としてその入力を利用する。メカニズムが十全に機能していれば、それによって下される決定は効率的であり、かつインセンティブに適合している。効率的とは、その決定が参加者の嗜好に対して最善の結果になるという意味であり、インセンティブに適合しているは、参加している人々が「誠実に」参加するインセンティブを持ち合わせているということを意味する。

メカニズムの例をあげるのは簡単だ。いくつかあげてみよう。

・**私有財産と取引**――「入力」は、ユーザーが寄付や取引を通じて所有権を委譲できる能力。「出力」は、モノの使い方を決める権利を誰が所有するかを記したデータベース（公式化される場合と、暗黙的な場合がある）。目的は、有益なモノの生産を促し、それを最も有効に活用する人の手に届けることにある。

・**オークション**――入力は入札。出力は販売された品目を誰が買ったか、いくら支払ったか。

・**民主主義**――入力は投票。出力は選挙の対象となった行政府における各議席を誰が統括するか。

・**ソーシャルメディアにおける賛成票と反対票、いいね、リツイート**――入力は賛成票、反対票、いいね、リツイート。出力は誰がどのコンテンツを見たか。ゲーム理論にうるさい人なら、これはアルゴリズムにすぎず、メカニズムではないと主張するかもしれない。インセンティブを備えていないからである。だが、今後の形態ではインセンティブを備えるはずだ。

・プルーフ・オブ・ワークとプルーフ・オブ・ステークに対するブロックチェーン報酬のインセンティブ――入力は参加者がどのブロックとメッセージを生成したか。出力は、どのチェーンをネットワークが正規として認めるか。報酬は、「正しい」行動を促すために使われる。

私たちは今、超ネットワーク化した超介入的な、そして急速に進化しつつある情報時代に突入しようとしている。中央集権的な組織は社会的な信頼を失いかけており、人々は違う選択肢を求めるようになってきた。そうなると、私たちの相互の向き合い方には、違う形のメカニズム――集団的知性を賢明に集約する（そして、絶えることのない集団的無知からそれを遠ざける）方法となるようなメカニズム――がますます深く関わってくることになりそうだ。

信頼できる中立性とは何か

そこで、まず「信頼できる中立性」という肝心かなめの概念から説明しよう。基本的に、メカニズムが信頼できる中立性を備えているといえるのは、そのデザインを見ただけで特定の人を優遇も冷遇もしないと容易に判断できる場合だ。そういうメカニズムなら、能力もニーズもみな違う世界で人を公平に扱えるかぎりにおいて、全員が公平に扱われる。たとえば「１ブロックをマイニングした全員が２ＥＴＨを獲得する」なら、信頼できる中立性がある。「ボブがたくさんプログラムを書いたのは分かっているから報奨すべきだ。通貨１０００枚を渡す」となると、信頼できる中立性を欠いている。「５人の読者から良くないと判定された投稿は表示しない」であれば大丈夫だが、「青い目の人に対する偏見があると当方のモデレーションチームによって判断された投稿は表示しない」となると不適当だ。「政府はどんな発明についても20年間の専売権を認める」という話は信頼できる中立性を備えている（もっとも、どんな発明が該当するかという判断の境界線はかなり難しいが）。「政府はがん治療の重要性を鑑み、がん治療に取り組む人々の間で10億ドルを配分する委員をひとり任命する」となったら、信頼できる中立性はない。

もちろん、中立性は完全というわけではない。ブロック報酬は、ハードウェアと安価な電力を利用できる特別なつてのある人に有利になっている。資本主義は、利害の集中する富裕層に有利に、貧困層や、公共財への依存度が高い層に不利だ。政治論は、社会的望ましさのバイアスによって否定されるようなものに対して厳しい。そして、協調の失敗を補うメカニズムは、失敗の内容について仮定を立てたうえで、低く見積もった失敗に厳しくならざるをえない。だが、それでも、ほかより中立性がはるかに高いメカニズムが存在するという事実に変わりはないのだ。

私有財産が今の形で有効なのも、これが理由だ。天から与えられた権利だからではなく、信頼できる中立性を備えたメカニズムであり、社会における多くの問題を解決するからである。あらゆる問題とはいえないが、それでも、かなりの問題を解決できる。人気を尺度にしたフィルタリングはＯＫだが、政治イデオロギーを基準にしたフィルタリングに問題があるのも、同じ理由だ。容認されない政治的見解をブラックリストに載せることの正当性を多様な集団に納得させるより、中立性のメカニズムが全員を適度に公平に扱うということに合意するほうがたやすい。そして、オンチェーン開発の報酬が、オンチェーンマイニングの報酬より疑いの目で見られるのも、また同じ理由による。誰が開発したかを検証するより、誰がマイニングしたかを検証するほうが容易であり、開発者が誰かを突き止めようとする試みのほとんどが、実際には不平等な判定に対する糾弾で終わっている。

注意したいのは、ここで必要なのがただの中立性ではなく、あくまでも「信頼できる中立性」だということである。つまり、特定の人や結果を優遇しないメカニズムをデザインするだけでは不足で、少なくとも基本的に公平をめざして取り組むメカニズムであると、多様な集団に広く理解されることも欠かせない。ブロックチェーン、政治システム、ソーシャルメディアといったメカニズムは、多数の、多様な人間集団の間で協調を促すようデザインされている。あるメカニズムが本当にそうした共通の基盤として機能するには、参加者全員がメカニズムの公平性を分かっていなければならないし、参加者全員がメカニズムの公平性を他の参加者もすべて分かっていると分かっていなければならない。ほかの参加者がそのメカニズムを明日も放棄しないという安心が必要だからだ。

つまり、私たちに必要なのはゲーム理論でいう「共有知識」、あるいは数学っぽさを避けるなら、広く通じる「正当性」なのだ。そうした共有知識としての中立性を達成するには、メカニズムの中立性がとにかく分かりやすくなければならない。たとえ見る者が相対的に無学なうえに、敵対的なプロパガンダが存在し、そのメカニズムを信頼できない偏ったものだと思わせようとしているとしても、それでも分かりやすくなければならないのだ。

信頼できる中立性を備えたメカニズムを構築する

信頼できる中立性を備えたメカニズムを構築するには、主に四つの原則がある。

（1）特定の人物や特定の結果をメカニズムに組み込まない
（2）オープンソースで、誰でも実施を検証できるようにする
（3）シンプルにする
（4）頻繁に変更しすぎない

原則（1）は理解しやすい。先ほど書いた例のとおり、「1ブロックをマイニングした全員が2ETHを獲得する」には信頼できる中立性があり、「ボブに通貨1000枚を渡す」となると、信頼できる中立性を欠いている。「反対票が多ければ表示が少なくなる」ならいいが、「青い目の人に対する偏見があると表示が少なくなる」はだめだ。ここに登場する「ボブ」が特定の人物に当たり、「青い目の人に対する偏見」が特定の結果に当たる。もちろん、ボブが実際に開発者で、あるブロックチェーンプロジェクトに欠かせない存在として報奨にふさわしいのかもしれない。青い目に対する偏見にしても、私は目につかないほうがありがたいし、読者の皆さんもそうだとうれしい。だが、信

頼できる中立性を備えたメカニズムのデザインでめざすのは、そうした望ましい結果でさえメカニズムに組み込まないことなのだ。そうではなく、望ましい結果は参加者の行動によってたちまち明らかになる。自由市場では、チャーリーが開発したウィジェットは使いにくく、デイヴィッドが開発したウィジェットは便利だという事実が、価格メカニズムによってただちに判明する。最終的に、チャーリーはウィジェットが売れなくなって破産し、デイヴィッドは利益を得て事業を拡大し、次のウィジェットを開発できることになる。**出力における情報の大半は、メカニズム自体に組み込まれているルールではなく、参加者の入力に由来するものでなければならない。**

原則（2）も、理解は容易だ。メカニズムのルールは公開されなければならず、そのルールを正しく実施できることを公的に検証できる必要がある。ただし、入力と出力を公開したくない場合も多い。第2部の「共謀について」では、望んでも参加した経緯すら証明できない場合に強固なプライバシーが望ましい理由に踏み込んでいる。幸い、検証可能性とプライバシーは、ゼロ知識証明とブロックチェーンを組み合わせれば、同時に確保できる。

原則（3）は、シンプルさを扱っているにもかかわらず、皮肉なことに最もシンプルにほど遠い。メカニズムがシンプルになり、そこで使われるパラメーターが少なくなるほど、対象になるグループに有利または不利な隠れた特権を差し挟む余地は少なくなる。メカニズムに、複雑に作用し合う50個のパラメーターがあれば、望ましい結果が何であれ、その結果を達成できるパラメーターが見つかるだろう。だが、メカニズムにひとつかふたつのパラメーターしかなければ、難度はずっと高くなる。ごく広範な集団（「扇動政治家《デマゴーグ》」とか「富裕層」とか）に対する特権は作れるが、狭い範囲の集団を対象にすることはできないし、特定の結果を狙える力は、時間とともに下がっていく。メカニズムを作っているＡ時点のあなたと、Ｂ時点でのあなたの受益者と、その双方がこのメカニズムから不均衡な利益を受け取るかもしれない特定の状況との間では、「無知のベール」[訳注1]が広がる一方だ。

そしてそこから、頻繁に変更しすぎないという原則（４）が導き出される。メカニズムの変更も複雑さの一種であるうえに、無知のベールに関して「時計をリセット」することにもなるからだ。味方や敵の集団がそれぞれどんな立場に置かれているか、メカニズムの調整の違いがどう影響するかについての最新の情報を利用して特定の味方を優遇し、特定の敵を攻撃するようにメカニズムを操作できる機会を作り出してしまう。

中立性だけではなく、有効性も重要

この記事の冒頭で私が言及したイデオロギーを極端に解釈した考え違いとしてよくあるのが、一種の中立性過激主義だ。完璧に中立的に実現できないのであれば何もしないほうがいいと発想する。これが間違っているのは、広義の中立性を犠牲にして狭義の中立性を達成するという考え方だからである。たとえば、どのマイナーにも他のマイナーと同じ条件を保証し（ブロックごとに12・5ＢＴＣまたは２ＥＴＨ）、どの開発者にも他の開発者と同じ条件を保証する（公務に対する感謝以上の報酬は支払わない）ことはできるが、そこには、マイニングと比べて開発のインセンティブが大幅に低くなるという犠牲が伴う。マイナーの残り20％が、ブロックチェーンの成功に開発者より大きく貢献するというのは考えにくいが、それが現在の報酬構造だと思われるのだ。

さらに広くいうと、社会には生み出さなければならないものが何種類もある。私的財や公共財はもちろん、正確な情報、適正なガバナンス上の決定、今は価値を認めていないが将来的には価値を認める品物まで、あげればきりがない。そういった事物に対して、信頼できる中立性を備えたメカニズムを作りやすいかどうかは、その事物によって異なる。妥協することなく純粋に狭義の中立性を採用し、信頼できる中立性が極端に高いメカニズムのみを認める場合、そうしたメカニズムを作りやすい問題しか解決できなくなる。コミュニティのそれ以外のニーズは、体系的なサポートをまったく受けられなくなり、広義の中立性が割を食うことになる。

したがって、信頼できる中立性という原理は、もうひとつの概念で補強する必要がある。それが有効性の原理だ。適正なメカニズムとは、私たちが関心をもった問題を実際に解決できるメカニズムでもある。である以上、明らかに信頼できる中立性を備えたメカニズムであっても、多くの場合その開発者は批評をオープンに受け止めなければならない。あるメカニズムが、信頼できる中立性を備えていながら目も当てられないという可能性が、少なからずあるからだ（特許はその点を指摘されることが多い）。

ときには、ある問題に対して信頼できる中立性を備えたメカニズムがまだ得られていない場合、不完全な中立性しかないメカニズムを短期的に採用せざるをえないということでもある。ブロックチェーンにおけるプレマイニングや、時間制限付きの開発報酬がその一例だ。非中央集権的な手法がまだ確保できていないときに、唯一の個人に対応するアカウントを検出し、その他を排除するために中央集権的な手法を使うのも、また別の例といえる。それでも、信頼できる中立性をきわめて価値あるものと認識して、できるだけその理想に近づこうと努めることは、依然として重要だ。

メカニズムが不完全な中立性しかもたないゆえに信頼や政治的支配を失うと本当に懸念される場合は、「安全装置《フェイルセーフ》」的なアプローチを導入する手もある。たとえば、開発資金には、一回限りの給付ではなく取引手数料を充て、資金提供について「シェリングフェンス〈原注1〉」的な上限を設けることもできる。時間が経過すると報酬が下がっていくため明示的に更新しなければならない、いわば「氷河期」のような時間制限を加えることも可能だ。「レイヤー2」システム〈原注2〉の内部に、ロールアップつまりＥＴＨ２実行環境のようなメカニズムを実装する方法もある。これには、ネットワーク的なロックイン効果もあるが、メカニズムが迷走した場合には協調的な取り組みで解消することができる。影響力の低下が予想される場合には、退出の自由を見直してリスクを低減できる。

信頼できる中立性を備え、さまざまな問題を解決できるメカニズムは理論的に確かに存在しており、実際の開発と改良が必要とされている。たとえば、以下のような例がある。

・予測市場。たとえば electionbettingodds.com は、近い将来の選挙で候補者が当選する確率を「信頼できる中立性」のもとで示している。
・クアドラティック・ボーティングとクアドラティック・ファンディング。ガバナンスと公共財について合意に達するための手段となる。
・ハーバーガー税〈原注3〉。非代替性資産や非流動資産の純粋な財産権に対して、もっと効率的な代替手段となる。

・ピア予測〈**原注4**〉

・推移する信頼関係のグラフを伴うレピュテーションシステム

こうした概念のうちどれがうまくいくか、それともまったく新しい概念が成功するのかはまだ分からない。また、状況しだいでどんなルールが良い結果につながるかを見極めるには、何度となく試行錯誤が必要だろう。メカニズムのルールをオープンにしつつ、なおかつ攻撃耐性も確保しなければな

〈**原注1**〉　冷戦時のゲーム理論家トーマス・シェリングにちなんだ概念「シェリングポイント」**［用語］**に掛け、第2部の最初の記事に登場したカリフォルニア在住の精神科医スコット・アレクサンダーが使った言葉。フェンスとは、参加者が共通して合意しているシステム上の制約を指している。

〈**原注2**〉　ここで、「レイヤー2」とは、「レイヤー1」のイーサリアムブロックチェーンの上に構築されるインフラストラクチャを指す。アプリケーションのプロセスの効率が向上する。

〈**原注3**〉　資産を売却できる比率に基づいてその資産に対する租税を支払う税制度。箇条書きの一つ前に登場しているクアドラティックモデルと同様、ハーバーガー税は、エリック・ポズナーとE・グレン・ワイルの著作『ラディカル・マーケット　脱・私有財産の世紀：公正な社会への資本主義と民主主義改革』（東洋経済新報社、２０１９年）を通じてブテリンと暗号《クリプト》資産の世界に注目されることになった。

〈**原注4**〉　ピア予測は、ユーザーによるさまざまな評価を評価システムで比較し、他者の評価を正確に予測した者が報酬を受け取る。〈原注1〉にあったシェリングポイントとも似ている。箇条書きの次項にあがっているレピュテーションシステムはソーシャルネットワークの特定のユーザーに関連する信頼の上に成り立っているが、ピア予測では互いの相対評価をつける。

らないというのは、たしかに難題だが、暗号技術の発展によってオープンなルールと検証可能な実施と出力がプライベートな入力と両立するようになれば、事態はかなり楽になりそうだ。

そういう堅実なルールのセットを作るのが十分に可能であることは、原理的に分かっている。前述したように、そもそもすでにそれが実現しているケースも多い。しかし、ソフトウェアが介在する市場に私たちがさまざまな形態で依存しており、その数が増えつづけている以上、そうしたシステムが選ばれし一部の者――プラットフォームの事業者だろうと、最終的にそれすら呑み込んでしまうさらに強大な存在だろうと――に権力を明け渡してしまうことがないよう努めることは、いよいよ重要性を帯びてくる。逆に、私たちすべての盾になるような、信頼できるルールのシステムを作らなくてはならない。

訳注1 「無知のベール」とは、人が、自分の身分や立場、能力、性質、信条などについて知らない状態のこと。アメリカの哲学者ジョン・ロールズが使った社会学用語。

良い協調、悪い協調

vitalik.ca

2021年9月11日

協調、つまり大勢の関係者が共通の利害に向かって協力することは、この世でひときわ強力な力のひとつだ。圧制的な絶対権力者としてのうのうと君臨している国王を民衆が結集して打倒するのは、協調の力だ。温暖化による地球の気温上昇は摂氏3～5度と予想されているが、私たちが協調して取り組めば、上昇幅をもっと抑えることができる。企業や国をはじめ、数人程度より大きな社会組織をまがりなりにも成り立たせているのも、協調というファクターだ。

協調を改善する方法はさまざまだ。情報を拡散する速度を上げる、どんな行動を不正と分類して罰則の効果を引き上げるかという決定基準を見直す、組織を堅固にして権限を強化するといったことも可能だし、信頼性が低くても相互の関係を成り立たせるスマートコントラクトのようなツール、ガバナンス技術（投票、共有、意思決定市場など）などもある。そして、私たち人類が世代を重ねるごとに、こうしたことに上達しているのは間違いない。

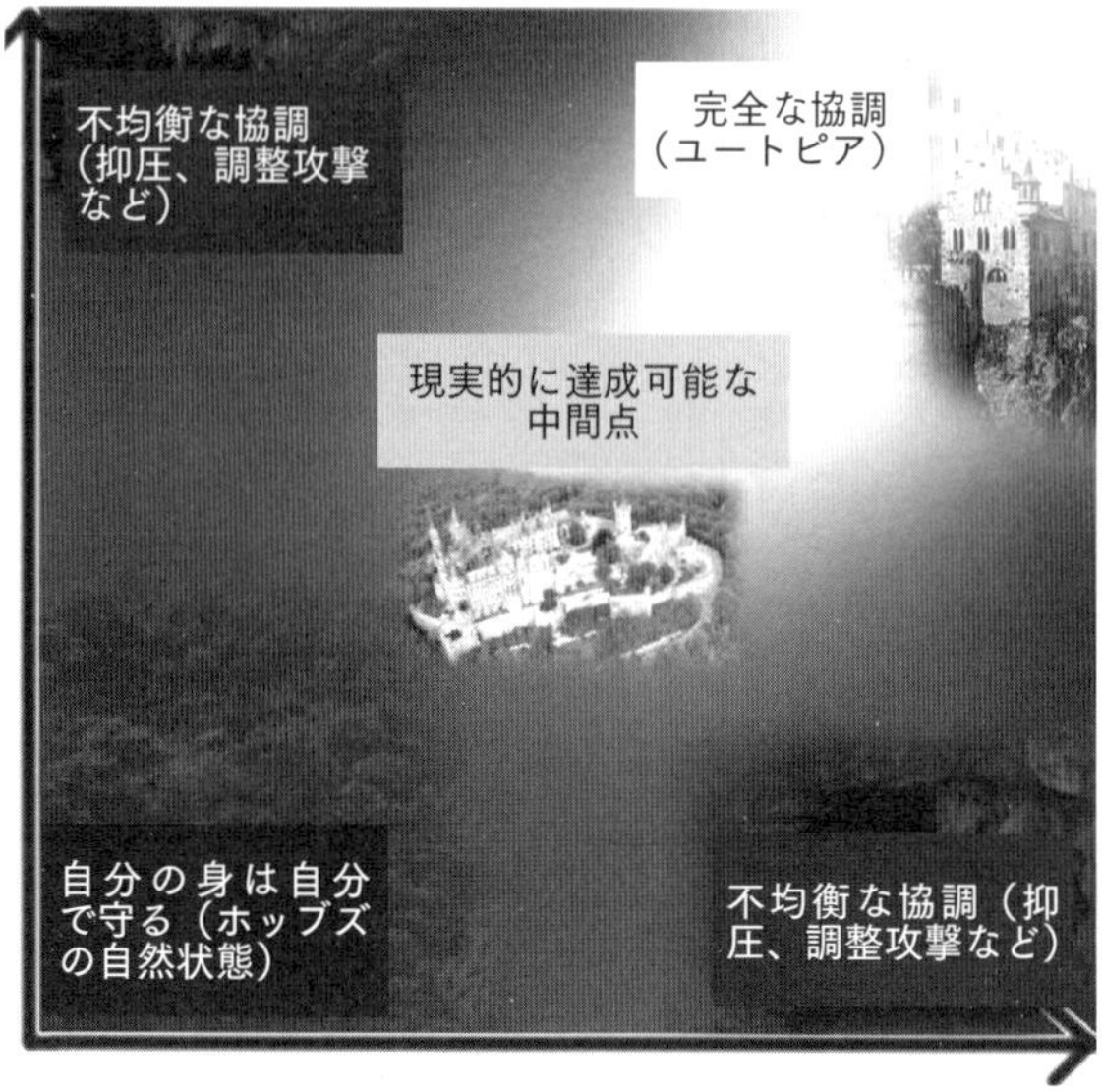

だが協調には、哲学的に大きく直観と相反するダークサイドも存在する。**「誰もが誰かと協調」するほうが、「誰もが自分の利を図る」よりはるかに望ましいのは、断固として正しいが、だからといって協調を促すひとつひとつの言動が必ず有益であるという意味ではない。**協調が不均衡な形で進めば、有害な結果が容易に生じる。

これを、地図として視覚的に考えることもできる。実際には、上の図のような二次元ではなく、無数の次元があるのだが。

左下隅が「誰もが自分の利を図る」で、望ましくない状態だ。右上隅が完全な協調で、理想的ではあるがまず達成はできない。だが、その中間にある世界はちょうど均衡が取れていて、定住するのにちょうどいい安全で肥沃な土地が多い。ただし、避けるべき深く暗い洞窟もたくさんある。

一方、部分的な協調が発生する、つまり一部の人が一部の仲間とだけ協調し、ほかとは協調しないという形は危険であり、その先にあるのは深くて暗い穴だ。いくつか例をあげると分かりやすいだろう。

- ある国の国民が、戦争のときには祖国のため勇敢にその身を犠牲にする……。その国とは、第二次世界大戦中のドイツや日本だったりする。
- ロビイストが政治家に賄賂を送り、見返りとしてそのロビイストが望む政策を採択してもらう。
- 何者かが選挙で票を売買する。
- ある市場のある製品について、売り手の全員が共謀して同時に価格をつり上げる。
- ブロックチェーンでマイナーの多くが共謀して51％攻撃をしかける。

以上のどの例でも、人間が集まって集団を作り、互いに協力しているわけだが、その協調の輪のなかにいない人間には害を与えており、社会全体にとっても正味では害が大きい。一つ目の場合、協調の輪の外にいた人々がドイツや日本の侵略の犠牲になって苦しめられた。二つ目と三つ目の場合、腐敗した有権者と政治家による決定に人々が被害を受ける。四つ目の場合の被害者は顧客であり、五つ目の場合は参加していないマイナーとブロックチェーンのユーザーが被害者となる。個人が集団に対して背反しているのではなく、ある集団がもっと広い集団に、多くは社会全体に背反しているのだ。

この種の部分的な協調は、「共謀」と呼ばれることが多いが、ここで説明している行動の範囲はかなり広いことに注意する必要がある。一般的な会話なら、「共謀」という言葉はどちらかというと対称的な関係を述べるときに使うことが多いが、上にあげたなかでは、かなり非対称的な性質の例も目立つ。恐喝的な関係（「こちらがひいきしている党に投票しろ、そうしないと不倫を公表するぞ」）でさえ、この意味では共謀の一種となる。ここからは、「望ましくない協調」の意味で「共謀」という言葉を使うことにしよう。

行動ではなく、意図を評価する

共謀の特性のうち、特にやや軽度な場合に重要なのは、ある行動が共謀の一部がどうかを、その行動自体を見ただけでは判断できないということだ。人がとる行動は、その人の内的な知識、目的、嗜好に、外部から与えられたインセンティブが組み合わさった結果だからである。したがって、共謀するときに人がとる行動は、独自の意志でとる行動と違って、重なり合うことが多い。

例として、売り手の間で起こる共謀について考えてみよう（一種の独占禁止法違反だ）。独立して営業している3社の売り手が、ある商品の価格を5ドル～10ドルに決めたとする。幅があるのは、売り手内部の原価、労働賃金を上げたいという意欲、仕入れの問題など、目には見えない要因を反映しているからだ。では、この3社が共謀して価格を8ドル～13ドルに定めたとしよう。ここでも、内部の原価など目に見えない要因を受けて幅がある。別の売り手が同じ商品を8・75ドルで販売しているとして、その売り手は不正をはたらいているのだろうか。別の売り手と協調しているかどうかが分からないかぎり、そう判断することはできない。その商品を8ドルより高い価格で売ってはならないというこという法律を作るのは賢明ではない。現時点で価格を高くせざるをえない正当な理由がおそらくあるかもしれないからだ。だが、共謀を認めない法律を作ってうまく施行すれば、理想的な結果が得られる。売り手の原価をまかなうためにそれだけの価格が必要であれば8・75ドルという価格を設定できる一方、価格を無理なく引き上げる要素が弱ければ、その価格は設定できないからだ。

これは、贈収賄と票の売買にも当てはまる。ある党に合法的に投票する人もいれば、賄賂を受け取って同じ党に投票する人もいる、という状況は普通にありえる。投票メカニズムのルールを決める人の立場からすれば、この党が正しいか正しくないかなど、前もって分かることではない。だが、人が誠実な感情に基づいて投票する票決は適度に有効に機能するが、堂々と票を売り買いできるような票決がまともに機能しないことは分かる。なぜなら、票の売買は「共有地《コモンズ》の悲劇」だからだ。投票者ひとりひとりは、公正に投票した場合ごくわずかな利益しか得られないが、贈賄者の望むとおりに投票した場合は賄賂をまるまる受け取ることになる。だから、投票者ひとりずつを買収するのに必要な賄賂の額が微々たるものでも、贈賄者が望む政策を何であれ実現するために対象者に実際に支払う賄賂の総額はずっと大きくなる。つまり、票の売買を許される状況は、容易に金権政治に堕するのだ。

共謀対策としての非中央集権化

だが、こういう方向で考えを進めていくと、もっと賢明で現実的な結論がもうひとつ導き出される。

安定したメカニズムを作りたいなら、そうする過程で重要な要素のひとつは、共謀を、なかでも大規模な共謀を企てて維持していくのが難しくなるような方策を見いだせばいいということだ。投票の場合、無記名投票という手がある。投票者が、仮に証明したいと望んだとしても、誰に投票したかを第三者に証明することは絶対にできない、そういうメカニズムだ（暗号技術を利用して無記名投票の原理をオンラインの場にまで拡大しようとするプロジェクトとして、ＭＡＣＩがある）。投票者と贈賄者の間の信頼関係が崩れるので、望ましくない共謀は厳重に制限される。独占禁止法違反をはじめとする企業の不正については、内部告発者に頼ることが多く、告発を報奨することさえあって、そうすることで有害な共謀に参加している者が離反するよう、あからさまに誘導する。さらに広い公共インフラとなったら、そう、もっと重要なコンセプトがある。非中央集権化だ。

非中央集権化の重要性を素朴にとらえると、技術的な単一障害点のリスクを緩和できるということが第一義となる。従来のような「エンタープライズ」型の分散システムであればその見方も実際に正しいことは多いのだが、そのほか多くについては、機能の説明として十分ではないといえる。ここでは、ブロックチェーンを考えてみると分かりやすいだろう。大規模なマイニングプールが、ノードとネットワークの依存性を内部的にどう分散しているかを公式に発表しても、マイニングの中央集権化を怖れているコミュニティメンバーをなだめるのにさほど有効ではない。前ページ上の写真のように、ある時点におけるビットコインのハッシュパワーのうち90％がカンファレンスで同じディスカッションパネルに集まることがあるというのは、けっこうユーザーを脅かすのだ。いったい、この写真のどこが怖いのだろうか。「フォールトトレランスとしての非中央集権化」という観点で見れば、多くのマイナーが集まって話し合えたところで害はない。しかし、非中央集権化を、有害な共謀に対して存在する障壁ととらえていると、これはたちまち恐ろしい写真になる。その障壁が、思っていたほど強力ではないことを示すものだからだ。もちろん、実際にはこの障壁が無に帰するわけではない。ここに集まったようなマイナーたちが技術上の共謀をたやすく実行でき、微信《ウィーチャット》（WeChat）で同じグループにそろう可能性があったとしても、ビットコインが「現実には中央集権的な企業とたいして変わらない」ということにはならないのだ。

では、共謀に対して、ほかにはどんな障壁があるだろう。主なものは、以下のとおりだ。

・**道徳的な障壁**──著書『信頼と裏切りの社会』のなかで、ブルース・シュナイアーは、多くの「セキュリティシステム」（ドアの錠、罰金を想起させる危険信号など）が道徳的な機能もはたしていることを喚起している。不正行為をはたらこうとしている者に向かって、重大な逸脱を犯そうとしている、まっとうな人間でありたいならその一歩を踏み出してはいけないと教えるのだ。

非中央集権化が、同じ機能をはたすことは間違いない。

- **内部での交渉決裂**——仲間の個人が、共謀への加担と引き換えに譲歩を要求してくる可能性がある。その結果、交渉が完全に頓挫してしまうことがある（経済学における「ホールドアウト問題」[訳注1]を参照）。
- **反協調**——システムが非中央集権的であれば、参加者が共謀に加担せずフォークを作るのは容易であり、共謀した攻撃者を排除してそこからシステムを存続させることができる。ユーザーがフォークに参加する障壁は低く、非中央集権化の意図から、フォークへの参加を後押しする道徳的プレッシャーが生まれる。
- **離反のリスク**——5人の仲間が集まったとして、一般に悪いと考えられていることで結束するのは、議論の余地がない目的や無害な目的で結束するよりも、やはりずっとハードルが高い。この5人が互いのことをよく知らなければ、誰かひとりが参加を拒絶してたちまち内部告発に走るリスクがあり、参加者はそのリスクの判断に苦しむことになる。企業の従業員も、ひとりひとりは内部告発に動く可能性がある。

こう考えあわせると、どの障壁も実際にかなり堅固だ。場合によっては、攻撃を未然に食い止めることも多いし、この5人が一転して合法的な方向ですっかり協調できるようになることさえある。たとえば、イーサリアムのブロックチェーンマイナーは、ガス制限の引き上げに協調できるが、だから

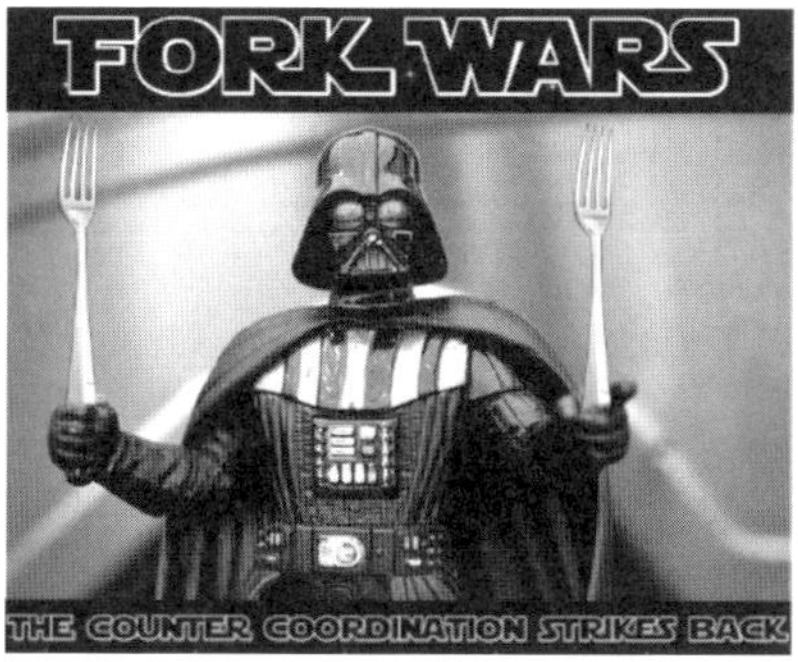

といってチェーンに対する攻撃の共謀も同じように容易だということではない。

ブロックチェーンの経験から分かっているとおり、制度的に非中央集権化したアーキテクチャとしてプロトコルを設計することはきわめて貴重な場合が多い。たとえ、活動の大部分を少数の関係者が独占すると前もって十分に分かっていてもだ。この考え方はブロックチェーンに限ったことではなく、他の環境にも同様に当てはまる。

反協調としてのフォーク

ところが、有害な共謀はいつでも万全に防げるわけではない。実際に共謀が発生したときそれに対処するには、共謀に対して強靭なシステムを確保すればいい。共謀のコストが高く、回復が容易なシステムをめざすということだ。

この目的を達するうえで中核となる運用原理は二つ、（1）**反協調をサポートすること**と（2）**自らリスクを負うこと**である。反協調の土台になる考え方はこうなる。受動的に強靭なシステムをデザインすることはできない。共謀を企てる手口は無数にあって、受動的なメカニズムでそれを検出することはできないというのが大きな理由だ。しかし、能動的に共謀に対処し、反撃することはできる。

ブロックチェーンのようなデジタルシステムで（もっと一般的なシステム、たとえばＤＮＳ〈原注1〉などにもこれは当てはまるが）、反協調の大きな柱となるのが、フォークだ。

システムが有害な共謀に乗っ取られた場合、反対派は協力して別バージョンのシステムを作ることができる。元のシステムとほぼ同じで、システムに対する共謀派の支配力を取り除いた点だけが異なる。フォークは、オープンソースのソフトウェア環境ならごく簡単だ。ただし、フォークを成功させるには、共謀派の方針に反対するユーザー全員の足並みをそろえるうえで必要な**正当性**（ゲーム理論的には、一種の「共有知識」とみなせる）を確保することが最大の課題となる。

市場と自らのリスク

共謀耐性を備えたもうひとつの戦略が、自らリスクを負うという考え方だ。この場合、ある決定に寄与した各人が、その寄与分についてそれぞれ責任をもつというメカニズムを意味する。ある集団の決定が誤っていた場合、その決定を承認した人は、反論を試みた人より大きなマイナスを背負わなくてはならない。こうすれば、投票システムにありがちな「コモンズの悲劇」を避けることができる。

フォークが反協調の強力な武器になるのは、まさにこの**「自らリスクを負う」**メカニズムが導入さ

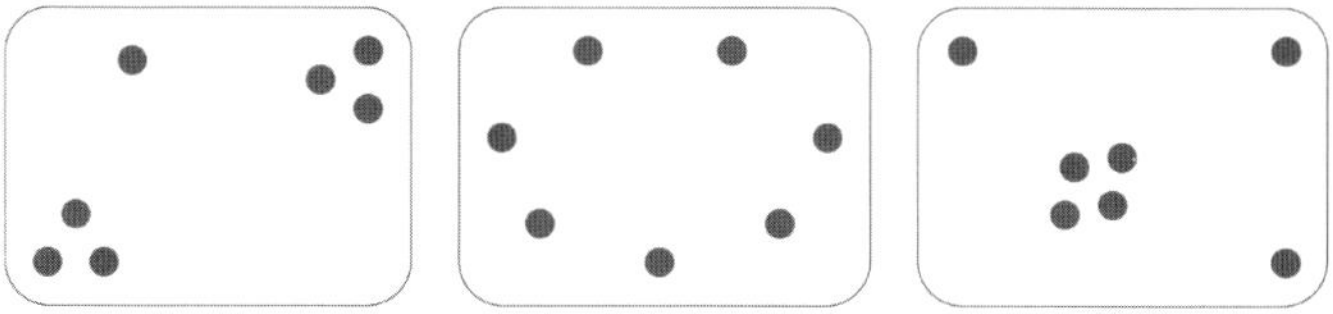

協調の構造が違えば、結果も違ってくる

れるからにほかならない。

一般的に**市場**がきわめて合理的な道具になるのも、自らリスクを負うしくみが最大限に発揮されるからだ。**意思決定市場**（意思決定の誘導に利用される予測市場。フュターキーともいう）は、市場がもつこの利点を組織的な意思決定にまで拡大しようとする試みである。といっても、意思決定市場で解決できる問題は限られている。特に、どの変数を最適化すべきかという答えは示されない点が大きい。

協調の構造

こうして考えてくると、社会制度を作っている人々がやっていることは何か、という本質的な観点に行き着く。実効性のある社会制度を作る目標のひとつとして大きいのは、協調の構造を決めることだ。

〈原注1〉　ドメインネームシステムのこと。インターネットという本来は非中央集権的な世界を中央集権化しているシステムのひとつである。初期のブロックチェーンプロジェクトだったネームコインは、これを非中央集権的に置き換えることをめざしていた。イーサリアムネームサービス（Ethereum Name Service）は、イーサリアムエコシステムの範囲で同じことを試みており、.eth で終わるドメインを使用する。

人々のどんな集団が、どんな配置で団結すると、集団としての目標をさらに発展させられるのか。そうならないのは、どんな集団なのか。

ときには、協調が進むほど良い場合がある。人々が協力して集団的に問題の解決に当たるほうがいい。逆に、協調が進むほど危険な場合もある。参加者の一部が協調して、ほかの参加者から権益を奪うこともあるからだ。さらには、別の理由で協調を進めなければならない場合もある。システムを攻撃する共謀に、コミュニティ全体が「反撃」するためだ。

いずれの場合も、それぞれの目的を達成するさまざまなメカニズムがある。もちろん、コミュニケーションを全面的に阻止するのは限りなく困難だし、協調を完璧にするのも同じくらい難しい。それでも、その中間には強力な効果を発揮する選択肢がいろいろあるものだ。

協調を構築するには、たとえば以下のような手法が考えられる。

- プライバシーを保護する技術と規範。
- 各人のとった行動の証明を困難にする技術的な手段（無記名投票、ＭＡＣＩやそれに類似した手法）。
- 慎重な非中央集権化。一部のメカニズムの管理を、協調していないと分かっている広範な集団に分散する。
- 物理空間での非中央集権化。別々の機能（あるいは、同じ機能の分担）を別々の場所に切り分ける。

- 役割に基づく構成要員間の非中央集権化。別々の機能（あるいは、同じ機能の分担）を参加者の種類別（ブロックチェーンの場合なら「コア開発者」「マイナー」「通貨保有者」「アプリケーション開発者」など）に切り分ける。
- シェリングポイント。大きな集団が単一の経路に沿って短時間で協調できる。複雑なシェリングポイントをコードで実装することも可能（51％攻撃からの復旧も、これで有利になる）。
- 共通の言語を話す（あるいは、異なる言語を話す複数の構成要員間で管理を分ける）。
- 通貨や株式を基準とする投票ではなく個人を基準とする投票を用いて、共謀して結果を左右するために必要な人数を引き上げる。
- 離反をあおり、離反者を通じて、近づきつつある共謀について広く警告する。

どの戦略も完璧ではなく、成功の度合いも異なるが、利用できる場面は多いだろう。さらには、できるかぎり共謀の利益を下げてリスクを上げようとするメカニズムデザインに、こうした手法を組み合わせることもできるし、そうすることが必要だ。自らリスクを負うというのは、その点できわめて強力な手段なのだ。どんな組み合わせが最終的にベストかは、利用する場面ごとに違ってくる。

記事を精査してフィードバックをくれたカール・フロリッシュとジンラン・ワンに感謝の意を表する。

訳注1　利用者が権利者とのライセンス交渉に誠実に応じず、権利侵害を続ける行為のこと。

予測市場――大統領選をめぐるエピソード

vitalik.ca
2021年2月18日

警告――政治的な見解あり

予測市場は、私が以前から関心を抱いているテーマのひとつだ。一般の人が誰でも将来の事象に賭け、その賭けのオッズを、その事象について予測される確率に関して信頼できる中立的な情報源として利用する。メカニズムデザインの使い方として実におもしろいと思う。これと関係の深いフュターキーなどのアイデアも、ガバナンスと意思決定を改善していける画期的な手段として、私にとっては常に関心の的だ。オーガー（Augur）やオーメン（Omen）、最近ではさらにポリマーケット（Polymarket）などが登場し[訳注1]、予測市場はブロックチェーン（この三つはすべてイーサリアムを利用している）の応用としても目の離せない存在になってきた。

2020年のアメリカ大統領選以降、予測市場はようやく脚光を浴びてきたところで、なかでもブロックチェーンベースの予測市場は2016年にほぼゼロだったのが、2020年には億ドル単位の規模にまで成長している。私自身、イーサリアムアプリケーションの躍進と普及を期待して見守っているので、もちろんこれには注目した。最初は、観察する立場に専念する気持ちが強く、自分で参加するつもりはなかった。アメリカの選挙政治の専門家でもないし、すでにその畑で活躍している人より私の意見が正しいはずもないからだ。しかし、ツイッター界隈を見ていると、私が一目置いている超賢い人たちの声が目につくようになってきた。市場が意外にも非合理的なので、可能なら私も参加して反対票に賭けるべきだというのだ。最終的には、その誘いに乗ることにした。

自分が創設に協力したブロックチェーンで実験を行ってみることにして、オーガーで、2000ドル分のNTRUMP(トランプが負けた場合に1ドルの利益になるトークン)を購入した。このときは、それが最終的には30万8249ドルにまで高騰して5万6803ドルの利益になろうとは、またトランプの敗北が確定したあとに残りの全額をさらに掛けることになろうとは、ほとんど予想もできなかった。その後の2か月間で起こった経緯を見ると、社会心理学、専門家の意見、裁定取引《アービトラージ》、市場の効率性の限界といったことの格好のケーススタディになっており、経済制度のデザインという可能性に強い関心をもつ人にとってその影響が重大だったことが分かる。

選挙前

私が大統領選のとき最初の賭けに使ったのは、実はブロックチェーンシステムではなかった。7月、カニエ・ウェストが大統領選への出馬を発表すると、ある政治理論学者が即座にツイッターに主張を投稿した。これで反トランプ派の票が割れ、トランプ勝利に傾くのは確実だというのだ。私はふだん

Neoliberal @ne0liberal · Sep 2, 2020
Prediction markets are straight up bad at politics. They are not efficient and have easily exploitable flaws.
Nate Silver @NateSilver538 · Sep 2, 2020
Biden is up *8* points in a *Fox News* poll of *Wisconsin* conducted *immediately after the RNC* and prediction markets have the race as a toss-up. twitter.com/ForecasterEnte...
15
13
242
vitalik.eth
@VitalikButerin
Replying to @ne0liberal
Something something if you disagree, it's free money so you should go and participate?

【Neoliberal のツイート】
予測市場は、政治にはまったく不向きだ。効率的ではないし、容易につけ込める欠陥がある。

【Nate Silver（ネイト・シルバー）のツイートの引用)】
*RNC の直後 * に実施された *Fox ニュース * の調査によると、* ウィスコンシン州 * ではバイデンが *8* ポイントリードとされたが、予測市場は五分五分としている。twitter.com/ForecasterEnte...

【ブテリンのツイート】
なんたらかんたらに反対するのは自由なんだから、自分で参加してみたら？

からこの人の手腕と独自の見解を高く評価しているのだが、このときのこの意見に限ってはいささか過信だと思ったのを覚えている。もしかすると、そつがなく逆張りのように見える見解ほど正しい可能性が高いという経験則が、しみつきすぎていたからかもしれない。だから当然、200ドルを賭けると申し出て、おもしろみはないがバイデン支持に賭け、学者はそれを受け入れた。

9月に入って、選挙がまた私のレーダーに引っかかり、今度は予測市場に注意が向いた。市場はトランプ勝利に50%近く傾いていたが、ツイッター上で私が評価している超賢い人たちの多くは、その数字が高すぎるのではないかと指摘した。そうなると、おなじみの「効率的市場論争」の出番だ。トランプが負けたら1ドル受け取れるというトークンを0・52ドルで買うことができ、トランプが実際に負ける確率がもっとずっと高いとしたら、価格が上がるまで何も言わずにそのトークンを買いつづければいいのではないか？　にもかかわらず、誰もそうしていないというのは、いったいどういうわけなのか。

選挙日前日に投稿されたNe0liberalというアカウントのツイッタースレッドは、当時の予測市場の精度について、申し分ない反証になっている。手短にいうと、少なくとも2020年より前にほとんどの人が使っていた（ブロックチェーン以外の）予測市場は、あちこちに限界があって、ごく小額の現金以上を携えて参加するのが難しい。そのため、賢い個人あるいは専門組織が、正しいと考えていた確率の誤りに気づいたとしても、改めて正しいと考えた方向に賭け金を振り切る可能性は、かなり限られてしまう。

なかでも重要な限界を、スレッドで言及されている論文〈原注1〉は次のように指摘している。

・個々に賭けられる金額の上限が低い（1000ドルを大幅に下回る）

・手数料が高い（プレディクトイット（PredictIt）[訳注2]の場合、払戻料金が5％）

私が9月にNe0liberalのツイートに反応したのは、この点だった。たしかに、大昔から一向に変わりばえのしない中央集権型の予測市場は上限が低くて料金が高く、暗号予測市場はそうではないといえる。オーガーでもオーメンでも、ある結果のトークンが低すぎる、あるいは高すぎると考えた場合に売買できる額に上限はない。にもかかわらず、ブロックチェーンベースの予測市場は、プレディクトイットと同じような価格の推移をたどったのだ。低い取引上限と高い手数料のせいで冷静なトレー

〈原注1〉 Ne0liberaのツイッタースレッドで紹介されていた論文を指す。アンドリュー・スターシックおよびクリティー・グジュラール、『政治予測市場におけるアービトラージ（Arbitrage in Political Prediction Markets）』、「Journal of Prediction Markets」14巻1号（2020年）所収

プレディクトイット

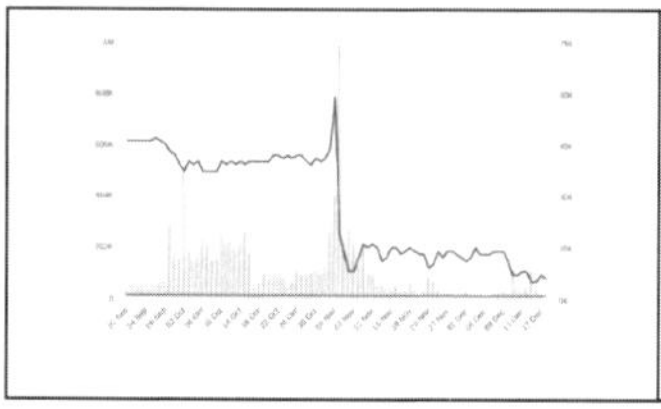

オーガー

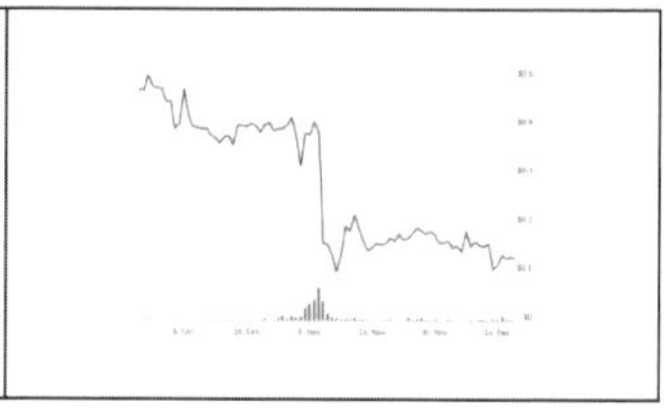

ダーの賭けが過度に楽観的なトレーダーの賭けを上回らなかった、そのことが原因で市場はトランプを過大評価した——もしこれが本当だとしたら、そうした問題のないブロックチェーンベースの市場も同じように推移したのはなぜなのだろうか。

ブロックチェーンベースの市場はきわめてニッチであり、暗号資産を簡単に利用できた人はごく一部、なかでも政治のことを分かっている人はごく少数だったからだというのが、ツイッター上の知り合いの反応としては多かった。この説明は一理ありそうではあったが、納得しきれるものではなかった。そこで、反トランプに2000ドルを賭けて、あとは様子を見ることにした。

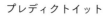

大統領選当日

そして、大統領選挙の当日が来た。当初は予想以上にトランプが有利で不安が走ったが、最終的にはバイデンが勝利した。選挙自体の妥当性とは別に、予測市場の効率が話題になり、私の知るかぎりでは解釈にかなりの幅があった。一方では、標準的なベイズ規則を当てはめれば、予測市場に対する信頼を下げなければならない。少なくとも、

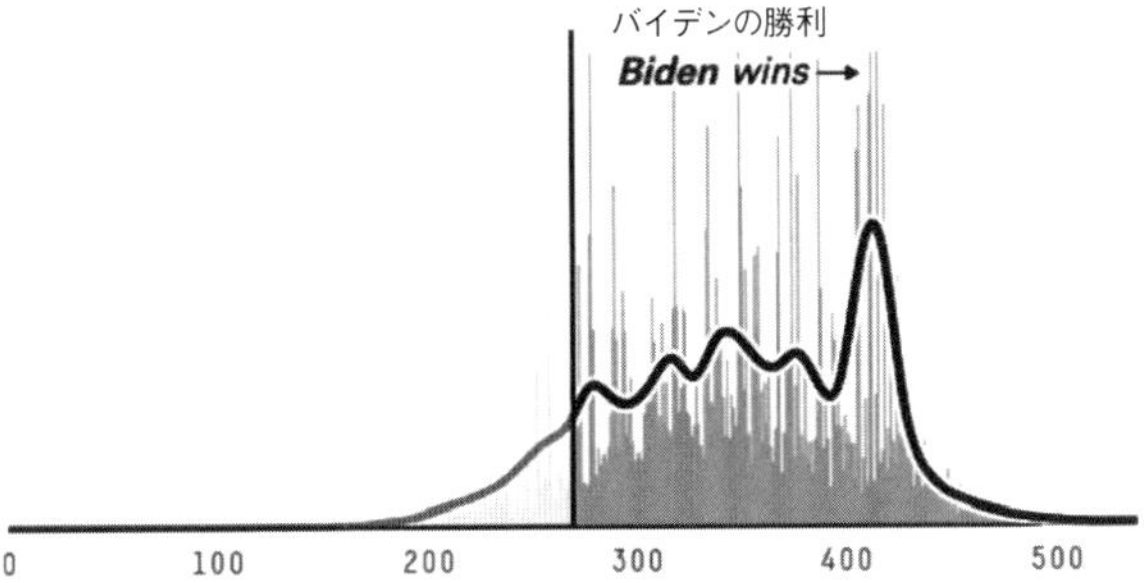

相対的に統計学者ネイト・シルバーの評価は上がる。バイデン勝利の確率を、予測市場が60％としたのに対して、ネイト・シルバーは90％と読んだ。現にバイデンが勝ったわけで、私が住む現実ではネイトの判断のほうが正しかったという証拠のひとつになる。

だがその一方、得票数については予測市場のほうが的確だったと主張することもできる。ネイトの予測における確率分布の中央値では、選挙人団５３８人のうちバイデンが３７０人前後を獲得するとされていた。

トランプ側の予測市場は確率分布を発表していないが、「トランプの勝率は40％」という統計から推測すると、バイデンの得票数を示す中央値は３００前後だった。実際の結果は３０６人だ。つまり、予測市場とネイトの正味スコアは、いま振り返ってみても私にはどちらともいえないのである。

選挙後

ところが、このときは想像もしていなかったのだが、選挙戦はまだ始まったばかりだった。選挙日から数日後には、主要な各組織でバイデンの勝利が確定され、海外でも承認する国が現れはじめた。トランプは選挙結果について次々と異議を申し立てたが、これは予想されていたことであり、どの企てもたちまち一蹴されている。ところが、NTRUMPトークンの価格は、1か月以上ものあいだ85セントのまま変わらなかったのだ。

初めのうちこそ、トランプが選挙結果を覆す可能性が15%はあるという推測にも理があったかもしれない。なにしろ、トランプ派の絶頂期、原理原則より仲間うちを優先することが横行した時代に、最高裁に3人もの判事を送り込んでいたからだ。しかし、その後の3週間ほどで異議申し立てが失敗に終わることはいよいよ明らかになり、トランプの希望は日を追って潰《つい》えていく。にもかかわらず、NTRUMPの価格は微動だにしなかった。それどころか、短期的には0・82ドル前後にまで下がったのだ。12月11日、選挙日から1か月以上もたって、最高裁は投票結果の逆転を狙うトランプの試みを満場一致で最終的に却下し、NTRUMPの価格はようやく0・88ドルまで上昇した。

市場の懐疑論が正しいと私が最終的に納得し、思い切って反トランプに賭けたのは、11月に入ってからだった。そのとき重視したのはお金のことではない。現に、それから2か月もたたないうちに、私はドージコインを保有しているだけではるかに多額の資金を儲け、それを支援団体ギブ・ダイレクトリーに寄付している。どちらかというと、傍観者としてではなく、実際の参加者として実験に加わってみたいと考えた。私より前には誰もNTRUMPトークンを購入しようとしなかった、その理由は何なのか、個人的にもっと深く理解したかったのだ。

分析

私がＮＴＲＵＭＰの購入に使ったのはキャットニップというフロントエンドインターフェースで、これは予測市場オーガーと、ユニスワップ形式で定数機能を備えたマーケットメーカーであるバランサー（Balancer）とを組み合わせている。キャットニップは、こうした取引をするときに最も使いやすいインターフェースで、私見ではオーガーの操作性に大きく貢献していた。

キャットニップで反トランプに賭けるには二つの方法がある。

1．ＤＡＩ〈原注2〉を使って、キャットニップで直接ＮＴＲＵＭＰを購入する。

2．ファンドリーというマイニングプールを使って、１ＤＡＩを１ＮＴＲＵＭ＋１ＹＴＵＭＰ＋１ＩＴＲＵＭＰ（この"Ｉ"は"invalid"つまり無効を表す。詳しくは後述する）に交換できるオーガーの機能を利用し、キャットニップ上でＹＴＲＵＭＰだけを売却する。

最初のうち、私は一つ目の方法しか知らなかったが、バランサーのほうがＹＴＲＵＭＰに関する流動性がはるかに高かったので、二つ目の方法に切り替えた。

〈原注2〉ＤＡＩ（ダイ）は、いわゆる「ステーブルコイン」で、米ドルに対してある程度まで安定した価値を維持するように設計されている。管理運営者は、ＤＡＯ（分散型自律組織）であるＭａｋｅｒＤＡＯ。

問題はほかにもあった。DAIをまったく持っていなかったのだ。ETHはもっていたのでETHを売ってDAIを買うことはできるが、ETHのエクスポージャーと引き換えにはしたくなかった。反トランプに賭けて5万ドルの利益を得るのと同時に、ETHの価格変動で50万ドルを失ったのでは、ちょっと無様だろう。そこで、MakerDAO上で担保付き債務ポジション（collateralized debt position　CDP。今は金庫の意味でVault《ボールト》ともいう）をオープンして、ETHの価格エクスポージャーは維持することにした。

CDPは、DAIの生成を担う機能で、ユーザーはETHをスマートコントラクトに預け入れ、新しく生成されたDAIを預け入れ額の3分の2まで引き出すことができる。ETHを回収したいときは、引き出した同じ額のDAIに、利息手数料（現在は3・5％）を合わせて送り返せばいい。担保として預け入れたETHの価値が、引き出したDAIの価値の150％を下回った場合は、第三者が介入して担保を「清算」し、強制的にETHを売却してDAIを買い戻すとともに、持ち主に高いペナルティを課す。そのため、価格の急落に備えて、担保率は高く保っておくことが望ましい。私は、引き出す1ドルごとに3ドル以上に相当するETHをCDPに確保していた。

以上の説明を整理すると、このパイプライン処理は次ページ上のような図になる。

これを何度も繰り返した。キャットニップで差額が生じるので、価格が不利にならないようにするためには通常、一度におよそ5000ドルから1万ドルまでしか交換できない（ファウンドリーを使わずにDAIを使って直接NTRUMPを買っていた頃は、上限が1000ドル程度だった）。そして2か月後には、36万7000 NTRUMP以上がたまっていた。

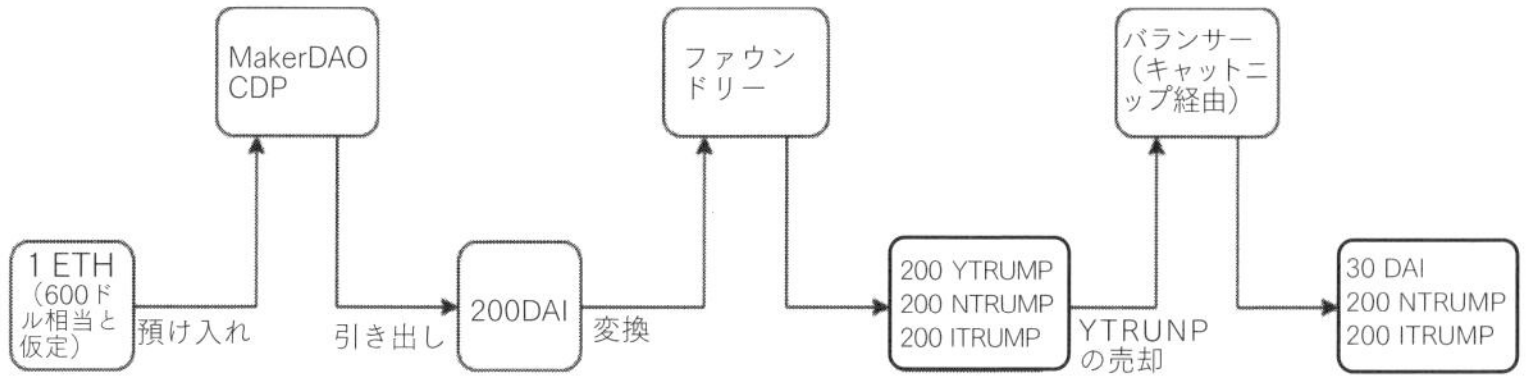

なぜ誰も手を出さないのか

自分で参加する前に私は、なぜ85セントでトークンを購入する人がほとんどいないのか、四つの仮説を立てていた。

1．オーガーのスマートコントラクトが破綻するか、トランプ支持者がオラクル（オーガーのREPトークンの保有者が、いずれかの結果にトークンを賭ける非中央集権型のメカニズム）**【用語】**を操作して虚偽の結果を返させるのではないかという不安がある。

2．資本コスト。そういうトークンを購入するには、2か月以上も資金を固定《ロックアップ》しておく必要があり、そうするとその資金を使うことも、同じ期間に別の有利な取引に利用することもできなくなる。

3．大部分の人にとって、技術的に複雑すぎる。

4．めったにないチャンスが目の前に転がっていても、実際にそれを利用しようという動機をもつ人が、実は私が考えたほどは多くない。

四つの仮説は、どれも合理的な説明がつけられる。スマートコントラクトの破綻は現実的なリスクであり、オーガーのオラクルもここまで紛糾しそうな状況で通用するかどうか試されたことは一度もなかった。資本コストがかかるのは確かだし、何かに反対して賭けるなら、価格が1ドルを超えることがないと分かっているだけに株式市場より予測市場のほうが簡単だが、それでも資本をロックアップするとなると暗号市場で儲けられる他のチャンスとぶつかってしまう。DAppで取引を行うのは技術的に複雑だ。そして、未知のものに対してある程度の不安を感じるのは当然だろう。

だが、私が実際に経験してきたのは金融の現場だったので、この市場での価格の推移を見守るなかで、上の仮説ひとつひとつについて、いろいろと分かってきた。

スマートコントラクトが悪用《エクスプロイト》される懸念

最初は、「スマートコントラクトがエクスプロイトされる懸念」がこの説明の重要な要素に違いないと考えていた。だが、時間がたつにつれて、たぶんそれが最大の要因ではないという確信が深まっている。その理由を理解するには、YTRUMPとITRUMPの価格を比較してみるといい。ITRUMPは「トランプ無効」という意味で、ここでいう「無効」とは、ある事象で何か例外的な事態が起こったときに成り立つと想定される結果のことだ。事象の説明が曖昧な場合や、市場が確立した時点で事象の結果がまだ分からない場合、市場が道徳に反している場合（たとえば暗殺市場）などのほか、いくつかのケースがある。大統領選の市場では、ＩＴＲＵＭＰの価格は常に0・02ドルを下回っていた。この市場を攻撃して利益を得ようと考える者がいるとしたら、0・15ドルでＹＴＲＵＭＰを買ったりせず、0・02ドルでＩＴＲＵＭＰを買ったほうが実入りははるかに大きい。ＩＴＲＵＭＰを大量に買い占めたうえで、「無効」な結果を強引に引き起こすことができれば、50倍の利益を手にすることができるからだ。ということは、攻撃を怖れるのであれば、ＩＴＲＵＭＰを購入するのがダントツで合理的な対応ということになる。それなのに、そう行動した人はほとんどいなかった。

「スマートコントラクトがエクスプロイトされる懸念」に対してもうひとつ反論になるのは、予測市場を除けば、暗号資産のどんな使い方でも（各種のイールドファーミング[訳注3]方式を扱っているコンパウンド（Compound）など）、人は驚くほどスマートコントラクトのリスクに無頓着だという事実だ。リスクが高く実証もされていない方式に、たとえば1年あたりの儲けをわずか5～8％しか保証しないものまで含めて、人々が進んで資金を投入するのであれば、これに関していきなり過敏に警戒するのはなぜなのだろうか。

資本コスト

資本コスト、つまり大量の資金をロックアップしているために生じる不便さの費用や機会費用は、私が以前よりずっと大きく見積もるようになってきた問題だ。オーガーに関して見ただけでも、5万

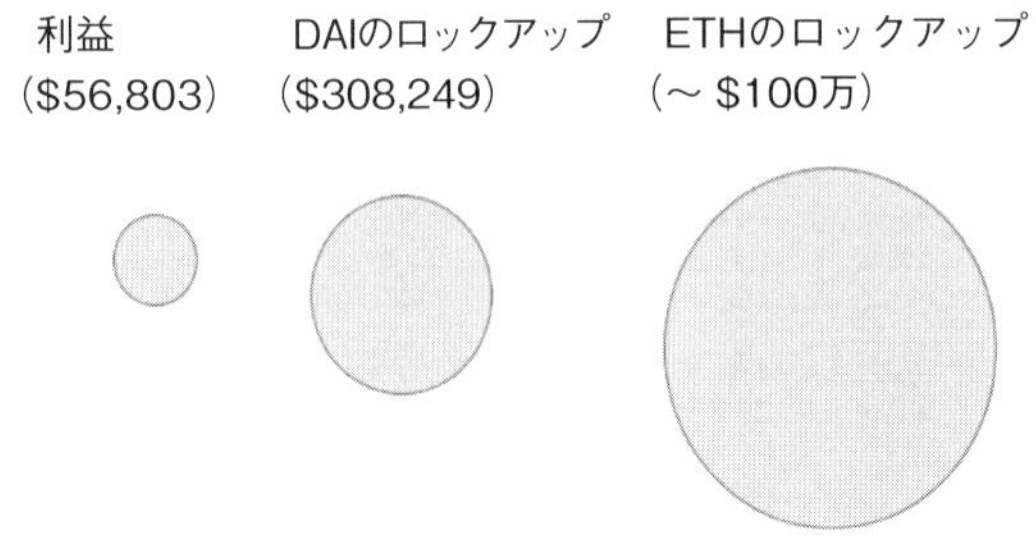

６８０３ドルの利益を得るために、30万８２４９ ＤＡＩをおよそ2か月間もロックアップしている必要があった。年利に換算すると利率１７５％という計算になる。ここまででも、２０２０年夏の各種イールドファーミングの狂騒と比べてさえ相当なものだ。だが、ＭａｋｅｒＤＡＯで必要だった操作も考慮すると、さらに悪いことになる。ＥＴＨのエクスポージャーは同一に保っておきたかったので、私はＣＤＰを通じてＤＡＩを購入する必要があった。そして、安全にＣＤＰを使うには3倍を超える担保率が必要だった。したがって、実際にロックアップしていた資本は、ほぼ１００万ドルに達するのだ。

これで、利率はさらに不利になる。そこに、どんなにわずかだとしても、スマートコントラクトのハッキングや、まったく予測不能な政治的事象が実際に発生する確率まで加味すると、さらに不利は大きくなる。

そこへさらに、ロックアップが3倍、オーガー破綻の確率が3％という条件も加わる（私は、「無効」判定になって破綻する確率に備えてＩＴＲＵＭＰを購入していたので、「賛成」判定で負けるリスク、あるいは資金が盗まれるリスクを心配するだけで済んだ）。そうすると、約35％というリスク中立的な比率となり、実際の人間のリスク観まで考慮に入れるとさらに低くなる。それでもこの取引の魅力はかなり高いが、暗号資産に全力を傾けている人にすれば、この程度の数値では説得力に乏しい。１００倍くらいの上下は日常茶飯事だからだ。

逆に、トランプの支持者がこうした問題を抱え込むことはなかった。６万ドルだけ投入すれば、私の30万８２４９ドルを相殺できたのだ（私の獲得額は、手数料のためこれより少ない）。今回のように確率が０か１に近い場合、ゲームは確率をその両極から引き離そうとする方向に大きく傾く。そして、これはトランプについての説明になるだけではない。ニッチな候補のなかで人気を集めると、実際には勝利する確率がゼロに等しいにもかかわらず５％もの勝率を確保することが頻繁にある、その理由の説明にもなる。

技術的な複雑さ

私も最初は、オーガーでＮＴＲＵＭＰを購入しようとしたが、ユーザーインターフェース（ＵＩ）で技術的につまずき、直接オーガーで購入することはできなかった（ほかの人にも聞いてみたが、この問題は起こらなかったそうだ。何が問題だったか今も分かっていない）。キャットニップのＵＩはずっとシンプルで、動作も言うことなしだった。ただし、規模の小さい取引なら、バランサー（やユニスワップ（Uniswap））のような自動マーケットメーカー（ＡＭＭ）のほうが向いている。大規模な取引では、差が大きくなりすぎる。これは、「AMM対オーダーブック」論争の典型的な縮図としても分かりやすい。AMMのほうが便利だが、取引の規模が大きいときには確かにオーダーブックが扱いやすい。ユニスワップv3では、資本効率を改善したAMM設計を導入しているが、その効果のほどは今後に期待したい。

技術的な煩雑さはほかにもあるが、幸いどれも簡単に解決できるように思われる。キャットニップのようなインターフェースなら、「DAI→ファウンドリー→YTRUMPの売却」というパスをコントラクトに組み込んで、一回のトランザクションでNTRUMPを購入できるようにすることも不可能ではない。それどころか、「DAI→NTRUMP」のパスと「DAI→ファウンドリー→YTRUMPを売却」のパスで価格と流動性を比較し、有利なほうの取引を自動的に選べるようにすることもできるはずだ。MakerDAOのCDPからDAIを引き出す操作でさえ、パスに組み込める。だから、この問題に関する私の結論は楽観的だ。技術的な複雑さという問題も、大統領選のときの参加者には確かに障害だったが、今後は技術革新に伴ってずっと簡単になるだろう。

知的な自信欠如

最後の仮説は以下のように説明できるだろう。多くの人（とりわけ賢い人）が、行きすぎた謙遜からくる病理に蝕まれている。だから、ある行動をほかの誰も起こしていないのだとしたら、行動を起こさないだけのもっともな理由があるに違いないと、早々に結論してしまうのだ。

エリエゼル・ユドカウスキーは、その著書『Inadequate Equilibria（不適切な均衡、邦訳なし）』でこの問題を見事に論証している。「慎重な認識」を濫用する人が多すぎる、我々は論理的な判断の結果に基づいて行動することにもっと積極的になるべきだ。たとえ大多数の人が不合理あるいは怠惰である、あるいは何かについて誤っているという結果になったとしてもである――。初めてこのくだりを読んだときは納得できなかった。著者が傲慢すぎるだけではないか、と感じられたのだ。だが、今回の経験を経て、この著者の姿勢は賢明だと認識するようになった。

自身の論理的な判断を直接的に信頼するということの大切さを認識したのは、初めてではなかった。そもそもイーサリアムのことを考えはじめたとき、最初のうちは、しごく当然の理由があってこのプロジェクトは失敗に終わるに違いないという不安でいっぱいだった。完全にプログラミング可能なスマートコントラクト対応のブロックチェーンというのは、過去に出てきた概念と比べると大きな飛躍だが、私より前にほかの人が考えついていたはずだ、そう結論していた。だから私は、このアイデアを公表したとたんに、イーサリアムのようなものは基本的に不可能だと十分に納得できる理由を、頭のいい多くの暗号学者が教えてくれるだろうと思い込んでいた。ところが、そういう声はどこからも上がらなかった。

もちろん、誰もが行きすぎた謙遜という習性を抱えているわけではない。トランプが当選するという予測を立てた人の多くは、自身の過剰な逆張り的発想で目が曇っていたのだと思う。イーサリアムが成功したのは、私が自身の自重と不安を若気のいたりで抑え込んだ結果だったが、もっと知的な謙虚さがあれば、うまくいって失敗を避けられたかもしれないプロジェクトもたくさんある。

行きすぎた謙遜とは無縁の人

だが、それでもやはり、「賢者は確信に欠き、愚衆は熱情を燃す」という詩人イェーツの有名な言葉が、私にはいっそう真実に感じられる。たしかに、自信過剰や逆張りには、ときとして欠点があるだろう。だが、学術機関であれ、メディア、政府、市場などどんなシステムであれ、社会にすでに存在するものをただ信頼するのが解決策だというメッセージを社会全体に広げるのは、解決策だとはいえない――それが私には明らかなように思える。そうしたシステムは、そのシステムが機能しない、あるいはときとして誤ることがあると考えている個人の存在があって初めてまっとうに機能しているのだ。

フュターキーに向けての教訓

資本コストの重要性や、資本コストとリスクの直接的な相互関係の意味といったことも、フュタ―キーのようなシステムを判定するうえで重大な証拠だ。

フュターキーや、それより広い「意思決定市場」一般は、予測市場の重要な応用例であり、社会的にきわめて有益である可能性も秘めている。次期大統領が誰になるかという予測の精度が若干上がったところで、社会にとっての価値はそれほど大きくない。だが、条件付きの予測を実現できるとなれば、社会的な価値は大きい。Aを実行した場合、望ましい結果Xになる確率はどのくらいか。代わりにBを実行した場合の確率は？　条件付き予測が重要なのは、好奇心を満たすだけではなく、意思決定に役立つからだ。

選挙に関する予測市場は、**条件付き予測**ほど有益ではないものの、重要なひとつの疑問に光を当てるはたらきをする。つまり、不正操作や、単にバイアスのかかった意見、誤った意見に対してどのくらい耐性があるかということだ。この問いに答えるには、アービトラージの難易度を考えればいい。条件付き予測市場が現在、悪い（とあなたが考える）確率を示していると仮定しよう（トレーダーに届く情報が間違っているからかもしれないし、明らかな不正操作があったからかもしれない、理由は何でもいい）。それを是正することによって、どんな影響を与えられるのか、利益はどのくらいになるのか。

具体的な例で考えてみよう。予測市場を使って判定Aと判定Bのいずれかを選ぶとする。それぞれの判定は、一定の望ましい結果を達成する確率を伴う。たとえば、あなたの意見では、判定Aで目標が達成される確率は50％、判定Bで目標が達成される確率は45％だ。ところが、市場は判定Bの確率を55％、判定Aの確率を40％と判断している（あなたの意見では、この判断は誤りである）。

どちらを選ぶと良い結果が得られるか	A	B
現在の市況	40%	55%
あなたの意見	50%	45%

あなたは参加者としては小規模なので、自分ひとりの賭けで結果に影響が出ることはない。多くの参加者が一緒に行動して初めて影響が出るのだ。このとき、自分はどのくらいの額を賭けるべきだろうか。

ここで利用する標準的な理論がケリー基準だ。基本的には、資産について予測される対数が最大値になるように行動する。この場合なら、得られた式を解けばいい。資金の一部rを投資して0・40ドルでAトークンを購入する。全資産の対数として期待できるのは、自分の観点で見ると、次ページ上のようになる。

第1項は、賭けから利益が生じる確率の50%で（自分の意見に基づく）、投資した額rが2・5倍になる（1ドルを0・40ドルで購入したので）ことを示す。第2項は賭けから利益が生じない確率の50%で、賭けた額を失う。この式が最大値となるようなrは微積分を用いて求めることができ、答えは$r = 1/6$となる。ほかの人が買いに動いて、市場でのAの価格が47%に上昇した場合（Bは48%に下がる）、このトレーダーについても計算を繰り返すと、市場はAに有利な方向に逆転する。

こうなった場合、rが最大値になる全資産の対数は、0・0566にしかならない。そうなると、結論は明らかだ。判定が僅差でノイズが多い場合、市場では小額を投資するだけでも意味をもつこと

$$0.5 \times \log((1-r)+\frac{r}{0.4})+0.5 \times \log(1-r)$$

になる。しかもこれは、合理的な判断を前提にしている。つまり、不確かなギャンブルに対して、たいていの人はケリー基準で示されるより小さい額しか投資しないということだ。そこにさらに資本コストが加わる。だが、攻撃者が個人的な理由で結果Bになるようにしたいと本当で考えるなら、そのトークンを買う方向に資本をすべて振り向ければいいことになる。概していうと、20対1以上で攻撃者が有利になるように、苦もなくゲームを傾けることができる。

もちろん現実には、攻撃者が一方の判定に全資産を賭けようとすることはめったにない。そして、攻撃に対して脆弱なメカニズムはフュターキー以外にもある。株式市場は同じように脆弱だし、市場以外の意思決定メカニズムも、財力のある攻撃者がその気になれば、あらゆる手段で操作できる。それでもやはり、フュターキーが私たちの意思決定の精度を新たな高みに進めるだろうと当然視することには、警戒すべきだ。

注目に値するのは、不正操作の実行者が結果を極値に近づけようとするときにフュターキーは最も有効に機能することが、数学的に示唆されていることだ。その一例となりそうなのが賠償責任保険で、何者かが保険金を不正に取得しようと考えると、実際には、好ましくない事象が発生するという市場推定の確率をゼロにまで引き下げようとする結果になる。そして、フュタールキーの提唱者であるロビン・ハンソンが新しく目をつけている政治的処方が、実は賠償責任保険なのである。

予測市場は向上するか？

最後の疑問はこれだ。予測市場は、12月はじめの時点でトランプが選挙結果を覆す確率を15％と予測し、トランプに任命された判事が3名在籍する最高裁が敗北を宣言したあとでさえ逆転の確率を12％としたように、重大なエラーを今後も繰り返すのだろうか。私の答えは、驚かれるかもしれないが、断固として楽観的な方向に傾いていて、その楽観論には理由がいくつかある。

市場による自然淘汰

一つ目に、市場の効率性と合理性が実際はどのように発動するのか、今回の経緯で私は考え方が変わっている。市場の効率性を理論として支持する人々は、参加者のほとんどが合理的だから（あるいは、欺された人の集団を合理性が上回るから）市場の効率性が機能するのだと主張することが実に多い。これは、ひとつの原理としては正しいのだが、いま起こっていることを進化論的な観点でとらえることもできよう。

暗号資産《クリプト》は、生まれて間もないエコシステムだ。依然としてメインストリームとは切り離されたエ

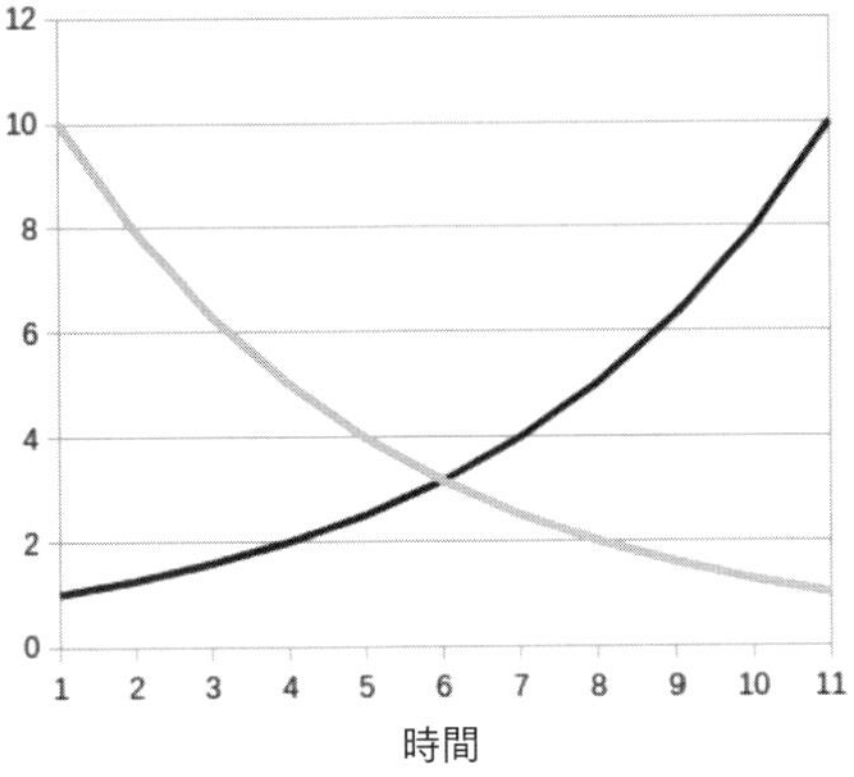

コシステムであり、イーロンの最近のツイート〈原注3〉がどうあれ、選挙政治の委細についての専門知識もまだもっていない。選挙政治を専門とする人たちはクリプトになかなかなじめず、クリプトでは、こと政治となると「常に正しいとは限らない」という形の反対意見の存在感が大きい。だがクリプトの世界では、予測市場のユーザーのうちバイデン勝利を正しく予測した人の資本が18%増え、逆にトランプが勝利すると誤って予測した人の資本は100%（あるいは、少なくとも賭けた分）減る、というのが今年実際に起こったことなのだ。

つまりそこには、正しいと判明するほうに賭けた人が有利になるという淘汰圧がはたらいている。これを10回も繰り返せば、正しい予測を立てる人のほうに賭けの資金となる資産が多く集まり、誤った予測を立てる人のほうでは資産が減っていくだろう。これは何も、人が「賢

〈原注3〉　いうまでもなく、資産家のイーロン・マスクを指している。暗号資産に関するイーロン・マスクのツイートが、相場の大きな変動を引き起こす可能性がある。

くなっ」たり「教訓を学ん」だりすることを期待する、つまり理性的に判断し学習するという人間の能力をアテにしているわけではない。単に、正しい推論を得意とする参加者が、時間のたつほどエコシステムで優勢になっていくという「選択のダイナミクス」がはたらく結果にすぎない。

この点に関しては、株式市場より予測市場のほうが有効に機能することに注意しよう。株式市場における「成金」は、儲けが千倍になるという幸運を一回経験するところから生まれることが多いので、データにノイズが増える原因となるが、予測市場における価格は0と1の間に限られているので、一回の事象による影響には上限がある。

参加者の向上と技術の革新

二つ目として、予測市場はそれ自体で改良が進んでいく。ユーザーインターフェースはすでに大幅に良くなったし、これからも向上しつづける。「MakerDAO→ファウンドリー→キャットニップ」というサイクルの複雑さは、抽象化されて一回のトランザクションにまとめられるだろう。ブロックチェーンのスケール技術も発達し、参加者の手数料も下がっていくはずだ。

三つ目に、予測市場が適切に機能することを私が体験した今回の実例は、参加者の不安を緩和するものだ。オーガーのオラクルは激しく紛糾しそうな状況でさえ正しい結果を出せることが、ユーザーにも分かる（今回、議論が紛糾する場面は二回あったが、それでも試合終了は明白だった）。クリプト世界の外から来た人も、プロセスが機能するのが分かるし、参加する気持ちも強まるだろう。おそらくネイト・シルバー本人もある程度のＤＡＩを獲得し、オーガー、オーメン、ポリマーケット、その他の市場を使って２０２２年以降の収入を補塡できるのではないだろうか。

四つ目に、予測市場の技術自体についても向上が見込める。私自身からは、確率の低い事象への反対票にいくつでも同時に賭けられるように、資本効率を高くできるマーケットデザインを提案する。訳注4 これなら、見込みの低い結果に不合理なほど高いオッズが付くのも防ぐことができる。そのほかのアイデアもきっと登場するだろうし、その方向でもっと実験も重ねられるものと期待している。

結論

今回の長大な物語《サーガ》は、予測市場について、そして予測市場が個人と社会の複雑な心理とどう衝突するかについて、意外なほどおもしろい直接体験となるものだった。市場の効率性が実際にはどう機能するか、どんな限界があるか、それを超えるにはどんな手段があるか、いろいろ分かってきた。

ブロックチェーンの威力が如実に実証された顚末でもあった。実際、イーサリアムの使い方としては最も具体的な価値をもたらしてくれたもののひとつだ。ブロックチェーンは、投機的なおもちゃにすぎないとすぐに批判される。自己言及ゲーム以上に意味のあることをしない（トークンに、イールドファーミングが伴っている場合、その投資回収を実現するには、別のトークンを立ち上げる必要がある）という酷評まである。もちろん、そうした批判で見落とされている例外はある。私は個人的にＥＮＳ（イーサリアムネームサービス）で利益を得ているし、クレジットカード決済がすべて使えないときにＥＴＨで決済できて助かったことも何度かある。だが、イーサリアムアプリケーションが現実の世界と向き合う人にとって具体的に役に立つ例は、この数か月間で急速に増えてきたように思う。予測市場は、その代表例のひとつだ。

予測市場は、イーサリアムの使い方として今後ますます重要性を帯びてくるだろう。２０２０年の大統領選はほんの始まりにすぎない。これから予測市場にはもっと注目が集まるはずで、それは選挙に限ったことではなく、条件付き予測、意思決定、その他の用途でも同じだ。予測市場は、数学的に最適化された形で機能すれば想像を超えるような将来性をもたらすが、人間の現実に見られる限界との衝突はもちろん続くだろう。それでも、いずれはこの新しいソーシャルテクノロジーがどんなところで真価を発揮するか、さらに明確に見えてくるものと期待したい。

記事を精査して的確なフィードバックをくれたジェフ・コールマン、カール・フロリッシュ、ロビン・ハンソンに感謝の意を表する。

訳注1　オーガー（Augur）、オーメン（Omen）、ポリマーケット（Polymarket）はいずれも分散型市場予測プラットフォームで、ユーザーは多彩なテーマに関する市場予測に暗号資産を賭けて参加し、当たると配当を受け取ることができる。
訳注2　オンラインの市場予測（賭け）サイト。
訳注3　ＤｅＦｉサービスで暗号資産を運用して（暗号資産を預け入れるなど）利益を得ようとする行為のこと。
訳注4　提案は以下から読める。
https://ethresear.ch/t/prediction-market-design-for-betting-on-many-highly-improbable-events/8280

いちばん重要な稀少リソースは正当性

vitalik.ca

2021年3月23日

ビットコインとイーサリアムのブロックチェーンのエコシステムは、どちらもネットワークのセキュリティに何よりも多くの、ほかのすべてを合わせたよりも多くのリソースをつぎ込んでいる。それこそがプルーフ・オブ・ワーク（PoW）のマイニングの目標だからだ。ビットコインのブロックチェーンは、今年に入ってから、1日あたり平均で約3800万ドルをマイナーへのブロック報酬として支払っており、そこに1日あたり約500万ドルのトランザクション手数料が加わる。イーサリアムのブロックチェーンもそれに次ぐ規模で、ブロック報酬が1日あたり約1950万ドル、トランザクション手数料が1800万ドルに及ぶ。それに対して、イーサリアム財団の年間予算は、研究、プロトコル開発、助成金、その他すべての経費を合わせても年間でわずか3000万ドルだ。イーサリアム財団以外からの資金調達もあるが、それでもこの何倍かにすぎない。ビットコインエコシステムの研究開発費は、おそらくもっと低い。その資金は企業（これまでに計2億5000万ドルが集まっ

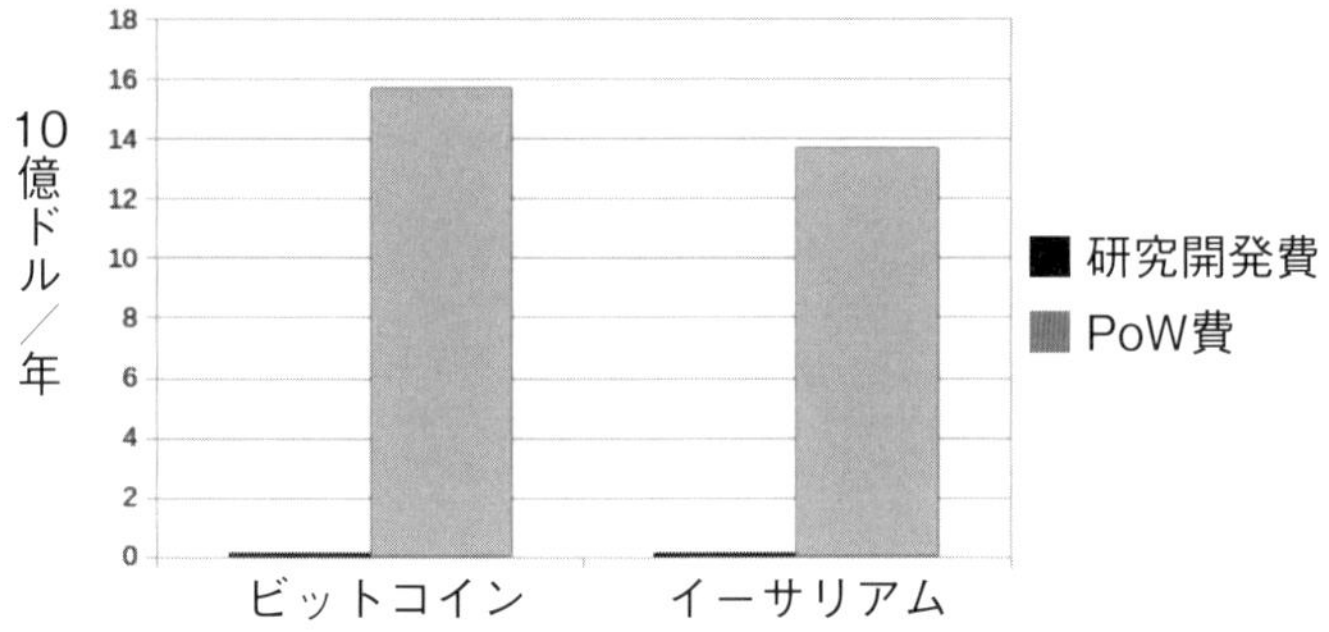

ビットコインとイーサリアムのPoWに対する消費額と研究開発に対する消費額

ている）と、たしか57人の従業員によって大部分がまかなわれている。給与が高いことと、各企業で多くの開発者の雇用分が計算に入っていないことを踏まえると、年額で2000万ドルというところだろう。

どう見ても、この支出パターンはリソース配分を思い切り間違えている。ネットワークハッシュパワーの最後の20％からエコシステムが得られる価値は、同じリソースを研究やコアプロトコルの開発に回して得られる価値よりも大幅に低い。これなら、PoWの予算を20％カットして、それをほかの支出に振り分けたほうがいいのではないか。

この疑問に対する標準的な答えには、「公共選択論」と「シェリングフェンス」が関わってくる。一回きりのプロジェクトということなら、資金の一部を割り振る価値がある公共財を見極めるのは簡単かもしれない。一方、制度化された一定のパターンとして同じような決定を下すとなると、政治的な混乱や支配のリスクを伴うことになり、長期的には割に合わない。だが、理由にかかわらず私たちは無視できない事実に直面している。**ビットコインやイーサリアムのエコシステムという有機体は、何十億ドルもの資本を呼び集められるが、その資本を向ける方向については、理解しにくい不思議な制限があるということだ。**

そうした効果を生み出す強力な社会の力は、理解しておくほうがいい。これから見ていくように、そもそもイーサリアムのエコシステムがそうしたリソースを呼び集められる（そして、技術的にはほぼ同一のイーサリアムクラシック〈原注1〉には呼び集められない）理由の背景にあるのも、同じ社会の力だからだ。また、51％攻撃からチェーンを回復させるときに重要になるのもこの社会の力だし、ブロックチェーンの世界を超えるきわめて強力なメカニズムすべての根底にも、同じ社会の力が流れている。これ以降に説明する理由から、私はこうした社会の力を「正当性」と呼ぶことにする。

通貨は社会契約によって保有できる

これから理解しようとしている力を十分に理解するうえで重要な事例のひとつが、スチーム（Steem）とハイブ（Hive）をめぐる長編ストーリーだ。２０２０年のはじめ、ジャスティン・サンが企業としてのスチームを買収する。これは、ブロックチェーンとしてのスチームと同じではないも

〈原注1〉　イーサリアムクラシック（Ethereum Classic）は、イーサリアムブロックチェーンのブランチ。「ハードフォーク」を採用せず、２０１６年に起きたＴｈｅ ＤＡＯハッキングを履歴から消去した。Ｔｈｅ ＤＡＯ事件以前についてはイーサリアムと同じで、それ以降は分岐している。

ハイブはたくさんのアプリケーションを運用していた。この顚末に対処できていなかったら、もっと多くのユーザーがスチーム上に残るか、まったく別のプロジェクトに乗り換えていただろう

のの、STEEMトークンの供給量のおよそ20％を保有していた。コミュニティは当然、ジャスティン・サンを信任せず、長いあいだ「紳士協定」として守ってきたはずの慣習を公式化すべくオンチェーン投票を実施する。企業としてのスチームが保有する通貨は、ブロックチェーンとしてのスチームの公益のために委託されているのであり、投票に使われるべきではないというのがその根拠だった。ジャスティン・サンも、取引所で保有されていた通貨の力も借りて反撃に転じ、チェーンを一方的に動かせるだけの代理人《デリゲート》を掌握する。コミュニティ側は、プロトコルの範囲で打てる手がなくなったため、ブロックチェーンとしてのスチームをハードフォークしてそれをハイブと命名し、STEEMトークンの残高をすべてHiveに複製したのである。もちろん、攻撃に参加したトークンは、ジャスティン・サン自身の保有分も含めて複製の対象外とした。

この事例から学べる教訓は、こういうことだ。企業としてのスチームは、通貨を実際に「保有」していたわけではなかった。実際に保有していたとしたら、どんな風にでも好きなように通貨を利用し、恣意的に悪用できたはずだ。だが現実には、コミュニティに認められない形で通貨を恣意的に悪用しようとしたとたん、その試みをしっかり阻止された。ここで起こっているのは、ビットコインとイーサリアムの未発行の通貨報酬で見られたのと同種のパターンだ。つまり、暗号資産は最終的に暗号鍵によってではなく、ある種の社会契約によって保有されているということである。

同じ論法は、ブロックチェーンの世界でほかにも多くの構造に当てはめることができる。たとえば、ENSのルートマルチシグ〈原注2〉を考えてみよう。このルートマルチシグは、ENSおよびイーサリアムコミュニティの主要な7人のメンバーによって管理されている。ところが、その7人のうち4人が結託して、優良なドメインをすべて自分たちのところに転送するようにレジストラを「アップグレード」したらどうなるだろうか。スマートコントラクトシステムとしてのENSの範疇で考えると、4人は歯止めのきかない完全な力でそれができてしまう。だが、実際に技術力をそのように悪用しようとしたらどうなるかは、誰にでも明らかだ。4人はコミュニティから追放され、ENSコミュニティの残りのメンバーが元のドメイン所有者を復帰させる新しいENSコントラクトを作ったうえで、ENSを使うすべてのイーサリアムアプリケーションで新しいドメインを使うようユーザーイン

〈原注2〉　ENSとは、イーサリアムネームサービス（Ethereum Name Service）の略。イーサリアムエコシステムで広く使われている.ethドメインのレジストラである。「ルートマルチシグ」はイーサリアムのウォレットで、特定のコントラクト、この場合はENSシステムを統括するコントラクトを管理する。

ターフェースを指定し直せばそれでいいのである。

これなら、スマートコントラクトの構造を超えることができる。イーロン・マスクがイーロン・マスクのツイートのNFT（非代替性トークン）を売却することはできて、ジェフ・ベゾスが同じことを試みるともっと苦労することになるのはなぜか。イーロンもジェフも、イーロンのツイートのスクリーンショットを撮ってNFTのDAppに添付できる点は変わらないはずで、ではいったい何が違うのか。人間の社会心理について（あるいは、贋作の世界について）基本を直観的に理解できれば、答えは明白だ。イーロンがイーロンのツイートを売るのは本物だが、ジェフが同じこと（ジェフがイーロンのツイートを売る）をしたら本物にはならない。ここでも、何百万ドルという価値を自在に動かして配分するのは、個人や暗号鍵ではなく、正当性という社会概念なのだ。

そして、さらに突き詰めると、正当性はあらゆる種類の社会ステータスゲーム、知的な談話、言語、財産権、政治システム、国境などあらゆることを統括する。ブロックチェーンのコンセンサスも同じように動く。ソフトフォークと51％検閲攻撃との違いは、ひとえに正当性にある。前者はコミュニティに受け入れられるが、後者が発生したあとにはコミュニティが協調してプロトコル外の復旧フォークを試み、攻撃者を締め出すことになる。

正当性とは何か

正当性のはたらきを理解するには、少しゲーム理論に立ち入らなくてはならない。社会には、協調

	A	B
A	(5, 5)	(0, 0)
B	(0, 0)	(5, 5)

抽象化した協調ゲーム。ほかの全員と同じ行動をとったほうが、はるかに利益が大きい

行動を求める状況がさまざまに存在する。つまり、単独行動をとると何も起こらない（あるいは悪くなる）可能性が高く、全員が協力すると望ましい結果を達成できるという場面である。

分かりやすい例のひとつが、車道の左側通行と右側通行だ。車が道路のどちら側を走ろうと問題ないが、それは全員が同じ側を走っているかぎりという条件が付く。ほかの全員と同時に自分も走る側を変え、大半の人が新しい向きをよしとしたら、そこには全体利益が生まれる。だが、もし自分だけが走る側を変えたとしたら、その向きをどれほど気に入ろうと、自分にとっての総合的な結果はまったくマイナスになる。

ここまで来れば、正当性を定義できそうだ。

正当性とは、より高い次元での受容のパターンである。ある社会状況における結果が正当性をもつのは、その社会状況にいる人々が、その結果の実現に

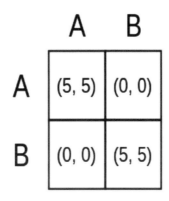

向けてそれぞれの役割を広く受け入れて務める場合であり、個々人がそうするのはほかの全員も同じようにふるまうと期待しているからである。

正当性は、協調ゲームのなかで自然に発生する現象だ。協調ゲームに参加していないのであれば、ほかの人がどう行動するかという予測に従って行動する理由はないので、正当性は意味をもたない。一方、すでに見てきたように、協調ゲームは社会の至るところに存在するので、正当性は実際にきわめて重要になってくる。協調ゲームが一定以上長く存在しているほとんどの環境では、どちらを選択するかを人々が選ぶ基準となるなんらかのメカニズムが必然的に成立する。そのメカニズムの原動力となるのは、誰もがそのメカニズムを意識し、(通常は) そこで指示されるとおりに行動するということが確立している文化だ。ひとりひとりがそう判断するのは、ほかの全員が同じメカニズムに従うからであり、違う行動をとったとしたら、競争が生まれて苦労するだけ、あるいは少なくともフォークしたエコシステムにひとり寂しく取り残されるだけである。そういう選択をとれるまでに至ったメカニズ

ムには、正当性が生まれてくる。

十分に長く協調ゲームが続いてきた状況なら、正当性の概念は成立しやすい。**そして、ブロックチェーンには至るところに協調ゲームがある。**どのクライアントソフトウェアを実行するか。非中央集権型のどのドメイン名登録を申請し、どのアドレスが.ethという名前に該当するか。ユニスワップ（Uniswap）コントラクトのどのコピーを、正真正銘のユニスワップ取引所〈原注3〉と認めるか。NFTでさえ、協調ゲームだ。NFTの価値は、（i）NFTを保有しているという自尊心と、保有していると誇示できること、（ii）将来的にそれを売却できることの二つでほぼ成り立っている。どちらの前提も、自分が買ったNFTがほかの誰からも正当と認められているということが、何より重要だ。こうした例のいずれでも、自分と人が同じ答えを共有することに価値があり、その均衡を決定するメカニズムが大きな力をもつ。

正当性の理論

正当性は、さまざまな形をとって現れる。一般的にいって正当性が生じるのは、正当性を獲得する

〈原注3〉.ethで終わる名前は、イーサリアムネームサービス（ENS）のドメインの一部であり、ENSはドメイン名とイーサリアムアドレスをリンクするドメイン登録サービス。ユニスワップ（Uniswap）はトークン交換プラットフォームで、イーサリアムブロックチェーン上のスマートコントラクトプロトコルとして機能する。オープンソースのソフトウェアであり、その気になれば誰でも複製して変更することができる。

ものごとが大多数の人にとって心理的に訴求力をもつからだ。といっても、人の心理的な直観はひどく複雑だ。正当性の理論をすべて列挙するのは不可能だが、手はじめとしていくつかあげることはできる。

- **力ずくの正当性**——ある人がその意志を強行できるほど強い力をもっており、抵抗は至難であると全員を納得させられる場合。ほとんどの人を従わせる強制力をもつが、それは個々の人がほかの人もみな恐れが大きいために抵抗しないと予測しているからである。
- **継続による正当性**——あるものごとが、Tの時点において正当性をもっていたのであれば、T＋1の時点においても既定として正当性をもつと認定される。
- **公正性による正当性**——公正であるという直観的なイメージを満たすという理由で、ものごとは正当性をもちうる。第3部最初の「指針として信頼できる中立性」の章も参照してほしいが、これが公正ということのすべてであるわけではない。
- **プロセスによる正当性**——あるプロセスに正当性があれば、そのプロセスの結果も正当性をもつ(たとえば、民主主義で可決された法律はこれで説明できる場合がある)。
- **実績による正当性**——あるプロセスの結果が人々を満足させる結果につながれば、そのプロセスは正当性をもつ(たとえば、独裁の成立はこれで説明できる場合がある)。
- **参加による正当性**——結果の選好に参加した人は、その結果が正当性をもつと判断する可能性が高い。公正性とも似ているが、同じではない。参加による正当性を支えるのは、以前の行動との一貫性を求める心理的な欲求である。

注意したいのは、正当性というのが説明的な概念であることだ。個人的にひどいと思っても正当性をもつものごとはある。とはいえ、結果がひどいと十分な数の人が考える場合、将来的には何かが起こって正当性が、最初は徐々に、やがて急速に失われていく可能性は高い。

正当性は、強力なソーシャルテクノロジーであり、ぜひ使うべきもの

暗号資産のエコシステムで、公共財に対する資金調達の現状はかなりお粗末だ。何兆ドルという資本が動いているにもかかわらず、その資本の存続に不可欠な公共財には、年間に数百億ドルしか投じられていない。

この現状には、対応のしかたが2種類ある。まず、こうした制約があることをむしろ自負し、その制約を乗り越えようとしてコミュニティが果敢に取り組んでいることを、とりたてて効果的ではないとしても、誇らしく思う態度がある。これは、ビットコインのエコシステムで採用されることが多い筋道かもしれない。

チームのコア開発の資金調達について、個人が自己犠牲を払うというのは称賛に値するが、それはエリウド・キプチョゲ選手がフルマラソンで2時間を切ったのを称賛するのと同類だ。人間の不屈の精神として感服するが、それは交通機関の（ここでの話題に即していえば、公共財の資金調達の）未

Vlad "1 bitcoin = 1 million bits" Costea @TheVladCostea · Mar 1
This is the way. I'm always happy when devs get the rewards they deserve.
We all freeload on their work and learn from their expertise.

NAKED FACE + bullbitcoin.com @francispouliot_ · Mar 1
Bull Bitcoin and Wasabi Wallet have teamed up to award a no-strings attached $40k Bitcoin development grant to Luke-Jr (@LukeDashjr).

Thank you Luke for your work maintaining Bitcoin Knots and your tireless dedication to the decentralization of Bitcoin!

medium.com/bull-bitcoin/b...
Show this thread

1 4 28

これでいいんだ。開発者がまっとうな報酬を得ているのは、やはり気分がいい。我々はみんな開発者の仕事にただ乗りして、そこから専門知識を学んでいるんだから。

【NAKED FACE のツイートの引用】
ブルビットコイン（Bull Bitcoin）とワサビ（Wasabi）ウォレットが協力して、4 万ドルのビットコイン開発助成金を Luke-Jr（@LukeDashjr）に支給した。
Luke、ビットコインノット（Bitcoin Knots）の維持管理と、ビットコインの非中央集権化に向けた精力的な活動に感謝します！

Collaborating for Philanthropy

This is why **zkSNACKs**, alongside **Francis Pouliot, CEO of Bull Bitcoin**, have come together to make a .86 bitcoin, or $40,000 contribution (split evenly between the two companies) in **support of the growth and development of Bitcoin Knots** - an open source enhanced bitcoin node/wallet software. More specifically, Bitcoin Knots is a Bitcoin full node and wallet software which can be used as an alternative to the more popular Bitcoin Core.

One of Bull Bitcoin's core values is "skin in the game".

> ***Cypherpunks write code, but cypherpunks don't always get paid.*** *We can't expect the world's most talented experts to contribute indefinitely without financial compensation. If the companies that profit from Bitcoin open-source development don't provide the necessary funding, who will? ~ Francis Pouliot*

博愛のためのコラボレーション

zkSNACKs が、ブルビットコイン CEO のフランシス・プリオとともに、ビットコインノットの育成と開発をサポートする目的で、0.86 ビットコインすなわち 4 万ドルを寄付することにした（両者が均等に負担する）のも、これが理由だ。ビットコインノットは、オープンソースで強化されたビットコインノード / ウォレットソフトウェアである。もう少し具体的にいうと、ビットコインのフルノードとウォレットを扱うソフトウェアで、広く使われているビットコインコア（Bitcoin Core）の代わりに使うことができる。

ブルビットコインの中核的な価値観は、「自らもリスクを負う」だ。

サイファーパンクはプログラムを書くが、それが必ず報われているとは限らない。世界有数の優れたエキスパートたちが、金銭的な報酬もなくいつまでも力を貸してくれるはずもない。ビットコインのオープンソース開発で利益を得ている当の企業が相応の財源を負担しなかったら、いったい誰が負担するというのか――フランシス・プリオ来になるものではない。例外的な不屈の精神がなくても、また何年にも及ぶトレーニングを積まなくても、42キロメートルを1時間かからずに移動できるテクノロジーを私たちは手にしている。それと同じように、**必要とする規模で公共財の資金を確保できるソーシャルテクノロジーを構築することに的を絞らなくてはならない。一回限りの行為として博愛的に取り組むのではなく、経済というエコロジーの全体に関わる部分としてとらえることが必要だ。**

話を暗号資産に戻そう。暗号資産が（そしてドメイン名、仮想土地、NFTなどのデジタル資産が）機能する大きな要因は、コミュニティが相当な額の資本を呼び集められること、ひとりの人が個人的に資本を寄付したりする必要がないことだ。しかし、その資本は正当性という概念によって制約を受けている。資本の価値の根源を損なわずに、ただ中央集権的なチームに資本を配分することはできない。ビットコインとイーサリアムはすでに、51％攻撃に対処するために、正当性という概念を頼っているが、プロトコル内部で公共財の資金調達を誘導する目的に正当性の概念を利用するとなると、もっと難しい。それでも、新しいプロトコルが次々と作られているアプリケーションレイヤーは次第に充実していて、そこでは資金の行き先に関する柔軟性がかなり上がっている。

ビットシェアーズにおける正当性

もう忘れられて久しいが、初期の暗号資産の世界で非常に革新的だったと個人的に思っているアイデアのひとつが、ビットシェアーズ（BitShares）という社会的コンセンサスのモデルだ。ビットシエアーズは基本的に、新しいプロジェクトのエコシステムを集団として支持したいと考える人々（PTSおよびAGS[訳注1]の保有者）のコミュニティだ。ただし、プロジェクトをエコシステムが受け入れるためには、トークン供給量の10%を既存のPTSおよびAGS保有者に配分しなければならない。

さて、PTSやAGSの保有者に通貨を配分することなくプロジェクトを作成することは、誰にでももちろんできるし、配分してからその配分量を回収するプロジェクトをフォークすることもできる。しかし、ダン・ラリマーも次のように述べている。

> 誰に対しても、何ごとも強制することはできないが、この市場では何ごとにもネットワーク効果がある。誰かが説得力のある実施方法を考えつけば、新しいジェネシスブロックを生成するコストに全面的に賛同するようなPTSコミュニティを選出できる。ゼロから始めようとすると、自分の周りに新しいコミュニティを形成しなくてはならない。ネットワーク効果を考えるなら、プロトシェアーズを優先する通貨のほうが勝つはずだ。

これなら、正当性の概念でもある。PTSやAGSの保有者に対して配分を実行するプロジェクトは、コミュニティの関心とサポートを獲得し（これはコミュニティメンバーの個々人にとっても価値がある。ほかのメンバーも同じようにするからである）、配分を実行しないプロジェクトは関心もサポートも獲得できない。**さて、こうなると明らかに、言葉どおりに再現したい正当性の概念ではなくなってくる。イーサリアムコミュニティでも、少人数のアーリーアダプターを豊かにしようという動**

（訳注）こちらはかつてのソビエト社会主義共和国連邦（略称：CCCP）の国旗にあった共産主義のシンボル、鎌と槌

機はほとんどない。それでも、コアの概念を作り変えて、もっと社会的に価値のあるものを生み出すことは可能だ。

モデルをイーサリアムへと拡大する

ブロックチェーンのエコシステムは、イーサリアムも含めて、自由と非中央集権化を大切にしている。だが、そうしたブロックチェーンのうち大半の公共財エコロジーは、残念ながらいまだに権威志向が強く中央集権的だ。イーサリアムでもジーキャッシュ（Zcash）でも、その他の主要なブロックチェーンでも、ほかの誰よりも多額を費やす一つの（せいぜい二つか三つの）実体《エンティティ》がたいてい存在する。公共財を実現したいと考える他のチームに、選択肢はほとんど残されないのだ。私は、公共財の資金調達に存在するこうしたモデルを「Central Capital Coordinators for Public-goods」、つまり「公共財のための集権的資本調整機構」（CCCP）と呼んでいる。

こうした状況が生じるのは、組織それ自体の欠陥では

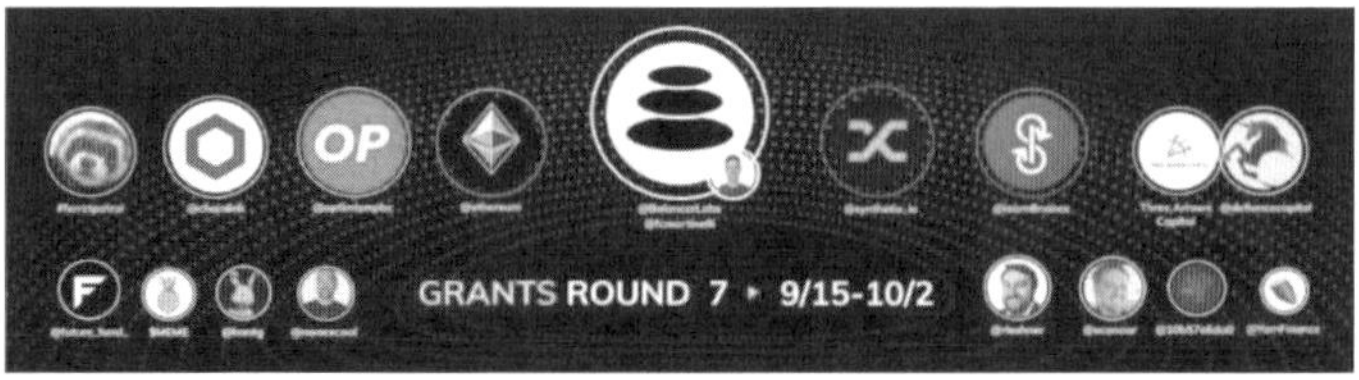

ない。**概していえば、組織はエコシステムを支持すべく立派に最善を尽くしているからだ。問題はむしろ、エコシステムのルールがその組織にとって公正にならないことにある。そのルールがあるばかりに、不公正に高い基準が組織に生まれるのだ。**中央集権的な組織に盲点が生じるのは避けがたく、少なくともいくつかのカテゴリーやチームの価値観は理解されなくなってしまう。といっても、関係者の誰かが不正をはたらくからではない。そこまでの完璧さは、人間の小規模な集団では達成しようがないのだ。だからこそ、公共財の資金調達に関しては、個々の組織へのプレッシャーを払拭できるくらい多様性に富み、回復力の強いアプローチを固めることに大きな価値がある。

幸い、そうした代替手段の「種」はすでに登場している。イーサリアムのアプリケーションレイヤーエコシステムはすでに存在し、強力になりながら、公共精神を発揮しつつある。ノーシスなどの企業がイーサリアムクライアントの開発に協力しており、イーサリアムのさまざまなDeFi【用語】〈原注4〉プロジェクトは、ギットコイングランツ（Gitcoin Grants）という助成金マッチングプールに数十万ドルを寄付している。

ギットコイングランツは、すでに高いレベルで正当性を達成している。その公共財資金調達メカニズムであるクアドラティック・ファンディングは、信頼できる中立性を備えていることが実証されており、コミュニティの優先事項や価値観を反映して既存の資金調達メカニズムで綻《ほころ》んだ穴も埋められることが分かっている。ギットコイングランツのマッチングによる上位の助成金取得者が、もっと中央集権性の高い他の助成団体による助成金の刺激になることもある。イーサリアム財団も、こうした実験と多様性を支えるうえで、またギットコイングランツやMolochDAO[訳注2]のようにコミュニティの支援を広げようとする助成の取り組みを支えるうえで、大きな役割をはたしている。

こうして芽生えつつある、公共財への資金調達エコシステムは、ビットシェアーズのモデルを借用して一部を変更すればさらに強化することができる。今を遡る2013年にPTSやAGSを購入した少人数の支配的グループにトークンを配分するプロジェクトを、コミュニティとして強力に支持するのではなく、**プロジェクトやそれを支持するエコシステムを実現する公共財に資金源のごく一部を提供するようなプロジェクトを私たちは支持する。**何より重要なのは、既存のプロジェクトをフォークし、エコシステム全体に価値を還元しないプロジェクトに対しては、そうした給付を拒否できるということだ。

公共財を支える方法はいろいろある。ギットコイングランツのマッチングプールを長期的にサポートしてもいいし、イーサリアムクライアントの開発（イーサリアムクライアントの定義が明確なので、

〈原注4〉 DeFiは「decentralized finance（非中央集権型金融、分散型金融）」の略。ブロックチェーンネットワーク上で運用される金融システムおよびアプリケーションのこと。

中立性を信頼できるタスクでもある）を支援してもいい。あるいは、アプリケーションレイヤーのプロジェクトを超えた範囲までカバーするように、独自の助成金プログラムを運営する手もある。十分な支援と認められる条件について合意に達するには、具体的な数量を決めたうえで——たとえば、プロジェクト支出の5％をエコシステム全体の支持に回し、あと1％はブロックチェーンの世界を超えた公共財に提供するなど——そこから先、資金の配分先に関しては誠意に委ねるというのが最も簡単だ。

コミュニティは事実として大きな影響力をもつのか

こうしたコミュニティサポートの価値に限界があることはいうまでもない。競合するプロジェクトのほうが（たとえ既存のプロジェクトのフォークであっても）、ユーザーにとって大きいメリットになるようなら、ユーザーはそっちに群がる。たとえ、もっと社会のためになると多くの人が考える選択肢があって、そちらを使うよう声高に叫んだとしても、である。

しかし、こうした限界も、状況が異なれば違ってくる。コミュニティの影響力は、弱いときもあるが、かなり強いときもある。この点で興味を引かれるのが、テザー（Tether）対ＤＡＩの事例だ。テザーはスキャンダルも絶えないが、それにもかかわらず、トレーダーはテザーを使ってあいかわらず資金を保有し、動かしている。一方のＤＡＩは、非中央集権化が進んで透明性が上がっていくほど、そのメリットにもかかわらず、少なくともトレーダーに関しては、テザーの市場シェアを奪い取るのが難しくなっている。だが、ＤＡＩが強いのはアプリケーションだ。オーガーはＤＡＩを使っているし、エックスダイ（ｘＤａｉ）もＤＡＩを、プールトゥゲザー（PoolTogether）もＤＡＩを使っている、zk.moneyもＤＡＩの使用を計画しているなど、例をあげていけばきりがない。テザーのＵＳＤＴを使っているＤＡｐｐは、はるかに少ない。

というわけで、コミュニティ主導の正当性の影響力は無限ではないものの、影響力がはたらく余地は十分に大きい。プロジェクトが少なくとも予算のごく一部をエコシステム全体に振り向けるよう後押しするくらいには大きいのだ。そうした均衡状態に加わる利己的な理由もある。自分がイーサリアムウォレットの開発者、あるいはポッドキャストやニュースレターの作者であると仮定して、エコシステムのレベルで公共財に大きく貢献するプロジェクトと、そうではないプロジェクトという相反する二つがある場合、市場シェアの確保にがんばりたいと思うのはどちらだろうか。

ＮＦＴ——イーサリアムを超えて公共財をサポートする

正当性という広く認められた概念によって「イーサから《どこからともなく》」生まれる価値を通じて公共財をサポートする——この考え方には、イーサリアムエコシステムをはるかに超えた価値がある。当面の重要な課題でもあり、チャンスでもあるのが、ＮＦＴだ。ＮＦＴは多種多様な公共財、なかでも多彩な創造性の全体に関わる慢性的な資金欠乏を、少なくとも部分的には解消できる大きな可能性を秘めている。

ただし、チャンスを失う可能性もある。イーロン・マスクが自分のツイートを１００万ドルで売っ

Jack Dorsey's first tweet may fetch $2.5 million, and he'll donate the NFTy proceeds to charity

The auction ends on March 21st

By Jay Peters | @jaypeters | Mar 9, 2021, 12:06pm EST

f SHARE

ジャック・ドーシーによる最初のツイートは250万ドルで落札される可能性があり、彼はその収益を寄付する予定

たしかに、見事な第一歩だった。

てまた儲けだしたら、私たちの知るかぎりそれはイーロン自身の手元に届くから、そこに社会的な価値はほとんどない（彼の名誉のために言っておくと、最終的には売るのをやめている）。ＮＦＴが、もともと裕福なセレブにばかり儲けになるただのカジノになってしまったら、もっとつまらない結果になるだろう。

幸い、そんな結果を避ける方法はある。人がどのＮＦＴを気に入って購入するか、逆に気に入らず購入しないかは、正当性の問題だ。あるＮＦＴが魅力的だと全員が合意した場合、人はそのＮＦＴを購入したいと強く希望するだろう。得意げに語れる高い価値があり、保有していることを個人的に誇れるうえに、さらに高値で売却することもできる。その根拠になるのは、ほかの全員も同じように考えるということだ。ＮＦＴに対する正当性という概念を良い方向に導くことができれば、芸術や慈善活動の資金調達に、堅実な道筋を作れるチャンスがある。

考えられるアイデアは二つある。

1. いずれかの組織が（DAOでもいい）、収益の一部を慈善目的に使用するという保証と引き換えにNFTを「祝福」し、同時に複数のグループが利益を得られるようにする。この「祝福」に、公式の部門を設けてもいい。グローバルな貧困救済、科学研究、クリエイティブアート、ローカルジャーナリズム、オープンソースソフトウェア開発、周縁コミュニティの活性化などにそれぞれ特化したNFTはどうだろう。

2. ソーシャルメディアプラットフォームと協力すれば、ユーザーのプロフィールでNFTをもっと目立たせることができる。そうすると、言葉だけでなく、苦労して稼いだ資金も投下したNFTの価値を買い手に分かりやすく示すことができる。これを（1）と組み合わせれば、かけがえのない社会的な大義に寄与するNFTというものに、ユーザーを誘導できる。

もちろん、アイデアはほかにもいろいろあるが、こうした領域なら、いっそう活発な協調と考察に値する。

まとめ

- **正当性（高い次元で賛同できること）は強力だ。** 正当性は、協調が生まれるどんな状況にも存在し、特にインターネットでは至るところで見られる。

・正当性はさまざまな形で現れる。**力ずく、継続、公正性、プロセス、実績、参加**が主な形だ。

・暗号資産が強力なのは、集合的な経済的意志によって大量の共同資本を呼び出すことができるからである。その共同資本は当初、何者にもコントロールされず、**正当性という概念によって直接コントロールされる。**

・公共財への資金調達を、ベースレイヤーでトークンを発行することによって始めるのはかなり危険だ。だが、幸いなことにイーサリアムにはきわめて豊かなアプリケーションレイヤーエコシステムがあり、その柔軟性は非常に高い。既存のプロジェクトに影響を及ぼせるだけでなく、将来的に出現する新しいプロジェクトを形作ることができるからだ。

・**コミュニティの公共財を支えるアプリケーションレイヤーのプロジェクトには、コミュニティのサポートが必要**であり、これは重大だ。ＤＡＩ〈原注5〉の例を見ても、このサポートが大きいことが分かる。

・イーサリアムのエコシステムは、社会的なレイヤーにおけるメカニズムデザインとイノベーションを大切にしている。イーサリアムエコシステム自体の公共財資金調達が格好の出発点になる。

・ただし、これはイーサリアム自体の問題にはとどまらない。ＮＦＴは、正当性という概念に依存する大規模な資本の一例になっている。アーティストや慈善団体をはじめとする公共財の提供者にとって、私たちが今いる仮想世界の一角をはるかに超えて**重要な恵みになる可能性がＮＦＴ業界にはある。**だが、**その結果はあらかじめ決まっているわけではない。積極的な協調とサポート次第だ。**

記事を精査して的確なアイデアとフィードバックをくれたカール・フロリッシュ、宮口あや、ミスター・シリーに感謝の意を表する。

〈原注5〉　すでに出てきたように、DAIの運営母体であるMolochDAOは、公共財の特化したギットコインの助成金プログラムから初期資金を調達した。

訳注1　PTSもAGSも、ビットシェアーズで使われる単位。PTSは、後述するプロトシェアーズ（ProtoShares）のこと。
訳注2　イーサリアムネットワーク上で運用されているDAO（分散型自律組織）のひとつ。

ジニ係数の濫用をめぐって

vitalik.ca
2021年7月29日

ジニ係数（ジニ指標ともいう）は、不平等を測る尺度として特に有名であり、広く普及している。一般的には、国や地域、その他のコミュニティにおける所得や富の不平等を測るときに使われる。容易に理解でき、その数学的な定義をグラフで図解しやすい点も、人気の理由だ。

だが、不平等を抑えようとするどんな計画でも予想されるように、ジニ係数にも限界がある。各国における所得と富の不平等を測るというもともとの使い方でさえそうだが、それ以外の状況（とりわけ、暗号資産）に移植するとその限界はさらに広がる。ここでは、ジニ係数に存在する一定の限界について説明し、それに代わる手法を提示する。

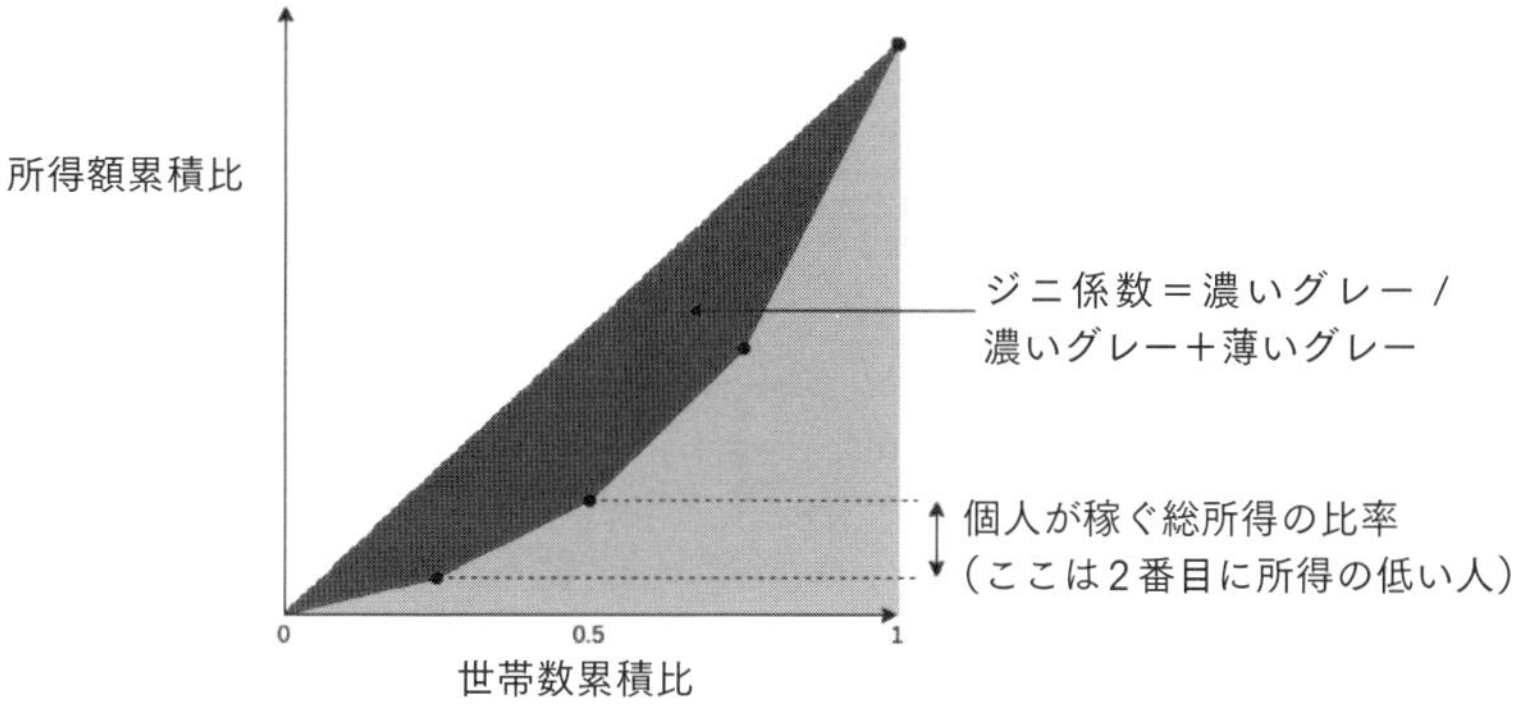

ジニ係数とは何か

ジニ係数とは不平等を測る尺度であり、１９１２年にコッラド・ジニによって提唱された。国ごとの所得と富の不平等を図るために用いるのが一般的だが、それ以外の目的で利用されることも増えている。

ジニ係数には、等価な定義が二つある。

・**曲線より上の面積による定義**――人口のうちの最低所得層が稼ぐ総所得の割合となるような関数 f（p）のグラフを描く（たとえば、f（0・1）は最低所得層10％が稼ぐ総所得の割合となる）。このとき描かれる曲線と $y = x$ 直線との間にできる面積の、三角形の全面積に対する比がジニ係数である。

・**平均差による定義**――個々の要素を一対にしたあらゆる組み合わせの平均差を2で割った値がジニ係数である。

$$\frac{2.875}{2\times3.75}\approx0.3833$$

たとえば、前ページ上のグラフには［1，2，4，8］の四つの所得があるので、考えられる組み合わせ間の差は［0，1，3，7，1，0，2，6，3，2，0，4，7，6，4，0］の16通りになる。したがって、その平均差は2・875、平均所得は3・75なので、ジニ係数は上の式で求められる。

以上の二つの結果は数学的に同値になる（というわけで、読者にとっては例題にもなった）。

ジニ係数の問題点は何か

ジニ係数がよく用いられるのは、ほどよく簡単で理解しやすい統計だからだ。単純には見えないかもしれないが、任意の規模の人口を扱う統計の大部分はなかなか面倒で、さらに厄介なことも多い。それは断言してもいい。たとえば、ごく基本といえる標準偏差の式をじっくり眺めてみよう（次ページ上の式）。

そして、ジニ係数の式はこうだ（次ページ下の式）。

言っておくが、これでも易しいほうだ。

では、ジニ係数にはどんな問題があるのだろうか。実は問題はいろ

標準偏差 $$\sigma = \frac{\sum_{i=1}^{n} x_i^2}{n} - \left(\frac{\sum_{i=1}^{n} x_i}{n}\right)^2$$

ジニ係数 $$G = \frac{2 \times \sum_{i=1}^{n} i \times x_i}{n \times \sum_{i=1}^{n} x_i} - \frac{n+1}{n}$$

いろあって、それについて書かれた文献も多い。ここでは、私がジニ係数について特に大きいと考えるひとつの問題に絞る。一般に論じられることは少ないが、インターネットコミュニティを分析するうえで特に関係が深いと思う問題だ。**ジニ係数は、実際にはまったく違う二つの問題を、不平等というひとつの指標にまとめてしまっている。厳密にいうとそこには、資源の欠乏に起因する労苦と、権力の集中に起因する労苦とがあるのだ。**

この二つの問題の違いをもっと明確に理解するために、二つのディストピアを考えてみる。

- **ディストピアA**——全人口の半分にすべての資源が平等に分配され、残りの半分には何も分配されない。
- **ディストピアB**——ひとりの人がすべての資源の半分を独占し、それ以外の全員に残り半分の資源が平等に分配される。

二つのディストピアのローレンツ曲線は、次ページの図

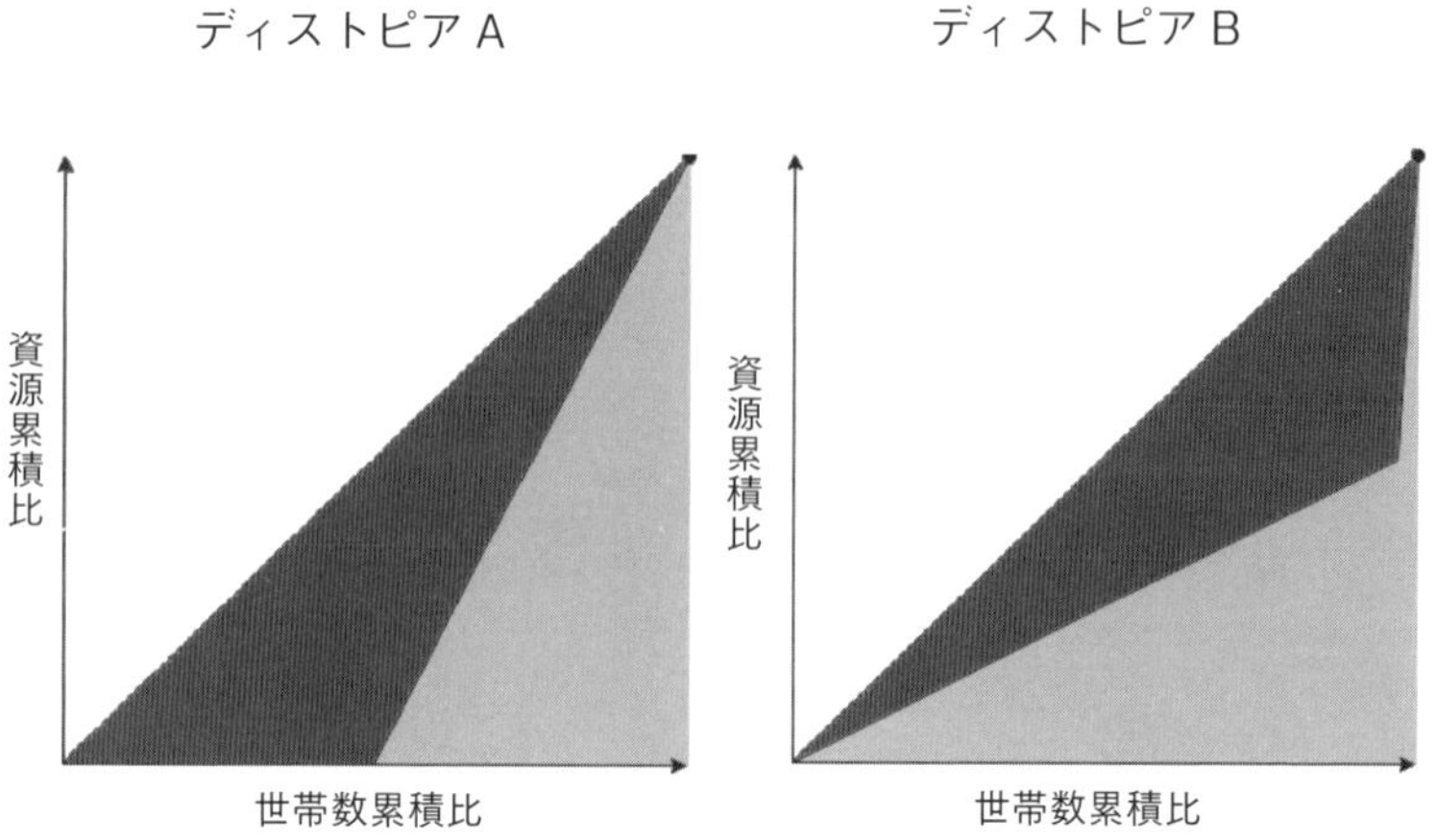

のようになる（先ほどと同じようなグラフを考えてほしい）。

どちらのディストピアも、住みにくい場所であることは明らかだ。だが、その住みにくさは種類が違う。ディストピアAの場合、住人のひとりひとりが、確率2分の1のコイントスをさせられる。この分布の左半分に入ったとすると、想像もつかないほど悲惨な集団的飢餓のなかを、右半分に入ったとすれば平等主義的な調和のなかを生きることになる。サノス〈原注1〉だったらさぞ気に入るだろうが、そうでなければ全力で回避したい世界だ。一方のディストピアBは、ハックスリーの描く「すばらしい新世界」的で、全員がまあまあ良い生活を送れるが（少なくとも各人の資源の存在が明白な時点では）、良い君主の登場を願ったほうがマシと思うほど、民主主義とかけ離れた権力構造にさらされることになる。カーティス・ヤーヴィン〈原注2〉だったら納得するだろうが、そうでなければ、やはり願い下げだろう。

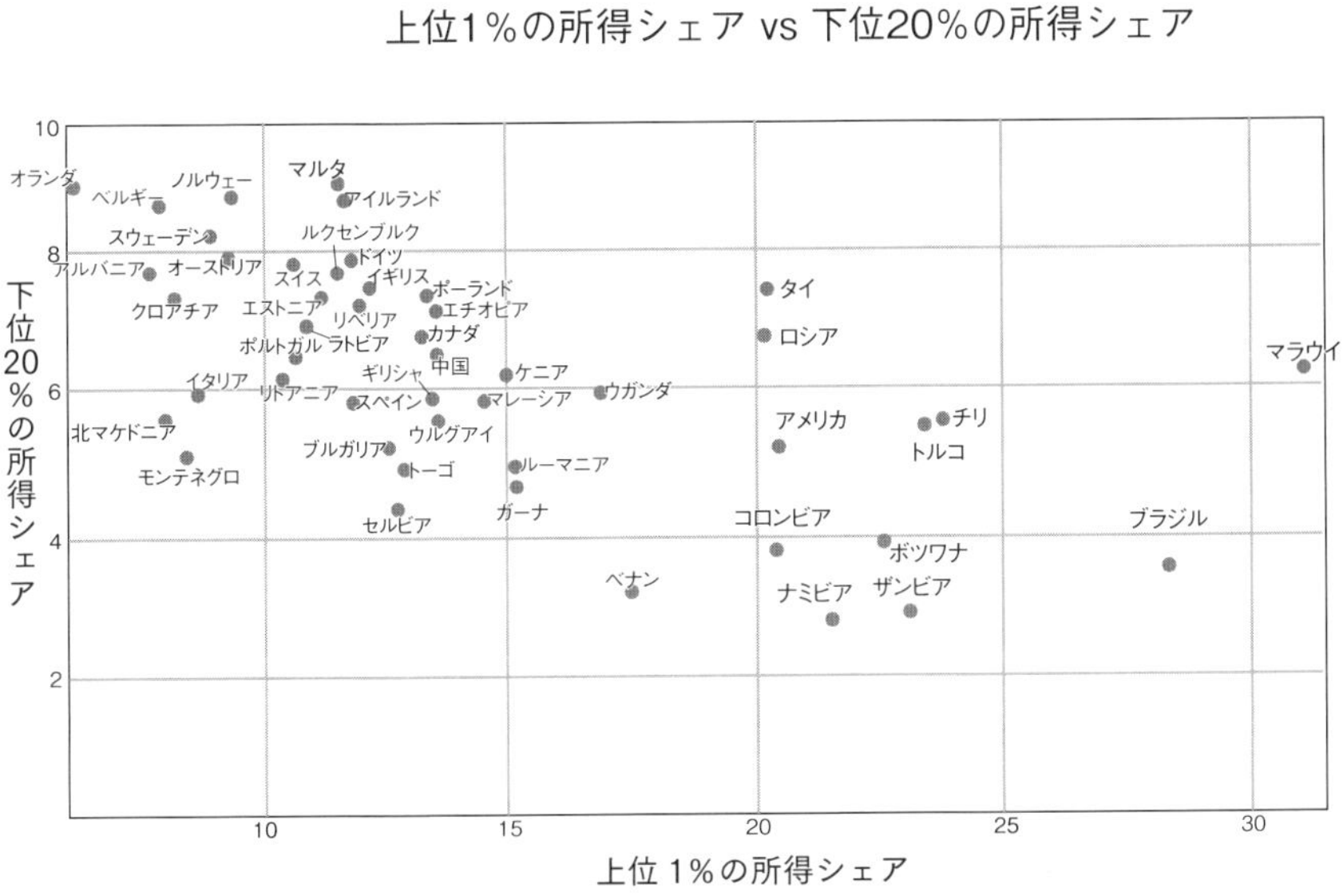

下位20％の低所得層による総所得の割合と、上位1％の高所得層による総所得の割合

出　典：https://data.worldbank.org/indicator/SI.DST.FRST.20（2015と2016のグラフをマージ）、http://hdr.undp.org/en/indicators/186106

この二つは大きく違うので、分析も評価も別々にすべきだ。しかも、これは単なる理論上の違いではない。下位20％（おおむねディストピアAを避けたい層）の低所得層が稼ぐ総所得の割合と、上位1％の高所得層（おおむねディストピアBに近い状態を望む層）が稼ぐ総所得の割合を示したグラフがある。

この二つに相関関係があるのは明らかだが（係数マイナス0・62）、完全な相関にはほど遠い（統計学の

〈原注1〉マーベルコミックに登場するキャラクターで、ミストレス・デスの気を引こうとして宇宙の全生命体の半分を消滅させる。

〈原注2〉新君主主義を標榜するブロガー。ピアツーピアのサーバープラットフォームであるアービット（Urbit）を開発した。

指導なら、0・7でも「高い相関関係がある」うちの下限の閾値とみなすはずで、ここではそれよりさらに低く見ている）。このグラフではもうひとつの次元を分析できる。上位1％が総所得の20％を稼ぎ、下位20％が総所得の3％を稼ぎ出している国と、上位1％が総所得の20％を稼ぎ、下位20％が総所得の7％を稼ぎ出している国との差は何なのだろうか。残念ながら、そうした精査になってくると、他の企業データや文化研究者の出番であり、私の力の及ぶところではない。

地理的ではないコミュニティ（インターネット／暗号資産《クリプト》コミュニティなど）については特にジニ係数に問題がある理由

ブロックチェーンの世界における富の集中は大きな問題であり、評価と理解が進んでしかるべき問題だ。クリプトはどの程度まで真に反エリート的なのか、どの程度まで単に古いエリートを新しいエリートに置き換えるだけなのかということを、多くの人が（米国上院議員の公聴会に至るまで）把握しようとしている以上、ブロックチェーンの世界全体にとってその意味は大きい。そしてまた、種類の違う暗号資産を比較するときにも重要だ（次ページ上の図を参照）。

こうした問題に対する関心の高さを考えると、暗号資産についてジニ係数の計算を試みた人が多いのは、とりたてて驚くには当たらない。2014年に私たちは、次ページの下に示すような扇情的な記事[訳注1]に対処しなければならなかった。それに比べれば、それほど悪い状況ではない。

そうした分析のときに犯しがちな、手法上の単純な誤り（所得と富の不平等を混同する、ユーザー

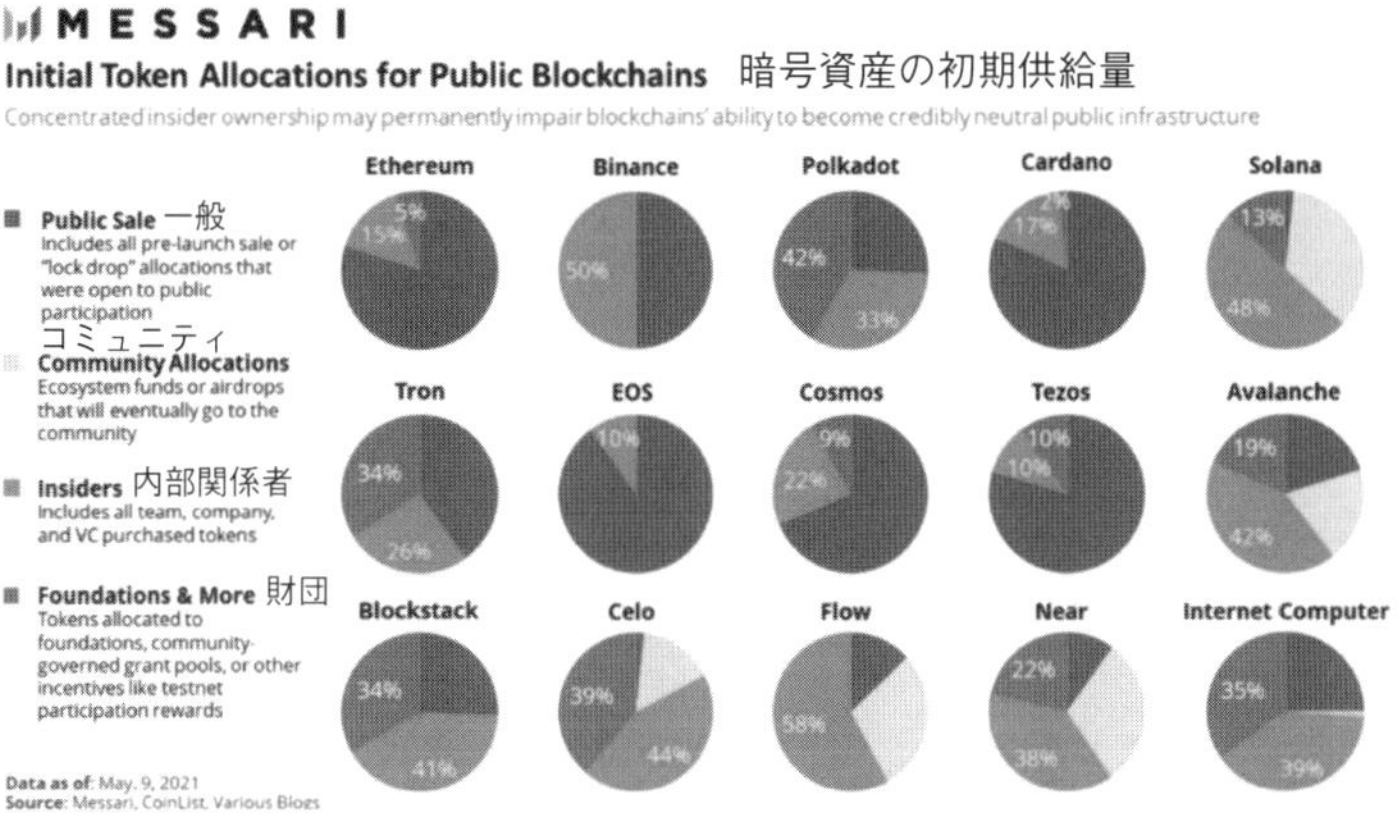

ある暗号資産の初期供給量のうち、特定の内部関係者に通貨の一部が明示的に分配されるのは、一種の不平等である。ちなみに、イーサリアムのデータは少し間違っている。内部関係者と財団の持ち分は、それぞれ15%と5%ではなく、12.3%と4.2%だ

How Bitcoin Is Like North Korea

Joe Weisenthal Jan 13, 2014, 12:04 AM　　ビットコインはまるで北朝鮮のようだ

Citigroup currency analyst Steven Englander is out with a long Sunday note talking about everyone's favorite topic: digital currency.

In it, he makes an important observation about the extreme inequality in the Bitcoin world:

North Korea's Korean Central News Agency/AP

シティグループの通貨担当アナリスト、スティーブン・イングランダーが日曜版で長文コラムを執筆し、話題のトピックを取り上げた。暗号資産である。

このコラムでは、ビットコインの世界における極端な不平等について重要な見解が示されている。

とアカウントを混同する、あるいはその両方）だけでなく、ジニ係数を使用してその種の比較を行うときには、深刻だが分かりにくい問題がある。それは、典型的な地理上のコミュニティ（都市や国など）と、典型的なインターネット上のコミュニティ（ブロックチェーンなど）という根本的な違いにかかっている。

地理上のコミュニティの住人は、ほとんどの時間と資源をそのコミュニティのなかで費やすのが一般的だ。したがって、地理上のコミュニティで測られる不平等は、その人々が利用できる全資源における不平等ということになる。**一方、インターネット上のコミュニティで測られる不平等は、2種類の資源に由来する。（i）各参加者が利用できる全資源における不平等と、（ii）コミュニティへの参加についての関心度における不平等である。**

名目貨幣で15ドルしか持たない普通の人は貧しく、楽な暮らしを送る機会にはまず恵まれない。暗号資産で15ドル持っている普通の人は、わざわざ趣味でウォレットを開いた物好きな素人である。関心度における不平等は健全なものであり、どんなコミュニティにも物好きな素人や、生活に困っていない本格的なファンはいる。したがって、暗号資産のジニ係数がきわめて高いとしても、ふたを開けてみれば、その不平等の大部分は関心度の不平等に由来するということになり、その数字の意味するところは新聞で騒がれるほど深刻ではなくなる。

暗号資産は、金権主義的な性質が高い場合でさえ、ディストピアAに近い世界を作り出すことはないということだ。だが、暗号資産の分配が不適切な場合には、ディストピアBのような世界は容易に想像できるうえに、通貨投票によるガバナンスを使ってプロトコルを決定する場合には、問題がさら

$$\log(\frac{\sum_{i=1}^{n} x_i}{n}) - \frac{\sum_{i=1}^{n} \log(x_i)}{n}$$

にふくらむ。したがって、暗号資産のコミュニティがとりわけ懸念する問題を見つけるには、もっと具体的にディストピアBにどのくらい近いかという指標が必要になってくる。

ジニ係数に変わる手法――ディストピアAとディストピアBの問題を別々に測る

不平等を測る別の手法に必要なのは、資源が不平等に分配されていることに起因する労苦（つまり、「ディストピアA」の問題）を直接的に見積もることである。まず、一定金額のお金を持っている価値を表す効用関数を考える。対数log（x）を使うのが一般的だが、これは所得が2倍になるとき、どのレベルでもほぼ同じくらい効用があるという直観的に分かりやすい概算値を得られるからだ。所得が1万ドルから2万ドルに増えるときに増える効用は、5000ドルから1万ドルに、あるいは4万ドルから8万ドルに増えるときに増える効用と等しい。そうすると、そのスコアは、全員が平均的な所得を得られるときに比べて、どのくらいの効用が失われるかという尺度になる。

上の式の第1項（平均値の対数）は、お金が完全に再分配される、つまり

$$\frac{\sum_{i=1}^{n} x_i^2}{(\sum_{i=1}^{n} x_i)^2}$$

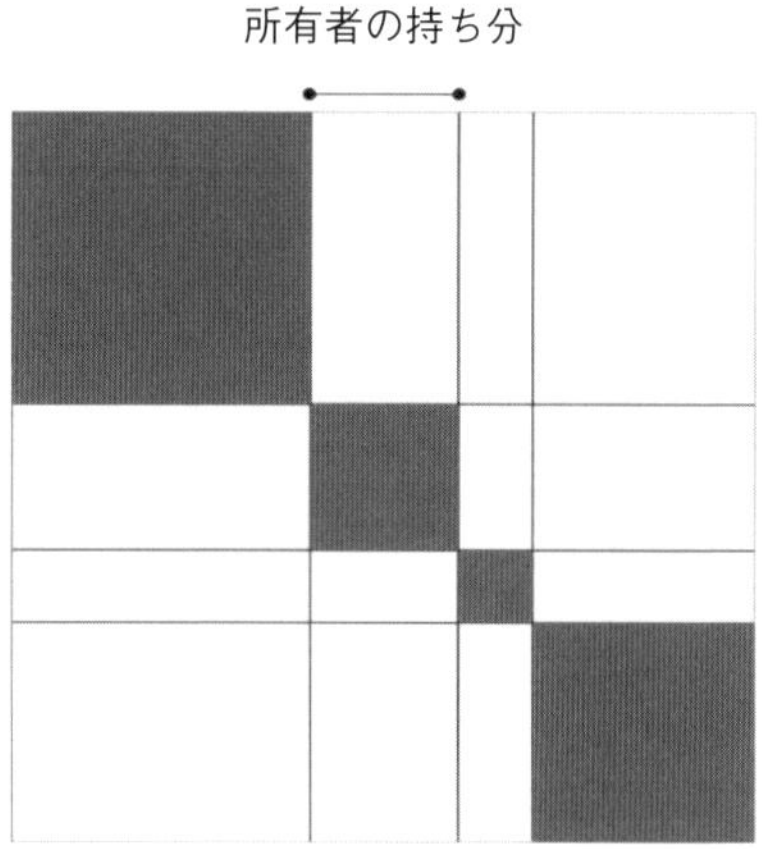

ハーフィンダール・ハーシュマン指数：
濃いグレーの面積を全体の面積で割る

全員が平均的な所得を獲得する場合に全員が受け取る効用を表す。第2項（対数の平均値）は、その経済における現在の平均的な効用を表す。資源が個人的な消費に使われるものだと狭義で考えれば、この二つの差が、不平等によって失われた効用に当たる。この式を定義する別の方法もあるが、結局は同値に近いことが分かっている（たとえば、アンソニー・アトキンソンによる1969年の論文では、「均等分配等価所得」指標が提唱され、これはU（x）＝log（x）の場合、先の式の単なる単調関数となる。また、タイルL指数[訳注2]は先の式と数学的に完全に等値になる）。

集中度（「ディストピアB」の問題）を測るには、ハーフィンダール・ハーシュマン指数から始めるのが効果的で、これは産業界での経済的な集中度を測るためにすでに利用されている（上の式）。

図のほうが分かりやすければ、右上のようになる。

代替手法はほかにもある。タイルT指数も、一部が違うだけで、特性は似ている。もっと単純で分かりやすい手法がナカモト係数で、全体の50％以上を占めるために集まる必要がある参加者の最小人数を表す。ここで注意しなければならないのは、以上三つの集中度指数がすべて、トップ近くで起こることを重視していることだ（意図的にそうなっている）。少量の資源しか持たない物好きな素人の大多数は、この指数にほとんど、あるいはまったく寄与していない。一方、上位2人の参加者が併合した場合、この指数は大きく変化する。

暗号資産のコミュニティでは、資源の集中がシステムにとって大きなリスクのひとつになるが、0・00013コインしか持たない人がいても、実際に困っているという証拠にはならないので、このような指数を採用するのは、分かりやすいアプローチだ。だが、国を考える場合でも、これを検討したうえで、権力の集中と資源の欠乏による労苦とは、もっと分けて測る意味がある。

とはいえ、どこかの時点で私たちはこうした指数の先を考えなければならない。権力の集中に起因する損害は、単に関係者の規模の関数ではない。関係者どうしの関係や、関係者どうしが共謀できる能力にも大きく関わっている。同じように、資源の分配はネットワークに依存する。公式な資源が欠乏している人でも、非公式なネットワークを利用できるのであれば、それほどの損害は生じない。しかし、このような問題に対処するのはきわめて難解な課題であり、まだ扱えるデータが十分にそろっていない以上、もっと簡単な手法も必要だ。

記事を精査して的確なフィードバックをくれたバルナベ・モノとティナ・ゼンに感謝の意を表する。

訳注1　ビットコインの保有分布における不平等を指摘したこの記事は以下から読める。
https://finance.yahoo.com/news/bitcoin-north-korea-160445742.html
訳注2　タイル指数（タイル尺度ともいう）は、ジニ係数同様、所得不平等を測る尺度のひとつ。タイルTやタイルLといった指標の種類がある。

通貨投票によるガバナンスを超えて

vitalik.ca
2021年8月16日

ブロックチェーンの世界でこの1年間に話題となったトレンドが、**分散型金融（Decentralized Finance　DeFi）**への集中から、**分散型ガバナンス（Decentralized Governance　DeGov）**も視野に入れようという変化だ。2020年は、「DeFiの年」と広く呼ばれており、その理由もうなずける。だがその後は、このトレンドを形作っているDeFiが機能の向上に伴って複雑化してきたことから、その複雑性に対処できる分散型ガバナンスに対する関心が高まっているのだ。イーサリアムの内部にもその例はある。YFI、コンパウンド（Compound）、シンセティクス（Synthetix）、UNI、ギットコイン（Gitcoin）などすべてで、なんらかのDAOが動き始めているか、実際に始まっている。だが、イーサリアム以外にも動きはあり、ビットコインキャッシュ（Bitcoin Cash）におけるインフラストラクチャ資金調達提案、ジーキャッシュでのインフラストラクチャ資金調達提案などについて議論が進んでいる。

分散型ガバナンスの正式化が話題になっているのは事実であり、そこに関心が集まる重要な理由もある。だが、こうした制度に関してはリスクも考慮する必要があることは、最近あったスチーム（Steem）の敵対的な乗っ取りと、続いて起こったハイブ（Hive）への大量移動からも明らかだ。そのような傾向は避けられないといってもいい。**分散型ガバナンスは、状況しだいで必要でもあり危険でもあって、**その理由を今回の記事では説明していく。どうすれば、リスクを最小限に抑えつつ、DeGovのメリットを生かせるのか。その答えの一部となる大きな要素としていえるのは、**今ある形の通貨投票を超えていかなければならない**ということだ。

DeGovの必要性について

1996年にサイバースペース独立宣言〈原注1〉が出されて以来、いわばサイファーパンクのイデオロギーをめぐって、未解決の論争が続いている。ひとつには、サイファーパンクの価値観がある。暗号技術を使って弾圧をなくし、弾圧に向かわない協調のメカニズムの効率と範囲を最大化することをめざすもので、協調のメカニズムとして今のところ最も有力なのが、私有財産と市場だ。ところが、私有財産と市場の経済論理は、反復的な一対一のやり取りに「分解」できる活動に合わせて最適化されている。そしてインフォスフィア（情報空間）は、芸術や科学、文章、コードなどが不可分な一対多の交わりを通じて生産・消費される場であり、それとは真逆なのだ。

このような環境に固有で、解決しなければならない問題は主に二つある。

・**公共財の資金調達**——コミュニティのなかで、分け隔てなく広い集団にとって価値をもつにもかかわらず、ビジネスモデルを欠いていることが多いプロジェクトは、どうやって資金を調達するのか（たとえば、レイヤー1とレイヤー2のプロトコル研究、クライアント開発、文書化など）。
・**プロトコルの維持管理とアップグレード**——プロトコルのアップグレードや、長期的に安定はしていないプロトコルに関する通常の維持管理や調整作業（安全な資産のリスト、価格オラクルのソース、マルチパーティー計算における鍵の保有者など）については、どう合意するのか。

ブロックチェーンのプロジェクトはどれも、この二つの問題を無視して、重要な公益はネットワークセキュリティだけだといわんばかりの姿勢をとる傾向がある。そうすれば、永遠に変わらないひとつのアルゴリズムで達成できるし、プルーフ・オブ・ワークの報酬を払っても採算がとれるからだ。資金調達でこのような状況が可能になったのは、まず2010年から2013年にかけてビットコインの価格が急上昇し、続く2014年から2017年には一回限りのICO（Initial Coin Offering 暗号資産の新規公開）ブームが訪れたうえ、同時期に第二の暗号資産バブルが到来したためである。

〈**原注1**〉 ダボスで開催される世界経済フォーラムで発表された声明。初期のインターネット擁護派であり、かつてグレイトフル・デッドに歌詞を提供していたこともあるジョン・ペリー・バーロウが、米国議会で抑圧的な規制が可決されたことを受けて起草した。

そのたびに暗号資産のエコシステムは、重大な市場の非効率を一時的に取り繕えるくらい十分に潤ったのだ。公的な資源の長期的なガバナンスも、同じように無視されてきた。ビットコインは極端な最小化の方針をとり、供給量が固定されている通貨の発行に専念してライトニング（Lightning）などレイヤー2の決済システムをサポートするだけで、ほかには何もしなかった。イーサリアムがおおむね平穏に発展しつづけてきた（一回の大きな例外を除いて〈原注2〉）のは、あらかじめ用意されていたロードマップの正当性（基本的には、「プルーフ・オブ・ステークとシャーディング[訳注1]」）があったからであり、それ以上のことを必要とするほど高度なプロジェクトがアプリケーションレイヤーにまだ存在しなかったためだ。

だが、今やそんな幸運は尽きかけており、プロトコルの維持管理およびアップグレードと、文書化および研究開発の資金調達とを調整し、しかも中央集権化のリスクを避けるという課題が、最優先事項になってきている。

公共財への資金調達にDeGovが必要

ここで一歩下がって冷静に、今の状況の不合理さを眺めてみよう。イーサリアムのマイニング報酬は、1日あたりおよそ1万3500ETH、換算すると約4000万ドルだ。トランザクション手数料もやはり高く、EIP-1559以外でバーン[訳注2]される割合〈原注3〉は1日あたりほぼ1500ETH（約450万ドル）で推移している。つまり、年間では数百億ドルがネットワークセ

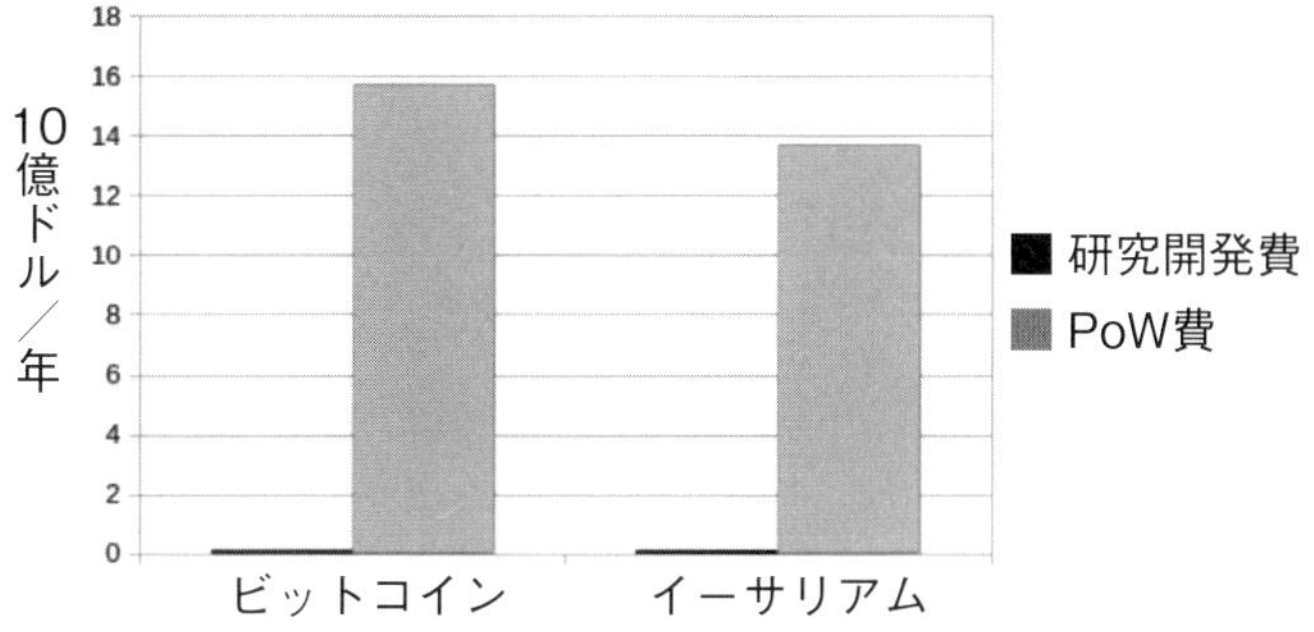

ビットコインとイーサリアムのPoWに対する消費額と研究開発に対する消費額

キュリティの資金として費やされていることになる。では、イーサリアム財団の予算はどうなっているかというと、年間で3000～6000万ドルほどだ。財団以外の関係者（コンセンシス社など）も開発には貢献しているが、それほどの規模ではない。ビットコインでも状況は似たり寄ったりで、セキュリティ外の公共財に向けられる資金はおそらくもっと少ないだろう。

おなじみのグラフで示すと上のようになる。

イーサリアムのエコシステムに限れば、この不均衡はそれほど問題ではないといえる。年間で数千万ドルというのは、必要な研究開発を進めるには「十分」であり、それ以上の資金をつぎ込んでも、さらに改善されるとは限らない。むしろ、プロトコル内で開発者向けの資金提供を始めることでプラットフォームの「信頼できる中立性」が損なわれるリスクのほ

〈原注2〉 一回の大きな例外とは、もちろん、The DAO ハッキングの件だ。

〈原注3〉 これは2021年にガス代無料の市場構造を変えた「イーサリアム改善提案」を指している。

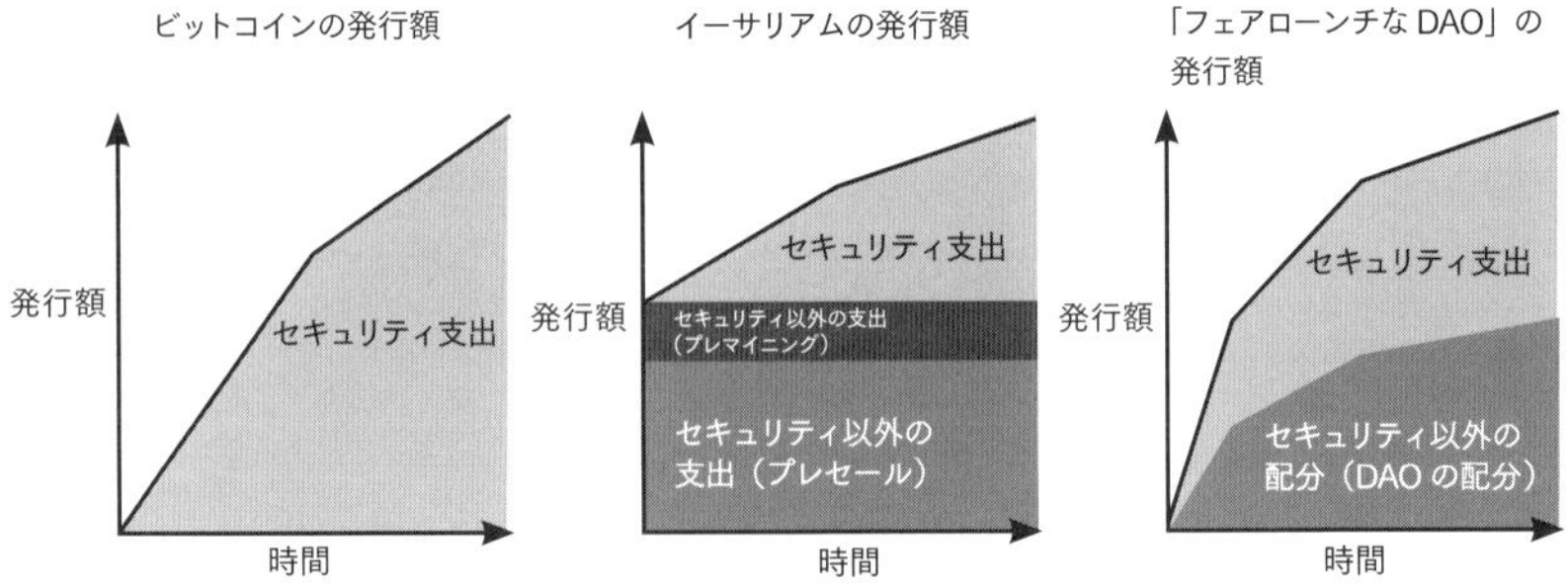

うが、メリットを上回ってしまう。だが、もっと小さい規模で見ると、イーサリアム内部のエコシステムにせよ、あるいはBCHやジーキャッシュのようにまったく別のブロックチェーンのエコシステムにせよ、同じ議論は巻き起こっており、規模が小さいだけに問題の比重は大きくなるのである。

そこに登場するのがDAOだ。最初から「純粋」なDAOとして登場したプロジェクトは、以前なら両立できなかった二つの特性の組み合わせを実現できる。つまり、（i）開発者向けの潤沢な資金と、（ii）資金調達に関する「信頼できる中立性」（切望されていた「公正な上場《フェアローンチ》」）だ。開発者向けの資金は、固定化された受信アドレスから提供されるのではなく、DAO自体によって決定される。

もちろん、完璧にフェアなローンチは難しいが、情報の非対称性に起因する不公正は、明白なプレマイニングに起因する不公正より悪いことが多い（ビットコインは、2010年末には供給量の4分の1がすでに人の手に渡っており、それ以前にはほとんどの人が耳にする機会すらなかった。それを考えると、ビットコインは本当にフェアローンチだったのだろうか）。それでもなお、最初からセキュリティ以外の公共財への報酬をプロトコルで用意するのは、信頼できる中立性を備えた、開発者向けの十分な資金調達を実現するには重要な一歩になりうると思われる。

プロトコルの維持管理とアップグレードにDeGoVが必要

公共財の資金調達に加えて、同じくらい重要でガバナンスを必要とする問題が、プロトコルの維持管理とアップグレードだ。私は、自動化されていないパラメーターの調整を最小限にしようとする試みを支持するし（後述する「制限付きのガバナンス」を参照）、ＲＡＩの「脱ガバナンス」戦略のファンでもあるが、それでもガバナンスが避けられないことはある。価格オラクルには「どこか」から入力が必要だが、ときには、その「どこか」が変わらなければならない。プロトコルが「硬直化」して最終形になるまでは、なんらかの形で改善を図る必要がある。場合によっては、コミュニティがプロトコルを最終確定できると判断しても、周囲がにわかに異を唱えて全面的な見直しを求めることもある。仮に米ドルが崩壊して、ＲＡＩがステーブルコインとしての安定性と妥当性を維持するために、独自の非中央集権的なＣＰＩ指数〈原注４〉を大急ぎで策定・維持しなければならなくなったとしたら、どうなるだろうか。ここでもやはりＤｅＧｏｖが必要になるわけだから、ＤｅＧｏｖを完全否定するの

〈原注４〉 ＣＰＩは、消費者物価指数（Consumer Price Index）の略。ＲＡＩはステーブルコインだが、ＤＡＩやＵＳＤＴと違って、米ドルなどの名目貨幣に固定《ペグ》されていない。基盤となる暗号資産市場における変動を反映しつつも、高い安定性をめざそうとしている。

は現実的な解ではない。

ひとつ大きな違いになるのは、オフチェーンガバナンス〈原注5〉が可能かどうかだ。私は以前から、可能なかぎりオフチェーンガバナンスを推している。実際、ベースレイヤーのブロックチェーンの場合、オフチェーンガバナンスが可能なのは明らかだ。**しかし、アプリケーションレイヤーのプロジェクト、特にDeFiプロジェクトとなると、アプリケーションレイヤーのスマートコントラクトシステムが外部の資産を直接コントロールし、そのコントロールをフォークで排除できないという問題が浮上する。**テゾス（Tezos）のオンチェーンガバナンスが攻撃者に支配された場合、コミュニティはハードフォークでそれを回避でき、協調のコスト（確かにそれが高いのだが）以外に損害は発生しない。MakerDAOのオンチェーンガバナンスが攻撃者に支配された場合、コミュニティは間違いなく、新しいMakerDAOを立ち上げるが、従来のMakerDAOのCDPにたまったETHやその他の資産はすべて失われる。**したがって、ベースレイヤーと一部のアプリケーションレイヤーのプロトコルに対してはオフチェーンガバナンスが良好なソリューションになるが、アプリケーションレイヤーの多くのアプリケーション、特にDeFiには、なんらかの正式なオンチェーンガバナンスがどうしても必要なのだ。**

DeGovの危険性

とはいうものの、いま具体化しているDeGovはすべて、大きなリスクを伴っている。これまでも私の記事を読んできた方には目新しい議論ではないだろう。通貨投票には、私が懸念する問題点が大きくいって二つある。**（ｉ）攻撃がない場合でも無視できない、不平等とインセンティブの不一致、そして（ⅱ）さまざまな形の（多くは曖昧化された）票の買収による全面的な攻撃だ。**（ｉ）については、緩和策がいくつも提唱されているし（権限委任《デリゲーション》など）、ほかにも出てくるだろう。だが、（ⅱ）はずっと扱いが難しい難物で、私も現在の通貨投票のパラダイムには答えを見いだせない。

攻撃がない場合でも無視できない通貨投票の問題点

明らかな攻撃がない場合でも無視できない通貨投票の問題は、だいぶ知られるようになってきた。大部分は、次のような枠に分類される。

・**財力のある参加者（いわゆる「クジラ」）からなる小さい集団のほうが、少額保有者からなる大きい集団より意思決定の実行に優れている**――少額保有者の間で見られる「コモンズの悲劇」が原因だ。少額保有者のひとりひとりは、投票結果に微々たる影響力しかもたないため、手を抜か

〈原注5〉「オンチェーン」ガバナンスは、ブロックチェーンのプロトコルを直接利用する投票などの意思決定を指す。それに対して、財団や企業、DAOに対する独裁的な支配、非公式のカリスマ的な権威、ウィスパーネットワーク（訳注　非公式に交わされる情報のネットワークのこと）などのメカニズムを「オフチェーン」と呼ぶことがある。

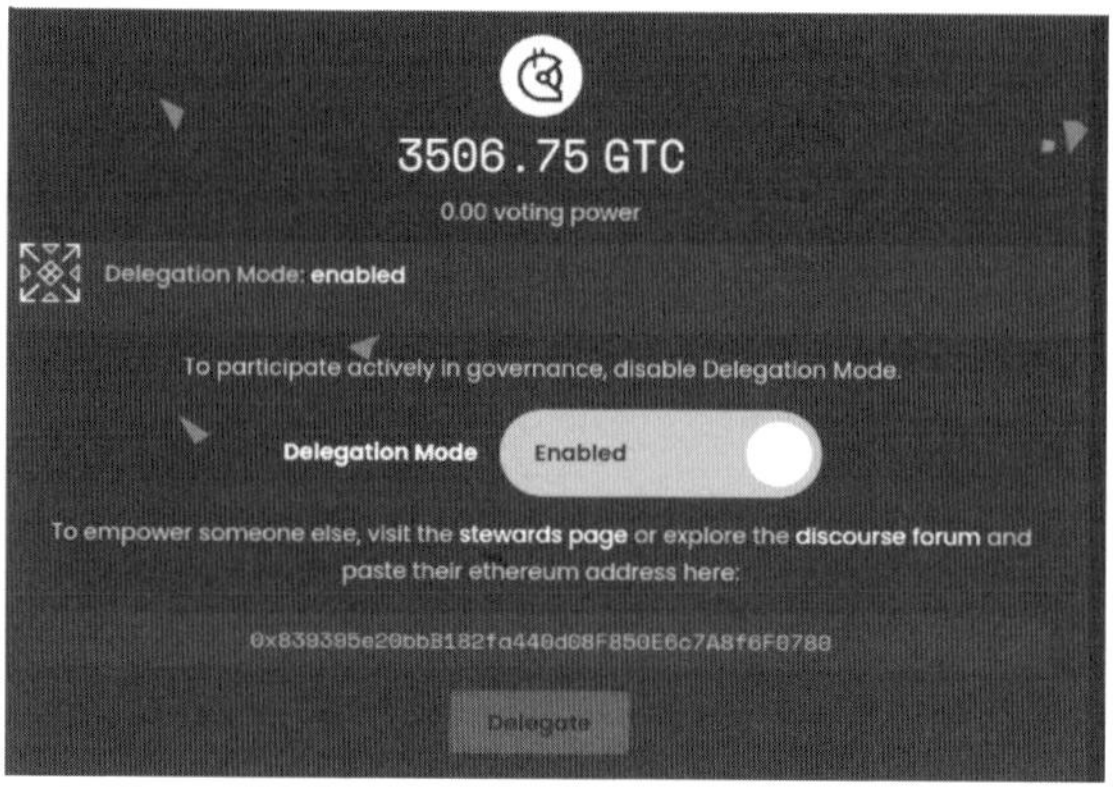

Gitcoin DAO における私の投票委任ページ

ずにちゃんと投票しようというインセンティブが低くなる。投票に対して報酬が発生するとしても、研究したり、何のための投票か深く考えたりするインセンティブがほとんどないのである。

- **通貨投票によるガバナンスは通貨保有者とその利害に対して権限を強化するが、同時にコミュニティの他の部分を犠牲にする**——プロトコルのコミュニティは多様な有権者で構成されており、有権者それぞれがさまざまな価値観、ビジョン、目標をもっている。しかし、通貨投票では単一の有権者（通貨保有者、特に財力のある）に力が集中するため、通貨の価格を引き上げるという目標は、仮にそこに有害な自己利益《レント・エクストラクション》の追求があるとしても、過大評価されてしまう。
- **利益相反の問題**——単一の有権者（通貨保有者）に議決権を与える、とりわけその有権者層のなかでも財力のある参加者に過剰に力を与えると、そのエリート層（たとえば、当該のプラットフォームと接触がある他のＤｅＦｉプラットフォームのトークンも所持している投資資金や通貨保有者）のなかで利益相反が過剰に生じるリスクがある。

一つ目の問題を解決する（したがって、三つ目の問題も緩和する）ことをめざして試みられているひとつの戦略が、デリゲーションだ。少額保有者は、個人として個々の結論を判断するのではなく、信頼しているコミュニティメンバーに権限を委任する。これは、称賛に値する有意義な試みだ。デリゲーションでこの問題をどの程度まで緩和できるかは、改めて確認する。

対して、通貨保有者への集中の問題ははるかに難度が高い。通貨保有者中心主義は、通貨保有者による投票しか入力をもたないシステムには、内在的に組み込まれている。それは意図された目標であって不備ではない、という誤った認識がすでに混乱と害をもたらしつつある。ブロックチェーンの公共財について論じたある記事〈原注6〉は、こう苦言を呈している（おおむねは素晴らしい記事だ）。

所有権が少数のクジラの手にある場合にも、暗号資産のプロトコルは公共財とみなせるのだろうか。市場のこの基本要素を、慣用的には「公共インフラストラクチャ」と呼ぶこともあるが、ブロックチェーンが今日の「公共」の役に立っているとすると、これは本来ひとつの分散型金融だといえる。基本的に、そのトークン保有者が共有している関心の対象はただひとつ、価格だけだ。

この苦言は正しくない。ブロックチェーンは、ＤｅＦｉのトークン保有者よりずっと広く多様な公

〈原注6〉サム・ハート、ローラ・ロッティ、トビー・ショーリン、「Positive Sum Worlds: Remaking Public Goods（ポジティブサム社会——公共財を考え直す）」、Other Internet（２０２１年7月２日）

共の役に立っているからだ。ところが、通貨投票に主導されるガバナンスシステムは、その点を十分取り入れることがまったくできていない。そして、ガバナンスシステムにそうした多様性まで取り入れることは、パラダイムをもっと根源的に変えないかぎり、難しいと思われる。

通貨投票が攻撃に対して根源的に脆弱な点──票の買収

システムの転覆を断固として狙う攻撃者が登場すると、問題はたちまち高度になる。通貨投票の根本的な脆弱性は理解しやすい。**通貨投票の制度があるプロトコルにおけるトークンとは、二つの権利、つまり（i）プロトコルの収益のなかに存在するなんらかの経済的利権と、（ii）ガバナンスに参加する権利とを組み合わせて一つの資産にしたものである。この組み合わせは意図的で、権力と責任を両立するという狙いがある。ただし実際には、この二つの権利を切り離すのはいたって簡単だ。**以下のようなルールの単純なラッパーコントラクト[訳注3]を考える。このコントラクトに1XYZを預けると、1WXYZが戻ってくる。WXYZはいつでもXYZに戻すことができ、加えて配当金が生じる。その配当金は、さて、どこから来るのだろうか。通貨XYZは、ラッパーコントラクトの内部にあるが、ガバナンスに関わるどんな形（提案する、提案に投票する、など）だろうとそれを使うことができるのはラッパーコントラクト自体だ。ラッパーコントラクトは、毎日この権利を競り売りしては、利益をもとの預金者の間で分配している（次ページ上の図を参照）。

XYZの保有者としてこのコントラクトに通貨を預けると、利益はあるのだろうか。通貨を大量に

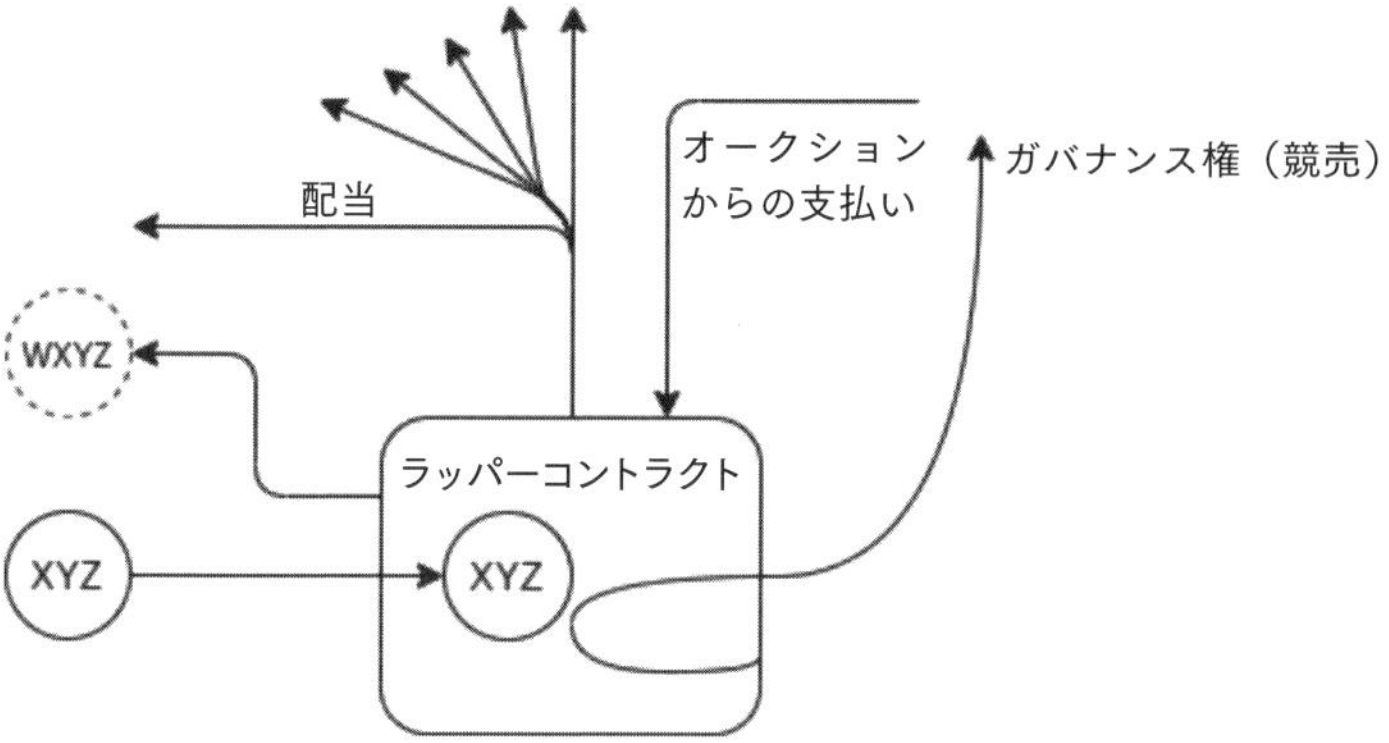

保有している場合、利益はないかもしれない。配当金はうれしいが、売りつけたガバナンス権を使って不正な関係者が何かするのではないかと懸念される。逆に通貨を少量しか保有していない場合、利益はきわめて大きい。ラッパーコントラクトによって競売されたガバナンス権が攻撃者によって買い占められたとしても、ガバナンス上の不正な決定に自分のトークンが寄与していることで生じるコストは微々たるものであり、逆にガバナンス権の競売で得られる配当金は、そのまま個人的な利益になる

仮に、攻撃者が自分に有利な形でＤＡＯを改悪するような決定を下すとしよう。この決定が成功することで参加者ひとりが被る損害をＤ、１票が結果を動かす確率をpとする。攻撃者が金額Ｂの買収を実行する場合、全体を１０００人と仮定すると、このゲームのチャートは次ページ上のようになる。

$B > (D \times p)$であれば自分は賄賂を受け取りたい気持ちに傾くが、$B < (1000 \times D \times p)$であるかぎり賄賂を受け取ると全体的には不利益になる。したがって、$p < 1$であれ

決定	自分の利益	他者の利益
攻撃者からの賄賂を受け取る	B − D×p	−999×D ×p
賄賂を拒絶し、良心に従って投票する	0	0

ば（通常、pは1よりはるかに小さい）、攻撃者の買収を受けて、ユーザーが最終的にマイナスになる決定を採用してしまう可能性はある。そうすると、ユーザーごとの報酬は少なく、損害は大きくなる。

投票者の買収という懸念に対しては、当然こういう反論がある。投票者は本当に、露骨な賄賂を受け取るほどあざといものだろうか。DAOトークンの保有者は、平均して熱狂的なファンであって、プロジェクトを敵に売るほどあからさまに身勝手な行為を受け入れたりできないはずだ――。だが、この反論には見落としがある。利益分配権とガバナンス権を切り離すときには、もっとずっと巧妙な手もあって、ラッパーコントラクトほど見えすいた手段を必要としないのだ。

いちばん単純な例としては、DeFi貸付プラットフォーム（コンパウンドなど）を利用する手がある。あらかじめETHを持っていれば、いずれかの貸付プラットフォームでCDP（担保付き債務ポジション）にETHを固定《ロックアップ》しておき、そのCDPコントラクトを利用してXYZ通貨を、たとえばロックアップしたETHの半分まで、借り入れることができる。これで、そのXYZを使って何でもできることになる。ETHを取り戻したければ、借り入れたXYZに利子を付けて返済するだけでいい（次ページ上の図を参照）。

こうしたプロセスを通じて、借り手には、XYZに対する金融エクスポージャーがまったく発生しない。つまり、XYZの価値を損ねるようなガバナンス上の決定

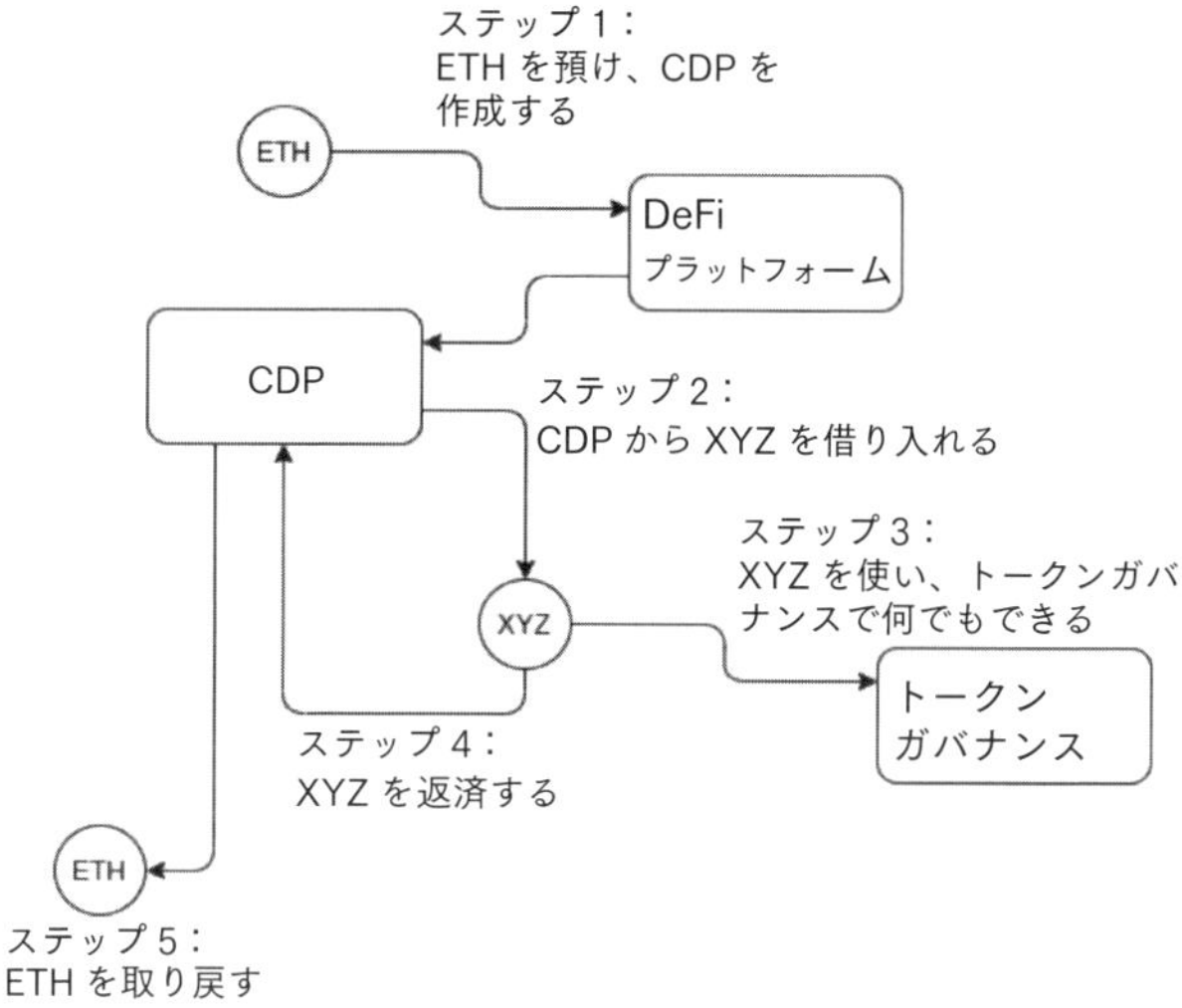
ステップ1：
ETHを預け、CDPを作成する
ETH
DeFi
プラットフォーム
CDP
ステップ2：
CDPからXYZを借り入れる
ステップ3：
XYZを使い、トークンガバナンスで何でもできる
XYZ
トークン
ガバナンス
ステップ4：
XYZを返済する
ETH
ステップ5：
ETHを取り戻す

に、XYZを使って賛成票を投じても、その結果として損はまったくないことになる。保有しているXYZは最終的にCDPに返済する分なので、その価値が上下にどう動こうか問題ないからだ。**これで、切り離しが実現した。借り手は経済的利権なしにガバナンス権を手にし、貸し手はガバナンス権なしに経済的利権を確保できたわけである。**

利益分配権とガバナンス権を切り離すことができる中央集権的なメカニズムもある。分かりやすい形としては、たとえばユーザーが（中央集権的な）取引所に暗号資産を預けると、取引所はその資産を完全に管理下に置くことができるので、それを投票に使えるようになる。これは机上の空論ではなく、DPoSシステムのいくつかでは、取引所がユーザーの通貨を利用した証拠もある。

なかには、こうした攻撃を抑えるためにタイムロックを導入しているDAOプロトコルもある。通貨をロックして、一定期間は投票目的に使えないよう

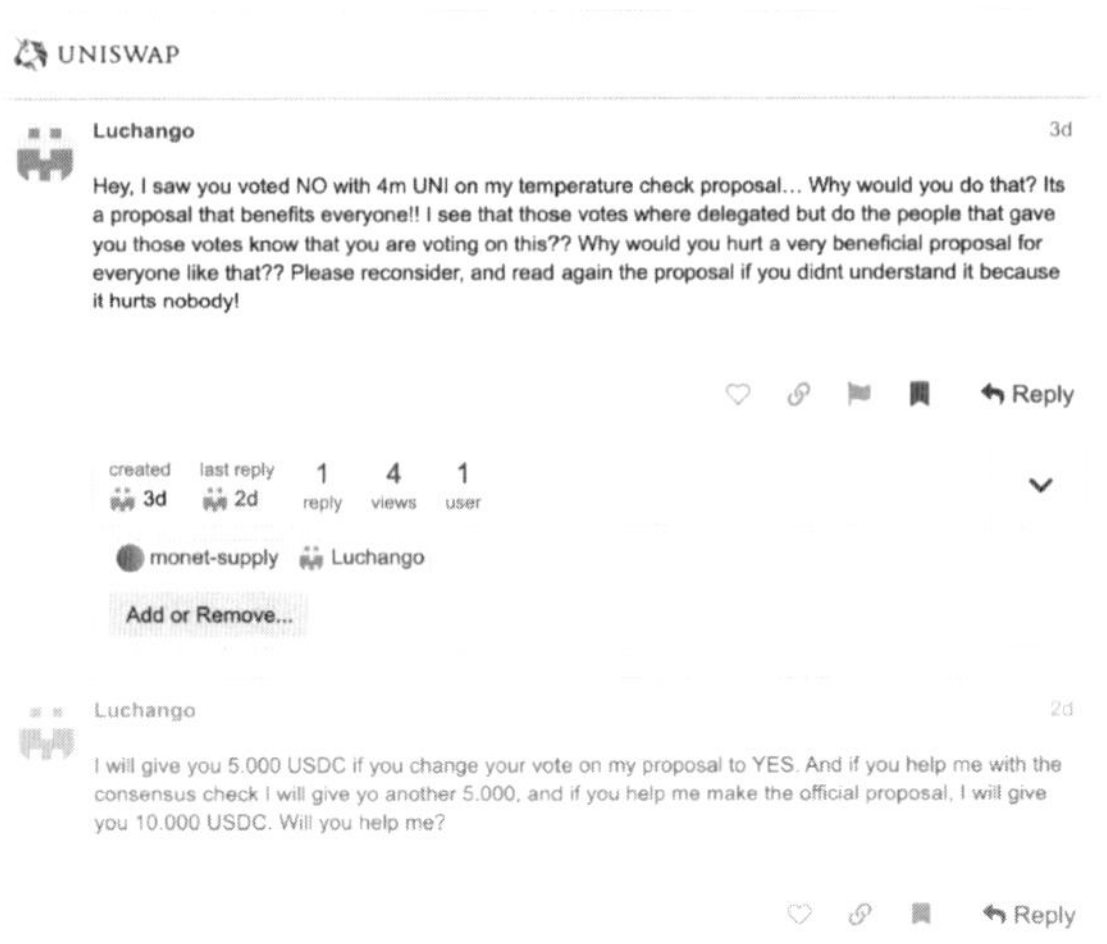

（訳注）反対票を投じた人に対して、賛成に翻意して協力するよう呼びかけている。協力度合いに応じた額のUSDコインを支払うと提案している

にすることをユーザーに要求するのだ。こうしたテクニックを使えば、購入－投票－売却を短期間で実行する攻撃は制限できるのだが、タイムロックのしくみも、ラップした形のトークンを発行するコントラクトで通貨を保有し投票するユーザーがいたら（あるいは、中央集権的な取引所ならもっと簡単に）、最終的には迂回できてしまう。セキュリティのメカニズムに関しては、タイムロックも錠前と鍵のようには機能せず、新聞サイトのペイウォール[訳注4]くらいにしかならないのだ。

　今のところ、通貨投票の制度があるブロックチェーンとDAOの多くは、このような攻撃が特に深刻な形で発生するのを何とか避けられている。買収が試みられた形跡はいくつか見つかることがあり、上のスクリーンショットもそのひとつだ。

　だが、こうした重大な問題がありながらも、大々的な票の買収があった例はまだほとんどない。金融市場を利用する巧妙な手口まで含めても、単純な経済論から予想されるほどには起こっていないのである。そうなると、当然ひとつの疑問がわいてくる。なぜ、もっとあからさまな攻撃がまだ起こっていないのだろうか。

「なぜ、まだ」かは、不確定な三つの要素に依存するというのが私の答えだ。どの要素も、今のところ通用しているが、今後はそうとも限らない。

1．**コミュニティ精神**——緊密にできあがったコミュニティでは、誰もが共通の属性や目的で友愛の感覚を保っている。

2．**富の集中が大きく、トークン保有者の協調が強い**——大量保有者は、結果を左右できる度合いが高く、長期的な相互関係に投資している（ベンチャーキャピタリストたちが集まる「OB ムラ社会《オールドボーイズクラブ》」や、それに限らず富裕なトークン保有者が集まった、権力はあって目立たない集団がある）。こうした層は、買収がかなり難しい。

3．**ガバナンストークンの金融市場が未発達**——ラッパートークンを作成する既製のツールは、概念実証の形として存在しているものの、広く利用されているわけではない。また、買収的なコントラクトも存在しているとはいえ同様に未発達なため、貸付市場の流動性が低い。

小規模に協調したユーザーの集団が通貨の50％以上を保有していて、その集団も残りのユーザーも緊密なコミュニティに投資している状況があり、妥当な利率で貸し出されるトークンが少ない場合なら、先にあげた買収攻撃はすべて空論で終わるかもしれない。だが、私たちがどうしようと、いずれ

（1）と（3）は必然的に成り立たなくなるし、（2）もDAOの公平性を求めるのであれば通用しなくなる。そうなったとき、はたしてDAOは安全でいられるのだろうか。そして、通貨投票では今後の攻撃に対抗できなくなるとしたら、どんな対策があるのだろうか。

解決策その1——制限的なガバナンス

このような問題に対する緩和策のひとつとして、すでにいろいろな段階まで試みられているのが、通貨主導のガバナンスでできることを制限することだ。具体的には、方法がいくつかある。

・**オンチェーンガバナンスは、ベースレイヤーではなくアプリケーションのみに用いる**——イーサリアムはすでにこれを実現しており、プロトコル自体のガバナンスはオフチェーンガバナンスに委ねられている。一方、DAOやその他のアプリケーションには、オンチェーンガバナンスで管理されているものもある（常にではないが）。

・**ガバナンスは、パラメーターの固定された選択に限定する**——ユニスワップがこれを導入しており、ガバナンスの及ぶ範囲は（i）トークンの分配と、（ii）ユニスワップ取引所での0・05%の手数料に限定されている。RAIが掲げる「脱ガバナンス」のロードマップもいい例のひとつで、ガバナンスの対象となる機能を段階的に減らしつつある。

・**時間差を導入する**——ある時刻Tに行われたガバナンス上の意思決定を、たとえばT+90日後になってから発効させるしくみ。こうすると、この決定を承諾できないと判断したユーザーとアプリケーションには他のアプリケーション（おそらくはフォーク）に移動する猶予がある。コンパウンドは1日後れのしくみをガバナンスに導入しているが、原理的にはこの後れをもっと長くできる（最終的にはそうすべきである）。

- **フォークにやさしくする**――ユーザーが短時間で協調を進めてフォークを実行できるようにする。こうすれば、支配的なガバナンスの反発を和らげることができる。

ユニスワップのケースは特におもしろい。オンチェーンガバナンス資金のチームは、ユニスワッププロトコルの将来的なバージョンを開発できるが、そのバージョンにアップグレードするかどうかはユーザーの主体的な選択《オプトイン》に任される。そのような動作が意図されているのだ。これは、オンチェーンガバナンスとオフチェーンガバナンスのハイブリッドで、かつオンチェーン側の役割を制限したものといえる。

しかし、制限的なガバナンスは、それだけで許容できる解決策ではない。ガバナンスが重点的に必要な領域（公共財に対する資金の分配など）はそもそも、攻撃に特に脆い。公共財への資金調達が攻撃に対して特に脆弱なのは、攻撃者がごくストレートに不正な決定から利益を得られるからだ。自分たちに資金を送金するという不正な決定を押し通せば済む。したがって、ガバナンス自体を改善する方策も必要になる。

解決策その2——通貨主導ではないガバナンス

二つ目は、通貨投票を主軸としない形のガバナンスを使うというアプローチだ。では、ガバナンスにおけるアカウントの重みを通貨で決定しないのであれば、どうやって決定するのか。すぐに思いつく方法は二つある。

1．**プルーフ・オブ・パーソン（Proof Of Personhood）**——ガバナンスの1票を1人の個人に割り当てられるように、アカウントがただひとりの人間に対応していることを検証するシステム。これを実現しようとしている二つの試みとして、プルーフ・オブ・ヒューマニティとBrightIDがある。

2．**プルーフ・オブ・パーティシペーション（Proof Of Participation）**——あるアカウントが、なんらかのイベントに参加した個人、あるいは一定の教育課程に合格した個人、エコシステムで有意義な実績を残した個人に対応しているという事実を証明するシステム。この取り組みの例は、POAPで見ることができる。

ハイブリッドの手法も考えられる。その一例がクアドラティック・ボーティング（quadratic voting）で、1人の投票者の権限は、決定に割り振った経済資源の平方根に比例する。多数のアイデンティティにリソースを分散してシステムを悪用するという手口を防ぐには、プルーフ・オブ・パーソンが必要で、金融的な要素が残っていれば、参加者はある問題に対する関心度の強さだけではなく、エコシステムに対する関心度の強さも確実に示すことができる。ギットコインのクアドラティック・ファンディングはクアドラティック・ボーティングの一種で、クアドラティック・ボーティングのDAO設立が進んでいる。

プルーフ・オブ・パーティシペーションのほうは、あまり理解されていない。大きな問題になるのが、パーティシペーションつまり参加の度合い自体を評価するには、かなり堅固なガバナンス構造が必要だということだ。たとえば、初期の協力者100人から厳選した10人のシステムのブートストラップを利用し、n回目の参加者が次の、つまり$n+1$回目の参加基準を決めるという形で時間軸に沿って非中央集権化を行うのも簡単だ。フォークの可能性はあるので復旧の道になるし、ガバナンスが常軌を逸するのを防ぐインセンティブにもなる。

プルーフ・オブ・パーソンとプルーフ・オブ・パーティシペーションには、どちらもなんらかの共謀対策が必要だ。投票権の評価に使われる資金以外の資源が非金融的な性質のままで保たれること、そしてそれ自体が最高額入札者にガバナンス権を売るようなスマートコントラクトの内部で終わってしまわないことを保証しなければならないからだ。

解決策その3——誰もがリスクを負う

三つ目のアプローチでは、投票のルール自体を変えて、コモンズの悲劇を打破しようと試みる。通

貨投票が不首尾に終わるのには理由がある。投票者は、決定に対して集合的に責任を負う（とんでもない決定に全員が投票した場合、全員の通貨がゼロになる）が、投票者ひとりひとりが個人的に責任を負うことはない（とんでもない決定があっても、それに賛成した人が反対した人よりひどい目にあうことはない）ということだ。このダイナミクスを変える投票システムがあり、投票者が集合的にだけでなく個別にも責任を負うようになったらどうか。

フォークにやさしいシステムは、スチームからハイブがフォークしたのと同じように進むのであれば、自らリスクを負う戦略になる。ガバナンス上破滅的な決定が成立し、プロトコル内部でもはや反対できなくなったとしても、ユーザーは自ら進んでフォークを選択できる。しかも、そのフォークでは、破滅的な決定に賛成した通貨を破棄できる。

いささか乱暴にきこえるかもしれないし、ひょっとすると、通貨をフォークする場合でも「台帳の不変性」は不可侵であるという暗黙の規範に違反するようにさえ感じられるかもしれない。だが視点を変えると、この考え方はいたって合理的に見えてくる。個人の通貨残高が攻撃を受けないと想定される強固なファイアウォールという概念は維持される。ただ、その保護はガバナンスに参加していない通貨にのみ適用される。ガバナンスに参加した場合は、ラッパーのメカニズムに通貨を渡すという間接的な方法であっても、その行動のコストを負担させられる可能性がある。

攻撃があったとき、その攻撃に賛成票を投じた通貨は破棄される。こうすれば個人の責任が発生する。攻撃に賛成票を投じていなければ、通貨は保たれる。そして、この責任は上方向に波及する。通貨をラッパーコントラクトに預け、そのラッパーコントラクトが攻撃に賛成票を投じた場合、そのコントラクトの残高は消し飛ぶが、自分の通貨も失う。攻撃者がDeFi貸付プラットフォームからXYZを借り受けた場合、そのプラットフォームがフォークすると、XYZを貸し付けた側は負けることになる（そのため、ガバナンストークンの貸付は全般的にリスクが高くなることに注意。これは意図的な結果だ）。

日常的な投票で「自らリスクを負う」

ただし、以上のような工夫が通用するのは、真に極端な決定の場合に限られる。もっと規模の小さな窃盗、つまりガバナンスの経済を不正操作する攻撃者を不当に優遇しているが、破滅的というほど深刻でない場合にはどうなるのか。また、攻撃者がまったく存在しない単なる怠慢の場合や、通貨投票のガバナンスに上位の意見を優遇する淘汰圧がない場合は、どうなるのだろうか。

このような問題に対して最も一般的な答えになるのが、2000年代はじめにロビン・ハンソンが提唱したフュタ－キーだ。投票が賭けになる。ある提案に賛成票を投じる場合には、その提案が良い

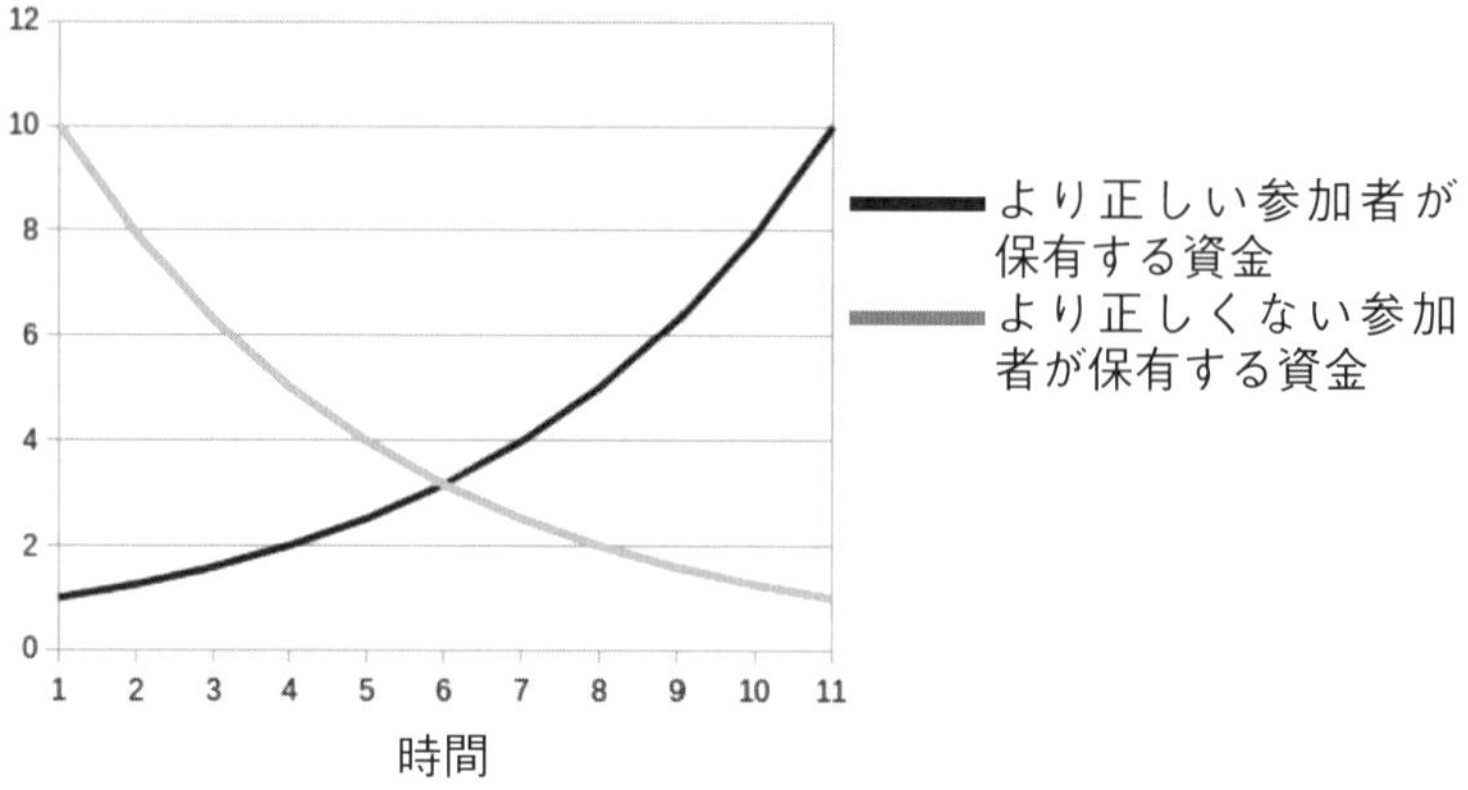

結果につながるほうに賭け、反対票を投じる場合には、その提案が悪い結果につながるほうに賭ける。フュタ ーキーで個人に責任が生じる理由はいうまでもない。賭けが正しければ通貨が増え、賭けが間違っていたら通貨を失うのだ。

「純粋な」フュタ ーキーの導入は難しいことがすでに判明している。現実には、目的関数の定義がきわめて難しいからだ（人々が望むのは通貨の価格だけではないため）。それでも、さまざまなハイブリッド型のフュタ ーキーなら有望な見込みがあり、次のような例もある。

・**買い注文としての投票**――ある提案に対して賛成票を投じるときは、強制力のある買い注文を通じて、トークンの現行価格より多少低い価格で追加のトークンを購入する必要がある。こうすると、とんでもない決定が確定した場合、それに賛成していた人は強制的に反対者のトークンを買い取ることになるが、もっと「普通」の判定の場合、希望しだいで価格以外の基準に従って決める余地が通貨保有者には残される。

- **遡及的な公共財資金調達**——公共財が、実際に結果を達成したあとで遡及的な投票メカニズムによって資金を調達する。ユーザーは、プロジェクトのトークンを購入することによって、そのプロジェクトに資金を提供するとともに、プロジェクトに寄せる信頼を表明できる。プロジェクトトークンの買い手は、そのプロジェクトが望ましい目標を達成したと認められた場合に報酬の一部を受け取れる。
- **エスカレーションゲーム**——下位の決定について価値観を調整するうえで、負担は大きいが精度も高い上位のプロセスに訴えられるということがインセンティブになる。最終的な決定に合致する票を投じた投票者が報酬を受け取る。

最後の二つの場合、ハイブリッドなフュタ ーキーは目的関数との比較評価として、あるいは最終手段となる議論のレイヤー機能として、フュターキー以外のなんらかのガバナンスを利用している。ただし、こうしたフュターキー以外のガバナンスには、フュターキーだけを直接使った場合には得られない長所がある。(i)あとから機能するので、利用できる情報が増える、(ii)使用頻度が低いので、費やす労力が減る、(iii)使うたびに結果がよくなるため、フォークに依存するだけでこの最終レイヤーに対するインセンティブを調整する許容度が高いということだ。

ハイブリッドの解決法

上記のテクニックから要素を組み合わせる解決策もある。いくつか紹介しよう。

・**時間差＋選出された専門家によるガバナンス**——暗号資産で担保されたステーブルコインを作り、ロックされたその資金が、ガバナンス支配のリスクを冒すことなく利食いトークンの値を超えられるようにする方法はあるかという、古くからの謎解きに対するひとつの答えになるかもしれない。ステーブルコインは、選出された n 人（たとえば $n = 13$）のプロバイダーが示した値の中央値から決定された価格オラクルを利用する。通貨投票では、このプロバイダーを選定するが、プロバイダーは毎週1人ずつしか選定されない。通貨投票によって、信頼できない価格プロバイダーが参入したとユーザーが気づいた場合、n／2週間のちにステーブルコインは別のステーブルコインに切り替わる。

・**フュタ－キー＋共謀対策＝レピュテーション**——ユーザーは「レピュテーション」、つまり譲渡不可のトークンを使って投票する。ユーザーは、自分の決定が望ましい結果につながった場合にはレピュテーションを獲得し、望ましくない結果になった場合にはレピュテーションを失う。

・**疎結合の（諮問）通貨投票**——提案された変更を直接は実施せず、その結果を公表して、その変更を実施するオフチェーンガバナンスの正当性を確立する目的でのみ通貨投票が存在する。通貨投票のメリットは確保されるが、票の買収やその他の不正操作があった証拠が見つかった場合は投票の正当性が自動的に下がるため、リスクが減少する。

これでも、以上にあげたのは可能性の一部にすぎない。通貨主導ではないガバナンスアルゴリズムを研究開発するうえでできることは、まだまだ多い。**今できるなかで何より重要なのは、通貨投票がガバナンスの非中央集権化として唯一の正当な形態だという観念から自由になることだ。**通貨投票が注目されているのは、信頼できる中立性を実感できるからである。誰でも、ユニスワップで一定単位のガバナンストークンを取得できる。ただし実際には、**通貨投票が現時点で安全に見えているのは、その中立性が不完全だからという可能性もある**（はっきり言うと、供給量の大部分が、一枚岩となったインサイダーの一党の手にあるままだということだ）。

通貨投票の今の形が「安全な既定の選択」だという考え方には気をつけたほうがいい。経済的圧力がもっと強く、エコシステムと金融市場が成熟している状況下でそれがどう機能するかは、依然として予断を許さない。いろいろな代替手段を同時に試すには、今が絶好のタイミングである。

記事を精査して的確なフィードバックをくれたカール・フロリッシュ、ダン・ロビンソン、ティナ・ゼンに感謝の意を表する。

訳注1　ブロックチェーンにおいて、検証ノードをグループ（シャードという）に分けて処理すること。
訳注2　「焼却」の意で、暗号資産を流通から完全に取り除くこと。
訳注3　他のスマートコントラクトを呼び出して利用できるスマートコントラクトのこと。
訳注4　無料コンテンツと有料コンテンツの間を隔てるしくみのこと。

信頼《トラスト》モデル

vitalik.ca
2021年8月20日

ブロックチェーンアプリケーションの多くできわめて貴重な特性のひとつが、信頼不要《トラストレス》の性質だ。つまり、関係者が所定の行動をとることを前提にしなくてもアプリケーションは所定の動作を続けられ、たとえその関係者が利害の変化を理由に将来的にまったく予想外の行動に出るとしても、それが変わらないということだ。完全にトラストレスなブロックチェーンアプリケーションは存在しないが、なかには比較的トラストレスに近いアプリケーションもある。信頼《トラスト》の最小化に向かう現実的な道をめざすなら、トラストの度合いを比較する手法が必要だ。

まず、私なりにシンプルな一文で信頼《トラスト》を定義する。**信頼とは、ほかの人の行動についてそれを当然の前提とみなすこと**である。COVID‐19のパンデミック以前には、町中を歩いているとき、人との間に2メートルのディスタンスをとろうなどと意識する必要はなかった。誰かがいきなりナイフを取り出して襲ってくるとは想定しなかったからで、これは一種の信頼だ。人が錯乱状態になることはごくまれだという信頼と、法体系を管理する人々はこの種の行動を掣肘《せいちゅう》する強いインセンティブを提供しつづけるという信頼である。誰かが書いたプログラムを実行するときには、そのプログラムが誠実に書かれたと信頼する（その理由が良識の感覚であろうと、評判を維持するという経済的な利害であろうと）、あるいは少なくとも十分な数の人がプログラムをチェックしてバグをつぶしたと信頼することになる。自分自身で食糧を育成しないのも、別種の信頼だ。食糧を育成すれば人に売ることができるので利害に一致する、と一定以上の人が気づくはずだという信頼である。規模の違う人の集団を信頼でき、そこには種類の異なる信頼が存在する。

ブロックチェーンのプロトコルを分析するという目的上、私は信頼を四つの要因に分けることにしている。

- どのくらいの数の人に、想定どおり行動してもらう必要があるか。
- その人を含む全体は何人くらいか。
- その人々の行動に必要なのはどんな動機か。利他的でなければならないのか、それとも単なる利益追求でいいのか。非協調的になる必要はあるのか。
- 大前提が崩れた場合、システムはどの程度まで損なわれるのか。

まずここでは、最初の二つを考えよう。次のようなグラフを描くことができる。

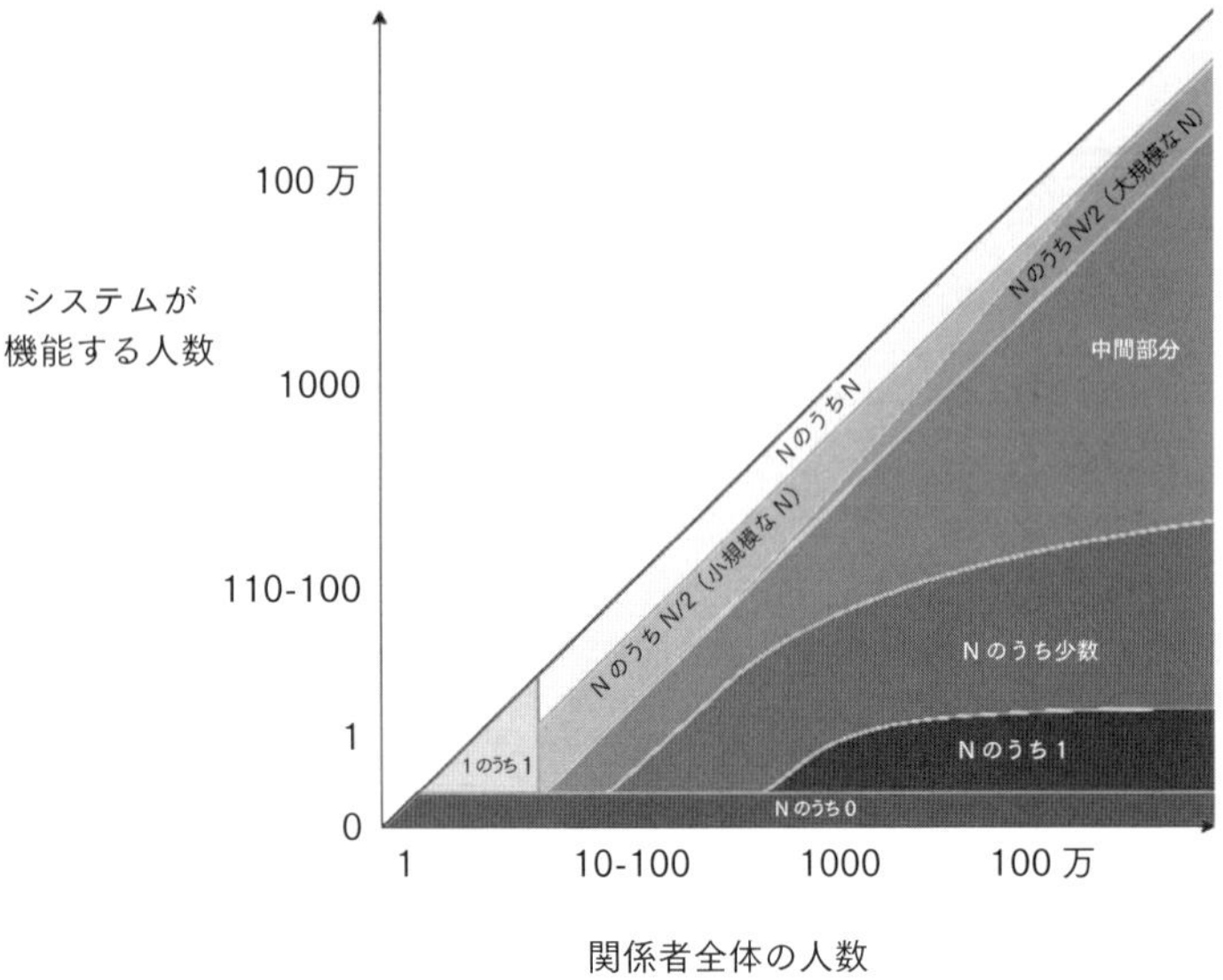

グレーが濃くなるほど良い状態を表す。各カテゴリーを詳しく説明すると、次のようになる。

- **1のうち1**——関係者は厳密に1人だけで、その1人が想定どおりに行動した場合にのみシステムは機能する。従来の「中央集権」モデルであり、私たちはこれより良いものをめざしている。
- **NのうちN**——いわゆる「ディストピア」の世界。関係者の全員に依存するが、どんなこともその全員が想定どおりに行動して初めて機能する。どこかに不具合が発生しても、バックアップは存在しない。
- **NのうちN／2**——ブロックチェーンは、このしくみで機能する。ただし、マイナー（あるいはPoSのバリデーター）の過半数が誠実であればだ。N／2人の存在は、Nが大きくなるほど重要になる点に注意しよう。

少数のマイナーまたはバリデーターがネットワークで優位を占めているブロックチェーンは、マイナーまたはバリデーターが広く分布しているブロックチェーンより魅力に欠ける。とはいえ、このレベルのセキュリティについても改善が望ましいので、51%攻撃に耐えうるかどうかに関心は集中する。

- **Nのうち1**――関係者は多く、そのうちの少なくとも1人が想定どおりに行動すればシステムは機能する。詐欺への耐性に基づくシステムはこのカテゴリーに分類され、トラステッドセットアップも同様だが、この場合はNが小さくなることが多い。Nはできるかぎり大きいほうが望ましい。
- **Nのうち少数**――関係者は多く、少なくとも一定の少人数が想定どおりに行動すればシステムは機能する。データ可用性のチェックはこのカテゴリーに分類される。
- **Nのうち0**――外部の関係者にはいっさい依存することなく、システムは想定どおりに機能する。自分でチェックしてブロックを検証するのは、このカテゴリーに分類される。

「Nのうち0」を除くどのカテゴリーも「信頼」とみなせるが、それぞれはまったく違う。特定の人（組織でもよい）が想定どおりに動くはずだと信頼するのは、「どこにでもいる誰か」が想定どおりに動くはずだと信頼するのとまったく違うからだ。「Nのうち1」モデルは、「NのうちN／2」や「1のうち1」より、「Nのうち0」にずっと近いといっていい。「Nのうち1」モデルは、1人の関係者しか関わらないという点で「1のうち1」モデルと同じように感じるかもしれないが、この二つの実状はまったく異なる。「Nのうち1」モデルなら、今の時点で相手にしている関係者がいなくなったり不正に走ったりしても、相手を変えれば済むが、「1のうち1」モデルでそうなったら悲惨だ。なかでも、実行しているソフトウェアの正しさでさえ、コードにバグがあったときに誰かが見つけるかどうかという保証を、「Nのうち少数」の信頼モデルに依存していることには注意が必要だ。その点を踏まえると、アプリケーションの他の観点について「Nのうち1」から「Nのうち0」への移行を懸命に試みるのは、窓が開いている家に鋼鉄の扉を設置する行為にも等しい。

大きな問題がもうひとつある。信頼の前提が侵害された場合、システムにどんな障害が生じるかだ。ブロックチェーンでよく知られている障害には、**可用性障害（liveness failure）**と**安全性障害（safety failure）**の2種類がある。可用性障害とは、必要な操作（通貨の回収、ブロックに含まれるトランザクションの取得、ブロックチェーンからの情報の読み取りなど）が一時的にできなくなる事象を指す。安全性障害とは、システムが防ごうとしていた事象（ブロックチェーンに無効なブロックが導入されるなど）が実際に起こってしまうことをいう。

いくつかのブロックチェーンのレイヤー2プロトコルに関する信頼モデルの例をあげてみる〈原注1〉。ここで「**小規模なN**」は、レイヤー2システム自体の参加者の集合を指し、「**大規模なN**」はブロックチェーン全体の参加者を指すものとする。また、レイヤー2プロトコルのコミュニティはブロックチェーン自体より常に小さいと仮定する。「可用性障害」という用語もここでは、かなり長時間にわたって通貨を動かせない状態に限定する。システムを利用できなくなっても、ほぼ瞬時に資金を回収できる状態は、可用性障害と呼ばないことにしよう。

- **チャンネル（ステートチャンネル、ライトニングネットワークも含む）**——可用性障害については「1のうち1」の信頼が成り立ち（カウンターパーティーがこちらの資金を一時的に凍結することがある。ただし、この通貨を複数のカウンターパーティーに分割している場合、この問題は緩和できる）、安全性障害については「大規模なNのうちN／2」の信頼が成り立つ（ブロックチェーンに対する51％攻撃で通貨を盗み出せる）。
- **プラズマ（運営者が中央集権的であると想定）**——可用性障害については「1のうち1」の信頼が成り立ち（運営者がこちらの資金を一時的に凍結することがある）、安全性障害については「大規模なNのうちN／2」の信頼が成り立つ。（ブロックチェーンに対する51％攻撃）。
- **プラズマ（半非中央集権化された運営者、たとえばDPoSなどを想定）**——可用性障害については「小規模なNのうちN／2」の信頼が成り立ち、安全性障害については「大規模なNのうちN／2」が成り立つ。
- **オプティミスティックロールアップ**——可用性障害については「小規模なNのうちN／2」の信頼が成り立ち（運営者のタイプによる）、安全性障害については「大規模なNのうちN／2」が成り立つ。
- **ZKロールアップ**——可用性障害については「小規模なNのうち1」の信頼が成り立ち（運営

〈原注1〉　ここであげているモデルは、イーサリアムやビットコインなど「レイヤー1」のブロックチェーンに依存しつつ、なんらかの形で大きなキャパシティを提供するシステムである。

者がこちらのトランザクションを処理しそこねた場合でも資金回収は可能だが、運営者がこちらの資金回収を即時に処理した場合にそれ以上のバッチは生成できなくなり、ロールアップシステムのフルノードを利用すれば自身で資金を回収はできる）、安全性障害のリスクはない。

・ZKロールアップ（軽度の資金回収を強化）——可用性障害のリスクも、安全性障害のリスクもない。

最後に残るのがインセンティブの問題だ。自分が信頼している関係者は、想定どおり行動するほど利他的である必要があるのか、それともわずかに利他的であればいいのか、十分に合理的でなければならないのか。詐欺への耐性を追求することは「既定では」わずかに利他的だが、どのくらい利他的かは計算の複雑さによって異なり、合理性を求めて修正する方法はある。

他人がZKロールアップから資金を回収するのを支援することは、そのサービスに対する少額決済の方法を加えれば合理的なので、利用度の高いロールアップから抜けられなくなると懸念する理由はほぼなくなる。一方、履歴を大幅に遡ったり長期間にわたってブロックを検閲したりするような51％攻撃をコミュニティで認めないことに合意すれば、他のシステムの大きなリスクも軽減できる。

結論はこうだ。あるシステムが「信頼《トラスト》に依存している」という人がいたら、その意味を詳しく確認しよう。それは「1のうち1」なのか、それとも「Nのうち1」か「NのうちN／2」なのか。参加者は、利他的であることを求められるのか、それとも合理的であればいいのか。利他性が求められるとしたら、その費用は小さいのか大きいのか。そして、前提が崩れた場合、数時間あるいは数日待つだけでいいのか、それとも資産は永久に凍結されてしまうのか。そうした問いへの答えによって、そのシステムを利用するかどうかという答えは大きく違ってくるだろう。

ブロックチェーンがつくる都市、クリプトシティ

vitalik.ca
2021年10月31日

昨年は、注目すべき傾向がひとつあった。地方行政に対して、また地方政府が多様な違いを前提に実験を重ねていくという概念に対して、関心が高まったことだ。たとえば、マイアミ市長のフランシス・スアレスは、同市に関心の目を集めようとしてテクノロジー系スタートアップ企業ばりの戦略を展開し、ツイッター上でも大手テクノロジー企業や暗号資産《クリプト》コミュニティとたびたび意見を交換している。ワイオミング州ではDAOにやさしい法制度が成立しており、コロラド州もクアドラティック・ボーティングの実験を進めつつある。現実《オフライン》の世界で歩行者にやさしい道路環境を築く実験も次々と始まっている。自動車乗り入れ禁止の町カルデサック（アリゾナ州）、未来都市計画テロサ、CityDAO、ザンビアで進んでいるNkwashi、経済開発プラットフォームのプロスペラ(Prospera)など、急進度は異なるものの、住宅街や都市をゼロからつくろうとする各種のプロジェクトも進行しているのだ。

昨年目立ったもうひとつの傾向は、暗号資産や非代替性トークン（NFT）、分散型自律組織（DAO）など、クリプト世界のアイデアが一気にメインストリームに向かったことだ。では、この二つの傾向を組み合わせたら、どんな展開が待っているだろうか。暗号資産、NFT、DAO、そして贈収賄対策としてのオンチェーン記録保持によって、あるいはこの四つをすべて使って都市をつくるという発想に意味はあるのだろうか。以下に見るように、そのような取り組みを始めている人はすでにいる。

- **シティコイン（CityCoins.co）**は、地域における価値交換の手段として暗号資産を創設するプロジェクトだ。発行した通貨の一部は市政にも回される。すでに始まっているのがマイアミコイン（MiamiCoin）で、サンフランシスコ・コイン（San Francisco Coin）も間もなく登場する。
- **NFTの実験**は、地元アーティストに資金を提供する手段になっていることが多い。韓国の釜山市は、国の援助も受けたカンファレンスを主催し、NFTの可能性を模索している。
- **ネバダ州リノ市のヒラリー・シーブ市長は、同市をブロックチェーン化するという多角的なビジョンを掲げ**ており、その一環として、NFTの売上で地元アーティストを支援している。また、市民に無料で発行している暗号資産リノコイン（RenoCoin）は市の財産を貸し出して収益をあげており、そのリノコインを利用するRenoDAOを立ち上げた。そのほか、ブロックチェーン宝くじ、ブロックチェーン投票なども運営されている。
- **クリプト志向の都市をゼロからつくろう**という、さらに壮大なプロジェクトも次々と生まれている。たとえばCityDAOは、「イーサリアムブロックチェーン上に都市を築く」ことを宣言している。ガバナンスのDAO化だ。

だが、はたしてこのようなプロジェクトは、現在の形で優れたアイデアといえるのか。このアイデアをもっと磨くことのできる変化はないのだろうか。その点について考えてみたい。

都市にこだわる理由

長期化する問題と、根底にある国民の要求のめまぐるしい変化を前にして、世界各国の政府の多くが、対応の非効率さと動きの鈍さを露呈しつつある。要するに、どの国の政府も新機軸に着手しようとする当事者を欠いているのだ。さらに悪いことに、現在の政府で検討あるいは実施が進んでいる独創的な政治上の思想には、端的にいってそら恐ろしいものが多い。第二次世界大戦時代のポルトガルに現れた独裁者アントニオ・サラザールのコピーに、アメリカを乗っ取られてもいいのだろうか。あるいは、「アメリカのカエサル」にアメリカ左翼思想という厄災を打倒させてもいいのだろうか。自由を拡大する、あるいは民主主義的といってよい思想ひとつにつき、中央集権的な統制と障壁と全方位監視の別形態にすぎないものが、その10倍は存在している。

では、地方政府はどうだろうか。**冒頭で紹介したような都市や州は、少なくとも理論上、純粋なダイナミズムを持ち合わせている。**各都市の文化には、きわめて現実的で大きな差異がある。だから、先進的なアイデアを採用することに公共の利益を見いだす都市をひとつ確保するほうが、同じアイデアを採用するよう国全体を説得するより容易ということになる。地方の公共財、都市計画、運輸をはじめ、都市のガバナンスにおける多くの分野に、対処できそうな真の課題とチャンスがある。都市とは、密に結合した内部経済であり、そこでは暗号資産の広範な普及のようなことが、現実的に独立して発生する見込みがある。しかも、都市における実験が破局的な結果に至る可能性は低い。都市は高次の自治によって統御されており、都市には安全弁がある。つまり、そこで起こっていることが不服であれば、出ていくのは簡単なのだ。

以上を総合してみると、地方レベルの自治はかなり過小評価されているように思われる。そのうえ、既存のスマートシティ構想に関する批判が中央集権的なガバナンス、透明性の欠如、データプライバシーをめぐる問題にばかり集中していることを考えると、ブロックチェーンと暗号資産の技術は、今よりオープンな直接参加型の未来をつくる主成分として有望そうだ。

これまでにどんな都市プロジェクトが登場しているか

これは、実際かなりある。実験のひとつひとつはまだ小規模で、ほとんどは暗中模索の域を出ていないが、少なくとも心惹かれる何かになりそうな種子ばかりだ。特に先進的なプロジェクトの多くは米国で進んでいるが、関心は世界中に広がっており、韓国では釜山市がＮＦＴカンファレンスを実施している。現在進んでいる実例をここでは見てみよう。

（訳注）リノ市に設置されている「スペースホエール」像。ステンドグラス製で、等身大の親子クジラを表している

リノ市におけるブロックチェーン実験

ネバダ州リノ市のヒラリー・シーブ市長はブロックチェーンのファンだ。主にテゾスのエコシステムを多用しており、最近は都市のガバナンスに伴うブロックチェーン関連で、以下のようなアイデアを探究している。

- **NFTの販売で地元アーティストを資金援助する。** その手はじめとして町の中央に「スペースホエール」のNFTを設置した。
- **RenoDAOを創設。** 市民がエアドロップ[訳注1]として受け取れる暗号資産リノコインによって統括されるDAO。RenoDAOは収益源にもなりはじめていて、リノ市が所有している財産を貸し出し、その収入をDAOの資金として使うという案も提出された。

・ブロックチェーンを利用してあらゆるプロセスを保護する。 たとえば、カジノにはブロックチェーンで保護された乱数生成器を提供し、ブロックチェーンで保護された投票も行われている。

シティコイン

シティコインは、スタックス（Stacks）というブロックチェーンをベースに構築されたプロジェクトであり、スタックスはビットコインのブロックチェーンとエコシステムを中心に構築された珍しいブロック生成アルゴリズム、「プルーフ・オブ・トランスファー（Proof Of Transfer）」で動く（Proof Of Transferの略語は、どういうわけかPoTではなくPoXと表記される）。通貨の供給量のうち70％は継続的な販売メカニズムによって生成される。STX（スタックスのネイティブトークン）を保有していれば誰でも、シティコイン（CityCoin）のコントラクトにSTXを送金してシティコインを生成でき、STXの収益は通貨を賭ける《ステークする》既存のシティコイン保有者に分配される。残りの30％は市政に利用することができる。

シティコインは、行政の支援をいっさい頼らない経済モデルを構築しようという、おもしろい判断を下している。 地方政府はシティコインの通貨生成に関与する必要がなく、コミュニティのグループは独自に通貨を立ち上げることができる。FAQのなかには「シティコインで何ができますか？」という質問があって、その答えのなかには「シティコインのコミュニティがトークンを報酬に使えるアプリを作成します」とか「地元企業が、シティコインを蓄えた（中略）人に割引や特典を提供できま

マイアミコインハッカソンで入賞したサイト：マイアミコインの保有者が、自由にコワーキングスペースを選べる

す」といった例が並んでいる。ただし実際には、マイアミコインのコミュニティが単独でそれを行っているわけではない。マイアミ州政府はすでに、マイアミコインを公認しているも同然だからである。

ＣｉｔｙＤＡＯ

ＣｉｔｙＤＡＯは、最も先進的な実験だ。マイアミ市やリノ市は、すでにインフラストラクチャが整備されている既存の都市をアップグレードして住民を誘導するという形をとっている。それと違ってＣｉｔｙＤＡＯは、ワイオミング州ＤＡＯ法のもとで法律上の地位を獲得しており、まったく新しい都市をゼロから作ろうとしているのだ。

今のところ、このプロジェクトはまだ初期段階で、ワイオミング州の人里離れた土地で最初の区画の購入を最終的に決定しようとしているところだ。この区画を手はじめに、将来的に次々と区間を追加して

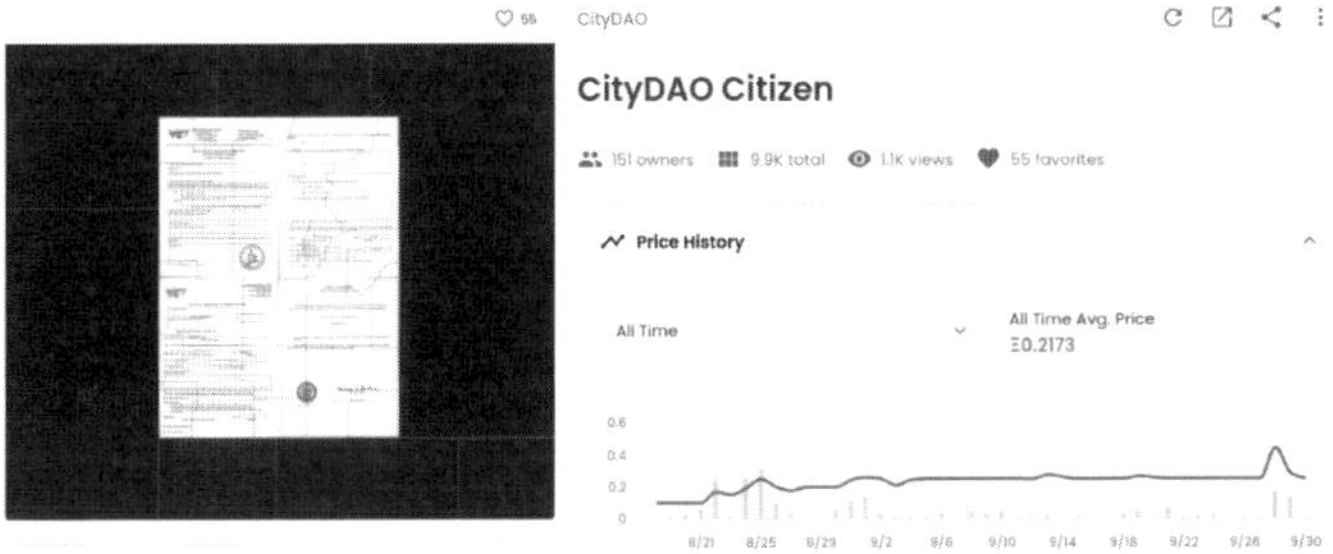

いって、ＤＡＯで管理される都市をつくったうえで、ハーバーガー税などの革新的な経済システムを全面的に利用して土地を割り当て、集合的な決定を下し、資源を管理する。ＣｉｔｙＤＡＯは、通貨投票によるガバナンスを回避している少数の先進的な例だ。そのかわりに、「市民」のＮＦＴに基づく投票方式がガバナンスとなっており、さらには、プルーフ・オブ・ヒューマニティ（Proof of Humanity）による検証を利用して投票を1人1票に制限するというアイデアまで提唱されている。このプロジェクトでは、ＮＦＴの販売によるクラウドファンディングが進んでおり、ＮＦＴはオープンシー（OpenSea）で購入できる（上の画像を参照）。

私が考える都市の可能性

原理的に都市ができることは、明らかにたくさんある。自転車専用レーンは増やせるし、二酸化炭素

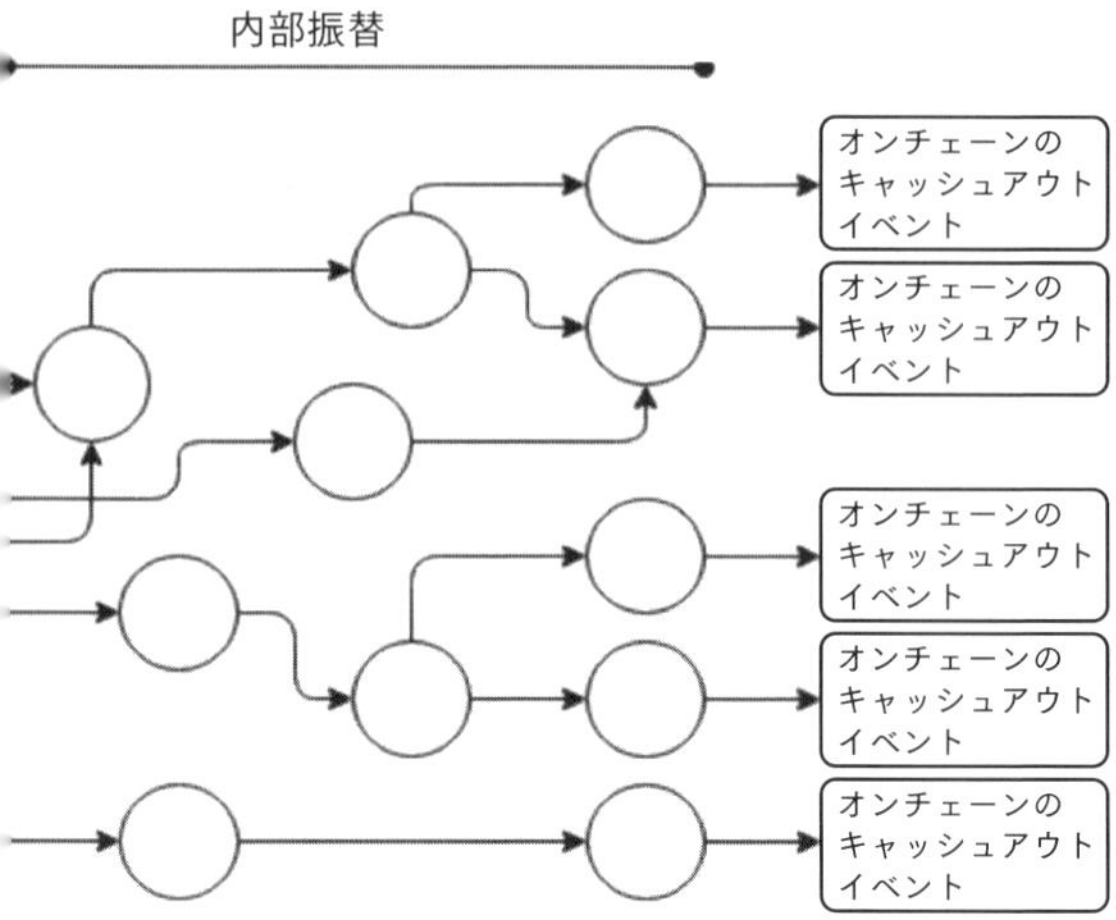

メーターと遠赤外線を使えば人に不便を押し付けずにコロナウイルスの拡散を効果的に抑制できる。寿命を延ばす研究の資金調達も可能だろう。だが、私の第一の専門はブロックチェーンだし、今回の記事のテーマもそうなので、話をブロックチェーンに絞ろう。

ブロックチェーンで重要な概念は、カテゴリーとして二つあると私は考えている。

1．ブロックチェーンを使用して、**信頼性と透明性が高く検証可能なバージョンを既存のプロセスから作成する。**

2．ブロックチェーンを使用して、土地などの稀少性のある資産の**所有権を実験的な新しい形で実装する**とともに、**民主的なガバナンスを実験的な新しい形で実装**する。

どちらのカテゴリーも、ブロックチェーンとの相性はいい。ブロックチェーン上で起こることは何でも、公然

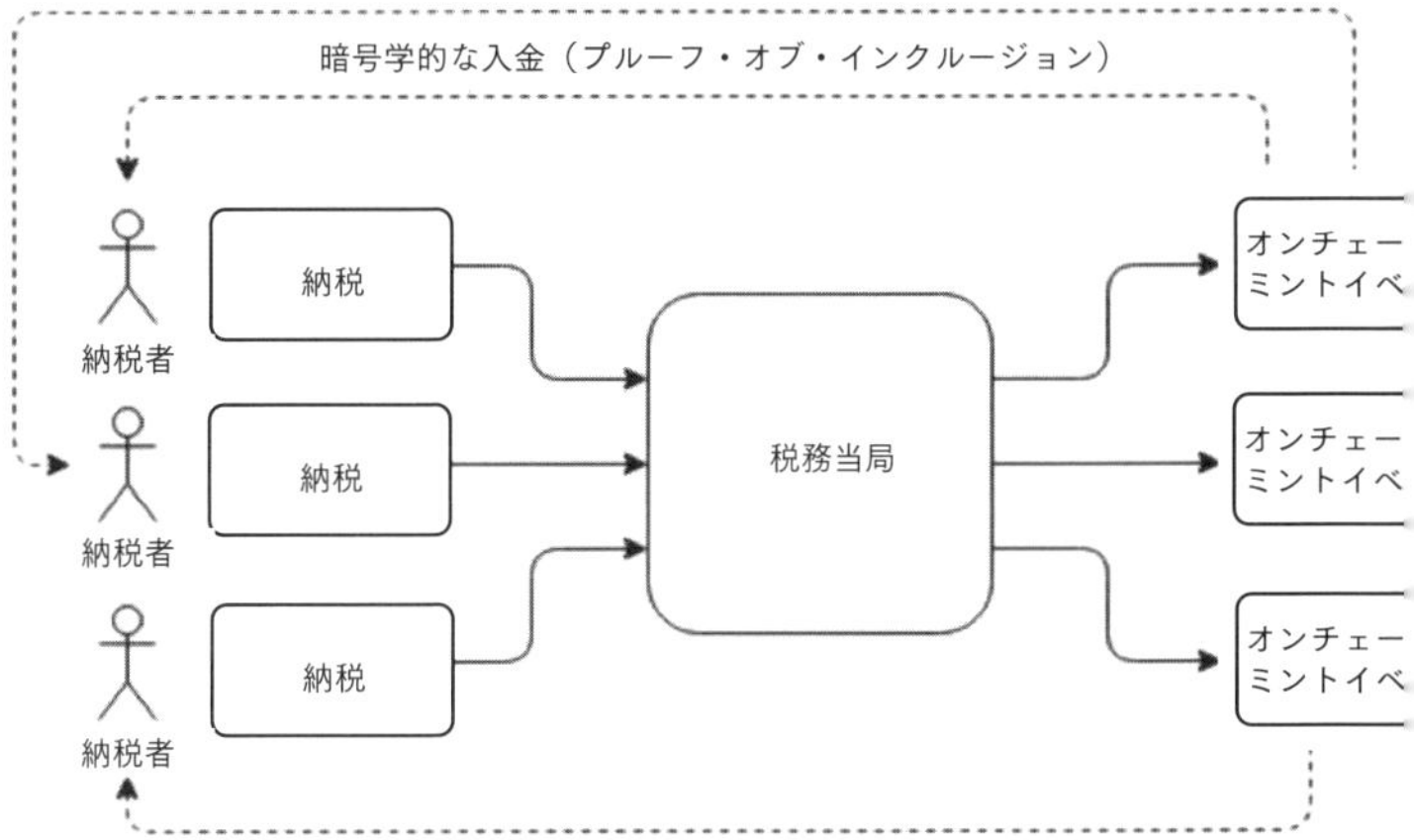

たる検証がいたって容易であり、そのために必要なツールは無償でたくさん用意されている。ブロックチェーン上に構築されたアプリケーションは、グローバルなブロックチェーンのエコシステム全体で他のアプリケーションとの間を直接つないだり、インターフェースとして仲介したりできる。ブロックチェーンベースのシステムが備える効率性は、紙では及ばないものであり、公然と検証できるのも集中型のコンピューティングシステムではありえない点だ。たとえば、数百から数千の問題に対して市民が大量のフィードバックをリアルタイムで実行できる新たな投票方式を実現したいと考えたとき、この組み合わせが必要になる。

では、具体的に見ていこう。

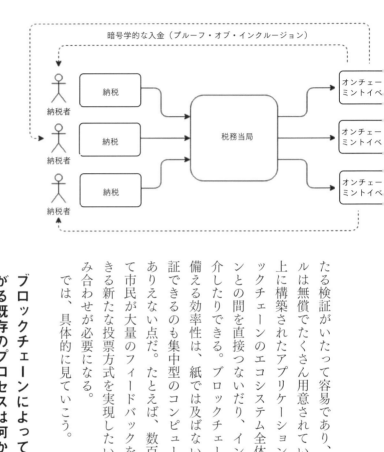

ブロックチェーンによって信頼性と透明性が上がる既存のプロセスは何か

世界各地の政府のお役人も含めて、たくさんの人がことあるごとに私に持ちかけてくるシンプルなアイデアがある。内部専用でステーブルコインのホワイトリストを作成して、政府内部の決済を追跡してはどうかという発想だ。個人や組織が税金を支払うたびに、その記録は誰にでも公開されているオンチェーンレコードに結び付けられ、その分の通貨が発行される（個々の支払い額を秘匿したい場合は、ゼロ知識証明の手法を使って合計額のみを公開できるうえに、その計算が正しいことを全員に納得させられる）。部署間の送金なら暗号化せずに行うことも可能で、通貨は決済や給与を請求するコントラクターや従業員のみが交換できる。

このシステムは、拡張も容易だ。たとえば、どの入札者が政府のコントラクトを獲得するかを選択する調達プロセスは、大部分をオンチェーンで実行できる。

ほかにも、ブロックチェーンを使って信頼性を上げられるプロセスは多い。

- **公正な乱数生成器（宝くじなどに）**——イーサリアムで導入が予定されているようなVDF（Verifiable Delay Function　検証可能な遅延関数）は、公正な乱数生成器として機能するので、公営の宝くじの信頼性向上に利用できる。公正な乱数はほかにもいろいろな用途があり、たとえば行政の一形態としての仕分けなどにも使える。
- **証明書**——たとえば、特定の個人が都市の住民であるという暗号学的な証明をオンチェーンで実行すれば、検証可能性とセキュリティを強化できる（たとえば、そうした証明書をオンチェーンで発行すれば、偽造証明書が大量に発行されても明確に判別できる）。これは、地方政府が発行するどんな種類の証明書にも応用できる。

・**資産の登記**――土地などの資産や、もっと複雑な財産の所有権、たとえば開発権などに関わる。例外的な状況では裁判所が譲渡を行う必要があるため、暗号資産と同じようにこのような登記を無記名証券で完全に非中央集権化することはできそうにないが、それでも記録をオンチェーンに置くことで、紛争の際に何がどんな順序で起こったかは把握しやすくなる。

最終的には、投票でさえオンチェーンで実行できるはずだ。この場合は、手ごわい複雑さが次々と出現するので、特に注意が必要だ。プライバシーとセキュリティについて必要な特性をすべて確保するには、ブロックチェーン、ゼロ知識証明、その他の暗号技術を組み合わせた最新のソリューションが必要になる。いずれにしても、人類が電子投票に移行しようというのであれば、地方政府は手はじめとして理想的な場になるだろう。

注目すべき経済上、ガバナンス上の抜本的な実験

一方、市がすでに実行していることの上に重なるこの手のブロックチェーンだけでなく、ブロックチェーンは政府が経済とガバナンスの分野でまったく新しい抜本的な実験を行う好機にもなりそうだ。私が理想と考えることの最終形ということではないが、考えられる方向性を探究して提案する糸口ではある。いったん実験が始まったら、今後それをどのように調整していくべきかを判断するには、現実世界からのフィードバックが何よりも役に立つ変数になることが多い。

■実験その1――シティトークンに関するビジョンの総合化

シティコインは、シティトークンの可能性を示すひとつのビジョンだが、もちろん唯一のビジョンでは決してない。実際、シティコインのアプローチには深刻なリスクがあり、なかでもその経済モデルがアーリーアダプターに有利な方向にかなり傾いているという点は大きい。新しい通貨の発行によるＳＴＸの収益は、その70%がシティコインの既存のステーカー[訳注2]に渡される。次の5年間に発行される通貨は、その後の50年間に発行される通貨より多い。２０２１年時点の市政にとってはかなりの額となるが、２０５１年時点ではどうなるのか。市が特定のシティコインを保証すると、将来的に方向性を変えるのは難しくなる。そのため、市はこの問題を慎重に検討して、長期的に成り立つ道を選択しなければならない。

シティトークンが機能する流れとしては、別の構図も考えられる。 シティコインのビジョンに代わる唯一の選択肢とはほど遠いが、シティトークンは広大なデザインスペースなので、検討する価値のある選択肢は多岐にわたる。

今ある形の住宅所有権という概念には顕著な二面性があって、積極的に推奨され、かつ法的にも確立しているあり方については、現存する経済政策のなかでも特に大きな誤りだとする見方も多い。**生活を送る場としての住宅と、投資資産としての住宅の間には、いやおうなく政治的緊張が存在**しており、後者を念頭に置くコミュニティを満足させるというプレッシャーが、前者の入手をことさらに難しくしてしまうことも多い。都市の住民が住宅を所有した場合は、土地価格評価の影響をもろに受ける結果になって、新しい住宅の建築に反対するといったゆがんだインセンティブをもってしまう。

一方、賃貸住宅に住む場合は、不動産市場の影響を逆に受けて、住みやすい街をつくるという目標に経済的に対立する立場に立たされることになる。

しかし、こうした問題があるにもかかわらず、多くの人は依然として住宅の所有を個人的に正しい選択だと考えているし、それだけでなく積極的に助成したり社会的に奨励したりもしている。貯蓄して純財産を増やすよう人を促す効果も大きい理由だが、欠陥はありながら住民とコミュニティとの間に経済的な連携を生むという理由も大きい。しかし、その経済的な連携を別に生み出すことができ、しかも同じ欠陥を伴わない方法があるとしたら、どうだろうか。分割も代替も可能なシティトークンを作り、住民は財力が許すかぎり、もしくは納得できるだけ、いくらでもそのトークンを保有できて、その価値が街の発展に合わせて上がっていくとしたら？

まず、目的から考えてみよう。すべてが必要なわけではない。以下の五つのうち三つでも満たせるトークンなら、それでも大きな前進だ。それでも、できるだけ多くを満たせるよう努力するわけだが。

- **市政のための持続可能な収益源を確保する**――シティトークンの経済モデルでは、既存の税収の用途を変えるのではなく、新たな収益源を見いだす必要がある。
- **住民と都市の間に経済的連携を作り出す**――第一義としては、市の魅力が増すとともに通貨そのものの価値も明らかに上がることを意味する。そのほか、住民がどこかのヘッジファンド以上にこの通貨を保有するよう積極的に奨励するという意味もある。
- **貯蓄と富の形成を促す**――住宅所有権がこれを実現する。住宅所有者は、住宅ローンを返済していくだけで純財産を蓄えていく。シティトークンでも同じ機能をはたすことができるので、通貨を蓄えることは時間とともに魅力が増していき、その体験のゲーミフィケーションを進めることもできる。

- **社会のためになる行動を奨励する**――都市に役立ち、資源利用の持続可能性を追求する積極的な行動をとる。
- **平等主義を進める**――富裕層と貧困層を不当に差別しない（デザインの悪い経済メカニズムが期せずして陥りがちな状態を避ける）。持てる者と持たざる者とがきっぱり二分されるのを回避するというトークンの性質はすでに大きな機能をはたしているが、それをさらに進めることができる。たとえば、新しい発行額のかなりの部分をＵＢＩ〈**原注1**〉として分配するといった方法もある。

最初の三つの目的を簡単に達成できそうなパターンのひとつは、通貨保有者に特典を付与するという方法だ。x以上の通貨を保有している市民に対して（xは時間とともに増えることもある）、一定のサービスを無料で提供するのだ。マイアミコインでは、企業にその役割を推奨しているが、さらに進めて、行政サービスでも同じようにできるはずだ。分かりやすい例としては、一定以上の通貨をロックアップ状態のまま保有している市民に限って既存の公営駐車場を無料にするといった施策もある。こうすれば、複数の目標を同時に達成できる。

- **通貨を保有するインセンティブ**を作り出し、通貨価値を持続する。
- 連携意識のないどこかの投資家ではなく、**何よりも住民が通貨を保有するインセンティブを作り出す**。しかも、インセンティブの実用性は個人ごとに上限があるので、広く分散して保有を奨励できる。
- **経済的な連携**を生み出す（都市の魅力が増す→駐車する人が増える→通貨の価値が上がる）。住宅の所有権と違って、市内の限られた場所ではなく**都市全体での連帯が生まれる**。
- 駐車場の利用を減らすことによって**資源の持続可能な使い方を促し**（通貨を持っていない人でも、必要な場合には使えるようにしておく）、歩行者にやさしいスペースを路上に増やしたいと考える多くの地方政府を支えることになる。あるいは、レストランなどでも、同じメカニズムを使って駐車スペースを確保すれば屋外席に使えるので、通貨のロックアップが可能になる。

ただし、ゆがんだインセンティブを避けるためには、ひとつのアイデアだけに過度に依存するのではなく、考えうる広範な収益源を確保することが、きわめて重要になる。シティトークンに価値をもたらし、同時に斬新なガバナンス実験の宝庫にもなるのが、ゾーニングだ。y以上の通貨を保有している場合には、近所の土地所有者がゾーニング制限を迂回するときに支払う料金をめぐるクアドラテ

〈原注1〉 ユニバーサルベーシックインカム（Universal Basic Income）、いわゆるベーシックインカムのこと。全住民が等しい額の収入を定期的に受け取れるしくみ。

ィック・ボーティングに投票することができる。これは市場プラス直接民主主義に基づくアプローチであり、煩雑になりすぎた現行の認可プロセスより、はるかに効率的になって、手数料はそれ自体で行政の新しい収益源になる。さらに一般的にいうと、以下に紹介するアイデアのいずれかをシティトークンと組み合わせれば、保有者がトークンを使用する場面が増えることも考えられる。

■ **実験その2——さらに先進的な参加型のガバナンス**

ここに登場するのが、ハーバーガー税、クアドラティック・ボーティング、クアドラティック・ファンディングといった、ラディカルマーケット〈原注2〉の発想だ。ここまでにもいくつか紹介しているが、このために専用のシティトークンを導入する必要はない。限定的に政府が使うクアドラティック・ボーティングとクアドラティック・ファンディングなら、すでに出現している。コロラド州の民主党や台湾の総統杯ハッカソンのほかにも、ギットコインの「ボルダー市街地の活性化（Boulder Downtown Stimulus）」のようにまだ政府の支援を受けていないものもある。可能性は、もっと広がっていくだろう。

こうしたアイデアが長期的な価値をもちそうなのが、たとえば**建物の景観整備**に関してデベロッパーのインセンティブを刺激する施策だ。ハーバーガー税その他のしくみを使ってゾーニングの規則を改めることができるし、ブロックチェーンを利用してそのしくみを今より信頼できる効率的な形で運用することもできる。あるいは、短期的に実現可能なアイデアとしては、**地域の企業を助成する方法**もある。ギットコインの市街地の活性化とも似ているが、それをもっと大規模に、永続的な規模で展

リアルタイムのクアドラティック・ボーティングによって、あらゆることの助成や価格が決まるとしたら私たちの生活はどうなるか——そのプラスイメージを想起すべく描かれたソーラーパンク[訳注3]世界の絵

開するのである。企業は常に、地域コミュニティで正の外部性（外部利益）を生んでいるので、それに対してはさらに効果的な報酬で応じられるだろう。地方紙にクアドラティック・ファンディングを適用すれば、長らく苦戦を強いられている業界を活性化できるかもしれない。広告の費用も、個々の広告に対する消費者の評価に関するリアルタイム投票に基づいて設定できるはずだから、オリジナリティやクリエイティビティを刺激することになる。

さらに民主的な意見があれば（なかには、民主主義について過去に遡るような意見もあるかもしれない）、以上の分野すべてで、インセンティブの向上も見込めそうだ。**21世紀のデジタル民主主義は、リアルタイムかつオンラインのクアドラティック・ボ**

〈原注2〉 エリック・ポズナーとE・グレン・ワイルの著書『ラディカル・マーケット 脱・私有財産の世紀——公正な社会への資本主義と民主主義改革』と、そこで語られている概念を指す。

ーティングやクアドラティック・ファンディングで進み、20世紀の民主主義よりはるかにマシに機能するだろう。20世紀の民主主義を形作っていたのは、大半が厳格な建築条例や、計画と認可に関する公聴会での妨害などだったからだ。そしてもちろん、ブロックチェーンを使って投票を保護するのであれば、既存の投票システムを修繕するより、まったく新しい種類の投票で始めたほうが安全だし、政治的にも現実的だろう。

まとめ

すでに存在する街のアップグレードでも、新たに街をつくる場合でも、都市をめぐって実験を試みることのできるアイデアはたくさんある。新しい街の場合は、元からの住民がいないので何ごとについても最初から要求に縛られることがないという利点があるのは確かだ。だが、新しい都市そのものをつくるという概念が、現代の世界にあっては、ほとんど検証されていない。ひょっとすると、何十億ドルという資本を抱えている人やプロジェクトが新事業に本気で乗り出せば、困難も乗り越えられるのかもしれない。だが、そうなったときにも、従来の都市は、遠くない未来にほとんどの人が住む場所でありつづけるだろうし、従来の都市でも新しいアイデアは応用できる。

ブロックチェーンは、段階的なアイデアでも抜本的なアイデアでも高い有用性を発揮できる。たとえ、都市の行政が本質的に「信頼」を基盤とするものであってもだ。新旧を問わずなんらかのメカニズムをオンチェーンで実行すれば、あらゆることがルールどおりに動いていることを誰でも簡単に検証できる。パブリックチェーンであればなお良い。既存のインフラストラクチャでも、いま起こっているこことをユーザーが個々に検証できるようになれば、そのメリットはトランザクション手数料による損失よりはるかに大きいし、手数料はロールアップとシャーディングによって急速に減っていくことになっている。強力なプライバシーが必要であれば、ブロックチェーンをゼロ知識の暗号技術と組み合わせれば、プライバシーとセキュリティを同時に実現できる。

どんなレベルの政府も気をつけなければいけない落とし穴が、事を急ぐあまりに選択の余地をなくすことだ。ゆっくり検討して確実なシティトークンを発行するかわりに下手なシティトークンを発行してしまうと、既存の都市はこの落とし穴にはまることになる。土地の売却が行きすぎ、少数のアーリーアダプターにとっての利益を全面的に損ねてしまうと、新規の都市はこの落とし穴にはまる。自己完結型の実験から始めて、絶対に後戻りのできないことは慎重にゆっくり進めていければ理想的だ。だが、それと同時に、まずはチャンスを逃さないことも重要になる。都市については、改善できる点も改善すべき点も山ほどあり、その機会も多い。課題は多いが、クリプトシティという着想は、今まさに機が熟そうとしている。

記事に関する早期のフィードバックをくれたミスター・シリーとティナ・ゼンに、そして私の見解について議論してくれたたくさんの人に感謝の意を表する。

訳注1　無料で配布されるトークンのこと。
訳注2　スマートコントラクト（ここではシティコイン）に資産を預けている人のこと。
訳注3　再生可能エネルギーや持続可能性に支えられた文明をテーマとする思弁小説のジャンル。

ソウルバウンド

vitalik.ca
２０２１年１月26日

ＭＭＯＲＰＧゲーム『ワールド・オブ・ウォークラフト（World of Warcraft）』の大きな特徴といえるのが、ソウルバウンド（soulbound）アイテムの存在だ。プレイヤーの間では当たり前すぎるほどおなじみだが、ゲーム世界から一歩外に出るとほとんど知られていない概念である。ソウルバウンドアイテムは、いったん手にしたら、他のプレイヤーに譲り渡すことも売ることもできなくなる。

ゲームに登場する強力なアイテムはほとんどがソウルバウンドで、たいていは厄介なクエストをこなしたり、超手ごわいモンスターを倒したりする必要がある（次ページの画像を参照）。しかも、普通は何人かプレイヤーの力を借りなくてはならず、その人数は４人から39人までさまざまだ。つまり、自分のキャラクターを育てながら最強の武器や防具をそろえていくには、どうしても難度の高いモンスターを自力で倒さなくてはいけないのだ。

このしくみの狙いはとても分かりやすい。ゲームを難しく、おもしろくすることだ。そのために、

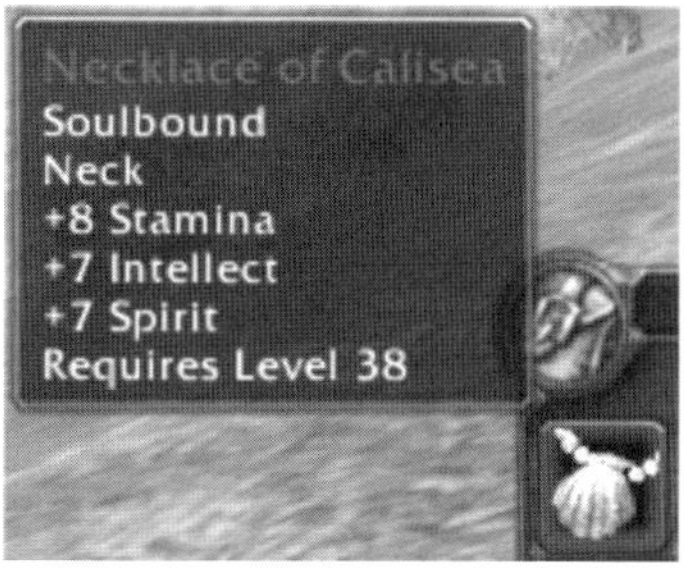

最高のアイテムを手に入れるには実際に困難に立ち向かわなければならない、知恵を絞ってドラゴンを倒さなくてはならないという難関を設けている。1日10時間、1年間ひたすらイノシシを狩っても、何千ゴールド集めても、はたまたドラゴンを倒したほかのプレイヤーから貴重《エピック》なマジックアーマーを買ったとしてもだめなのである。

もちろん、システムはまったく不完全だ。プロのチームに頼んで一緒にドラゴンを倒し、戦利品《ルート》を回収させてもらえばいいのだ。あるいは、セカンダリマーケットで直接キャラクターを買うこともでき、これはゲーム外でドルを使って売買されるので、ゲーム内でモンスターを倒す必要すらない。それでも、アイテム全部に値段が付いているゲームと比べると、ソウルバウンドアイテムはたしかにゲームを盛り上げてくれる。

NFTがソウルバウンドだったら

現在のNFT（Non-Fungible Token　非代替性トークン）も、MMORPG（大規模多人数同時参加型オンラインRPG）に登場するレアアイテムやエピックアイテムと共通する性質を備えている。社会的な目印となる価値があるのだ。もっていれば自慢できるし、まさにその

クリプトパンクス（CryptoPunks）は、たびたび数百万ドルで売られており、もっと高額なNFTもいろいろある

目的のために使えるツールも次々と出てきている。ごく最近ではツイッターが、NFTをプロフィール写真に表示できる機能を導入しはじめたところだ。

では、NFTで示せるものとは、いったい何なのだろうか。もちろん、その一部でよければ、NFTを獲得するスキルやNFTを見極めるスキルだと答えられようし、もうひとつ大きな答えとして、NFTが資産の誇示になる点も指摘できる。

Xを実行することで獲得できるNFTをもっている、と誰かが自慢したとして、はたしてその誰かが自分でXをやったのか、お金を払って代わりにやってもらったのかを区別することはできない。それで問題にならないときもある。慈善活動を支援するNFTなら、それをセカンダリマーケットで買った人は、慈善という大義に自分の資金を使ったことになる。NFTを買うというインセンティブに貢献して慈善活動を支えたことになるので、これなら区別する必要はない。実際、慈善活動のNFTだけでも、かなり役立っている。では、資金の保有額を競うだけではないNFT

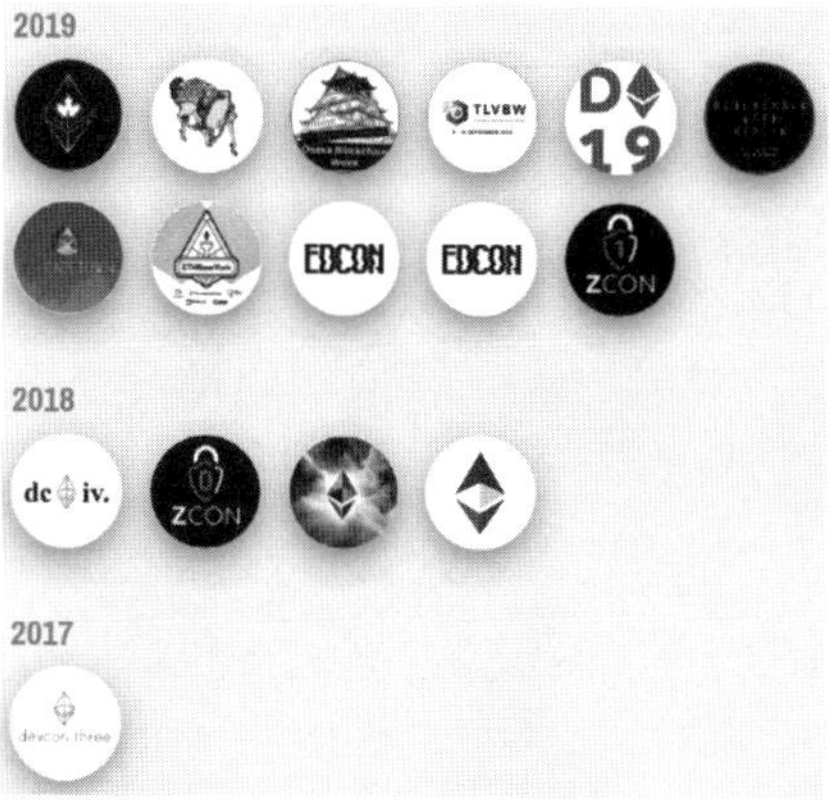

私の POAP コレクションの一部。ほとんどは、
過去に参加したイベントで獲得した

を作り、それを自慢しようとしたら、どうなるだろうか。

それを試みているプロジェクトのいちばんいい例は、おそらくPOAPだろう。「プルーフ・オブ・アテンダンス・プロトコル（Proof Of Attendance Protocol）」の略で、何かのイベントに個人的に参加したという証拠をNFTにしたうえで、その参加者に送ることができるプロジェクトの標準である。

POAPは、ソウルバウンドだったら有効に機能しそうなNFTの格好の一例だ。POAPを目にした人が注目するのは、イベントに参加した人に資金を払ったかどうかではない。実際にそのイベントに参加したかどうかに注目が集まるのである。証明書（運転免許証、卒業証書、年齢証明書など）をオンチェーンで運用するという提案も、似たような問題を抱えている。実際には資格を満たしていない人が証明書を誰かから買い取れるようでは、その証明書にはほとんど価値がなくなってしまうからだ。

譲渡可能なNFTは、たしかに存在意義があるし、アーティストや慈善団体を支援する目的にそれだけで実際に価値をもつが、譲渡不可のNFTの可能性が発揮されるデザインスペースも広大で、しかもほとんど探究されていない。

行政権をソウルバウンドにできたら？

これはもう、飽き飽きするくらい書いてきたが、それでもまだ繰り返す意味があるテーマだ。

統治《ガバナンス》の権利が簡単に譲渡可能だったら、ガバナンスのメカニズムはたちまち窮地に陥る。

・ガバナンス機能を広く分散することが目的なら、譲渡可能性は逆効果を生む。利害が集中して、ほかの誰からでもガバナンス権を買いやすくなるからだ。

・ガバナンス機能を有資格者に引き渡すことが目的なら、譲渡可能性は逆効果を生む。意志が固く資格のない人にガバナンス権が買われるのを防げないからである。

「人を支配したいと思う人ほど、その適性に欠けている」――よく言われるこの言葉を真剣に考えて、譲渡可能性には用心してかかったほうがいい。譲渡可能ということは、温厚ではあってもガバナンスに対して意味のある貢献をしそうにない人の手から、権力志向が強くいかにも問題を起こしそうな人へと、ガバナンス権利が移ってしまうからだ。

それでは、ガバナンスの権利を譲渡不可にしようとしたらどうなるのか。ＣｉｔｙＤＡＯを創設したらどうなるのか。実際に都市に住んでいる人、少なくとも民主的であることが信頼できる人に投票権が集まり、大量の市民NFTを蓄えている「クジラ」による不当な影響を避けられるはずなのだが。ここでも、今は望めない、大規模で実りあるデザインスペースが展開される。

譲渡不可能性を実際に導入

POAPは、POAP自体の譲渡可能性をブロックしないという技術上の決定を下している。それにはもっともな理由がある。ユーザーは全資産をウォレット間で移動したいと考えるのが当然だし（セキュリティなどの理由で）、深く考えずに譲渡不可能性を実装しても、あまり強力にはならない。NFTを保有するラッパーアカウントを作成するだけで、その所有権を売ることができるからだ。

実際、経済上の合理性があれば、POAPが売買される例は少なくない。アディダスは最近、ファンに向けてPOAPを始めたところであり（次ページの画像を参照）、これがあると商品セールなどを優先的に利用できる。では、これはどうなったか？　もちろん、POAPの多くは最高値で入札されていた。

この問題を解決するためにPOAPのチームは、譲渡不可能性を配慮する開発者なら自分でチェックを実施するよう提案している。現在の所有者が元の所有者と同じアドレスかどうかをオンチェーンでチェックできるほか、必要とみなせばさらに高度なチェックも追加できる。今のところこれは、将来を保証しやすいアプローチだ。

EVENT ID
#14195
Prev
Next
adidas Originals: our future started here
17-Nov-2021
Virtual event
For those of you in search of new playgrounds where possibilities are limitless, we invite you to join us as we voyage into the Metaverse.
This digital collectible is our way of rewarding you
https://confirmed.onelink.me/mzYA/589f9ddf
SUPPLY
3475
POWER
11030
TRANSFERS
4204

アイテムより譲渡がしやすい。証明できるのは時間だけではない

おそらく、現時点で譲渡不可能性として最も堅固なのは、プルーフ・オブ・ヒューマニティ（Proof of Humanity）による証明だろう〈原注1〉。理論上は、譲渡可能な所有権をもつスマートコントラクトのアカウントがあれば誰でもプルーフ・オブ・ヒューマニティのプロファイルを作成でき、そのアカウントを売ることができる。ただし、プルーフ・オブ・ヒューマニティのプロトコルには取り消しの機能がある。元の所有者はプロファイルの削除を依頼する動画を作成でき、その動画が元々の作成者と同じ人物からのものかどうかを、クレーロス（Kleros）[訳注1]の裁判所が判定する。プロファイルが無事に削除されると、元の所有者は再申請して新しいプロファイルを作成できる――そういうしくみになっている。したがって、ほかの人のプルーフ・オブ・ヒューマニティ・プロファイルを購入したとしても、その所有状態はたちまち取り消され、所有権の譲渡は達成できないのである。プルーフ・オブ・ヒューマニティのプロファイルは、事実上ソウルバウンドということになるので、その上にインフラストラクチャを構築すれば、オンチェーンのアイテム全般を特定の人にソ

ウルバウンドできる可能性がある。

　これほどの手間をかけて、すべてをプルーフ・オブ・ヒューマニティ・ベースにしなくても、譲渡可能性を制限できる方法はないだろうか。そう容易ではないが、中程度の強度があって、一部の用途には十分かもしれないアプローチならある。ＮＦＴをＥＮＳ名に結び付けるのが、シンプルな選択肢だ。ただし、ユーザーがＥＮＳ名にこだわっていて、譲渡する意志がないという条件が必要になる。今のところ、譲渡可能性を制限するさまざまなアプローチが登場する見込みであり、各種のプロジェクトがセキュリティと利便性の天秤にかけながら進められている。

譲渡不可能性とプライバシー

　暗号学的に強いプライバシーを譲渡可能な資産に用いるというのは、かなり理解しやすい。暗号資産を用意して、トルネードキャッシュ（Tornado Cash）〈原注2〉または同様のプラットフォームに預け、新規の口座に引き出すのである。だが、新規の口座や、場合によってはスマートコントラクトに

〈原注1〉プルーフ・オブ・ヒューマニティ（Proof of Humanity attestation）は、政府や企業といった中央の権威に依存せず、ブロックチェーン上で人間の身元情報《アイデンティティ》を確立するために設計されたプロジェクト。参加者個人の証明を確認する必要があるとき、他の暗号資産プロジェクトで使用される。

〈原注2〉イーサリアムなどの一般的なブロックチェーンはあらゆるトランザクションの送信者と受信者を公開するが、トルネードキャッシュは送信者と受信者の間のリンクをマスクすることでプライベートなトランザクションを実現できるプロトコルである。

移動するだけでは済まないのだとしたら、ソウルバウンドアイテムにはどうやってプライバシーを付加できるのだろうか。プルーフ・オブ・ヒューマニティの採用がもっと進めば、プライバシーの重要性は増す。そうでなかったら、私たちの行動はすべてオンチェーンから個人に直接関連付けられてしまうからだ。

幸いにも、技術的にシンプルな方法がいくつか考えられる。

・（i）インデックス、（ii）受信者のアドレス、（iii）受信者に属する秘密から生成したハッシュをアドレスとして、そのアドレスにアイテムを格納する。秘密をインターフェースに公開すれば、自分の所有しているアイテムはすべてスキャンされるが、同じ秘密を知られないかぎり、どのアイテムが自分のものかは誰にも分からない。

・一連のアイテムから生成した一つのハッシュを公開し、各受信者にはそのマークルブランチをわたす〈原注3〉。

・小規模なコントラクトで、ある種のアイテムをもっていることを確認しなければならない場合は、ZK－SNARKを指定できる〈原注4〉。

送金はオンチェーンで実行できる。最も単純な手法としては、ファクトリコントラクトを呼び出して古いアイテムを無効化し、新しいアイテムを無効化するトランザクションが考えられる。オペレーションの有効性の保証には、ZK－SNARKを用いる。

プライバシーは、この種のエコシステムを適切に動かすうえで重要になる。場合によっては、アイテムが表している元々のものがすでに公開されていたら、プライバシーの付加が意味を成さないこともある。だが、ほとんどの場合ユーザーは所持しているものすべてまでは公開したがらないものだ。将来のいつの日か、COVID－19のワクチン接種がPOAPになった場合には、POAPが自動的に全員に公開され、一定の社会集団のなかでクールとみなされる基準で医療上の判断が一方的に決められてしまうシステムを作るということも、最悪の展開としては考えられる。プライバシーをデザインの必須要素に据えていけば、こうした最悪の結果を回避して、何か素晴らしいものを作り出せる機能性が上がるだろう。

現状から、やがて未来へ

現在のいわゆる「web3」世界に対しては、何もかもが金銭志向だという批判も強い。人々は莫大な資金の保有と大がかりな消費に浮かれていて、このようなデジタル収集品を中心として生まれている文化の魅力とその長期的な持続可能性が見えにくくなっている。金融化されたNFTが、アーテ

〈原注3〉 マークルツリーは、イーサリアムの設計でも中心にある暗号学的技術であり、一連のデータが改竄されていないことを検証するために使う。マークルブランチは、そのマークルツリーの一部である。

〈原注4〉 ZK－SNARKは、ゼロ知識で簡潔な非対話型の知識の議論（Zero-Knowledge Succinct Non-Interactive Argument of Knowledge）を意味する。当事者がある情報をもっているという暗号学的な証拠を、その情報自体は開示することなく示す技術。

イストや慈善団体への資金提供など、以前なら実現できなかった重要なメリットをもたらしていることは確かだ。しかし、そのアプローチには限界があって、金融化の先をめざす可能性はまだほとんど探究されていない。暗号資産の世界でもっと多くのアイテムを「ソウルバウンド」にしていけば、NFTが人の裕福さだけでなく、その人となりまで十分に表現できるような、新たな可能性への道が開かれるはずだ。

しかし、そうするためには技術上の課題が残っている。そして、譲渡を抑制あるいは禁止しようという欲求と、あらゆる標準が最大限の譲渡可能性を中心にデザインされているブロックチェーンのエコシステムとの間の「インターフェース」は、はなはだ不安定だ。ユーザーが手放せない(プルーフ・オブ・ヒューマニティのプロファイルのように)あるいは手放そうとしない(ENS名など)「アイデンティティオブジェクト」にアイテムを結び付けるのは、有望な道に思えるが、それを使いやすくしてプライバシーとセキュリティを保つという課題が残る。その課題を検討して解決することに、さらに取り組まなければならない。それができれば、ブロックチェーンを中心として、協力的で楽しい、お金がすべてでないエコシステムを作り出すための扉が、今よりさらに広く開放されることだろう。

訳注1　イーサリアムのブロックチェーン上で運営されている分散型裁定サービスのひとつ。

【出典一覧（数字はページ数）】

・22
https://bitcoinmagazine.com/markets/markets-institutions-currencies-new-method-social-incentivization-1389412608
・140
https://medium.com/@VitalikButerin/the-meaning-of-decentralization-a0c92b76a274
・149、151、153、156、157、159、160、161
https://vitalik.ca/general/2017/12/17/voting.html
・169、170、173、175、176、183、185
https://vitalik.ca/general/2019/04/03/collusion.html
・190、191、198
https://vitalik.ca/general/2019/04/16/free_speech.html
・208
https://vitalik.ca/general/2019/12/24/christmas.html
・238、241
https://vitalik.ca/general/2020/09/11/coordination.html
・248、250、251、262、267
https://vitalik.ca/general/2021/02/18/election.html
・272、274、278、282、285、286、290
https://vitalik.ca/general/2021/03/23/legitimacy.html
・301
https://vitalik.ca/general/2021/07/29/gini.html
・316、322、328
https://vitalik.ca/general/2021/08/16/voting3.html
・336
https://vitalik.ca/general/2020/08/20/trust.html
・346、348、349、359
https://vitalik.ca/general/2021/10/31/cities.html
・363、364、365、368
https://vitalik.ca/general/2022/01/26/soulbound.html
・380
https://ethereum.org/ja/whitepaper/

関係しない用途の幅も広がっていく。

任意の状態遷移関数をイーサリアムのプロトコルとして実装するという考え方で実現するプラットフォームは、ほかにない可能性を秘めている。データストレージ、ギャンブル、金融など特定範囲の用途に限定されるクローズエンドの専用プロトコルと違って、イーサリアムは設計上オープンエンドだからである。これからの時代に、金融でも金融以外でも多種多様なプロトコルの基盤レイヤーとしてきわめて理想的といえるのである。

訳注1　暗号通信で用いられる、使い捨てのランダム値。イーサリアムでは、各トランザクションを1回だけ処理するためのカウンターとして使われる。
訳注2　167ページの〈原注8〉を参照。
訳注3　外部データを用いたスマートコントラクトのこと。
訳注4　複数のオブジェクトを送信するために1つのデータとしてまとめること。
訳注5　SETI@homeは2020年3月に休止している。

使用して計算のその部分を実行し、生成されたS[i]が指定されたS[i]と一致しないことを確認できるようになる。

そのほか、さらに巧妙な攻撃としては、悪意のあるマイナーが不完全なブロックを公開する手口もあり、そうなると、そもそもブロックが有効かどうかを判断する完全な情報さえ存在しない事態になる。これを解決するのが、チャレンジ/レスポンスのプロトコルである。検証ノードは対象トランザクションのインデックスという形で「チャレンジ」を発行し、ライトノードのツリーはノードを受け取ると、別のノードが有効性の証明として基本木のサブセットを提示するまで、マイナーだろうと他の検証者だろうと、そのブロックを信頼できないものとして扱う。

■結論

イーサリアムプロトコルは元来、ある暗号資産をアップグレードし、汎用性の高いプログラミング言語を介してブロックチェーン上のエスクロー、引き出し限度額、金融契約、ギャンブル市場などを実現するという着想で始まった。どんなアプリケーションも直接「サポート」するわけではないが、チューリング完全なプログラミング言語を備えているので、どのようなトランザクションや用途でも理論的には任意のコントラクトを作成できる。だが、それ以上に注目すべきなのは、イーサリアムプロトコルが単なる暗号資産にとどまるものではないということだ。なかでも、分散型ファイルストレージ、分散型コンピューティング、分散型の予測市場などに関わるプロトコルは、計算処理市場の効率を引き上げる可能性がある。経済のレイヤーを初めて追加することによって、その他のピアツーピアプロトコルも大幅に強化できる。最終的には、金銭がまったくうというシナリオも考えられる。そうなると、フルノードが結束して、なんらか有利になるような形で不正を行うことに合意する可能性も出てくる（たとえば、ブロック報酬を変える、自分たちにBTCを付与するなど）。ライトノードの側には、ただちにそれに気づく術《すべ》はない。もちろん、誠実なフルノードが少なくとも１つ存在する可能性はあり、数時間後には不正に関する情報がReddit（レディット）などのチャンネルに流れるだろうが、その時点ではもう手遅れだ。特定のブロックをブラックリストに載せることを試みるかどうかは一般ユーザー次第。51%攻撃を成功させるのと同じ大規模で実現の不可能な協調の問題ということになるのである。ビットコインではすでにこれが問題化しているが、その問題を軽減するブロックチェーン修正案が、ピーター・トッドによって提唱されている。

近い将来、イーサリアムはこの問題に対処するために、さらに２つの戦略を用いることになるだろう。１つ目に、ブロックチェーンベースのマイニングアルゴリズムということから、少なくともすべてのマイナーはフルノードであることが要求され、フルノードの数に下限が設けられる。２つ目はもっと重要で、各トランザクションの処理後に、ブロックチェーンに中間状態の木《ツリー》のルートを含めるようになる。ブロック検証が中央集権的であっても、誠実な検証ノードが１つ存在するかぎり、検証プロトコルを通じて中央集権化の問題は回避できる。マイナーが無効なブロックを公開した場合、そのブロックは形式が正しくないか、状態S[n]が正しくないかのどちらかに違いない。S[0]は正しいことが分かっているので、S[i-1]が正しいときには、正しくない最初の状態S[i]があるはずである。検証ノードは、「無効の証明」とあわせてインデックスiを指定することになり、これはAPPLY(S[i-1],TX[i]) -> S[i] の処理を必要とする基数木ノードの部分集合で構成される。ノードはこれらのノードをズムには特筆すべき特徴がひとつある。特定のASICを排除するように特別に設計された多くのコントラクトをブロックチェーンに導入すれば、誰でも「井戸に毒を盛る」ように悪評を広げられるということだ。ASICメーカーがこのような手口で競合他社を攻撃する経済的インセンティブが存在する。だからこそ、我々が開発しているソリューションも最終的には、純粋に技術的なものではなく、適応力の高い経済的・人間的なソリューションということになるのである。

スケーラビリティ

イーサリアムに関して定番ともいえる懸念が、スケーラビリティの問題である。ビットコインと同様、イーサリアムも各トランザクションをネットワークの全ノードで処理しなければならないという問題点を抱えている。ビットコインの場合、現在のブロックチェーンのサイズは約15GBで、1時間ごとにおよそ1MBずつ増えている。ビットコインネットワークでVisaの2,000件のトランザクションを1秒間に処理したとすると、3秒間に1MBずつ増えることになる(1時間で1GB、1年で8TB)。イーサリアムも同じような発展のパターンをたどる可能性は高く、しかもビットコインの場合は通貨だけだったのに対して、イーサリアムではブロックチェーン上に多くのアプリケーションが存在する関係で事態が悪化しそうだ。それでも、イーサリアムのフルノードにはブロックチェーン全体の履歴ではなく、状態だけを保存すれば済むという点では改善されている。

ブロックチェーンのサイズがこれほど大きくなることの問題点は、中央集権化のリスクにある。ブロックチェーンのサイズが、たとえば100TB級まで大きくなった場合、ごく少数の大企業だけがフルノードを運用し、一般ユーザーはすべてライトなSPVノードを使てきたということだ。第２に、ビットコインマイナーの大半が、実際にはローカルでブロック検証を行わなくなっている。かわりに、ブロックヘッダーの生成を中央集権的なマイニングプールに依存するようになっているのだ。この問題が悪化していることは間違いなく、本稿の執筆時点では、上位３つのマイニングプールがビットコインネットワークの処理能力のおよそ50%を間接的に支配している。ただし、これを緩和する要素として、プールや連合体が51%攻撃を試みた場合に、マイナーが他のマイニングプールに乗り換えることができるのも事実である。

イーサリアムが今めざしているのは、マイナーが状態からランダムデータを取得する、ブロックチェーンの最後のNブロックからランダムに選択したいくつかのトランザクションを計算する、その結果のハッシュを返す、という流れのマイニングアルゴリズムを使用することである。これには重要な利点が２つある。まず、イーサリアムのコントラクトはどんな種類の計算でも含むことができる。そのため、イーサリアムのASICは本質的に一般的な計算処理用のASICとなって、つまりCPUの向上につながる。次に、マイニングにはブロックチェーン全体へのアクセスが必要なので、マイナーはブロックチェーン全体を保存し、少なくとも各取引を検証する能力をもつ必要がある。そのため、中央集権的なマイニングプールが不要となる。それでも、マイニングプールは報酬を配分する際のランダム性を均等化するという正当な役割を引き続きはたすが、この機能は中央集権的な管理ではなくピアツーピアのプールでも同様にはたせるのである。

このモデルはまだ検証を経ていないため、マイニングアルゴリズムとしてコントラクトの実行を利用するときには、巧妙な最適化を回避する過程で困難が伴うものと考えられる。一方、このアルゴリ倍になれば、毎年0.26倍がマイニングされ、0.26倍が失われて平衡状態に至る)。

ただし、将来的にはイーサリアムのセキュリティがプルーフ・オブ・ステークモデルに移行するため、発行要件は年間0 〜 0.05倍程度に緩和される可能性がある。万一、イーサリアム組織が資金を失うなどの理由で消滅した場合のために、「社会契約」を有効にしておく。イーサの総額が最大で 60102216 × (1.198 + 0.26 × n) に等しくなければならないという点を唯一の条件として（nはジェネシスブロック以降の年数)、誰でも将来のイーサリアムバージョン候補を作成する権利をもつ。作成者は、PoS主導の供給量拡大と最大許容供給量拡大との間に生じる差額の一部または全部を、クラウドセルなどで自由に割り当て、開発費に充てることができる。社会契約に従わないアップグレード候補は、正当な理由に基づいて、準拠したバージョンにフォークすることもある。

マイニングの中央集権化

ビットコインのマイニングアルゴリズムは、若干修正したブロックヘッダーに対するSHA256の値をマイナーに何百万回も繰り返し計算させ、最終的にいずれかのノードで目標値（現在約2^{192}）より小さいハッシュ値を求めさせるという形で機能している。だが、このマイニングアルゴリズムは、2種類の中央集権化に対して脆弱である。第１に、マイニングのエコシステムはASIC（特定用途向け集積回路)、すなわちビットコインのマイニングという特定タスクのために設計され、それゆえ非常に効率の高いコンピューターチップに大きく左右されるようになってきた。つまり、ビットコインのマイニングはもはや高度に非中央集権化された平等主義的な探究ではなくなり、実効的に参加するには膨大な資本が必要な世界になっ

長期インフレ率（パーセント）

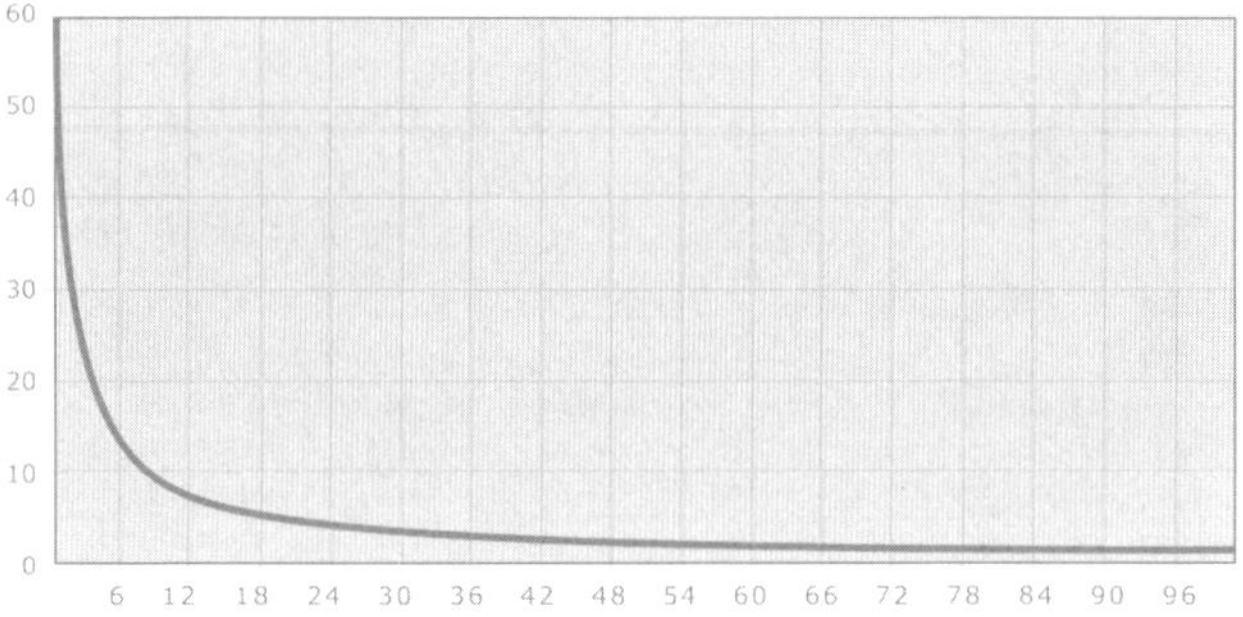

線形的な通貨発行額にもかかわらず、長期的にはビットコインと同じように、供給成長率はゼロに近づく傾向がある

サが19.8%増え、1単位あたりの価値が再び以前と等しくなる。このとき、組織は1.198倍のBTCを保有することになり、これは元のBTCと追加された0.198倍の２つのスライスに分割されると考えることができる。そのため、この状況は基金と同じだが、重要な違いが１つある。組織は純粋にBTCを保有するだけで、イーサ単位の価値を支持するインセンティブがないということである。

永続的な線形供給成長モデルは、ビットコインにおける過剰な富の集中とみなされる状況のリスクを低減し、現在および将来の時代を生きる個人に通貨単位を取得する公平な機会を与える。と同時に、「供給成長率」は依然として時系列的にゼロになる傾向がある以上、イーサを取得・保有する強いインセンティブが維持されることになる。また、通貨は不注意や死亡などの原因で時間の経過とともに必然的に失われるものであり、そして通貨の損失は年間総供給額に対する割合としてモデル化できるため、実際に流通している通貨の総供給額は、年間の発行額を損失率で割った値でやがて安定すると理論付けられる（たとえば、損失率1%とすると、供給量が26

とと、他のプラットフォームで適切に使われてきた開発費を支払うことを目的にしたしくみである。購入が早ければ早いほど、割引率も高くなる。このセールで受け取ったBTCは、開発者への給与や賞金の支払いに使われ、イーサリアムや暗号資産エコシステムで各種の営利および非営利プロジェクトにも投資される。

・販売総額(60,102,216 ETH)の0.099倍が、初期からの協力者への報酬として、またジェネシスブロック以前にETH建てで支払われていた出費への支払い分として組織に配分される
・販売総額の0.099倍が、長期的な準備金として確保される。
・販売総額の0.26倍が、その時点以降ずっと年間のマイニングに対して配分される。

長期的な供給成長率(%)

グループ	リリース時	1年後	5年後
通貨単位	1.198X	1.458X	2.498X
購入者	83.5%	68.6%	40.0%
プリセールで消費した準備金	8.26%	6.79%	3.96%
ポストセールで消費した準備金	8.26%	6.79%	3.96%
マイナー	0%	17.8%	52.0%

上記のモデルでの主な選択基準は2つ、すなわち(1)基金プールの存在とその規模、(2)ビットコインのような上限付きの供給ではなく、恒久的に成長する線形供給の存在である。基金プールの正当性は次のように考えられる。基金プールが存在しなかったとして、同じインフレ率を維持するために線形発行額を0.217倍に減らした場合、イーサの総額が16.5%減少するため、1単位あたりの価値は19.8%上昇する。したがって、平衡状態では、購入されるイー

ればいいのではないか。

通貨とその発行

イーサリアムネットワークには、独自の組み込み通貨としてイーサがあり、それが２つの目的をはたしている。ひとつは、多種多様なデジタル資産の間で効率的な交換を実現する主な流動性レイヤーを提供すること、もうひとつはトランザクション手数料を支払うしくみを実現することで、こちらのほうが重要性は高い。便宜上、そして将来的な議論を避ける目的で（ビットコインで現在、mBTC/uBTC/satoshiをめぐって繰り広げられている議論を参照）、通貨単位はあらかじめ決められている。

- 1: wei（ウェイ）
- 10^{12}: szabo（サボ）
- 10^{15}: finney（フィニー）
- 10^{18}: ether（イーサ）

これは、「ドル」と「セント」、「BTC」と「satoshi」のような概念の発展形だと考えればよい。近い将来、通常のトランザクションには「ether」を、マイクロトランザクションには「finney」を使い、「szabo」と「wei」は手数料やプロトコル実装をめぐる議論のときに使うようになる予定だ。残りの単位はこれから役に立つかもしれないが、今のところクライアントには導入しない。

通貨の発行モデルは、以下のようになる。

・イーサは、1 BTC あたり 1,000 ～ 2,000 イーサの比率で通貨セール時に発行される。イーサリアム組織への資金を調達するこグ不完全性は、問題に対する簡潔な解決策からはほど遠い。その理由を確かめるために、以下のコントラクトを考える。

```
C0: call(C1); call(C1);
C1: call(C2); call(C2);
C2: call(C3); call(C3);
...
C49: call(C50); call(C50);
C50: (run one step of a program and record the change
in storage)
```

ここで、Aにトランザクションを送信する。51番目のトランザクションでは、コントラクトで2の50乗（2^{50}）ステップもの計算処理が必要になる。マイナーは、このようなロジック上の爆弾をあらかじめ検出しようと努めるために、実行できる計算処理の最大ステップ数を各コントラクトに応じて指定する値を維持し、他のコントラクトを呼び出すコントラクトについて再帰的にそれを計算する。ただし、そのためには他のコントラクトを作成するコントラクトをマイナーが禁止する必要がある（上のコントラクト26個すべての作成と実行は、容易に1つのコントラクトにまとめられるため）。もうひとつ問題になるのは、メッセージのアドレスフィールドが可変なので、他のどのコントラクトが特定のコントラクトを呼び出すのか事前に理解することすら不可能そうな点だ。そのため、最終的には想定外の結論に至る。チューリング完全性に対処するのは予想外にやさしい。そして、チューリング完全性の欠落に対処するのは、まったく同じコントロールを用意しないかぎり、同じくらい予想外に難しい――だがその場合は、プロトコルをチューリング完全にすこうした攻撃に備えることを心配する必要はない。変更の途中で実行が停止すると、元の状態に戻るからである。

・ある金融コントラクトは、リスクを最小限に抑えるために、固有のデータフィード9つの中央値をとることによって動作する。攻撃者は、そのデータフィードのいずれか1つを取得して、無限ループを実行するように書き換える。DAOに関するセクションで説明しているように、データフィードは、変数-アドレス-呼び出しのメカニズムを介して変更可能なように設計されているのである。それによって、攻撃者はこの金融コントラクトから資金を請求してGas切れを起こさせるような試みを実行する。だが、金融コントラクトなら、メッセージにGas制限を設けて、この問題を回避することができる。

チューリング完全に替わるものとして、チューリング不完全な環境もあり、その場合はJUMPとJUMPIが存在しない。どの時点でも、コールスタックにおいては各コントラクトのコピー1つずつしか存在できない。このようなシステムの場合、コントラクト実行のコストには規模によって上限があるため、前述した手数料システムや我々の解決策の有効性をめぐる不確実性は、不要なものになるかもしれない。

また、チューリング不完全であっても、その制限はそれほど大きなものではない。ここで内部的に見てきたコントラクトの例すべてのなかでも、ループが必要だったのは1つだけで、そのループにしても、コード1行分の処理を26回繰り返せば削除できるものだった。チューリング完全の意味を真摯にとらえ、その利点が限定的であることを踏まえると、そもそもチューリング不完全な言語を選択するという手もあるのかもしれない。だが現実的には、チューリン論として断言することはできない。状態遷移のセクションで説明したように、我々の解決策では、実行できる計算処理の最大ステップ数をトランザクションで制限することを義務づけている。実行がそれより長くなると、計算処理が元に戻されるが、それでも手数料は支払われる。メッセージも同じように動作する。この解決策の理由付けを説明するために、次のような例を考えてみよう。

- ある攻撃者が、無限ループを実行するコントラクトを作成し、そのループを開始するトランザクションをマイナーに送信する。マイナーがそのトランザクションを処理すると無限ループが実行され、Gas切れになるまでそれが続く。実行中にGasが切れて途中で停止しても、トランザクションは引き続き有効なので、マイナーは計算処理のステップごとに、攻撃者から手数料を請求できる。
- ある攻撃者が、長時間かかるきわめて長い無限ループを作成する。計算処理が終わる頃には、さらに数ブロックが生成されているため、マイナーがトランザクションを追加して手数料を請求することはできなくなる。ただし、攻撃者はSTARTGASの値を発行して、実行できる計算処理のステップ数を制限しなければならないため、この計算処理でステップ数が過剰にかかりすぎることが、マイナーにはあらかじめ分かることになる。
- ある攻撃者が、コントラクトでsend(A,contract.storage[A]); contract.storage[A] = 0のような形のコードが使われているのを確認したうえで、最初のステップを実行するには足りるが、次のステップを実行するには足りない（つまり、引き出しは処理するが、残高の減算は処理できない）量のGasを指定してトランザクションを送信する。このコントラクトの作成者が、

65536と1.5に設定されるが、さらに分析が進むと変わる可能性もある。

ビットコインで大きいブロックサイズが歓迎されない理由はもうひとつある。大きいブロックは伝播に時間がかかり、したがってステールになる確率も高くなるということだ。イーサリアムでは、Gas消費量の大きいブロックは伝播にかかる時間も長いことがある。物理的に大きいうえに、評価するトランザクション状態の遷移を処理するのに時間がかかるからである。こうした遅延によるインセンティブの阻害は、ビットコインでは大きな問題だが、イーサリアムではGHOSTプロトコルがあるので、その影響はそれほどでもない。そのため、規制のあるブロック制限に依存するほうが、ベースラインの安定性は高くなる。

計算処理とチューリング完全性

重要な点として、イーサリアムの仮想マシン（EVM）はチューリング完全である点を押さえておきたい。つまり、EVMのコードには、実行できると想定されるあらゆる計算処理を記述できるということであり、それには無限ループも含まれる。EVMコードでループを実行する方法は2つある。まず、JUMP命令でプログラムをジャンプさせてコード中の前の部分に戻ることができる。JUMPI命令は条件付きジャンプで、たとえばwhile x < 27: x = x × 2のような文に使用する。次に、コントラクトで他のコントラクトを呼び出すことができるので、ループを再帰的に実行できることになる。そうなると、当然の疑問が生じる。悪意のあるユーザーがマイナーやフルノードを強制的に無限ループに陥らせ、停止に追い込むことが可能なのではないか——コンピューター科学で「停止問題」として知られている問題だ。あるプログラムが停止するかどうかを、一般

しかし現実的には、このような前提から大きく外れてしまうのである。

1. マイナーは、他の検証ノードより大きいコストを支払ってトランザクションを処理する。検証時間が余分にかかるとブロックの伝播が遅れ、ブロックが古く《ステールに》なる確率が上がるからである。
2. 実際にはマイニングしないフルノードが存在する。
3. マイニング能力の分布が、実際にはかなり不平等になる可能性がある。
4. 投機家、政敵、変人といった人種の場合は、ネットワークに損害を与えることもその効用関数に入ってくるため、他の検証ノードで発生するコストよりずっと低いコストで抑えられるようなコントラクトを故意に設定する可能性がある。

(1) の理由からマイナーが追加するトランザクションは少なくなる傾向があり、(2) の理由からNCは上がる。そのため、この2つによる影響は少なくとも部分的には相殺される。そして (3) と (4) は大きな問題になり、これを解決するために我々は流動資本を導入している。どんなブロックでも、BLK_LIMIT_FACTORと長期的な指数移動平均とを掛けた値よりオペレーションの回数が大きくなることはない。具体的に書くとこうなる。

```
blk.oplimit = floor((blk.parent.oplimit \* (EMAFACTOR
- 1) +
floor(parent.opcount \* BLK\_LIMIT\_FACTOR)) / EMA\_
FACTOR)
```

BLK_LIMIT_FACTORとEMA_FACTORは定数で、当面の間は

ション処理コストの圧倒的大部分は、トランザクションを追加するかどうか決定するマイナーではなく第三者にかかっている。そのため、共有地《コモンズ》の悲劇という問題がきわめて起こりやすくなる。

ところが、市場ベースのメカニズムに存在するこの欠点も、不正確な前提で単純化してみると、不思議なくらい相殺される。その根拠は以下のとおりである。まず、次のように仮定する。

1. あるトランザクションで k 回のオペレーションが発生し、それを追加した各マイナーには kR の報酬が支払われるとする。ここで、R は送信者が設定する値であり、k と R はあらかじめマイナーには（おおむね）見えている。
2. オペレーションでは、どのノードにも処理コスト C が発生する（つまり全ノードで効率は等しい）。
3. マイニングノードは N 個あり、それぞれ処理能力は完全に等しい（すなわち、全体の 1/N）。
4. マイニングしないフルノードは存在しない。

マイナーは、報酬がコストを上回ると予測されると積極的にトランザクションを処理する。そのため、マイナーが次ブロックを処理する確率は1/Nなので、予測される報酬はkR/Nとなり、マイナーの処理コストは単純にkCとなる。したがって、マイナーはkR/N > kCまたはR > NCとなるトランザクションを追加する。Rは、送信者によって指定されるオペレーションごとの手数料であり、送信者がトランザクションから導き出す利益の下限になるので、NCはオペレーションを処理するネットワーク全体にとってのコストということになる。したがって、マイナーは実利的なメリットがコストを超えるトランザクションのみを追加するインセンティブをもつ。

報酬に加えて3.125%分を受け取り、Uのマイナーは標準の通貨ベース報酬の93.75%分を受け取る。

7世代前までのアンクルしか対象にしない、この限定版GHOSTを使った理由は2つある。第1に、無制限のGHOSTでは特定ブロックのどのアンクルが有効かを計算するとき、あまりに複雑になりすぎるためである。第2に、無制限のGHOSTの保証をイーサリアムで利用すると、攻撃者のチェーンではなくメインのチェーンをマイニングしようというインセンティブをマイナーが失ってしまうからである。

手数料

ブロックチェーンに発行されるどのトランザクションでも、ダウンロードと検証に要するコスト負担がネットワークにはかかる。そのため、悪用を防ぐにはなんらかの規制メカニズムが必要であり、それが一般的にはトランザクション手数料という形をとっている。ビットコインで最初から用いられているのは、純粋に自発的な手数料という考え方であり、マイナーが門番《ゲートキーパー》として機能することに依存して動的な最小額を設けている。このアプローチがビットコインコミュニティで非常に好意的に受け取られているのは、主に「市場ベース」だという理由から、つまりマイナーとトランザクション送信者の間の需要・供給で価格を決定できるからである。だが、こうした思考の筋道には、トランザクションの処理は市場ではないという問題点がある。トランザクション処理を、マイナーが送信者に提供しているサービスだと解釈するのは直観的に分かりやすいのだが、実際にはマイナーが追加するどのトランザクションもネットワークの各ノードが処理しなければならないものであり、トランザクソンポリンスキーとゾハールが述べているように、GHOSTプロトコルはどのチェーンが「最長」になるかを計算するときにステールブロックも計算に含めることによって、ネットワークセキュリティに関する最初の問題を解決する。つまり親とそれ以前の祖先ブロックだけでなく、ステールブロックの祖先（これをイーサリアムの俗語では「おじ《アンクル》」と呼んでいる）も、プルーフ・オブ・ワークの総計が最大となるブロックの計算に追加するのである。ハッシュパワー偏向という第2の問題を解決するには、GHOSTプロトコルの先まで進め、ステールブロックにもブロック報酬を提供する。ステールブロックは本来の報酬の87.5%を受け取り、ステールブロックを含む「甥」側は残り12.5%を受け取る。ただし、アンクルにトランザクション手数料が支払われることはない。

イーサリアムは、このGHOSTプロトコルを、7レベルまでしかたどらない簡略化した形で実装する。

- 1つのブロックで親を指定し、0個以上のアンクルを指定する。
- ブロックBに含まれるアンクルは次の特性を備えている必要がある。
  - ブロックBからk世代前の祖先の直接の子でなければならない（2 <= k <= 7）。
  - Bの祖先であってはならない。
  - アンクルは有効なブロックヘッダーでなければならないが、以前に検証済みの有効なブロックである必要はない。
  - アンクルは以前のブロックに含まれるどのアンクルとも、また同じブロックに含まれる他のアンクルとも異なっていなければならない（二重に含めない）。
- ブロックBのアンクルUごとに、Bのマイナーは通貨ベーステーションシステムが基盤になる。

■その他もろもろの検討事項

GHOSTプロトコルの拡張実装

GHOST（Greedy Heaviest Observed Subtree）プロトコルは、2013年12月にヨナタン・ソンポリンスキーとアビブ・ゾハールによって初めて提唱された革新技術である。GHOSTが生まれた背景には、ブロック確定時間の短縮という動機がある。現在は、確定を急ぐとステールレートの関係でセキュリティが低下するという問題があるためだ。ブロックがネットワーク中に伝播するまでには一定の時間を要するため、マイナーAがあるブロックをマイニングしたあとで、そのブロックがBにまで伝播する前にマイナーBが別のブロックをマイニングした場合、マイナーBのブロックは無駄になり、ネットワークセキュリティに貢献することはない。そのうえ、中央集権化の問題もある。マイナーAが30%のハッシュパワーを有するマイニングプールであり、Bのハッシュパワーが10%だとすると、Aが古く《ステール》なったブロックを生成してしまうリスクがあるのは、マイニング時間のうち70%だが（残り30%の時間では最新のブロックを生成し、ただちにマイニングデータを取得するので）、Bが同じリスクを負うのはマイニング時間のうち90%になる。したがって、ステールレートが高くなるほどブロック間隔が短い場合、Aはただ規模が大きいという理由だけでかなり有利になるのである。この2種類の影響を踏まえると、ブロック生成の時間が極端に短いブロックチェーンでは、あるマイニングプールがネットワークハッシュパワーのかなりの部分を占めてしまい、実質的に他のマイニングプロセスを圧倒してしまう結果になる。

るかどうかを確認できることになる（つまりノードが不正に利益をあげることはできない）。といっても、このようなシステムがあらゆる目的に適しているわけではない。たとえば、プロセス間で高度なコミュニケーションを要する業務を、ノードの大規模なクラウド上で実行するのは容易ではない。一方、並列化が容易な使い方もある。SETI@home（地球外知的生命体の証拠を見つけようとするボランティアコンピューティングプロジェクト[訳注5]）や Folding@home（タンパク質の動きをシミュレーションする分散コンピューティングプロジェクト）などのプロジェクトや、汎用アルゴリズムなどは、こうしたプラットフォーム上に簡単に実装することができる。

6. **ピアツーピアのギャンブル**：ピアツーピアのギャンブルプロトコル、たとえばフランク・スタイアノとリチャード・クレイトンによる「CyberDice」なども、イーサリアムのブロックチェーン上に実装できる。最も単純なギャンブルプロトコルとしては、次ブロックのハッシュとの差分を使うコントラクトがあるが、そこからさらに複雑なプロトコルも設計でき、手数料がほぼ不要でありながら不正が不可能なギャンブルサービスを構築できる。

7. **予測市場**：オラクルあるいは SchellingCoin を前提にすると、予測市場の実装も容易であり、予測市場と SchellingCoin を組み合わせれば、分散型組織に必要なガバナンスプロトコルとしてのフュタ―キーを初めて本格的に応用できる可能性もある。

8. **オンチェーンの非中央集権型市場**：身元確認《アイデンティティ》システムとレピュ

を受け取る。これなら、誰もがほかの人と同じ回答を示そうというインセンティブがはたらくので、大多数の関係者が実際に合意する値だけが明白な既定事項、つまり空、つまり正解になる。このしくみは、理論上いくつでも値を指定できる非中央集権的なプロトコルになる。ETH/USD の相場でも、ベルリンの気温でも、難解な計算処理の結果でもいいのである。

4. **スマートマルチシグエスクロー**：ビットコインでは、たとえば５つの鍵のうち３つがあれば資金を消費できるといったマルチシグネチャのトランザクションコントラクトが可能になっている。イーサリアムでは、これをさらに細かく実行できる。たとえば、５つの鍵のうち４つがあれば全資金を消費でき、３つがあれば１日 10% まで消費できるが、２つしかなければ１日あたり 0.5% までしか消費できないなどの設定である。また、イーサリアムのマルチシグは非同期なので、関係者のうち２人が別々のタイミングでブロックチェーンに署名を登録し、最後の署名が登録されたときにトランザクションを自動的に送信することも可能になる。

5. **クラウドコンピューティング**：EVM 技術を利用すると、検証可能なコンピューティング環境を構築できる。ユーザーは他のユーザーに依頼して計算を実行できるうえ、ランダムに選択したチェックポイントでの計算が正しく実行されたという証明をオプションで求めることもできる。そのため、デスクトップ、ラップトップ、専用サーバーなどからどんなユーザーでも参加できるクラウドコンピューティング市場が誕生する。保証預かり金を伴ってスポットチェックを行えば、システムが信頼でき

・アリス単独では１日あたり1%まで引き出せる。
・ボブ単独では１日あたり1%まで引き出せるが、アリスは自分の鍵を使ったトランザクションによってこれを停止することができる
・アリスとボブの両方なら無制限に引き出せる。

通常、１日あたり1%ならアリスには十分で、それ以上を引き出したいと考えた場合にはボブに協力を依頼すればいい。アリスの鍵がハッキングされた場合は、ボブに依頼して資金を新しいコントラクトに移動してもらう。アリスが鍵を紛失した場合は、最終的にボブが資金を引き出せる。ボブが悪意のある存在になった場合、アリスはボブの引き出し機能を停止できる。

2. **収穫保険**：物価指数のかわりに天候をデータフィードに使った金融デリバティブコントラクトも容易に設計できる。アイオワ州の農民が、同州の降水量に基づいて逆に清算されるデリバティブを購入すると、水不足になった場合には自動的に保険金を受け取り、逆に降水量が十分だった場合には良好な収穫を期待できるからそれで満足できる。これは、自然災害保険にも広く拡大できる。

3. **分散型のデータフィード**：差分に関する金融コントラクを考えると、「SchellingCoin」というプロトコルを介してデータフィードを非中央集権化することができる。 SchellingCoinの基本的なしくみはこうだ。n人の関係者が全員、あるデータ（ETH/USDの相場）の価値をシステムに預ける。その値を並べ替えて、25～75パーセンタイルに収まった場合は報酬としてトークン

が賛成票を投じた場合には、最終承認のトランザクションがその変更を実行する。もっと複雑な構造になると、トランザクションの送信、メンバーの追加と削除といった機能に対する投票機能も組み込むことができ、流動的民主主義（liquid democracy。液体民主主義とも）のような代表者投票（自分たちに代わって投票する代表者を選任するが、その選任が推移的であるしくみ。つまりAがBを選任し、BがCを選任した場合にはCがAの投票を決定する）でさえ可能になってくる。こうした設計によって、DAOは非中央集権的なコミュニティとして有機的に成長するため、メンバーの絞り込みというタスクを最終的には専門家に委任できるようになる。とはいっても、「現行制度の専門家」の場合と違って、個々のコミュニティメンバーの態度や方針が変わっていくのに応じて、専門家は簡単に入れ替わっていく。

分散型組織の別のモデルとしては、どのアカウントもゼロ以上の株式をもち、株式の3分の2以上で決定を下す形もありえる。完全な構造になると、資産管理の機能、株式の売買を提案する機能、提案を受け入れる機能なども導入できる（できれば、オーダーマッチングのメカニズムをコントラクトに組み込めれば望ましい）。委任は流動的民主主義にも存在し、「役員会」のような考え方を一般化したものになる。

そのほかの使い方

1. **貯蓄ウォレット**：たとえば、アリスが資金を安全に保管したいと考えているとしよう。ただし、秘密鍵を紛失したり、ハッキングで奪われたりすることを懸念している。そこでアリスは、銀行であるボブとのコントラクトにイーサを預け、次のように決める。

「資本家」的なモデルに終始し、そこに存在するのは配当金を受け取る株主や、取引可能株式だった。それとは違う、「分散型自律コミュニティ（Decentralized Autonomous Community）」のような形になれば、メンバーの全員が意思決定を等しく分担でき、メンバーを追加・削除するときには既存メンバーの67%の合意を必須にすることもできる。グループによる集団的な実施には、1人が１つの会員権しかもたないという規定がさらに必要になる。

DAOのコーディングに関する一般的な概要は以下のとおりである。最もシンプルな設計では、メンバーのうち3分の2が変更に合意した場合に変化する自己書き換えコードの形をとる。コードは理論的に変化しないものだが、その点は容易に回避できる。コードのチャンクを別々のコントラクトに置き、呼び出すべきコントラクトのアドレスを、変更可能なストレージに格納すれば、事実上の可変性をもたせることができるからである。そうしたDAOコントラクトを単純に実装する場合には３つのトランザクションタイプがあり、トランザクションで指定されるデータによって、次のように識別される。

- [0,i,K,V]：インデックスｉに提案を登録し、ストレージインデックスＫのアドレスを値Ｖに変更する
- [1,i]：提案ｉに対する賛成票を登録する
- [2,i]：十分な数の投票が行われたら、提案ｉを最終的に承認する

コントラクトでは、このそれぞれに実際の条項が追加される。オープンストレージのあらゆる変更が、その投票者のリストとともに記録され、いずれかのストレージの変更でメンバーのうち3分の2

は、マイクロペイメントチャンネルのプロトコル（たとえば、32KBあたり1szabo）を使ってファイルを復元できる。ただし、32KBごとに同じノンスを使って少しずつ有利なトランザクションで置き換えていくのではなく、トランザクションを支払い者が最後まで公開しないアプローチにすると、手数料に関してさらに無駄がなくなる。

このプロトコルで重要な機能がある。ここでは、ランダムなノードの多くがファイルを失ったりしないという信頼が存在するように思えるが、そのリスクをほぼゼロにまで下げられる方法もあるということだ。秘密分散法を介してファイルを多くの部分に分割し、各部分が引き続きいずれかのノードの所有にあることをコントラクトで監視させればいいのである。コントラクトで支払いが続いていれば、それは誰かがまだファイルを格納しているという暗号学的な証明になる。

分散型自律組織

「分散型自律組織（Decentralized Autonomous Organization　DAO）」とは、一定のメンバーや出資者で構成される仮想の主体であり、そのメンバーらは67%の多数票に基づいて、その主体の資金を消費したりコードを変更したりする権利を有している。メンバーは、この組織における資金の配分を集合的に判断する。資金配分の手法は、賞金や給与から、作業報酬としての内部通貨といった特異なしくみまで多岐にわたる。

必然的に、従来の企業や非営利組織に存在する法律的な装いも再現されることになるが、実施には暗号学的なブロックチェーン技術しか使われない。これまで、DAOをめぐる議論の多くは「分散型自律企業（Decentralized Autonomous Corporation　DAC）」という

分散型ファイルストレージ

この数年で、オンラインファイルストレージのスタートアップ企業が数多く登場している。代表格はドロップボックスだろう。ユーザーはハードディスクの内容をバックアップとしてアップロードし、サービス側でそのバックアップを保管しておいて、それにアクセスして使用できる。そういうしくみを月額料金で提供するのである。だが、現在のファイルストレージ市場はあまり効率的とはいえない面もある。既存の各種ソリューションをざっと眺めてみると、20～200GBという「中途半端」なレベルでは、無料ストレージも企業クラスでの割引もうまく機能しておらず、主なファイルストレージの月額料金は、ハードディスク全体のコストに匹敵する料金をわずか1か月分として支払うほどにもなっている。イーサリアムのコントラクトであれば、分散型ファイルストレージのエコシステムを開発できるので、各ユーザーが自身のハードディスクを貸し出して少額の資金を稼ぐことができ、未使用の領域を開放してファイルストレージのコストをさらに引き下げることにもなる。

そのようなしくみを支える重要な要素を、我々は「分散型のドロップボックスコントラクト」と呼びならわしている。このコントラクトの動作はこうだ。まず、対象のデータを複数のブロックに分割したうえで、各ブロックを暗号化してプライバシーを確保し、そこからマークルツリーを構築する。次に、nブロックごとにマークルツリーでランダムなインデックスを選択し（コントラクトのコードからアクセスできる前ブロックのハッシュを乱数ソースとして使う)、ツリーの特定インデックスにおけるブロックの単純決済認証（SPV）的なプルーフ・オブ・オーナーシップをトランザクションに提供した最初の主体にxイーサを付与するというルールのコントラクトを作成する。ユーザーがファイルをダウンロードする場合センスは不要なので、フリースピーチと同じ分類になる）。

身元確認《アイデンティティ》システムとレピュテーションシステム

暗号資産のなかでも最初期に登場したネームコインは、ビットコインのようなブロックチェーンを使って名前登録システムを実現しようとする試みだった。ユーザーは他のデータとともに自分の名前を公開のデータベースに登録できる。その主な用途として紹介されるのが、「bitcoin.org」のようなドメイン名（ネームコインの場合は「bitcoin.bit」になる）をIPアドレスに関連付けるDNSシステムである。そのほか、メール認証などの用途もあり、さらに高度なレピュテーションシステムも考えられる。ネームコインのような名前登録システムをイーサリアムの基本的なコントラクトで実現すると、こうなる。

```
def register(name, value):
    if !self.storage[name]:
        self.storage[name] = value
```

ごく単純なコントラクトだが、重要なのは、イーサリアムネットワーク内部にあって、追加はできるが変更や削除はできないデータベースの存在だ。誰でも、一定の値とともに名前を登録でき、その登録は永久にそこに存続する。この名前登録コントラクトをさらに高度にしていけば、function句を使って他のコントラクトによるクエリーを実行できるようになるほか、名前の「所有者」（最初の登録者）がデータを変更したり所有権を譲渡したりすることも可能になる。その上に、レピュテーションや「信頼の輪」の機能を追加することさえできるのである。

フィードのコントラクトをクエリーして計算し、新しい価格を取得する)。

こうしたコントラクトは、暗号商取引で大きな可能性を秘めている。暗号資産についてよく指摘される問題のひとつが揮発性だ。ユーザーも売り手も暗号学的な資産に関するセキュリティと利便性を評価しているが、だからといって資金の23%相当をたった1日で失うという事態は避けたいと考えるだろう。これまでのところ、定番として提案されているのは、資産を発行者が支えるという解決策だ。発行者が単位を発行・撤回する権利をもつサブ通貨を作り、指定された原資産（たとえば金やドル）の1単位を（オフラインで）提供した人に1単位の通貨を提供するという発想である。このしくみなら、発行者を信頼できるという条件で、暗号学によらない資産を暗号学的な資産に「引き上げる」ことができる。

しかし実際には、発行者を常に信頼できるとは限らない。場合によっては金融インフラが脆弱すぎたり敵対的だったりして、このようなサービスが成立しないこともある。そこで候補になってくるのが、金融デリバティブである。単一の発行者が資金を提供して資産を支えるのではなく、投機家の集まる非中央集権的な市場が暗号的な基準資産（ETHなど）の価格高騰に賭け、発行者の代わりを務める。発行者の場合と違って、ヘッジ契約によって投機家の資金は預託されているため、投機家にはこの取引を自ら不履行するという選択肢がない。ただしこの手法は、信頼できるソースから提供される為替相場を必要とするので、完全に非中央集権的なわけではない。それでも、インフラストラクチャの要件を緩和し、不正行為の可能性を減らせるという点で大きな進歩であることは間違いない（発行者に依存する場合と違って、為替相場フィードの利用にラインでそれを再販売するしくみで残高が補填される。そうすると、ユーザーは自分のアカウントをイーサで「アクティベート」する必要が生じるが、イーサが介入することで資金が毎回補填され、コントラクトは再利用可能になるのである。

金融デリバティブと安定価値をもつ通貨

金融デリバティブは、「スマートコントラクト」の最も一般的な使い方であり、コードでの実装も簡単な部類である。金融デリバティブを実装するうえで問題になるのは、ほぼ必ず外部の為替相場を参照しなければならないことだ。たとえば、米ドルに対するイーサ（あるいはその他の暗号資産）の揮発性《ボラティリティ》を回避できるスマートコントラクトを作れれば望ましいが、それを実現するには、コントラクトがETH/USDの相場を知る必要がある。最も簡単なのは、特定の当事者（たとえばNASDAQ）が管理する「データフィード」コントラクトを使う方法だ。これなら、その当事者は必要に応じてコントラクトを更新でき、他のコントラクトがこのコントラクトにメッセージを送信して価格を示す応答を再取得できるインターフェースを確保できる。

重要な構成要素が確認できれば、ヘッジ契約は次のようになる。

1. A が 1,000 イーサを入金するのを待つ。
2. B が 1,000 イーサを入金するのを待つ。
3. 1,000 イーサ相当の米ドルの相場を記録する。データフィードのコントラクトをクエリーして計算し、たとえば x ドルになったとする。
4. 30 日後、A と B は x ドル相当のイーサを送金するためにこのコントラクトを「再アクティベート」できる（もう一度データ必要がある。Aからx単位を差し引いてBにx単位を加える場合、(1) このトランザクションの前にAがx単位以上をもっており、(2) トランザクションがAによって承認されるということになる。トークンシステムの実装に必要なのは、このロジックをコントラクトに実装することだけだ。

トークンシステムをSerpentで実装するコードは、基本的に次のようになる。

```
def send(to, value):
    if self.storage[msg.sender] >= value:
        self.storage[msg.sender] = self.storage[msg.
sender] - value
        self.storage[to] = self.storage[to] + value
```

基本的には、このホワイトペーパーの最初のほうで例に使った「銀行システム」の状態遷移関数を文字どおりに実装したものである。コード行をいくつか追加する必要があるのは、最初の段階および特殊なケースのために通貨単位を分配する初期ステップで、理想的にはあるアドレスの残高を他のコントラクトからクエリーできる機能まで追加できるとよい。だが、それでも必要なのはそこまでだ。理論上、サブ通貨として機能するイーサリアムベースのトークンシステムには、ビットコインベースのオンチェーンメタ通貨では実現できない重要な機能も加えることができる。トランザクション手数料を、その通貨で直接支払う機能である。これを実装するには、コントラクトでイーサ残高を維持し、それをもとにして、手数料に使われたイーサを送信者に払い戻すようにすればよい。そうすれば、手数料に要する内部通貨単位を回収し、継続的にオークショ状態遷移関数はブロック検証アルゴリズムの一部なので、トランザクションをブロックBに追加すると、そのトランザクションによって発生したコード実行は、あらゆるノードで処理される。将来的には、それがブロックBをダウンロードして検証するのである。

■使い方

大きくいって、イーサリアム上の用途は3種類に分けられる。第1のカテゴリーは金融の用途で、ユーザーが自分たちの資金を使って契約を締結・管理するのを強化する手段となる。サブ通貨、金融派生商品《デリバティブ》やヘッジ契約、貯蓄ウォレット、遺言、最終的にはある種の全面的な雇用契約などがこれに該当する。第2のカテゴリーは準金融の用途で、金銭は関係するが、それ以外の側面も比重が高くなる。数学的な難問の解法に対する自己拘束的な賞金（self-enforcing bounty）がこの好例である。第3のカテゴリーとしてオンライン投票や分散型ガバナンスなどがあり、ここでは金融の要素がまったくなくなってくる。

トークンシステム

ブロックチェーン上のトークンシステムは、米ドルや金といった資産を表すサブ通貨をはじめ、応用の範囲が多岐にわたる。株式や、スマートプロパティを表す個々のトークン、捏造できない安全なクーポンなどにも及ぶほか、従来の価値とはいっさい結び付かず、インセンティブのためのポイントシステムとして使われるトークンシステムもある。イーサリアムでは、トークンシステムの実装は驚くほど簡単だ。通貨あるいはトークンシステムとは基本的にデータベースであり、そこに1つの操作があるということを理解するョンのいずれかでエラーが返される場合、またはこの時点までにブロックで消費されたGas総計がGASLIMITを超える場合は、エラーを返す。

7. S_FINALをS[n]にするが、マイナーに支払うブロック報酬を追加する。
8. マークルツリーで、S_FINAL状態のルートが、ブロックヘッダーで指定されている最終状態のルートに等しいかどうかを確認する。等しい場合ブロックは有効、等しくない場合ブロックは無効となる。

このアプローチは、各ブロックの状態全体を格納する必要があるため、一見すると非効率きわまりないように見えるかもしれない。だが実際には、ビットコインに匹敵する効率性を備えている。状態はツリー構造で格納され、各ブロックの後ではツリーのごく一部しか変更する必要がないからである。したがって一般的に、隣接する2つのブロック間ではツリーの大部分が同じになるため、いったんデータを格納すれば、ポインター（つまりサブツリーのハッシュ）を使って2回参照できる。これを可能にするのが「基数木(Patricia tree)」として知られる特殊なツリーで、マークルツリーの概念を一部修正して、ノードの変更だけでなく挿入や削除も効率的に行うことができる。また、状態情報すべてが最後のブロックの一部になっているので、ブロックチェーン履歴全体を格納する必要がない。ビットコインに適用した場合には、領域を5～20倍節約できるという計算もある。

コントラクトコードが実行される場所は、物理的なハードウェア上の「どこか」という質問も多い。この答えは簡単だ。コントラクトコードを実行するプロセスは状態遷移関数の定義の一部であり、

ブロックチェーンとマイニング

イーサリアムのブロックチェーンは、ビットコインのブロックチェーンと類似している点も多いが、いくつか違いがある。ブロックチェーンのアーキテクチャに関して両者が最も異なるのは、イーサリアムのブロックがトランザクションリストと最新の状態で成り立っている点である。そのほか、ブロック番号と難易度の2つの値もブロックに格納される。イーサリアムのブロック検証アルゴリズムは、基本的に次のように動作する。

1. 参照されている前ブロックが有効かどうかを確認する。
2. 現ブロックのタイムスタンプが、参照されている前ブロックのタイムスタンプより大きく、かつ現時点から15分以内であることを確認する。
3. ブロック番号、難易度、トランザクションルート、アンクルルート、Gasが有効であることを確認する。
4. ブロックのプルーフ・オブ・ワークが有効であることを確認する。
5. S[0]を前のブロックの最後の状態にする。
6. n個のトランザクションについて、TXを現ブロックのトランザクションリストに設定する。0...n-1におけるすべてのiに対して、S[i+1] = APPLY(S[i],TX[i])を設定する。アプリケーシ

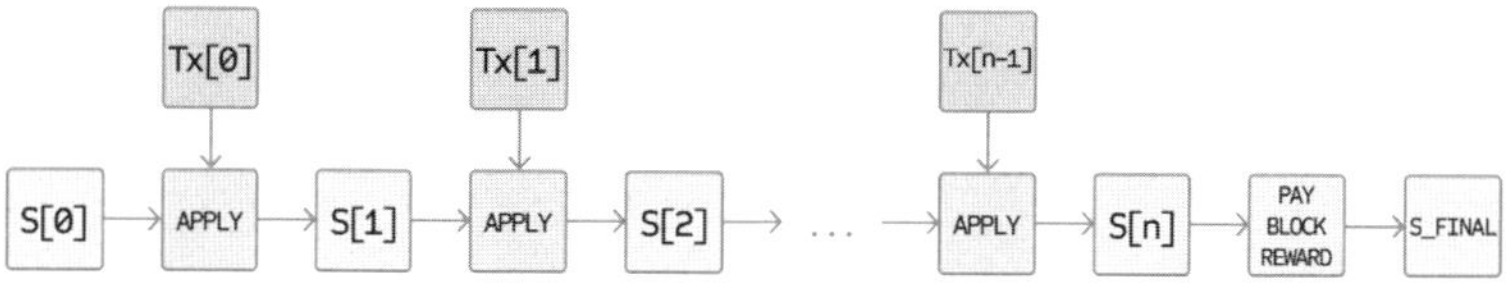

PAY BLOCK REWARDは、マイナーに支払うブロック報酬

・スタック。値をプッシュあるいはポップできる後入れ先出し（LIFO）の入れ物。
・メモリー。無限に拡張可能なバイト配列。
・コントラクトの長期的なストレージ。キー・バリューストア。スタックおよびメモリーは計算が終了するとリセットされるが、ストレージは長期にわたって永続する。

コードは、値、送信者、着信メッセージデータや、ブロックヘッダーデータにもアクセスでき、コードによってはデータのバイト配列を出力として返すこともできる。

EVMコードの形式的な実行モデルは、意外なくらいシンプルである。EVMが稼働している間は、その完全な計算状態を（block_state, transaction, message, code, memory, stack, pc, gas)というタプルで定義できる。このとき、block_stateはすべてのアカウントを含むグローバル状態であり、残高とストレージを格納する。1周実行するたびに、codeからpc番目のバイトを取って（pc >= len(code)の場合は0）現在の命令を検索し、各命令にはタプルに対する操作が定義されている。たとえば、ADD命令は2つの項目をスタックからポップして合計をプッシュし、gasを1ずつ減分してpcを1ずつ増分する。またSSTOREはスタックから上2つの項目をプッシュして、コントラクトのストレージのうち1番目の項目で指定されたインデックスに2番目の項目を挿入する。イーサリアム仮想マシンの実行をジャストインタイムコンパイル経由で最適化する方法はさまざまだが、イーサリアムの基本的な実装は数百行のコードで書くことができる。

このトランザクションの受信側にコントラクトがない場合、トランザクション手数料の合計は、トランザクションに伴って送信されるデータにかかわらず、指定されたGaspriceにトランザクションのバイト長を掛けた額に等しくなる。

メッセージも、元に戻すという処理についてはトランザクションと同様に動作する点に注意してほしい。メッセージの実行でGasを使い尽くした場合、そのメッセージの実行と、それによってトリガーされた他の実行はすべて元の状態に戻されるが、親の実行は戻す必要がない。これは、ひとつのコントラクトでもうひとつコントラクトを呼び出しても「安全」だということだ。*g* Gasを指定してAがBを呼び出した場合、Aの実行では最大で*g* Gasまでしか失われないと保証できるからである。最後に、オペコードCREATEによってコントラクトが作成されるが、その実行メカニズムはおおむねCALLに類似している。違いは、この実行の出力が、新規作成されたコントラクトのコードを決定することである。

コードの実行

イーサリアムコントラクトのコードは、低水準のスタックベースのバイトコード言語で記述され、これをEVMコードと呼ぶ。コードは一連のバイトで構成され、各バイトが１つのオペレーションを表す。一般的に、コードの実行は無限ループであり、ループは現在のプログラムカウンター（ゼロから始まる）でオペレーションを繰り返し実行し、カウンターを1ずつ増分していって、コード末尾に達するか、エラーあるいはSTOPまたはRETURN命令が検出されるまで実行される。オペレーションでアクセスできるデータ格納領域は、次の3種類である。

たとえば、コントラクトのストレージが最初は空で、10イーサに相当する2,000Gas、0.001イーサのGasprice、および64バイトのデータを指定してトランザクションを送信すると仮定する。64バイトのうちバイト0 〜 31は数字2を表しており、バイト32 〜 63はCHARLIE〈注3〉という文字列を表している。状態遷移関数のプロセスは、この場合、次のようになる。

1. トランザクションが有効で、形式も正しいことを確認する。
2. トランザクションの送信者が 2,000 × 0.001 = 2 イーサ以上を所持していることを確認する。所持している場合は、送信者のアカウントから 2 イーサを差し引く。
3. Gas = 2,000 に初期化する。トランザクションが 170 バイト長、バイトあたりの手数料が 5Gas だとすると、850 を差し引くので、1,150 Gas が残る。
4. 送信者のアカウントからさらに 10 イーサを引いて、コントラクトのアカウントに追加する。
5. コードを実行する。この例では単純で、インデックス 2 のコントラクトのストレージが使用されているかどうかを確認するが、使用されていないことが分かるので、インデックス 2 のストレージの値を CHARLIE に設定する。これに 187Gas かかるとすると、Gas の残額は 1,150 − 187 = 963 となる。
6. 963 × 0.001 = 0.963 イーサを送信者のアカウントに払い戻し、結果の状態を返す。

注 3　内部的には、「2」も「CHARLIE」も数値であり、ビッグエンディアンのベース 256 形式になる。数値は最小が 0、最大が 2 の 256-1 乗（2^{256-1}）である。

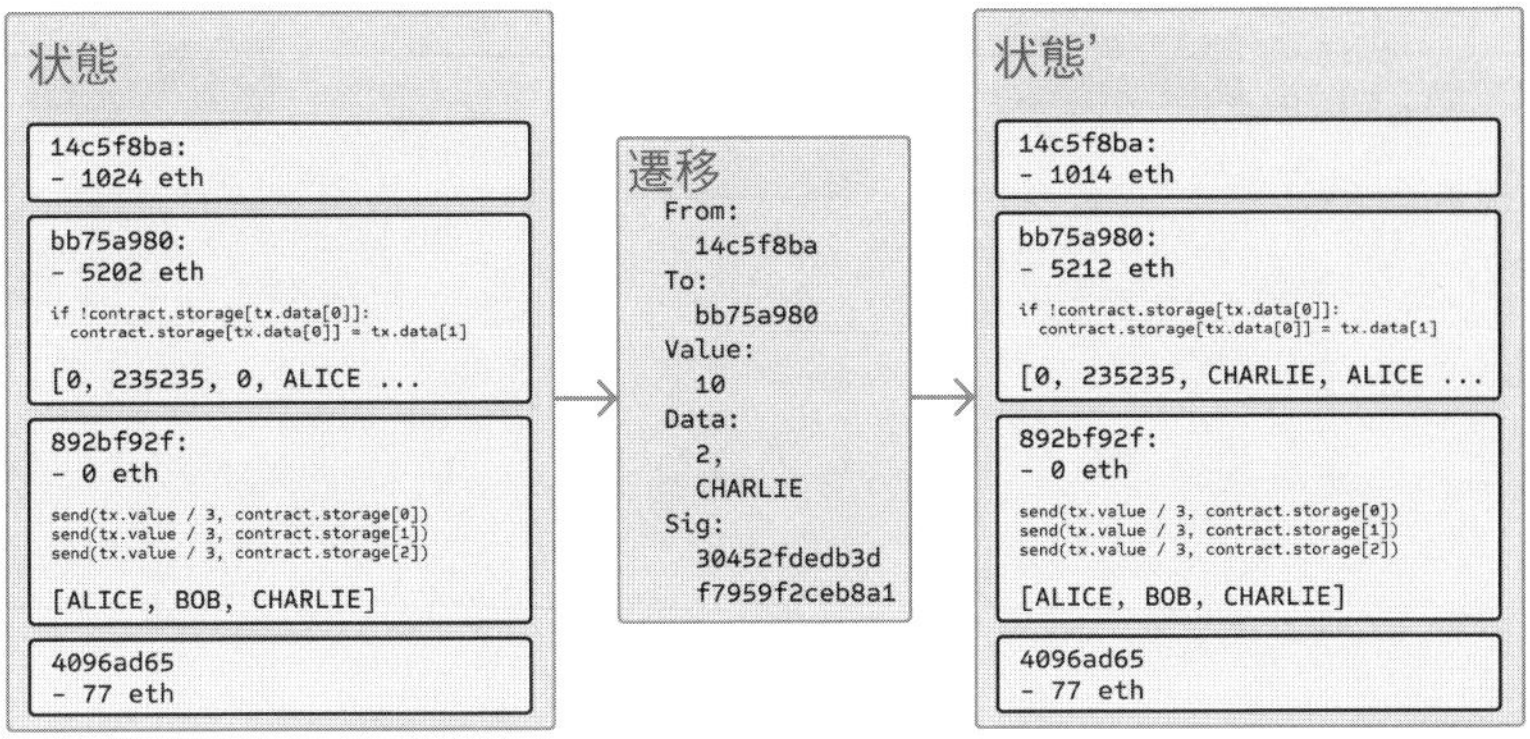

する。

5. 送信者側の資金不足が原因で所定額を転送できなかった場合、あるいはコードの実行中にGasが尽きた場合は、手数料の支払いを除くすべての状態を元に戻し、手数料をマイナーのアカウントに追加する。
6. それ以外の場合は、残ったGasの全額を送信者に払い戻し、消費されたGas分に支払われた手数料をマイナーに送金する。

たとえば、下のようなコードのコントラクトがあると仮定する。

```
if !self.storage[calldataload(0)]:
    self.storage[calldataload(0)] = calldataload(32)
```

ただし、実際のコントラクトコードは低水準のEVM（Ethereum Virtual Machine　イーサリアム仮想マシン）コードで記述されている。この例は、分かりやすいように、高水準言語のSerpentで書いたもので、EVMコードにコンパイルダウンすることができる。

く同じように他のコントラクトとの関係をもつことができる。

あるトランザクションまたはコントラクトで割り当てられるGasは、そのトランザクションと後続トランザクションすべてによって消費される全Gasに適用される点に注意する必要がある。たとえば、外部の動作主Aが1,000Gasを指定したトランザクションをBに送信するとして、Bが600Gasを消費してからCにメッセージを送信し、Cの内部実行によって300Gasが消費される場合、BはGasを使い切るまでにあと100Gasを消費することができる。

イーサリアムの状態遷移関数

イーサリアムの状態遷移関数APPLY(S,TX) -> S'は、次のように定義される。

1. トランザクションの形式が正しい（適切な数の値がそろっている）かどうか、署名が有効かどうか、ノンスが送信者のアカウントのノンスに一致するかどうかを確認する。いずれかが満たされない場合は、エラーを返す。
2. トランザクション手数料としてSTARTGAS × GASPRICEを計算し、署名から送信アドレスを判定する。送信者の残高から手数料を引き、送信者側のノンスを増分する。ここで残高が不足する場合は、エラーを返す。
3. GAS = STARTGASに初期化しトランザクションのバイト数に応じて支払う1バイトごとに一定の料金を差し引く。
4. トランザクション額を送信者のアカウントから受信側アカウントに転送する。受信側アカウントが存在しない場合は作成する。受信側アカウントがコントラクトの場合は、そのコントラクトのコードを、完了するまで、あるいはGasが尽きるまで実行

Gasが増える場合もある。オペレーションによっては、計算負荷が高くなったり、状態の一環として格納しなければならないデータの量が増えたりするからだ。トランザクションデータ1バイトごとに5Gasの手数料も発生する。手数料システムの狙いは、攻撃者が費やすリソース、すなわち計算処理能力や帯域幅、ストレージなどに比例した支払いを要求することにある。したがって、ネットワークでそのようなリソースを大量に消費するトランザクションは、増収にほぼ比例するGas手数料を負担しなければならない。

メッセージ

コントラクトは、他のコントラクトに「メッセージ」を送信する機能をもつ。メッセージとは、シリアライズ[訳注4]されず、イーサリアム実行環境にのみ存在する仮想オブジェクトであり、以下の内容を含む。

・メッセージの送信者（暗黙的）
・メッセージの受信者
・メッセージとともに転送されるイーサの金額
・オプションのデータフィールド
・STARTGAS 値

基本的に、メッセージはトランザクションに似ているが、外部の動作主ではなくコントラクトによって生成される点が異なる。現在コードを実行しているコントラクトがCALLオペコードを実行すると、そのオペコードがメッセージを生成して実行する。トランザクションと同様にメッセージの場合も、受信側のアカウントでコードが実行される。したがって、コントラクトは外部の動作主とまったれるメッセージが格納される。トランザクションの内容は以下のとおりである。

・メッセージの受信者
・送信者を示す署名
・送信者から受信者に転送されるイーサの額
・オプションのデータフィールド
・STARTGAS 値。トランザクションを実行するときに実行できる計算処理の最大ステップ数
・GASPRICE 値。送信者が計算ステップごとに支払う手数料

最初の３つは、どの暗号資産でも使われる標準のフィールドである。データフィールドは、デフォルトでは何の機能ももたないが、仮想マシン（VM）に用意されているオペコードを使用するとコントラクトはそのデータにアクセスできる。使い方の例として、あるコントラクトがブロックチェーン上のドメイン登録サービスとして機能している場合に、渡されたデータは２つの「フィールド」をもつと解釈することもできる。つまり、１つ目のフィールドは登録するドメイン、２つ目のフィールドは登録先のIPアドレスになるなどの解釈である。コントラクトは、それらの値をメッセージデータから読み取り、適切にストレージに格納する。

STARTGASとGASPRICEは、イーサリアムのサービス拒否（DoS）攻撃耐性モデルに不可欠なフィールドである。偶発的もしくは敵対的な無限ループをはじめとしてコードに存在する計算処理上の無駄を防ぐために、各トランザクションはコード実行の計算ステップ数に制限を設けなければならない。計算の基本単位がGas（ガス）で、通常は計算処理の1ステップごとに1Gasを要するが、それより

・**ノンス。**各トランザクションを厳密に1回だけ処理するためのカウンター。
・アカウントの現在の**イーサ残高。**
・アカウントの**コントラクトコード**（存在する場合）。
・アカウントの**ストレージ**（デフォルトでは空）。

「イーサ（Ether）」とはイーサリアム内部で使われる主な暗号上の燃料であり、トランザクション手数料の支払いに使われる。アカウントには、秘密鍵によって管理される**外部所有アカウント（externally owned account）**と、コントラクトコードによって管理される**コントラクトアカウント（contract account）**の2種類がある。外部所有アカウントはコードをもたず、トランザクションを作成して署名すると外部所有アカウントからメッセージを送信できる。一方のコントラクトアカウントでは、メッセージを受信するたびにそのコードがアクティベートされるので、内部ストレージに対する読み書きを行って、他のメッセージを送信するか、あるいは続いてコントラクトを作成することができる。

イーサリアムの「コントラクト」は「履行」したり「遵守」したりするものではなく、どちらかというと、イーサリアムの実行環境に存在する「自律エージェント」のようなものととらえたほうがよい。メッセージやトランザクションによる「ポーク（poke）」を受けて特定のコードを常時実行し、独自のイーサ残高と独自のキー・バリューストアを管理して永続的な変数を追跡する。

メッセージとトランザクション

イーサリアムでは、「トランザクション」という用語は署名済みのデータパッケージを指し、そこに外部所有アカウントから送信さ

■イーサリアム

イーサリアムがめざすのは、分散型アプリケーションを構築する新たなプロトコルを作成し、多様な分散型アプリケーションにとって有用性が高いと考えられる各種の交換条件を提示することである。特に、迅速な開発、小規模で使用頻度の低いアプリケーションのセキュリティ、さまざまなアプリケーションどうしの効率的な対話機能が優先される状況に重点を置く。そのためにイーサリアムは、究極の抽象基盤レイヤーとなるものを構築する。それが、チューリング完全なプログラミング言語を組み込んだブロックチェーンである。誰でもスマートコントラクトと分散型アプリケーションを記述でき、そこで所有権、トランザクション形式、状態遷移関数について任意のルールを作成できるようになる。ネームコインの骨子だけなら2行のコードで記述でき、通貨やレピュテーションシステムなど他のプロトコルでも20行以下で構築できる。スマートコントラクトは、特定の条件が満たされた場合にのみ明らかにできる値を含んだ暗号学的な「箱」のようなもので、それをプラットフォーム上に構築できるため、ビットコインのスクリプト処理よりはるかに強力な機能が得られる。チューリング完全性、価値の認識、ブロックチェーンの認識、状態などの長所が加わるからである。

イーサリアムのアカウント

イーサリアムにおける状態は、「アカウント」と呼ばれるオブジェクトで構成されている。各アカウントは20バイトのアドレスをもち、状態遷移としてアカウント間で値と情報が直接転送される。アカウントは次の４つのフィールドをもつ。

ントプロトコル（計算に対する賞金のセキュリティに必要）を作るのは難しくなっている。また、UTXOを使えるのは単純な1回限りのコントラクトを構築するときだけで、分散型組織などの複雑で「ステートフル」なコントラクトには向かないため、メタプロトコルの実現が難しい。二値の状態しかなく、価値を認識できないという2つの性質があるため、引き出しの上限という、もうひとつの重要な使い方も不可能である。

・**ブロックチェーンを認識できない**：UTXOは、ノンス、タイムスタンプ、前ブロックのハッシュといったブロックチェーンデータを認識できない。乱数のソースという貴重な存在をスクリプト言語で使えないことになり、ギャンブルなどいくつかのカテゴリーでの使い方が大きく制限される。

以上、暗号資産の上に高度なアプリケーションを構築するアプローチは3つあることが確認できた。新しいブロックチェーンを構築するか、ビットコイン上にメタプロトコルを構築するか、ビットコイン上でスクリプトを使用するかである。新しいブロックチェーンを構築すれば自由に機能を実装できるが、開発時間、立ち上げの労力、セキュリティという点で負担が増える。メタプロトコルは、簡単だがスケーラビリティの点で難がある。スクリプトは実装も標準化も容易だが、機能性がきわめて限られてくる。イーサリアムは、こうしたものとは違うフレームワークを構築しようとする。開発が容易なうえに、ライトクライアントの性質を強化できるという大きな利点を備え、しかも経済的な環境とブロックチェーンのセキュリティをアプリケーションで共有できるフレームワークである。

がループである。これは、トランザクションの検証中に無限ループが発生するのを避けるためであり、理論的にはスクリプトをプログラミングするときに避けようのある障害といえる。if文を使って、対象となるコードを何回も繰り返しさえすればシミュレートできるからだが、スクリプトとして効率が悪くなることは確かだ。たとえば、別の楕円曲線署名アルゴリズムを実装するには、256回繰り返す乗算処理を、すべて個々にコードに盛り込まなくてはならない。

- **価値を認識できない**：UTXOスクリプトでは、引き出し可能な金額を細かく制御することができない。たとえば、オラクルコントラクト[訳注3]の強力な使い方のひとつにヘッジ契約がある。AとBが1,000ドル相当のBTCを入金し、30日後にスクリプトが1,000ドル相当のBTCをAに、残りをBに送金するといった使い方だ。そのためには1BTCの価値をドルで決定するオラクルが必要になるのだが、いま利用できる完全に中央集権的なソリューションと比べれば、信頼性とインフラストラクチャ要件という点では大きな進歩である。ところが、UTXOは「全か無か」で処理されるので、これを実現するには、非効率きわまりない方法に頼るしかない。額面を変えたUTXOをいくつも用意しておき（たとえば、1から最大30までのkごとに$2k$のUTXO）、AとBに送金するUTXOを出力時に選択させるのである。
- **状態《ステート》がない**：UTXOの状態は、消費されたか消費されていないかのいずれかである。したがって、それ以上の内部状態を保持するマルチステージのコントラクトやスクリプトに使える余地がない。そのため、マルチステージ式のコントラクトや、非中央集権型のサービス、あるいは暗号学的な2相のコミットメ

スクリプティング

いっさいの拡張がない状態でも、ビットコインプロトコルは実際に、「スマートコントラクト」のコンセプトを弱い形ながら機能している。ビットコインのUTXOは、公開鍵を使って保有できるだけでなく、スタックベースの単純なプログラミング言語で表現された複雑なスクリプトによって保有することもできるからである。このパラダイムでは、UTXOを消費するトランザクションがそのスクリプトを満たすデータを提供しなければならない。実際、基本的な公開鍵の保有メカニズムさえ、スクリプトを介して実装される。スクリプトで楕円曲線署名を入力として取り、それをトランザクションと、またUTXOを保有しているアドレスとも比較検証したうえで、検証に成功すれば1を返し、それ以外なら0を返すのである。そのほか、さまざまな用途に向けてもっと複雑なスクリプトも存在する。たとえば、3つの秘密鍵のうち2つからの署名を検証の要件にするスクリプトも作成でき（いわゆる「マルチシグ」）、法人口座や貯蓄口座、商取引のエスクローといった状況に適している。スクリプトを使って、計算上の問題の解答に対する賞金を払うこともできるし、「この額面のドージコインをあなたが私に送信したというSPV証明を示せれば、このビットコインUTXOはあなたのもの」と宣言するようなスクリプトも作成できるので、本質的には暗号資産間の取引を非中央集権的に実行できることになる。

とはいえ、ビットコインで実装される形のスクリプト言語には、無視できない限界もある。

・**チューリング完全ではない**：ビットコインのスクリプト言語で対応できる計算処理はかなり多いが、もちろん何もかもサポートされているわけではない。欠けているカテゴリーで大きいのチは、ネームコインなどそれなりに成功した応用例があるとはいえ、実装が難しい。個々の実装ごとに独立したブロックチェーンを立ち上げる必要があり、状態遷移とネットワーク処理に必要なコードすべてをビルドしてテストしなければならないからである。また、非中央集権的なコンセンサス技術の応用は、べき分布に従う性質があるため、応用例の大多数は独自のブロックチェーンをもつには見合わないほど小規模になってしまうことが予測される。相互の対話が必要になる分散型アプリケーション、なかでも分散型自律組織という大きな分類が存在することも確かだ。

一方、後者つまりビットコインベースのアプローチには、ビットコインの単純決済認証機能（SPV）を引き継がないという欠点が存在する。ビットコインでSPVが機能するのは、ブロックチェーンの深さを有効性の代用にできるからである。つまり、あるトランザクションの祖先を十分に前までさかのぼっていくと、ある時点でブロックチェーンの状態の正当な一部であると安全に宣言できるということだ。ところが、ブロックチェーンベースのメタコインプロトコルは、それぞれのプロトコルのコンテキストにおいて有効ではないトランザクションを含めないよう強制することができない。そのため、SPVのメタコインプロトコルを完全に安全に実装しようとすると、ビットコインブロックチェーンの最初までえんえんとさかのぼってスキャンを続け、特定のトランザクションが有効かどうかを決定しなければならないのである。現在、ビットコインベースのメタコインプロトコルの「軽量」な実装はすべて、信頼できるサーバーに依存してデータを提供しており、暗号資産の主目的のひとつが信頼の排除にあることを考えると特に、これは最善にほど遠い結果といえる。

は、ビットコインの特定UTXOに1つの「色」を公開で割り当てて新しい通貨を「発行」する。そうすると、プロトコルによって他のUTXOの色も、それを作成するトランザクションで使われた入力と同じ色に再帰的に定義される（入力が混合色の場合は、特殊なルールが適用される）。これで、ユーザーは特定色のUTXOのみが入ったウォレットを保持し、それを通常のビットコインと同じように送金できるようになる。また、受け取ったUTXOの色もブロックチェーンをたどって判断できる。

・**メタコイン**：メタコインは、ビットコインの上にプロトコルを作成し、ビットコインのトランザクションを利用してメタコインのトランザクションを格納するが、異なる状態遷移関数、APPLY' を使用する。メタコインのプロトコルでは、ビットコインブロックチェーンに無効なメタコイントランザクションが出現するのを防ぐことはできないため、APPLY'(S,TX) がエラーを返した場合はプロトコルがデフォルトで APPLY'(S,TX) = S になるというルールが追加されている。これによって、任意の暗号資産プロトコルを作成できる容易なしくみが実現し、ビットコイン自体の内部では実装できない高度な機能さえ、ごく低い開発コストで作成できる可能性がある。マイニングとネットワーク処理の複雑さはビットコイン側であらかじめ処理されるからである。メタコインは、一部の金融契約、名前登録、非中央集権型の取引など一部の実装にすでに利用されている。

つまり一般的に、コンセンサスプロトコルの構築には2つのアプローチがあることになる。独立したネットワークを構築するか、ビットコインの上にプロトコルを作成するかである。前者のアプロー占有、ジョージ主義の土地税といった概念を含む精密なフレームワークを構築できるようになると説く内容だった。ただし、残念ながら当時はまだ実効的な複製データベースシステムがなかったため、実際にプロトコルが実装されることはなかった。だが、2009年以降、ビットコインの非中央集権的なコンセンサスが発達すると、それ以外の応用も急速に現れはじめたのである。

- **ネームコイン**：2010 年に登場したネームコインは、非中央集権型の名前登録データベースと考えると分かりやすい。トーア、ビットコイン、ビットメッセージといった非中央集権プロトコルでは、他のユーザーが対話できるように、アカウントを識別するなんらかの方法が必要だが、従来のどのソリューションでも、識別情報として使えるのは、1LW79wp5ZBqaHW1jL5TCiBCrhQYtHagUWy のような擬似乱数によるハッシュだけだった。本当なら、「george」のような名前のアカウントを使えるようにしたいところだ。だが、誰かが「george」という名前でアカウントを作ったとして、別の誰かが同じプロセスで自分も「george」を登録できれば、最初の人になりすますことができる。唯一の解決策は先願主義方式で、つまり最初の登録者だけが登録できて２人目は登録できないようにすればよい。ビットコインのコンセンサスプロトコルにも理想的である。ネームコインは、この考え方を利用する名前登録システムの実装として最も古く、最も成功している。
- **カラードコイン**：カラードコインの目的は、ビットコインブロックチェーン上で独自のデジタル通貨を作成できるプロトコルとなることであり、１つの単位をもつ通貨の分かりやすい例としてデジタルトークンがある。カラードコインのプロトコルでして登録されてしまう（プルーフ・オブ・ワークもまず成功しない）。

マークルツリーのプロトコルは、長期的な持続可能性に不可欠といっていい。ビットコインネットワークにおける「フルノード」は、各ブロックをまるまる格納して処理するノードであり、ビットコインネットワークに占めるディスク領域は、2014年4月の時点でおよそ15GBに達している。しかも、それが1か月ごとに1GB以上のペースで増え続けているので、現在でも一部のデスクトップコンピューターでは実用の範囲だが、スマートフォンでは難しい。今後は、企業やマニアくらいしか参加できなくなるだろう。「単純決済認証（Simplified Payment Verification　SPV）」というプロトコルでは、別種のノードが使われており、これは「ライトノード」と呼ばれている。ブロックヘッダーをダウンロードし、そのブロックヘッダーでプルーフ・オブ・ワークを検証してから、それに関連するトランザクションに対応する「ブランチ」だけをダウンロードするしくみだ。これがあるため、ライトノードはブロックチェーン全体のごく一部をダウンロードするだけで、セキュリティを強固に保証しながら、ビットコイントランザクションのステータスと最新の残高を判定できる。

ブロックチェーンのそれ以外の応用

基礎にあるブロックチェーンの考え方を他の概念に応用するという発想も、歴史は古い。2005年、ニック・サボが『Secure Property Titles With Owner Authority（所有者権限を伴う安全な財産権）』と題する文章を発表している。「データベース複製技術の新しい発展」によって、誰がどの土地を所有しているかという登記簿を保管するブロックチェーンベースのシステムが実現し、都市入植や不法

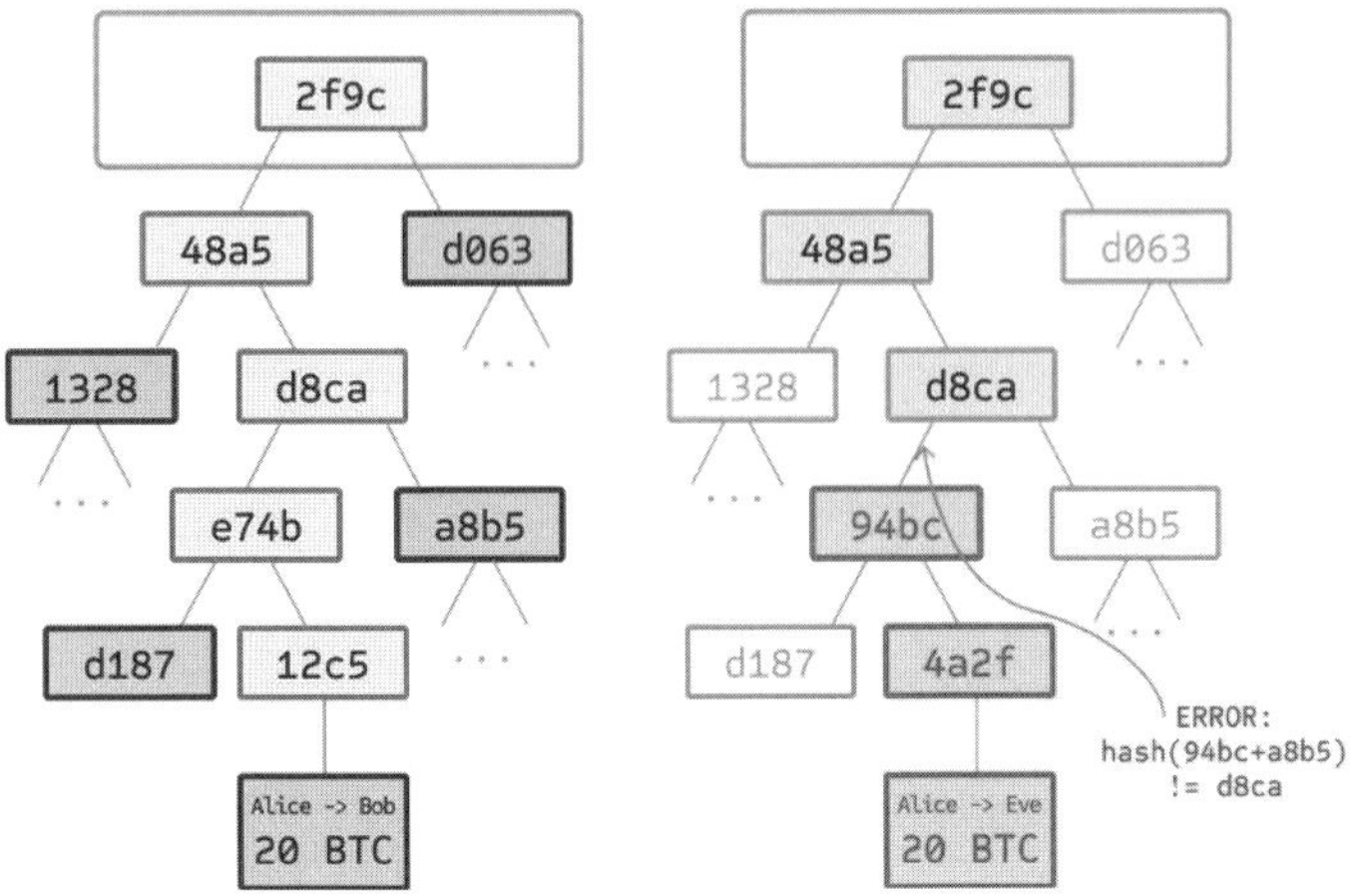

左の図：ブランチの有効性を証明するには、マークルツリー（Merkle tree）で少数のノードを示すだけでよい。
右の図：マークルツリーの一部たりとも変更しようとすると、最終的にチェーンのどこかに不一致が生じる。
（訳注：アリスからボブへの送金の有効性を証明するには、そのブランチをたどるだけでよい。アリスから（ボブの代わりに）イブに送金しようとすると、ブランチのどこかでハッシュに差異が生じ、有効性が証明されない）

トップとなる。

マークルツリーの目的は、ブロックのデータを段階的に扱うことにある。１つのノードは、１つのソースから１つのブロックのヘッダーをダウンロードすることしかできず、これは別のソースから見たツリーのごく一部にすぎないが、それでもデータがすべて正しいことは確信できる。そういえるのは、ハッシュが上方へと伝播するからである。悪意のあるユーザーがマークルツリーの最下層に偽のトランザクションをねじ込もうとすると、それがすぐ上のノードに変化を起こし、それがまたすぐ上のノードに変化を起こし……というように最終的にはツリーのルートに、したがってブロックのハッシュに変化を及ぼすため、そのブロックはまったく別のブロックと

269,999を親として参照していながら、古いトランザクションのかわりに新しいトランザクションを記載している別バージョンのブロック270,000をマイニングするのである。ブロックデータが異なるので、これにはプルーフ・オブ・ワークのやり直しが必要になる。しかも、攻撃者の作った新しいブロック270,000はハッシュが異なるため、本来のブロック270,001から270,005まではそれを「参照」していない。したがって、元のチェーンと攻撃者が作った新しいチェーンとはまったく別のものになる。フォークが発生した場合は、最長のブロックチェーンが正規とみなされるルールなので、正規のマイナーは270,005のチェーンに対して作業を続け、攻撃者だけが270,000のチェーンに対して作業することになる。攻撃者が自分のブロックチェーンを最長にするためには、残りのネットワークすべてを合わせたよりも強力な計算処理能力を発揮して追いつかなくてはならない（そうなったときが、「51%攻撃」となる）。

マークルツリー

ビットコインのスケーラビリティで大きな特長は、ブロックが多層のデータ構造で格納される点である。ブロックの「ハッシュ」は、実際にはブロックヘッダーのハッシュにすぎず、およそ200バイトのデータにタイムスタンプ、ノンス、前ブロックのハッシュ、そしてデータ構造のルートハッシュが含まれている。最後のルートハッシュがマークルツリーで、ここにブロックの全トランザクションが格納される。マークルツリーとは一種の二分木《バイナリーツリー》であり、最下層には基礎となるデータを含む多数のリーフノードがある。中間層では、各ノードが直下にある２つの子ノードのハッシュとなるように階層を成し、最終的に１つのルートノードに至る。ルートノードも、２つの子ノードのハッシュである点は同じで、それがツリーのマイニングの目的を十分に理解するために、悪意のある攻撃者が現れた場合にどうなるかを考えてみる。ただし、ビットコインの基礎になっている暗号技術はセキュアなので、攻撃者はビットコインシステムのうち、暗号技術によって直接的には保護されていない部分を悪用する。つまりトランザクションの順序である。この攻撃の戦略はシンプルだ。

1. ある商品（配送の早いデジタル商品が望ましい）の購入代金として、ある商店に100BTCを送金する。
2. 商品の配送を待つ。
3. 先ほどと同じ100BTCを自分宛てに送金する別のトランザクションを作成する。
4. 自分宛てのトランザクションが最初のトランザクションであるとネットワークに納得させる。

ステップ1が発生してから数分後には、一部のマイナーがこのトランザクションを、あるブロック（ここではブロック番号270,000とする）に追加する。約1時間後、そのブロックに続いてさらに5つのブロックが追加され、すべてのブロックが間接的に最初のトランザクションを参照してそれを「確定」する。この時点で、商店は最終確定された支払い額を受け取り、商品を配送する。ここではデジタル商品を想定しているので、配送は瞬時である。次に攻撃者は、100BTCを自分宛てに送金する新しいトランザクションを作成するが、ただそれを公開するだけでは、トランザクションは処理されない。マイナーはAPPLY(S,TX)を実行して、TXが本来の状態にないUTXOを消費していることに気づくからだ。そこで攻撃者は、ブロックチェーンの「フォーク」を作成する。同じブロック順序が重要である。あるブロックに2つのトランザクションAとBがあって、Aが生み出したUTXOをBが使う場合、そのブロックはAがBより前であれば有効だが、そうでなければ無効となる。

上記の手順に存在し、他のシステムでは見られない有効性条件が「プルーフ・オブ・ワーク」の要件である。厳密にいうと、各ブロックのSHA256ダブルハッシュを256ビットの値として扱い、それが動的に調整される目標値より小さくなければならないという条件で、その目標値は本論執筆時点でおよそ2の187乗（2^{187}）となっている。目的は、ブロックの生成を計算的に「困難」にすることにある。そうすれば、シビル攻撃[訳注2]によってブロックチェーン全体を有利に書き換えられてしまうのを避けることができる。SHA256は完全に予測不能な擬似乱数関数として設計されているので、有効なブロックを生成するには、ノンスを増分しながら新しいハッシュが一致するかどうかをいちいち確認するという試行錯誤を繰り返すしかない。

現在の目標値がおよそ2^{187}なので、ネットワークは有効なブロックを見つけるまでにおよそ2の69乗（2^{69}）回の試行錯誤を繰り返す必要がある。一般的に、この目標値は2,016ブロックごとにネットワークで再調整される。そうすると、新しいブロックはネットワークのノードによって平均的に10分ごとに生成されることになる。こうした数学的な労力に対する報酬として、各ブロックのマイナーは自分に25BTCを与えるトランザクションを含める資格を得る。また、いずれかのトランザクションで、出力の額面総額より入力の額面総額のほうが大きい場合、その差額も「トランザクション手数料」としてマイナーの手に渡る。ちなみに、これがBTCを発行する唯一のメカニズムでもあり、ジェネシスの状態に通貨はまったく含まれていなかった。

ブロックが有効かどうかを確認するアルゴリズムは、このパラダイムで説明すると、次のようになる。

1. 現ブロックで参照されている前のブロックが存在し有効であることを確認する。
2. 現ブロックのタイムスタンプが前のブロック〈注2〉のタイムスタンプより大きく、かつ現時点から2時間以内であることを確認する。
3. 現ブロックのプルーフ・オブ・ワークが有効であることを確認する。
4. S[0] を前のブロックの最後の状態にする。
5. TX が現ブロックのトランザクションリストで、トランザクション数は n 個だとする。0...n-1 におけるすべての i に対して、S[i+1] = APPLY(S[i],TX[i]) を設定する。アプリケーションのいずれかでエラーが返される場合は、終了して偽を返す。
6. 真を返し、S[n] を現ブロックの最後の状態として登録する。

基本的に、ブロックの各トランザクションは、トランザクションが実行されて新しい状態になる前の正規状態からの有効な状態遷移を示す必要がある。ただし、状態はどんな形でもブロックにエンコードされることはない。あくまでも抽象表現として検証側のノードで記憶されるものであり、どのブロックについても、それを（安全に）計算するには、ジェネシスノードから始めたうえで、すべてのブロックにおけるすべてのトランザクションを逐次的に適用するしかない。しかも、マイナーがブロックにトランザクションを含める

注2　厳密にいうと、前までの11ブロックの中央値。

次にアリスは、この3つの入力と2つの出力をもつトランザクションを作成する。出力の1つ目は11.7BTCとボブのアドレス、2つ目は残り0.3BTCの「お釣り」でその保有者はアリス自身となる。

マイニング

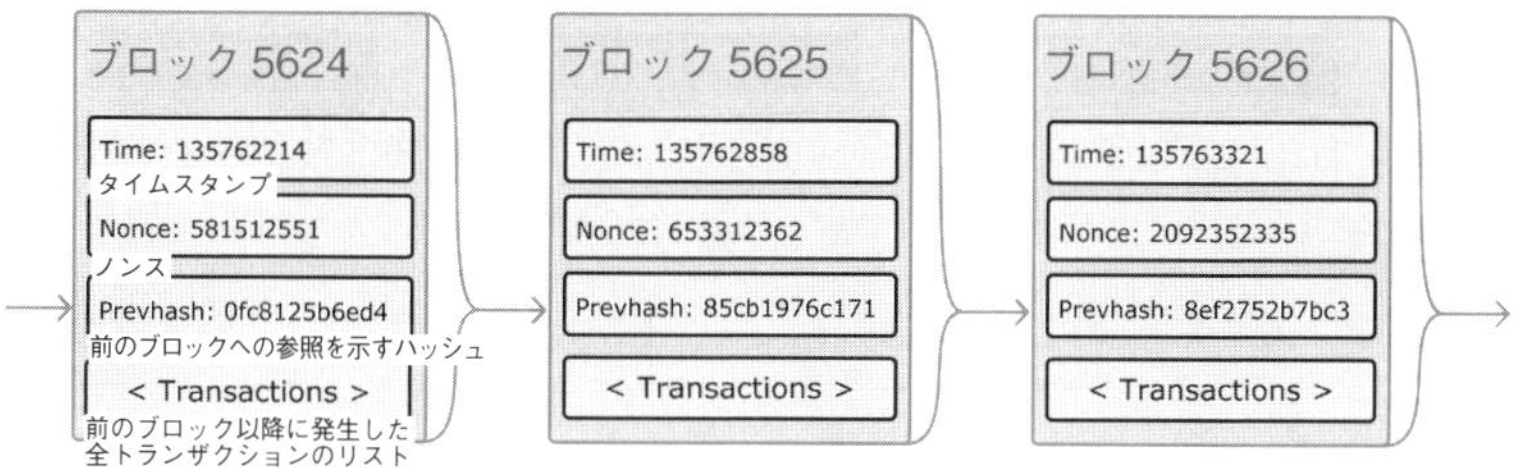

信頼できる中央集権的なサービスを利用できるなら、このようなシステムは容易に実装できる。この説明どおりにコードを書き、中央集権型のサーバーのハードディスクを使って状態を追跡するだけで済むからである。だが、ビットコインで構築しようとしているのは、非中央集権型の通貨システムなので、トランザクションの順序について全員が合意できるように、状態遷移システムとコンセンサスシステムを組み合わせなければならない。ビットコインの非中央集的なコンセンサスプロセスでは、ネットワークのノードが「ブロック」と呼ばれるトランザクションパッケージの生成を常に試みる必要がある。ネットワークはおよそ10分ごとに1ブロックを生成するよう定められており、各ブロックにはタイムスタンプ、ノンス[訳注1]、前のブロックへの参照（すなわちハッシュ）、前のブロック以降に発生した全トランザクションのリストが記録される。時間がたつと、増殖し続ける永続的な「ブロックチェーン」が成立し、これが常に更新されてビットコイン台帳の最新状態が維持されていく。

状態遷移関数のAPPLY(S,TX) -> S'は、おおよそ次のように定義できる。

1. TXの入力ごとに
 ・参照されているUTXOがSにない場合は、エラーを返す。
 ・指定された署名がUTXOの保有者に一致しない場合は、エラーを返す。
2. 入力のUTXOすべての額面総額が、出力のUTXOすべての額面総額より小さい場合は、エラーを返す。
3. 入力のUTXOすべてを削除し、出力のUTXOすべてを追加して、Sを返す。

第1ステップの1つ目は、トランザクションの送信者が実在しない通貨を使うのを防いでおり、2つ目はトランザクションの送信者が他人の通貨を使うのを防いでいる。第2ステップは、価値の保全を保証する。これを決済に使う場合、プロトコルは次のようになる。たとえば、アリスがボブに11.7BTCを送金したいとする。まずアリスは、自分が保有しているUTXOから、合計して11.7BTC以上になる分を探す。現実的には、正確に11.7BTCをそろえることはできないので、たとえば 6 + 4 + 2 = 12BTC を確保したとしよう。

注1 聡明な読者ならお気づきのとおり、実際のビットコインアドレスは楕円曲線暗号（Elliptic Curve Cryptography ECC）公開鍵のハッシュであって、公開鍵そのものではない。ただし、公開鍵のハッシュを公開鍵そのものと呼んでも、暗号学上の用語としてまったく問題はない。ビットコインに使われている暗号技術は、独自のデジタル署名アルゴリズムとみなせるからである。この場合の公開鍵はECC公開鍵のハッシュから成り、署名はECC公開鍵とECC署名との連結で構成される。そして、検証アルゴリズムでは署名に含まれるECC公開鍵を、公開鍵として提供されているECC公開鍵と比較検証したうえで、ECC署名をECC公開鍵と比較検証する。

ムの場合なら、状態はバランスシートであり、トランザクションはAからBにxドルを移動するという要求である。状態遷移関数は、Aの口座で残高をxドル減らし、Bの口座で残高をxドル増やす。Aの口座の残高が最初からxドルより少ない場合、状態遷移関数はエラーを返す。以上を形式的に定義すると、次のようになる。

```
APPLY(S,TX) -> S' or ERROR
```

この銀行システムの中身はこうだ。

```
APPLY({ Alice: $50, Bob: $50 },"send $20 from Alice
to Bob") = { Alice: $30, Bob: $70 }
```

ただし、

```
APPLY({ Alice: $50, Bob: $50 },"send $70 from Alice
to Bob") = ERROR
```

ビットコインにおける「状態」とは、発行されてまだ消費されていないすべての通貨の集まり（技術的には「未使用トランザクション出力」、UTXOという）であり、UTXOそれぞれに額面金額と保有者（20バイトのアドレスで定義され、基本的には暗号学的な公開鍵である〈注1〉）が記録されている。1回のトランザクションは1つまたは複数の入力をもち、それぞれの入力は既存のUTXOへの参照と、保有者のアドレスに対応する秘密鍵で生成された暗号学的な署名をもつ。出力も1つまたは複数で、各出力は状態に追加される新しいUTXOをもつ。

トコイン台帳の状態《ステート》に対する正規の更新についてネットワークのノードが集合的に合意できる。2つ目に、コンセンサスプロセスに自由に参加できるので、コンセンサスに影響しそうな人物を判定するといった政治的な問題を解決できる一方、シビル攻撃は防ぐことができる。それを実現するために、参加への形式的な障壁、たとえば所定のリストに固有の主体として登録されるなどの要件を、経済的な障壁に置き換えている。つまり、コンセンサス投票プロセスにおける1ノードあたりの重みを、そのノードで実行できる計算処理能力に直接比例させるのである。その後、プルーフ・オブ・ステークという別のアプローチも提唱されている。こちらは、ノードの重みの計算が、計算処理のリソースではなく通貨の保有量に比例する。プルーフ・オブ・ワークとプルーフ・オブ・ステークという2つのアプローチの相対的な優劣については本ホワイトペーパーの範疇を超えているので扱わないが、どちらも暗号資産のバックボーンとして使えることは指摘しておこう。

状態遷移系としてのビットコイン

技術的な観点からいうと、ビットコインのような暗号資産の台帳は、ひとつの状態遷移系と考えることができる。このときの状態は、既存のあらゆるビットコインの保有ステータスと、状態およびトランザクションを入力にとってその結果の新しい状態を出力する「状態遷移関数」とで構成される。たとえば、標準的な銀行システ

■ビットコインと既存のコンセプトの概要

歴史

非中央集権型のデジタル通貨という概念と、財産登記のような新しい応用のしかたは何十年も前から存在している。1980～1990年代にかけて登場した匿名電子マネーのプロトコルは、ほぼどれもチャウミアン・ブラインド署名（Chaumian blinding）として知られる暗号プリミティブを利用するものだった。高度なプライバシーを確保できる通貨を実現していたが、中央集権的な仲介者に依存していたため、注目を集めるには至らなかった。1998年、コンピューター計算による難問の解法と非中央集的なコンセンサスとを通じて資産を作り出すという概念が、ウェイ・ダイ（戴伟）のBマネー（b-money）によって提唱される。だが、これも非中央集的なコンセンサスの具体的な実装方法をめぐる詳細を欠いていた。2005年には、ハル・フィニーが「再利用可能なプルーフ・オブ・ワーク」という概念を導入。Bマネーの着想と、アダム・バックが考案したコンピューター計算上の難問であるハッシュキャッシュ（Hashcash）とを組み合わせて、暗号資産の概念を構築するものだった。しかし、これもやはりバックエンドとして信頼できるコンピューティングに依存していた関係で理想には届いていない。2009年、非中央集権的な通貨を初めて実現したのが、サトシ・ナカモトだった。公開鍵暗号を通じて所有権を管理する従来のプリミティブと、通貨の保有者を追跡するコンセンサスアルゴリズム「プルーフ・オブ・ワーク」とを組み合わせたのである。

プルーフ・オブ・ワークを支えているしくみが画期的だったのは、２つの問題を同時に解決したからである。１つ目に、シンプルで適度に有効なコンセンサスアルゴリズムが実現されるため、ビッ

イーサリアムホワイトペーパー
――次世代のスマートコントラクトと分散型アプリケーションのプラットフォーム

2009年にサトシ・ナカモトが開発したビットコインは、貨幣と通貨における画期的な発明として迎えられた。後ろ盾となる「内在的価値」をもたず、中央集権的な発行者も管理者もいないという2つの特性を同時に備えた初のデジタル資産だった。だが、ビットコインの試みにはもうひとつ、おそらくもっと重要な点がある。それが、非中央集権的なコンセンサスの手段としてのブロックチェーン技術であり、今このもうひとつの側面に急速に注目が集まりはじめている。ブロックチェーン技術の別の使い方としてよく言及されるのが、ブロックチェーン上のデジタル資産を応用して、カスタム通貨や金融サービスを作り出すこと（いわゆる「カラードコイン」）、基礎となる物理デバイスの所有権を確立すること（スマートプロパティ）、ドメイン名などの非代替性の資産を形成すること（ネームコインなど）である。そのほか、任意のルールを実装したコードによってデジタル資産を直接統括する複雑な用途から、ブロックチェーンベースの「分散型自律組織（DAO）」などまで考えることができる。イーサリアムが実現しようとしているのは、本格的なチューリング完全のプログラミング言語を備えたブロックチェーンである。このような言語を使えば、任意の状態遷移関数をエンコードする「コントラクト」を作成でき、たった数行のコードでロジックを構築するだけで、ユーザーは上記のどんなシステムでも、さらにはまだ想像の及ばないシステムでも作ることができる。

が多いので、**ブロックチェーン**の文脈で**オラクル**や**予測市場**をデザインするとき頻繁に利用されている。名称は、冷戦時代のゲーム理論家トーマス・シェリングにちなんだもの。

スマートコントラクト（smart contract）：イーサリアムをはじめ、計算処理に基づく**ブロックチェーン**の上で稼働するソフトウェア。**トークン**の発行、複雑なトランザクションの遂行、ガバナンスシステムの策定といった処理をスマートコントラクトで実行できる。

トークン（token）：所定の**プロトコル**、あるいは**ブロックチェーン**上の**スマートコントラクト**に従って定義できる価値の単位。なかには、株式や所有権証書のように、通貨のように機能するトークンもあり、すべてはその設計によって決まっている。

バリデーター（validator）：プルーフ・オブ・ステークを使用しているネットワークで、トランザクションを検証してブロックを**ブロックチェーン**に追加すると**トークン**報酬を受け取れるユーザーのこと。ネットワークでトークンを「賭ける」義務があり、その役割を適正にこなさないと、賭けたトークンを失う場合がある。

ゼロ知識証明（zero-knowledge proof）：暗号学上の手法のひとつで、なんらかの情報をもっていることを証明できるが、情報そのものは開示する必要がないため、ユーザーのプライバシー保護が可能になる。

の概念。例としては、言語、街灯、空気、オープンソースソフトウェアなどがある。**ブロックチェーン**の文化でいうと、多くの関係者が使用する一方、特定の関係者だけが所有したり、開発のインセンティブをもったりすることがないソフトウェアインフラストラクチャを指すことが多い。

クアドラティック・ボーティング（quadratic voting）：意思決定の手法のひとつ。ユーザーは、複数の**トークン**を割り当てることで、財力や志向の強さに基づいて投票に対する影響力を行使する。ただし、追加するトークンが増えていくほど、ひとりのユーザーにとってのコスト負担は上がっていく。これは、少数派が容易に多数派を圧倒できる可能性を抑えるためである。クアドラティック・ボーティングが適切に機能するには、ユーザーのアイデンティティを確認する強固なシステムが必要になる。

ロールアップ（rollup）：基礎になっている**ブロックチェーン**とユーザーとの間に、**レイヤー２**エコシステムの一部として存在している仲介システム。**レイヤー１**のブロックチェーンよりトランザクションを高速化したりコストを下げたりできる機能を備えながら、レイヤー１のセキュリティは継承する。ロールアップは、当初の設計の機能を超えてイーサリアムを拡張するうえで重要な戦略のひとつになっている。

シェリングポイント（schelling point）：相互に意思疎通できないときにエージェントの意見が一致しやすい結論のことで、焦点（focal point）ともいう。エージェント相互がどう影響し合うかという予測に基づく場合が多い。シェリングポイントは真実に対応すること

プルーフ・オブ・ステーク（Proof of Stake）：ブロックチェーンにデータを追加する手法のひとつ。ネットワーク上の**バリデーター**のコンピューターが、**トークン**を「賭ける」ことによって、新しいデータのうちどれをどんな順序で受け入れるかという合意に参加する。賭けたトークンを失うリスクがあるため、それがデータに対して不正行為をはたらこうとする攻撃者予備軍の歯止めになる。

プルーフ・オブ・ワーク（Proof of Work）：ブロックチェーンにデータを追加する手法のひとつ。コンピューターが複雑な暗号学上の計算を実行しなければならない。その処理能力が高いほど、ブロックを**マイニング**した報酬を受け取れる確率も高くなる。マイニングにはエネルギーのコストがかかるため、それがデータに対して不正行為をはたらこうとする攻撃者予備軍の歯止めになる。

プロトコル（protocol）：共有ネットワーク上で複数のコンピューターどうしが対話するときの規則をまとめたもの。インターネット（TCP/IP）もウェブ（HTTP）も、プロトコルがあって実現されている。ビットコインやイーサリアムなどの**ブロックチェーン**ネットワークも、複数のプロトコルで定義されている。

公開鍵と秘密鍵（public key、private key）：暗号システムの基盤となる文字列。公開鍵（ユーザー名のようなもの）と秘密鍵（パスワードのようなもの）の両方があれば、ブロックチェーン上のどのアドレス（アカウントのようなもの）にもアクセスできる。

公共財（public goods）：誰でも利用できて、あるひとりが使用してもそれ以外の人の使用が排除されないようなものを指す経済学上どがこれに当たる。対になるのがオフチェーンの活動で、たとえばソーシャルメディア上で投票について討議したり、自社のトークンを使った投票の内容を企業の理事会で決定したりすることが該当する。

オラクル（oracle）：スマートコントラクトと、**ブロックチェーン**外の現実世界との連携を可能にするシステム。たとえば、話題性のある事象が発生したこと、あるいは他のブロックチェーン上で一定のトランザクションが完了したことをオラクルで確認することができる。

ピアツーピア（peer-to-peer）：対等な立場で相互に接続されたノードで構成されるネットワークのこと。**ブロックチェーン**以前から存在する例としては、ナップスターやビットトレントなどがある。これと対照的なのが、ウェブサイトをはじめ中央集権的なプラットフォームのほとんどに使われているクライアント / サーバー構造で、権限がクライアントの手になく、サーバーに集中している。イーサリアムネットワークのようなパブリックブロックチェーンでは、各ユーザーがクライアントとしてもサーバーとしても機能できる。一方、「許可型」と呼ばれる種類のブロックチェーンでは、特定のユーザーしかピアとして機能できない。

予測市場（prediction market）：参加者が現実世界の事象の結果に賭けることができ、正しいと証明された結果に賭けていれば報酬を獲得できるシステム。他の形態のクラウドソーシングや予測より正確なことが多い。

ジェネシスブロック（genesis block）：ブロックチェーンで最初のブロックのこと。この用語が初めて使われたのはビットコインに関する説明のなかだったが、その後イーサリアムや他のブロックチェーンでも使われている。

レイヤー1、レイヤー2（layer 1、layer 2）：ブロックチェーンの文脈で、2種類のネットワークインフラストラクチャを表す用語。レイヤー1は基礎になっているブロックチェーンの**プロトコル**のことで、イーサリアムはこれに当たる。レイヤー2は、ブロックチェーン上のアプリケーションの実行を簡単かつ低コストにする、**ロールアップ**などの仲介サービスのこと。

マイニング（mining）：プルーフ・オブ・ワークを使用する**ブロックチェーンシステム**の場合に、コンピューターの計算処理能力を利用して新しいデータブロックを確定し、報酬として**トークン**を受け取る行為。マイニングは個人ユーザーでも可能ではあるが、多くのネットワークでは、大量の専用コンピューターを擁し、膨大な電力を消費する事業的な運用が優勢になっている。

NFT：Non-Fungible Token（非代替性トークン）の略。**ブロックチェーン**ベースの**トークン**のうち、**暗号資産**と違って唯一無二の性質を備えており、すべてのトークンが交換不能なものを指す。アート作品、デジタル資産、コミュニティ会員資格などの所有者であることを明示するために使われることが多い。

オンチェーン（on-chain）：ブロックチェーンを直接扱うことで発生する活動を表し、**スマートコントラクト**を使った投票プロセスなするシステムに移行することをいう。

DeFi：Decentralized Finance（非中央集権型金融、分散型金融）の略。**ブロックチェーン**上の**スマートコントラクト**を使って金融制度やソフトウェアを作成すること。その成果物として、貸し付け《レンディング》、利子の獲得、安定通貨、価値移動などがある。

ENS：Ethereum Name Service（イーサリアムネームサービス）の略。イーサリアム**ブロックチェーン**上で稼働する独自ドメイン名のレジストラ。ウォレットのアドレスを参照することができる。たとえばvitalik.eth は、著者ヴィタリック・ブテリンが保有するイーサリアムアドレスのひとつに対応するENS ドメインである。

フォーク（forking）：オープンソースソフトウェアのコードやデータを複製したうえで変更する行為、あるいはそれによって発生した分岐のこと。部分的に異なるバージョンをリリースしたり、既存バージョンの向上を図ったりする目的で実行される。たとえば、「アルトコイン」と呼ばれる初期の**暗号資産**の多くは、ビットコインのソフトウェアのフォークだった。**ブロックチェーン**のソフトウェアをアップデートすることをフォークと称する場合もあり、一部のユーザーがアップデートを受け入れて、他のユーザーが受け入れない場合にひとつのブロックチェーンが分岐することもフォークと呼ばれる。

フュターキー（futarchy）：経済学者ロビン・ハンソンが提唱したガバナンスシステム。全般的に合意された目標を達成するうえで最も有効な政策を、**予測市場**によって決定する。

暗号学（cryptography）：数学およびコンピューター科学上の分野のひとつ。データを暗号化し、承認されたユーザーのみが利用できるようにすることで、情報の通信および格納を保護しようとする。**ブロックチェーン**技術は、暗号学上の手法によって成り立っている。

サイファーパンク（cypherpunk）：暗号学を利用して、個人のプライバシーと自由を強化するとともに、監視と検閲を行う政府の権限を制限しようとするイデオロギーや政治的主張のこと。サイファーパンクのコミュニティが数十年にわたって実験してきた考え方が、**ブロックチェーン**技術の基盤になっている。

DAO：Decentralized Autonomous Organization（分散型自律組織）の略で、ある程度まで**ブロックチェーン**上の**スマートコントラクト**によって定義される組織をいう。初期の DAO のひとつが「The DAO」で、イーサリアムの初期プロジェクトだったが、2016 年のハッキングを受け、イーサリアムブロックチェーンで「ハード**フォーク**」が発生した。

DApp：Decentralized Application（分散型アプリケーション）の略。ユーザーとのインターフェースを伴い、**ブロックチェーン**上の**スマートコントラクト**に関わる操作になんらかの形で重点的に依存するソフトウェアのこと。

非中央集権化、分散化（decentralization）：ブロックチェーン文化で広く使われている概念。その意味の解釈はひとつではないが(第2部の「非中央集権化とは何か」を参照)、一般的には、ひとつの組織の管理下にあるシステムから、複数の参加者間に管理権を分散

用語集

英語の ABC 順。本文中の太字は用語集にある言葉を示す。

ブロックチェーン（blockchain）：ビットコインやイーサリアム、および類似の**プロトコル**の基礎になっている技術のこと。その実体は、参加するコンピューターが合意した内容の共有データベースである。トランザクションやソフトウェアコードなど各種データのブロックで構成されており、そのブロックが連続的なチェーンとして相互に連結されている。いったん追加されたデータは、削除も変更もできなくなる。最初に登場したのは、ビットコインのブロックチェーンだといわれており、その**ジェネシスブロック**は 2009 年 1 月 3 日にマイニングされた。

暗号資産（cryptocurrency）：**ブロックチェーン**ベースの**トークン**を指す一般的な用語。価値保存や交換手段など、従来の貨幣がもつ特徴の少なくとも一部を備えている（すべてを備えていることはほぼない）。ただし、政府によって保証されているわけではなく、通常はそのセキュリティ、プライバシー、ユーザビリティ、将来的な市場価値などをユーザーが認めることによって支持されている。

暗号経済（cryptoeconomics）：**ブロックチェーンベース**のシステムをデザインするときに多用されるパラダイム。ゲーム理論、経済的インセンティブ、**暗号学**的セキュリティを組み合わせて用いる。互いを信頼する根拠がほとんどない状況で、共通のミッションや成果物をめぐって参加者の協調を実現する目的で利用される。

■著者

ヴィタリック・ブテリン（Vitalik Buterin）

ロシア系カナダ人のプログラマーであり、2011年に「ビットコインマガジン」を共同創刊した著述家でもある。2014年にイーサリアムを開発。2021年には、タイム誌が選ぶ「世界で最も影響力のある100人」に選ばれている。

■編者

ネイサン・シュナイダー（Nathan Schneider）

コロラド大学ボルダー校のメディアスタディーズ助教。最近の著書として『Everything for Everyone: The Radical Tradition that Is Shaping the Next Economy』がある。ヴィタリック・ブテリンに初めてインタビューしたのは、2014年にさかのぼる。

■訳者

高橋 聡（たかはし・あきら）

CG以前の特撮と帽子をこよなく愛する実務翻訳者。翻訳学校講師。日本翻訳連盟（JTF）副会長。

学習塾講師と雑多翻訳の二足のわらじ生活と、ローカライズ系翻訳会社の社内翻訳者生活を経たのち、2007年からフリーランスに。現在はIT・マーケティング文書全般の翻訳を手がけつつ、セミナー（オンライン）や雑誌で、翻訳者に必要な辞書環境や文化背景知識などについても発信している。主な活動の場は、JTFと翻訳フォーラム（http://www.fhonyaku.jp/）。

ブログ：https://baldhatter.hatenablog.com/

共著に『翻訳のレッスン』（講談社）、訳書に『機械翻訳：歴史・技術・産業』（森北出版）、『現代暗号技術入門』（日経BP）など。

イーサリアム
若き天才が示す暗号資産の真実と未来

2023年2月27日　第1版第1刷発行
2023年3月22日　第1版第2刷発行

著　者　ヴィタリック・ブテリン
編　者　ネイサン・シュナイダー
訳　者　高橋 聡
発行者　村上 広樹
発　行　株式会社日経ＢＰ
発　売　株式会社日経ＢＰマーケティング
〒105-8308　東京都港区虎ノ門4-3-12
装　丁　小口 翔平＋奈良岡 菜摘（tobufune）
制　作　谷 敦（アーティザンカンパニー株式会社）
翻訳協力　株式会社リベル
編　集　田島 篤
印刷・製本　図書印刷株式会社

本書籍に関するお問い合わせ、ご連絡は下記にて承ります。
https://nkbp.jp/booksQA

ISBN978-4-296-00127-9
Printed in Japan